عمار الرسام
ammar painter

Studien zur jesidischen Religionsgemeinschaft
Unter der Mitarbeit von Prof. Dr. Sebastian Maisel und Telim Tolan

Chaukeddin Issa

Das Jesidentum
Religion und Leben

2. Auflage

Herausgeber
Jesidisches Forum e. V.
Eidechsenstraße 19
26133 Oldenburg

Dieses Buch ist unserer Jugend gewidmet.
Mögen sie das Jesidentum stets im Herzen bewahren.

Impressum

Studien zur jesidischen Religionsgemeinschaft
Das Jesidentum – Religion und Leben

Zweite, überarbeitete und erweiterte Auflage.

Herausgeber: Jesidisches Forum e.V. – Mala Êzîdiyan Oldenburg
Eidechsenstr. 19, 26133 Oldenburg, info@jesiden.de – Internet: www.jesiden.de

Autor: Chaukeddin Issa (Berlin), chaukeddin-issa@web.de
Ko-Autoren: Prof. Dr. Sebastian Maisel (Michigan)
und Telim Tolan (Oldenburg)

Layout und Satz schrift & form, Am Tegelbusch 22, 26129 Oldenburg
www.schrift-und-form.de – info@schrift-und-form.de

Redaktionelle Mitarbeit: Bernd Lehmann (Wildeshausen)

Verlag: Dengê Êzîdiyan – Oldenburg

Bilderauswahl: Ilyas Yanc und Sabri Agojan

Veröffentlichung: Nummer 5

Veröffentlichungsdatum: Im Dezember 2016

ISBN 978-3-9810751-4-4

Inhalt

Vorwort des Herausgebers

Liebe Leserinnen und Leser,

mit diesem ersten Standardwerk über das Jesidentum in deutscher Sprache, das jetzt fast nach zehn Jahren in der zweiten, überarbeiteten Auflage erscheint, haben wir ein Herzensanliegen verwirklicht. Alle Interessierten und vor allem unsere Jugend erhalten hier umfassende Informationen.

Das Jesidentum galt bis Ende der 1960er Jahre als Religion, die nur mündlich überliefert wurde. Schriftliche Darstellungen gab es nur von Wissenschaftlern, Diplomaten, Missionaren und Reisenden nicht-jesidischer Konfession. Sie enthielten häufig Fehlinformationen und bisweilen abenteuerliche Theorien und diskriminierende Schilderungen. 1960 begannen die ersten jesidischen Studenten an Universitäten im Irak und den damaligen Sowjetrepubliken Armenien und Georgien, sich mit dem Jesidentum wissenschaftlich auseinanderzusetzen. Bis in die 90er Jahre wurden jesidische Hymnen, Gebete, Legenden und Klagelieder in allen Siedlungsgebieten gesammelt und publiziert.

Ab 1995 waren Jesiden erstmals im Internet vertreten, als das Jesidische Forum e.V. Oldenburg seine Homepage (aktuell unter www.jesiden.de) ins Netz stellte – in drei Sprachen. Der Verlag Dengê Êzîdîyan Oldenburg und das Zentrum für jesidische Forschung geben alljährlich mehrere Publikationen über das Jesidentum heraus. Internationale Konferenzen, Seminare, interkulturelle und interreligiöse Begegnungen sowie wissenschaftliche Tagungen tragen zu einem besseren Verständnis des Jesidentums in Deutschland bei.

Chaukeddin Issa, der in jahrelanger Forschungsarbeit eine Fülle von Informationen über das Jesidentum zusammengetragen hat, schildert in diesem Buch die religiösen, kulturellen und historischen Seiten dieser Religionsgemeinschaft. Das umfasst die Jahrtausende zurückreichende Geschichte des Glaubens und seiner Traditionen, die ganz eigene Philosophie, die mit der Religion verbunden ist, und die tiefe Humanität, die zum Selbstverständnis des Jesidentums gehört.

Einige Kapitel behandeln die Menschenrechtslage in den Herkunftsländern und die Lebenssituation in den Fluchtländern. Die Schilderungen verdeutlichen die erschreckende Kontinuität der Verfolgungen in Vergangenheit und Gegenwart. Der Anhang enthält eine Übersetzung wichtiger religiöser Texte.

Wir glauben, dass dieses Werk der jesidischen Jugend viele Antworten auf ihre Fragen bietet und allen Lesern ein umfassendes Bild des Jesidentums vermittelt.

Wir danken Chaukeddin Issa für seine wertvolle Arbeit. Aufgrund seiner jahrelangen Beratertätigkeit und seines Engagements im Zentrum für jesidische Forschung gibt es eine tiefe Verbundenheit zu unserem Haus.

Ebenso gilt unser Dank Prof. Dr. Sebastian Maisel und Telim Tolan für ihre unverzichtbare Mitarbeit.

Jesidisches Forum e.V. - Mala Êzîdiyan Oldenburg

Sahap Dag, Hikmet Tolan, Wian Haji, Ilyas Yanc, Adris Hassu Morad, Iskan Tolan, Maryam Haji Sinoo

Grußwort des Oberhauptes der Jesiden

Kein Volk in Nahost hat so unter Vertreibung, Verfolgung und Massakern gelitten wie mein Volk, das Volk der Jesiden. Die Feinde der Jesiden, deren Ziel die Ausrottung oder Zwangsassimilierung der Jesiden war und ist, machten sich – wie heute – oft nicht einmal die Mühe, einen Vorwand zu finden, um gegen sie mit Brutalität und Vernichtungswillen vorzugehen. In der Geschichte der Jesiden mangelt es nicht an solchen grausamen Übergriffen. Die Jesiden sprechen in ihren heiligen Versen von den 72 gegen sie gerichteten Pogromen. Tatsache ist, dass die Osmanen häufig solche Feldzüge gegen die Jesiden geführt haben. Vielfach haben auch kurdisch-moslemische Stammesfürsten dafür gesorgt, dass osmanische Truppen in jesidische Siedlungsgebiete eindringen konnten, um die Einwohner niederzumetzeln. Regelmäßig haben sie jesidische Frauen als Kriegsbeute verschleppt, zwangsverheiratet und vergewaltigt.

Als Vorwand genügte die Behauptung, die Jesiden hätten einen Koran zerrissen oder sonstwie den wahren Glauben geleugnet. Häufig war der Grund, dass die Jesiden aufgrund ihrer Armut die Steuern nicht zahlen konnten, die religiösen Minderheiten abgepresst wurden. Meist wurden zusätzlich zu den regulären Truppen tausende Fanatiker mobilisiert. Der tatsächliche Grund der Gräueltaten gegen mein Volk war, dass diese Kräfte die totale Islamisierung des kurdischen Volkes vollenden wollten. Im Jahre 1832 hat der moslemische Kurdenführer Mir Mohammed Rawandouzi meinen Großvater Ali Beg deshalb ermordet, weil der sich geweigert hatte, zum Islam zu konvertieren.

Diese Verfolgung ist heute allgegenwärtig, vor allem – aber nicht nur – im Irak und in Syrien. Die Vorboten erlebten wir nicht zuletzt mit den Selbstmordattentaten in der Region Schingal am 14. August 2007, bei dem hunderte Jesiden getötet wurden. Dass die Vorläufer des IS seit langem ihre Vernichtungsstrategie planten und vorbereiteten, haben viele Betroffene früh erkannt. Auch ich selbst war das Ziel von mehreren Mordanschlägen.

Dass unsere Menschen dann am 3. August 2014 schutzlos dem IS ausgeliefert wurden, ist unentschuldbar. Unter den Folgen dieses Genozids und der Versklavung wird unser Volk noch über Generationen leiden. Einmal mehr hat sich erwiesen, wie religiös motivierte Verachtung der Gewalt den Weg bahnt. Wir haben denen zu danken, die sich selbstlos eingesetzt und noch Schlimmeres verhindert haben. Anderen müssen wir sagen, dass Solidarität nicht darin besteht, leere Versprechungen zu machen und uns im Zustand der Wehrlosigkeit zu halten.

Wir müssen damit rechnen, dass Vorurteile und Fanatismus unser Volk weiter bedrohen. Es wird in der Zukunft darum gehen, in festgelegten Lebensbereichen Sicherheit zu schaffen, wobei wir auf Hilfe aus Europa hoffen, denn dort ist unser Leid auf viel Mitgefühl gestoßen. Aber auch in Europa bildet das Krebsgeschwür des Fanatismus Metastasen.

Ich bewundere deshalb den Mut von Chaukeddin Issa, der die Geschichte, Religion und Traditionen unseres Volkes schriftlich dokumentiert. Schon sein Vater Chammo Issa galt unter den Jesiden in Syrien in dieser Hinsicht als Vorreiter. Er hat nicht zuletzt die erste Schule für jesidische Kinder in der Region Kamishli gegründet und heimlich seinen Schülern jesidische Psalme und Gebete beigebracht.

Jede derartige Initiative verdient meine uneingeschränkte Unterstützung. In diesem Buch hat Chaukeddin Issa wichtige Psalme und Gebete in die deutsche Sprache übersetzt. Dieser Schritt ist nicht zu unterschätzen, denn er zeigt öffentlich die Inhalte unseres alten Glaubens, der niemals Hass gegen Andersgläubige und Außenstehende schürt. Auch die Jesiden im Irak hatten bereits ein Komitee gegründet, das alle mündlich überlieferten Psalme und Gebete, die sogenannten Qawl und Di`a, schriftlich fixieren und als heiliges Buch veröffentlichen sollte. Hier in Deutschland versuchen Chaukeddin und seine Freunde mit Unterstützung des „Jesidischen Forums" in Oldenburg und des Zentralrates der Jesiden in Deutschland, ein Projekt mit demselben Ziel zu realisieren. Im Irak wird die kurdische Sprache in alter Schrift geschrieben, In Deutschland wird die lateinische Schrift verwendet.

Ich bin optimistisch und hoffnungsvoll, dass es unseren Intellektuellen hier und vielleicht auch noch im Irak gelingen wird, diese Aufgabe zu bewältigen. Zum Schluss appelliere ich an alle freiheitsliebenden Menschen, unabhängig von ihrem Glauben und ihrem Rang in Staat und Gesellschaft, dafür zu sorgen, dass unser Volk allen Schwierigkeiten zum Trotz weiterhin lebt und überlebt. Denn das jesidische Volk ist ein Teil dieser Welt. Ein Volk, das so viele Kriege und Pogrome überlebt hat, darf im 21. Jahrhundert, dem Jahrhundert der Hochtechnologie und des Fortschritts, nicht aussterben.

MIR Tahsin Said Beg (Hannover)

Weltliches und religiöses Oberhaupt der Jesiden im Irak und in der Welt

Vom Sinn und Zweck dieses Buches

Wir hatten in den letzten Jahren des vorigen und den ersten in diesem Jahrhundert hoffen können, dass es ruhiger werden würde um die Flüchtlinge in Deutschland, dass die jesidischen Flüchtlinge ihre erfolgreiche Integration und ihre Selbstorganisation ohne Existenz-Sorgen fortsetzen können.

Es ist anders gekommen. Die Sorgen steigern sich fast zur Verzweiflung, doch nicht um die eigene Existenz, sondern um die der Verfolgten, der Ermordeten und Vergewaltigten. Aus der Selbstorganisation entwickelte sich die Organisation der Solidarität mit diesen Verfolgten. Mit denen, die der Vernichtung entkamen und seither im Elend leben müssen. Und vielfach mussten wir umlernen und neu einschätzen, wer Freund und wer tatsächlich Feind ist. Dazu gehört auch, dass immer wieder neu analysiert werden muss, bei wem die Worte und die Taten zusammenpassen und bei wem sie – oftmals nicht gleich erkennbar – auseinanderdriften.

Die globale Welt des 21. Jahrhunderts ist nicht unbedingt eine bessere, dafür aber eine polarisierte Welt. Religion und Tradition können helfen, Selbstzweifel und Zweifel am Sein zu überwinden. Es bleibt die zentrale Aufgabe, für allgemeingültige humanistische Werte wie Toleranz, Respekt und Hilfsbereitschaft einzutreten, um dort, wo die Mörderbanden noch nicht sind, ein friedliches Miteinander zu ermöglichen.

In Deutschland leben Jesiden seit einem halben Jahrhundert auf der Grundlage dieser Werte. Seit drei Generationen wirken sie am Aufbau unserer Gesellschaft mit. Noch viel früher wurden sie im historischen Gedächtnis der Deutschen verankert, als der Schriftsteller Karl May (1842 bis 1912) in seinen Romanen, die auf Reiseberichten basierten, die Jesiden als tolerante und hochmoralische Menschen geschildert hatte. Danach geriet der Begriff Yezide oder Jeside in Deutschland allerdings wieder in Vergessenheit. Für die meisten Jesiden erwies sich die Emigration nach Deutschland als Erfolg, da sie hier Arbeit, Sicherheit und Ruhe fanden. Und nach einem mit Hindernissen gepflasterten Weg fanden sie auch den Willen und die Kraft, ihr Jesidentum zu erneuern.

Der große Konflikt, der zurzeit alles überschattet, hat inneren Konflikten beispielsweise zwischen den Generationen die Schärfe genommen, zumal auch die Generation der Einwanderer althergebrachte Einstellungen bemerkenswert schnell über Bord geworfen hat. Denn es wird erkannt, dass es notwendiger als je zuvor ist, den Zusammenhalt über Meinungsverschiedenheiten hinweg zu festigen. Mit vereinter Stimme sprechen, an der gemeinsamen Tradition festhalten, die jesidische Theologie zu vereinheitlichen – diese Zielvorstellungen werden Allgemeingut.

Das erfordert aber, die verschiedenen Vorstellungen, die schon zu verschiedenen Organisationen geführt haben, zuzulassen und zugleich kritisch zu analysieren. Die junge Generation stellt in letzter Zeit die Frage nach der eigenen Identität und entwickelt Interesse an der Herkunft der Eltern und damit an der Geschichte des eigenen Volkes.

Zugleich lösen sich die alten Hierarchien auf. Die mündliche Weitergabe der religiösen Inhalte und der Traditionen ist nicht zeitgemäß. Die hergebrachten Formen würden eher dazu beitragen, dass sich junge Jesiden von der Religion abwenden – eine Gefahr, die bleibt. Eine Religion in der Diaspora muss daher eine offene, lebendige Religion sein und nicht nur Platzhalter für die wenigen, die noch in das Jesidentum des vorigen Jahrhunderts zurück wollen.

Als die Jesiden vor 40 Jahren ankamen, begannen sie, sich eine neue materielle und geistliche Existenz zu schaffen. Das Jesidentum entwickelte sich weiter, passte sich den neuen Gegebenheiten an. Dies geschah nach eine Phase der Isolation und des Stillstands in den Herkunftsländern, die jetzt für einen Teil der jesidischen Gemeinschaft vorbei ist. In vergleichsweise kurzer Zeit gelang es jesidischen Geistlichen und Intellektuellen, den Glauben ans Licht und zu den Gläubigen zu bringen. Es galt, viel aufzudecken, zu entstauben, zu verstehen, festzuhalten, aufzuschreiben. Diese historische Chance haben die Jesiden genutzt, und heute kann man ruhig feststellen, dass Religion und Geschichte in schriftlicher Form greifbar geworden sind. Jetzt gilt es, diese Kenntnisse zu festigen und zu verbreiten, damit die Gemeinschaft nicht in den alten Stammes- oder Nationalstreitigkeiten versinkt.

Doch ist der Prozess der Neufindung nicht abgeschlossen. Auch weiterhin müssen diejenigen, die sich für die Bewahrung und Erneuerung des Glaubens einsetzen, Aufklärungs- und Entdecker-Arbeit leisten. Sie stehen dabei den Traditionalisten wie auch den Gleichgültigen gegenüber. Eine kleine Gemeinschaft wie die der Jesiden kann sich aber nicht viele Grabenkämpfe leisten. Die jesidischen Vereine spielen dabei eine Hauptrolle, denn hier in den einzelnen Gemeinden wird tagtäglich zusammengearbeitet und um Reformen gerungen. Dabei können die Vereine voneinander lernen und sich auch gegenseitig unterstützen. Es ist ermutigend, wie sich allerorts jesidische Jugend- und Frauenvereine gründen, Religions- und Sprachunterricht angeboten wird und für die Rechte der Jesiden in Deutschland und den anderen Ländern demonstriert wird. Ein zentraler Dachverband kann und muss diese Aktivitäten koordinieren und zum Sprachrohr der Jesiden auf Bundesebene werden, wenn es gilt, sich anderen Religionen, Kulturen und Gemeinschaften zu nähern. Für diese Arbeit kann das vorliegende Buch äußerst nützlich sein.

Chaukedin Issa's Buch, nun in seiner zweiten Auflage, ist ein wichtiger Baustein im Gesamtwerk einer Reform des Jesidentums. War es anfangs eine unentbehrliche Quelle für alle die, denen das Jesidentum fremd war, so ist es nun ein Bindeglied, eine Brücke zwischen den verschiedenen intellektuellen, religiösen und politischen Lagern innerhalb der jesidischen Gemeinschaft. Sehr wohl spricht das Buch Tradition und Rituale an. Es tut dies aber aus der Sicht einer gelebten Religion. Gespickt mit Fakten, Geschichten, Anekdoten und viel Liturgie kann es viele, wenn auch nicht alle Fragen beantworten, die jesidische Jugendliche, aber auch die Generation der ersten Migranten oder Flüchtlinge hat.

Dieses Werk ist ein Leitfaden für alle, die ein gesundes Interesse an der Religion und den Menschen haben, die diese Religion ausüben. Chaukeddin Issa reiht nicht nur Fakten aneinander, sondern verbindet sie mit seinen persönlichen Erfahrungen und Erlebnissen. Und dann bringt er sie in die Gegenwart und hält gelegentlich auch sich und den Jesiden den Spiegel vor. Schönmalerei hilft niemandem, aggressive Kritik ebenso wenig. Doch rüttelt er auf und bricht manches Tabu. Er scheut auch nicht davor zurück, kontroverse Themen anzusprechen, wie die Heiratsregeln, das Brautgeld oder den blinden Obrigkeitsglauben. Dass dies Kritik hervorrufen wird, ist klar, doch schon allein die Tatsache, dass eine zweite Auflage notwendig wurde, weil die erste ausverkauft war, spricht für das Buch und seine Botschaft.

Die zweite Auflage ist vielerorts überarbeitet und auf den neuesten Stand gebracht worden. Auch dieses Mal hat Chaukeddin wieder jesidische und nicht-jesidische Ko-Autoren gewinnen können. Auch dies spricht für den ausgeglichenen Charakter dieses Buches, der sich nicht an ideologischen oder parteipolitischen Grenzen festmachen lässt. Es geht um die Voraussetzung für die Stärkung der Gemeinschaft: ein starkes Fundament an religiös-historischem Wissen für alle. Das wird mit diesem Buch geboten.

Prof. Dr. Sebastian Maisel (Michigan)

Von Religion und Menschenliebe

Jeside sein heißt, dass man sich zum Jesiden-Glauben bekennt. Jede Religion hat viel mit Liebe zu tun, die weder Beweisführung benötigt noch sachliche Auseinandersetzung. Die Liebe braucht sich nicht zu rechtfertigen. Sie beruht lediglich auf naturgegebenen und menschlichen Empfindungen. Sie bedarf keiner Begründung. Insofern ähnelt der Glaube der Liebe. Liebe lässt sich jedoch nicht erzwingen – und so verhält es sich auch mit dem Glauben an ein göttliches Wesen oder an ein religiöses Dogma. Jeder hat das Recht, seinen Glauben frei zu wählen. Und niemand hat das Recht, einen anderen zur Annahme eines Glaubens zu zwingen.

Diese Lebenslehre habe ich mir schon als Kind durch meinen Vater aneignen können, als ich bemerkte, dass viele seiner besten Freunde andere Religionen hatten. Da gab es Christen, Juden, Kakayis, Bahais und Anhänger der Jesiden-Religion, die den Gegenstand des vorliegenden Werkes abgibt. Auf meine Frage, weshalb er als überzeugter Muslim diese Andersgläubigen zu Freunden habe, antwortete er: „Mein Sohn! Gott hat uns doch sicherlich nicht geschaffen, um uns gegeneinander aufzuhetzen. Bei ihm gibt es diese Diskriminierungen und Herabsetzungen nicht, die wir Menschen gegeneinander geltend machen. Dann wäre Gott nicht Gott."

Die Jesiden wurden und werden jedoch immer wieder gnadenlos bekämpft, massakriert, dezimiert, ihre Tempel verbrannt, ihre Gräber geschändet, und zwar im Namen der Liebe zu Gott. Sie wurden zu „Anbetern des Bösen" gestempelt, als „Pseudomuslime" bezeichnet und zu Tausenden umgebracht.

Es ist daher wichtig, die jesidische Religion zu verstehen und im Verhältnis zu anderen Religionen zu betrachten. Es handelt sich um eine „kurdisch-synkretistische Schwester-Religionsgemeinschaft" zu der auch die Alevi, Kakayi, Shabak, Sarayi und Haqqa gehören. Unerlässlich für ein fundiertes Studium sind die Primärquellen, der geistige Schatz der Jesiden, welcher auch heute noch von den Gewährsleuten dieser Religion auswendig bewahrt wird. Die Herausgabe dieses Buches von Chauki Issa ist eine große Tat, die in die Zukunft reicht. Issa ist in einer Jesiden-Familie geboren. Er kennt die Traditionen seiner Religionsgemeinschaft. Er ist ein aufgeklärter und toleranter Mensch. Durch seinen unermüdlichen Fleiß und mit Hilfe seiner weiten und breiten Kontakte zu jesidischen Geistlichen konnte er zahlreiche Quellen sammeln, die bis heute nur die Jesiden-Priester auswendig kannten.

Dr. Jemal Nebez (Berlin)

Zum Entstehen dieses Buches

Es gab viele Gründe für mich, ein Buch über die jesidische Religion zu schreiben. Selbst der Religionsgemeinschaft zugehörig, sah ich mich denjenigen Jesiden verpflichtet, die nur Bruchstücke ihrer mehr als 4.000-jährigen Religion kennen. Alle wichtigen Grundlagen, Traditionen und Mythen zusammenzutragen, ist jedoch nicht einfach. Unzählige davon sind bereits verlorengegangen, darum waren und sind weiterhin sorgfältige Literaturvergleiche und Recherchen nötig, um die historische Entwicklung plausibel nachzuzeichnen.

Denn über diese Religion und ihre Anhänger wurde und wird eine Fülle von Unwahrheiten verbreitet. Um die Verfolgung der Jesiden zu rechtfertigen, wurden sie einmal als Anbeter des Bösen, ein anderes Mal als Feuer- und Sonnenanbeter oder Heiden und Feinde des Islam bezeichnet. Dazu haben auch die irreführenden Interpretationen vieler europäischer und osmanischer Orientalisten und Historiker in großem Maße beigetragen. Und damit ergibt sich ein weiterer Grund für dieses Buch: Meine Freunde und ich wollen einen Beitrag leisten, um den falschen und oft völlig unsinnigen Darstellungen zu begegnen, Vorurteile abzubauen und die Menschen verschiedener Religionen einander näher zu bringen.

Dass die Vorurteile stets neu geschürt werden, zeigt der Film „The Dark Wind“, der Ende 2016 auch nach Deutschland kam. Der Produzent aus Irakisch-Kurdistan behauptet darin warheitswidrig, dass vom IS befreite jesidische Frauen von den Eltern verstoßen werden. Das Gegenteil ist der Fall: Die Rückkehr der befreiten jesidischen Mädchen und Frauen wurde am heiligsten Ort der Jesiden, in Lalisch, gefeiert. Baba Scheich Kheto, das religiöse Oberhaupt der Jesiden, hat den Mädchen und Frauen in einer Zeremonie versichert, dass sie Teil unserer Gemeinschaft bleiben, und auch in Deutschland haben wir Solidarität demonstriert und uns mit Erfolg für die Aufnahme traumatisierter Frauen und Mädchen eingesetzt.

Einer der wichtigsten Gründe, warum wir den Entschluss gefasst haben, dieses Buch als eine erweiterte und neu bearbeitete Auflage herauszugeben, war die große Nachfrage bei der jungen jesidischen Generation, die hier aufgewachsen ist. Diese Begeisterung erweckte in mir neue Hoffnung, dass uns allen Schwierigkeiten zum Trotz die historischen Wurzeln des Jesidentums erhalten bleiben. Deshalb ist auch diese neue Auflage des Buches der jungen jesidischen Generation gewidmet.

Einige Gebete und Psalmen finden sich im Anhang, um deutlich zu machen, wie notwendig es ist, dieses Kulturgut schriftlich festzuhalten. Es besteht die Gefahr, dass die mündlich überlieferten Texte mit der Zeit immer unvollständiger werden oder ganz verloren gehen. An dieser Stelle muss erwähnt werden, dass die schriftliche Fixierung bislang von vielen Jesiden, vor allem von den Geistlichen, den Scheichs und Pire, entweder abgelehnt wurde oder zumindest als unerwünscht galt. Es gab heftige Debatten darüber, ob es nicht eine Sünde sei, die Mythen und Gebete der Religion schriftlich aufzuzeichnen. Am Ende aber setzten sich Vernunft und Logik durch.

In der bisher erschienenen Literatur sind besonders die Standardwerke von Khidir S. Khalil (Pir Khidir Sileman) und Dr. Khalil Rashow (Scheich Khalil Cindi) zu erwähnen, die in den 80er Jahren erstmals eine große Sammlung von religiösen Texten und Traditionen der Öffentlichkeit zugänglich gemacht haben. Die Arbeiten von John Guest (1987), Prof. Dr. Philip Kreyenbroek (1995) und Johannes Düchting (2004) stehen in der Tradition der empirischen Forschung, welche das Jesidentum als alte und eigenständige Theologie versteht.

Mein Vater, der die erste jesidische Grundschule im Dorf Til Khatoun in Syrisch-Kurdistan in den fünfziger Jahren gegründet hat, war der erste Jeside in Syrien und höchstwahrscheinlich in ganz Kurdistan, der Psalmen und Gebete des Jesidentums schriftlich verfasst und den jesidischen Schülerinnen und Schülern beigebracht hat. Er riskierte damals sein Leben. Denn es war strengstens verboten, den Kindern jesidischen Religionsunterricht zu erteilen.

Shemmo Issa, Vater von Chaukeddin Issa

Ich danke Prof. Dr. Sebastian Maisel für sein Vorwort und sein jahrelanges Engagement für die Jesiden. Seine Kritik und seine Ratschläge sind für uns Ansporn. Er hat uns allen bewiesen, dass er ein wahrer und treuer Freund dieses unterdrückten und von Vernichtung bedrohten Volkes in guten und schlechten Zeiten ist. Viele kamen mit anfänglicher Begeisterung zu uns, verschwanden aber wieder, als sie uns und unsere Kenntnisse der Religion nicht mehr brauchten. Sebastian Maisel kam und blieb und wurde der Fels in der Brandung. Daher bereitet uns die Zusammenarbeit mit ihm große Freude. Denn er hat sein ganzes Wissen über diese Religion ohne Wenn und Aber zur Verfügung gestellt und stand uns uneingeschränkt zur Seite.

Bei dem religiösen und weltlichen Oberhaupt der Jesiden im Irak und in der Welt, Tahsin Said Beg, bedanke ich mich für seinen einführenden Beitrag und seine Bereitschaft, uns bei unserer Aufgabe zu unterstützen, vor allem bei der Entwicklung einer schriftlich fixierten Theologie. Dazu gehören die Sammlung von mündlich überlieferten Psalmen und Gebeten, die im Grunde genommen alle Werte und Traditionen der jesidischen Religion in sich tragen. Bei Yusuf Berse (Usivê Keleş) bedanke ich mich ganz herzlich für seine Hilfe bei der Überwindung vieler Schwierigkeiten mit den Psalmen und Gebeten der Jesiden.

Ein besonderer Dank gilt meinem Arbeitkollegen Klaus Janich, der seine Hilfe als eine Selbstverständlichkeit, ja sogar als seine Pflicht, angesehen hat.

Telim Tolan, dem ersten Vorsitzenden des Zentralrates der Jesiden in Deutschland, spreche ich meinen Dank und meine Anerkennung aus. Er hat wie Prof. Dr. Sebastian Maisel über lange Zeit den Glauben an das Buch nicht verloren und es zu einem besonderen Dokument der jesidischen Religion geformt.

Für die Herausgabe des Buches bedanke ich mich beim Jesidischen Forum e.V. in Oldenburg und seinem Verlag Dengê Êzîdiyan.

Meiner Familie bin ich für ihren Zuspruch und ihre grenzenlose Unterstützung sehr dankbar.

Chaukeddin Issa (Berlin)

Ein Jeside richtet seine Gebete an das Haus von Scheich Adi, Mala Şîxadî.

Das Problem der mündlichen Überlieferung

Die Geschichte der alten Religionen weckte mein Interesse recht früh, weil mein Vater Schemmo Issa 1954 die erste Grundschule für jesidische Kinder im Dorf Tel Khatun (Syrien) gegründet hatte. Er war aktives Mitglied in der ersten politischen Organisation der syrischen Kurden. So kam ich als Jugendlicher bereits in Kontakt mit seiner Arbeit für die Jesiden und seinen Erkenntnissen, die er dabei erwarb. Ich hatte die Gelegenheit, das in Syrien verbotene Buch „Die Geschichte Kurdistans und der Kurden“ des sowjetischen Historikers Basil Nikitin zu lesen, das mich sehr beeindruckte. Schon damals stellte ich mir die Frage: Wo liegt der Ursprung der Jesiden und der jesidischen Religion?

Es wird viel über diese Religion gerätselt. Ihre Entstehungsgeschichte liegt für viele Forscher genauso im Dunkeln wie ihre Entwicklung. Diese Rätselhaftigkeit hat ihren Grund, denn die Religion, die eine der ältesten im Nahen Osten ist, besitzt nur sehr wenige historische Dokumente in Form von Büchern oder Handschriften. Sie ist seit Jahrtausenden auf mündlichen Überlieferungen aufgebaut, welche im Laufe der Zeit unvollständig geworden oder verloren gegangen sind, was zum

Verlust von Tradition, Kultur und Bräuchen beigetragen hat. Leider gibt es immer noch Vertreter dieser Religion, die die mündliche Überlieferungsart verteidigen und es ablehnen, etwa die Gebete der Jesiden schriftlich aufzuzeichnen. Manche gehen sogar soweit und betrachten dies als Sünde. Auf die Hintergründe dieser Haltung komme ich später zurück.

Die bisher ausschließlich mündliche Weitergabe, die zwangsläufig mit Verlusten einhergeht, vergrößert daher die Gefahr des Untergangs der Religion, die aus vielen anderen Gründen ohnehin besteht, wie dieses Buch deutlich machen wird. Deshalb ist es besonders für die Vertreter der alten Ansichten wichtig, die Bedrohlichkeit der Situation zu erkennen. Die Jesiden sind gefordert, dem etwas entgegenzusetzen, und zwar in der Schriftform. Dazu soll das vorliegende Buch einen Beitrag leisten.

Während im Judentum, Christentum und Islam streng darauf geachtet wurde, alle religiösen Inhalte und Bezeugungen, Dogmen, Riten und Traditionen aufzuzeichnen, um sie so vor Veränderungen und Verfälschungen zu schützen, findet man im Jesidentum einen anderen Ansatz. Wir müssen heute feststellen, dass die Würdenträger der Jesiden, die Hüter und Bewahrer der Religion und Tradition, es versäumt haben, ihre Religion in Schriftform den nachkommenden Generationen zu erhalten. Statt etwas Schriftliches zu hinterlassen, das als Quelle hätte dienen können, pflegten sie mündliche Überlieferungen, die dazu führten, dass viele unterschiedliche Mythen entstanden, welche von den einzelnen Klerikern auch noch verschieden dargestellt und interpretiert wurden. Das hatte durchaus nachvollziehbare Gründe, wie noch gezeigt wird.

In einem Fall ist allerdings vorwerfbares Verhalten unzweifelhaft festzustellen: Bis in die jüngste Vergangenheit hat sich die Familie des Scheich Hasan das Recht auf Lesen und Schreiben vorbehalten. Sie verbot allen Jesiden, die Schule zu besuchen. Sie behauptete sogar, dass diese Anordnung von dem großen Reformer der jesidischen Religion, Scheich Adi, selbst erlassen wurde, und wer gegen die Anordnungen des Reformers verstoße, begehe eine Sünde, die im schlimmsten Fall mit dem Ausschluss aus der Glaubensgemeinschaft geahndet werden könnte. Aus den Reihen des einfachen Volkes, der Muriden, durfte niemand eine Schule besuchen. Die Scheich-Familie rechtfertigte ihre Anordnung damit, dass der Schulbesuch von jesidischen Kindern dazu führen würde, in Kontakt mit den anderen Religionen zu kommen. Dieser Kontakt könne dann zum Verlust des Glaubens führen.

Die einfachen Gläubigen und sogar die meisten Würdenträger – mit Ausnahme der Scheich-Kaste der Scheichisnan – hatten sich unverständlicherweise damit abgefunden, und dies sogar bis in die jüngste Zeit. Andererseits ist durchaus einzuräumen, dass es tatsächlich eine Beeinflussung jesidischer Schüler durch die in aller Regel muslimischen Lehrer in den türkischen, syrischen und irakischen Schulen gibt bzw. gab.

Allein die herrschende Schicht in der jesidischen Gesellschaft, die Emire (*Mala Miran*), erlaubte sich, ihre Töchter und Söhne zur Schule zu schicken. Doch der Unmut über die Zustände in der jesidischen Gesellschaft wuchs, nachdem viele Jesiden begriffen hatten, dass ihre Würdenträger einer falschen Linie anhingen. Zu den ersten, die das Schweigen brachen und gegen diese Verhältnisse protestierten, gehörten mein Vater Schemmo Issa[1] und aufgeklärte Geistliche wie Pir Khidir S. Khalil, Scheich Khalil Rashow (Scheich Khalil Jindy) oder Fakir Haci (auf dem Bild).

Fakir Haci in Lalisch

Es war allerdings nicht immer einfach, die richtige Schriftform zu wählen. Das Kurdische ist als einheitliche Schriftsprache noch nicht umfassend entwickelt und verbreitet, weil die Kurden nahezu durchgehend unter der Herrschaft anderer Mächte leben mussten. Vor allem aber zwangen die Jahrtausende währenden Verfolgungen die Jesiden, ihre Religion im Verborgenen auszuüben und sich auf mündliche Überlieferungen zu beschränken. Daher rührt das heute noch verbreitete Vorurteil von der „Geheimreligion". Die gesamte Geschichte der Jesiden ist von Verfolgungen, Vertreibungen und Vernichtungskriegen geprägt. Viele bezahlten mit ihrem Leben, sobald sie als Würdenträger, Scheich oder Pir erkannt wurden. Diejenigen, die sich traditionell der Betreuung der Jesiden-Gemeinden verpflichtet fühlten, wurden oftmals auf ihren Reisen von Muslimen beleidigt und schikaniert. Wer in die Mysterien und Gebete der jesidischen Religion Einblick hatte, musste um sein Leben fürchten. Das galt auch für einfache Gemeindemitglieder, die Muriden. Es gab keine ständigen oder regelmäßigen Kontakte zwischen den einzelnen Würdenträgern, die für die verschiedenen Jesiden-Gebiete zuständig waren. Das führte zu einem Auseinanderdriften der jeweils tradierten Inhalte. Einige Scheiche oder Pire versuchten, in ihrem Gebiet die religiösen Grundlagen auf ihre Art und Weise zu erklären.

So lässt sich nachvollziehen, weshalb den Muriden und zum Teil auch den geistlichen Familien der Scheichs und Pire Kenntnisse der Religion, ihrer Geschichte und ihrer Mysterien verloren gingen. Dabei muss die Religion in früheren Jahrtausenden weit verbreitet gewesen sein. Vielfach wird

[1] Die Eltern von Schemmo Issa und Großeltern des Autors lebten in dem überwiegend von christlichen Aramäern – Angehörigen der syrisch-orthodoxen Kirche – bewohnten Dorf Chel-Humiya an der syrisch-türkischen Grenze im syrischen Teil Kurdistans, einige Kilometer von Tur Abdin entfernt. Als die Eltern ihren Sohn zur Schule schicken wollten wie die Kinder der Aramäer, stießen sie auf heftigen Widerstand der Jesiden dieses Gebietes. Sie warfen den Eltern vor, mit den Christen und Muslimen gemeinsame Sache zu machen, um die Jesiden zu islamisieren oder zu christianisieren. Nach Intervention des örtlichen Oberhauptes der Jesiden, Peschimam Suleiman, wurde zum ersten Mal in der Geschichte der Jesiden zugelassen, dass ein Jeside, der nicht aus der Scheich Hasan- (Scheikhisnan)-Kaste stammt, zur Schule ging. Schemmo Issa wurde später der erste jesidische Lehrer für die jesidischen Kinder. Er gründete auf eigene Verantwortung und zunächst ohne Genehmigung bzw. Finanzierung des Erziehungsdirektoriums in der Provinz Hassaka im jesidischen Dorf Tell Khatun die erste Schule und überzeugte die Eltern, ihre Kinder in diese Schule zu schicken, vor allem nach Erteilung der Genehmigung durch das Oberhaupt Scheich Suleiman, einem Scheich aus der Kaste der Sharfedin-Peshimame.

die Ansicht vertreten, dass sämtliche Kurden oder doch deren überwiegende Mehrheit bis zum Aufkommen des Islam Jesiden waren. Jedenfalls zählt die jesidische Religion zu den ältesten des Nahen Ostens. Der historische Hintergrund soll in den folgenden Kapiteln beschrieben werden.

In diesem Buch sind zahlreiche Qawls im Originaltext und in der Übersetzung enthalten. Diese religiösen Texte sind eine wichtige Erkenntnisquelle für die Inhalte des Jesidentums. Sie geben tiefe Einblicke in die jesidische Theologie und Philosophie. Die Sprachgewalt und künstlerische Form der Qawls ist bei der deutschen Übersetzung nur zu erahnen. Die sinngemäße Übersetzung ermöglicht aber immerhin einen Zugang und ist zugleich Ausgangspunkt für den nächsten Schritt, der getan werden muss – eine schwierige Arbeit: Es geht um eine dem Niveau der Originale angemessene dichterisch gestaltete Übertragung ins Deutsche.

Vom Rätsel des Namens

Der Streit um die Schreibweise hat auch politische Hintergründe

In einer Situation, die von Verfolgung, Vernichtung, Versklavung und Vertreibung eines Teils unserer Gemeinschaft geprägt ist, scheint eine Debatte um eine Schreibweise nicht eben das drängendste Thema zu sein. Wir gehen dennoch ausführlich darauf ein. Nicht nur, dass wir auf bessere Zeiten hoffen und uns dafür einsetzen: Hinter dem Namensstreit steckt Politik. Es gilt aber auch, dass die Öffentlichkeit, die jetzt gelernt hat, dass es Jesiden gibt, nicht durch wechselnde Schreibweisen verwirrt werden sollte.

In dieser Situation kommt uns zugute, dass wir uns seit Jahren mit unserer Geschichte befassen. In der Vergangenheit waren die Geschichtsschreiber der Jesiden überwiegend Autoren außerhalb der Gemeinschaft. Das hat sich geändert.

Es geht um die Schreibweisen Yeziden, Jesiden oder Êzîden, auch Êziden oder Êzidi. Richtig falsch ist die Behörden-Schreibweise Jeziden. Für die ersten beiden Varianten gilt, dass sie gleich ausgesprochen werden und der Unterschied nur darin besteht, dass zum besseren internationalen Verständnis an die Stelle des J ein Y tritt und statt des s ein z gesetzt wird. Bei Êziden findet sich ebenfalls das z anstelle des S. Aussprache: Esiden. Und das ist auch richtig im Sinne der kurdischen Sprache.

Die Ablehnung der internationalen Schreibweise – Yeziden – hat einen gut nachvollziehbaren Grund: Neben allen anderen Schauergeschichten, die den Islamisten dazu dienen, ihre Vernichtungszüge gegen die Jesiden propagandistisch zu begründen, gehört auch folgende:

Die „Yeziden“ seien Anhänger des Kalifen Yazid Ibn Mu`awiya aus dem 8. Jahrhundert, der in der islamischen Geschichtsschreibung durchweg negativ gesehen wird. Yazid Ibn Mu`awiya war ein moslemischer Herrscher aus der Familie der Ummajaden (Ummayyaden). Dieser Familie gehörte auch Mohammed an, der Begründer des Islam. Yazid gilt als Mörder des Husayn bin Ali, eines Enkels des Propheten. Er wird für Kriege zwischen den Muslimen verantwortlich gemacht, die zur Spaltung des Islams geführt hatten. In der jesidischen Überlieferung wird er hingegen als Herrscher mit positiver Einstellung beschrieben, der sich an den besonders im achten Jahrhundert gewaltsam betriebenen Islamisierungen nicht beteiligt und die Kurden nicht wegen ihres alten jesidischen Glaubens verfolgt hat.

Die Befürworter der Umbenennung nehmen an, dass die Y- bzw. J-Schreibweise auf die Islamisten zurückzuführen sei, die damit unterstellen wollen, dass die Jesiden Anhänger dieses Yazid waren und daher Ketzer sind. Tatsächlich war Yazid Ibn Mu`awiya weder ein Führer der Jesiden noch ihr Namenspatron oder gar ihr Religionsstifter.

Dass die Jesiden mit dem ummajjadischen Kalifen keine besondere Beziehung hatten, ist mittlerweile die Ansicht der überwiegenden Mehrheit der Religionswissenschaftler, Historiker und Ethnologen in Europa. Ich habe dies ebenfalls mit historischen Fakten belegt.

Das Wort Ezid ist in der Familie der indoiranischen Sprachen zu finden. Es bedeutet in etwa „heilig“, und gemeint ist damit Gott oder eine Gottheit: „Ezda“ oder „Yezdan“. Die Silbe „Ez“ steht für „mich“ oder „mein“, und „da“ oder „dan“ für „Schöpfer“. Das Wort heißt dann „mein Schöpfer“, und das ist wiederum der allmächtige Gott. Das Wort Yezdan ist auch mit dem alt-iranischen Wort „Yezeta“ oder „Yazata“ verwandt. Dies bedeutet auch „heilig“. Das Y muss hier stets als J ausgesprochen werden.

Sehr ähnlich sind die Bezeichnungen für Gott: bei den Jesiden „Xwedê“. Die Aussprache lässt sich mit „Chode“ (hartes ch, wie im Wort Buch) wiedergeben, und die sprachliche Verwandtschaft zu „Gott“ im Deutschen sowie zu der von den alten Germanen verwendeten Bezeichnung „Godo“ ist leicht zu erkennen. Auch die Perser und Inder verwenden das Wort „Khoda“. Das Wort besteht aus den Silben „xwe“ (sich) und „dê“ (gegeben) und bedeutet: der sich selbst Geschaffene, sprich der Schöpfer.

Der früh verstorbene Religionswissenschaftler, Jesiden-Experte und Menschenrechtler Prof. Dr. Dr. Gernot Wießner hat uns im März 1996 eine Erklärung zum Thema übersandt, die auch auf die genannten Sprachverwandtschaften hinweist. Sie sei hier zitiert, um zu verdeutlichen, wie komplex die Frage ist:

„Ezidi oder Yezidi? Ohne Zweifel steht die Bezeichnung im Zusammenhang mit awestisch yazata, welches im Mittelpersischen yazd geworden ist. Neben der normalen neupersischen Form yazd, in der sich im Anlaut altpersisch y als neupersisch y erhalten hat, findet sich aber auch neupersisch izad, d.i. als Anlaut ein langes i. Es soll ein Übergang von altpersisch ya (und hya) zu neupersisch i belegen. Neben der Bewahrung von altpersisch y- im Anlaut hätte altpersisch y- jedoch > mittelpersisch ğ- werden müssen. Der Übergang von altpersisch ya- > neupersisch ī- scheint demnach kein inneriranischen Vorgang, sondern unter semitischem Einfluss erfolgt zu sein. Wie dem aber auch immer sei: In jedem Fall ist der Anlaut Î-, „naturhaft“ verformt zu Ê- (ähnlichem Vokalwechsel begegnet man auch in anderen Sprachen), jünger als der Anlaut Y-. Dass diese Form im „Kurdischen“ begegnet, ist kein Argument gegen das höhere Alter des Anlautes Y-. Auch das „Kurdisch“ steht mit dem Alitiranischen im Zusammenhang.“

Im deutschen Sprachgebrauch hat sich seit über 100 Jahren das Wort Jesiden durchgesetzt. So habe ich bei der Suche nach Literaturquellen über die Jesiden oder Êzîden in den Archiven und Bibliotheken festgestellt, dass diese unter der Bezeichnung „Jesiden“ aufgeführt werden. Nach den blutigen Ereignissen im Sinjar und dem Massenmord an den Jesiden oder Êzîden seit dem 3. August 2014 haben die deutschen Medien stets „Jesiden“ geschrieben. Im Französischen und Englischen wird fast ausschließlich Yezidi und Yazidis verwendet. Sprache ist lebendig, sie funktioniert demokratisch, bisweilen anarchisch. Das gilt es zu akzeptieren. Um der Einheitlichkeit und Erkennbarkeit willen haben wir entschieden, die hier übliche Schreibweise zu übernehmen. So wurde aus dem Yezidischen Forum das Jesidische Forum.

In ihrer Geschichte gab es für die Jesiden allerhand Bezeichnungen. So wurden sie als Magier, Sternendeuter, als das Urartu-Volk, als Schemsani, also Sonnenanbeter, oder Adawiya in Anlehnung an Scheich Adi bezeichnet, ganz zu schweigen von beleidigenden und diffamierenden Ausdrücken.

Es gibt noch eine aktuelle Variante bei den Bezeichnungen: „Yezidi-Kurden". Der Grund ist, dass viele Kurden das Wort „Jesiden" gern aus der Literatur und dem Sprachgebrauch verbannen und durch „Yezidi-Kurden" ersetzen wollen. Das hat als Grund die politische Forderung, dass sich die Jesiden zum Kurdentum und dessen politischen Zielen bekennen sollen. Die sind zwar unterschiedlich, aber der Anspruch ist stets gleich.

In den jesidischen Siedlungsgebieten in Sinjar und Scheichan wird die Bedeutung dieser Forderung aktuell sehr deutlich:

Sowohl die arabisch dominierte Zentralregierung in Bagdad als auch die Regionalregierung von Irakisch-Kurdistan beanspruchen diese Regionen. Es geht also um Machterweiterung und Gebietsansprüche. Dass sich Jesiden eigenständig militärisch organisieren, ist der kurdischen Regierung ein Dorn im Auge. Dass die Jesiden um Lalisch um Scheichan-Gebiet bei den Kämpfen dort unter die Räder kommen, steht aktuell zu befürchten. Es gibt Übergriffe in den Flüchtlingslagern und außerhalb. Es gibt den schon erwähnten Propagandafilm eines kurdischen Regisseurs – „The Dark Wind", der leugnet, dass die Jesiden ihre vom IS geretteten Frauen und Mädchen keineswegs verstoßen, sondern aufnehmen, umsorgen und beschützen.

So lange Jesiden versklavt sind oder auf dem Weg in die Sicherheit ertrinken, haben wir dringendere Aufgaben als einen Streit um den Namen. Wichtig ist, dass wir angesichts der Bedrohung, der unsere Gemeinschaft ausgesetzt ist, unter den Namen erkennbar bleiben, die bekannt sind und sofort verstanden werden. Das gilt in Deutschland für „Jesiden", international für „Yeziden", bei gleicher Aussprache.

Es sollte uns aber bewusst bleiben, dass solche Auseinandersetzungen ernster sind als es scheint. Ein Beispiel war die Debatte um die Frage, ob die Jesiden den Zarathustriern zuzurechnen seien. Noch vor etwa 25 Jahren waren die meisten jesidischen Organisationen und einige selbsternannte Experten in Deutschland davon überzeugt, die Jesiden seien Zarathustrier. Dafür wurden reichlich pseudowissenschaftliche Erklärungen vorgebracht. Prof. Wießner hatte dieser These stets widersprochen. Es ging dabei um den politischen Einfluss der Propagandisten. Heute ist das Thema vom Tisch. Uns bleibt, die Fragen, die sich aus unserer Geschichte ergeben, sachlich und wissenschaftlich zu klären.

Die Ursprünge des Jesidentums:

Von einer polytheistischen Anschauung zur monotheistischen Religion

Dr. Khalil Rashow, ein anerkannter jesidischer Historiker, schreibt in seiner 1992 erschienen Broschüre „Zur Wahrheit der jesidischen Religion" folgendes:

„Die jesidische Religion ist um einige Jahrtausende älter als die kurdische Volkszugehörigkeit im historischen Sinne. Wenn jemand sich als „Jeside" bezeichnet, bedeutet das keineswegs, sich vom Kurdentum zu distanzieren. Ganz im Gegenteil, man betont damit seine kurdische Herkunft und zeigt, dass das Kurden- und Jesidentum untrennbar sind. Dies ist zugleich ein Versuch, das von Nicht-Jesiden verbreitete falsche Bild über die jesidische Religion abzuschaffen."

Laufrey Nabo, Experte für die Archäologie und Sprachen Mesopotamiens, geht davon aus, dass das Wort Jeside in der sumerischen Keilschrift nichts Anderes bedeutet als „der heilige und reine Geist derjenigen Menschen, die auf dem rechten und richtigen Weg sind". Nach Überzeugung Nabos geht der Ursprung der jesidischen Religion bis in das 3. Jahrtausend vor Christus zurück. Sie ist damit die älteste kurdische Religion innerhalb der großen Hochkulturen Mesopotamiens. In seiner in deutscher Sprache im Jahre 1992 veröffentlichten Broschüre „Kulturgeschichte des Orients" schreibt Nabo:

„Die Jesiden haben drei Hauptgötter verehrt, welche die Pfeiler der jesidischen Religion bildeten. Das waren Sheshims (babylonisch: Shamash) als Sonnengott, und ich glaube, dass dies der Sonnengott Tausi-Melek selbst ist, Sheikhsin, der Gott des Mondes (bei den Babyloniern war er der Gott der Fruchtbarkeit) und Sheikhadi, der Gott des Regens, der Gnade und des Segens. Auch die Assyrer haben den letzteren Gott verehrt. Deshalb haben sie zu seinen Ehren einen Tempel in Lalisch gebaut. Die heiligste Stätte der Jesiden Lalisch weist in der Tat Symbole der alten mesopotamischen Religionen auf."

Nach Meinung vieler Religions- und Geschichtsforscher hatten die indogermanischen Völker im Iran und Indien vergleichbare Religionen, die sich sowohl in ihrem Inhalt als auch in ihrer Richtung ähnelten. Zwischen dem 14. und dem 9. Jahrhundert vor Christus kam es jedoch zu einer Spaltung, wobei jeder Zweig einen eigenen Glauben und eine eigene Religion entwickelte. Mit den indogermanischen Sprachen verhielt es sich ähnlich.

Die indogermanischen Völker glaubten an Naturkräfte und verehrten mehrere Götter. Eines der wichtigsten Elemente war das Feuer. Ihm verdanken sie ihre geschichtliche Bezeichnung als „Arier". Das Wort „Ar" stammt aus der Sprachgemeinschaft der Indo-Germanen und bedeutet Feuer. Es findet auch heute noch im Kurdischen Verwendung, jedoch häufiger wird das Wort „Agir" verwendet. Die alten Völker verehrten das Feuer als Gott und beteten es an. Sie bauten Feuertempel, die auch als heilige Feuerstellen (kurdisch: *Mala Agir*) bezeichnet wurden. Eine andere Auffassung vertritt hingegen Prof. Wießner. Nach ihm steht das Wort Arier in Zusammenhang mit dem altindischen arya, „der Edle".

Neben dem Feuer waren auch die drei anderen Lebenselemente heilig: Erde, Luft und Wasser. Auch in der zarathustrischen Religion spielen die vier Elemente eine bedeutende Rolle. Feuertempel als Symbol des allmächtigen Gottes Khode oder Ahura-Mazda, wie ihn die Zarathustrier heute nennen, existieren noch. Auch im heutigen Jesidentum findet man die vier Lebenselemente in den Gebeten der Jesiden. So heißt es z. B. im Abendgebet der Jesiden:

„Herr, sei uns gnädig im Andenken an Erde und Himmel, an Wasser, Erde, Luft und Feuer. Das sind die vier Geheimnisse des Lebens."

Die Überwindung des bösen Gottes

Noch vor dem Auftreten des iranischen Propheten Zarathustra erfuhr das Jesidentum eine neue Entwicklung. Bis dahin wurde das Feuer angebetet, doch die Betrachtung des Universums erweiterte den Horizont. Man glaubte weiterhin, dass sich das Leben auf den vier erwähnten Elementen aufbaue, ergänzte diese jedoch durch die Sonne. Die Sonne ist die Mutter des Feuers und des Lebens. Ohne die Sonne ist das Leben unmöglich. Sie gibt Licht und spendet Wärme. Die Sonne wurde Scheschims genannt und die Gläubigen Shemsani; dies bedeutet Sonnenanbeter. Die Sonne wird bis heute verehrt, wenn auch nicht mehr als Gottheit. Die Jesiden glauben, dass der allmächtige Gott für die Menschen unsichtbar und nicht greifbar ist. Dafür ist die Sonne das sichtbare Zeichen Gottes im Himmel. Viele Kurden schwören heute noch beim heiligen Feuer, wenn sie die Wahrheit betonen wollen, ohne zu wissen, dass die Feueranbetung zu ihrer Geschichte gehört.

Als die Griechen unter Führung des Mazedoniers Alexander Mesopotamien um 330 – 333 v. Chr. eroberten und ihr Reich bis nach Afghanistan und Pakistan ausdehnten, übernahmen sie den dort verbreiteten Glauben der Sonnenanbetung. Diese Religion, damals Mithra- oder Mihir-Religion genannt, verbreitete sich in ganz Anatolien und Griechenland. Die Bezeichnungen sind auch in der Gegenwart noch gebräuchlich.

Ohne etwa auf die Lobpreisung des Feuers als Symbol des Lebens und die Sonne als die Mutter und Quelle des Feuers zu verzichten, entwickelte sich vor Zarathustra (589 v. Chr.) der Glaube an das dualistische Prinzip von Gut und Böse. Dementsprechend existieren zwei Götter, nämlich der gute und der böse Gott. Man nannte den guten Gott Ahura-Mazda (kurz: Ezda) und den bösen Gott Ahiraman. Die beiden Prinzipien, das Böse und das Gute, treten später fundamental in der zarathustrischen Religion in Erscheinung.

Die Mithra-Anbeter oder Sonnenanbeter, die in der damaligen Zeit unter dem Namen Shemsani bekannt waren, glaubten, dass alles, was böse und finster ist, wie Unglück, Katastrophen, Dürre,

Hunger und Not, von dem bösen Gott Ahiraman stamme und alles, was gut und nützlich ist, von dem guten und vernünftigen Gott kommt. Er spendete für die Fruchtbarkeit des Bodens Regen und Schnee. Er gab ihnen Gesundheit und wendete Krankheit und Unheil von ihnen ab. Er schenkte ihnen gesunde Kinder und sorgte für gute Ernten.

Die beiden Prinzipien standen im ständigen Kampf miteinander, einmal siegte der gute Gott, auf Kurdisch: *Khudane Khere*, und ein anderes Mal der böse Gott, auf Kurdisch: *Khudane Sher.*

Sie glaubten weiter, dass der gute Gott Ahura-Mazda unbegrenzte Barmherzigkeit und unendliche Geduld habe. Er musste aber auch unvorstellbare Kräfte haben, um den Untaten des bösen Gottes Ahiraman entgegenzutreten. Man brauchte den guten Gott nicht zu fürchten, denn er tat nichts Böses. Dagegen musste man den bösen Gott fürchten. Der Mensch musste ihn meiden und ihm aus dem Wege gehen, um so dessen böse Taten abzuwenden. Man durfte ihn nicht einmal erwähnen oder ihn gar verfluchen, denn er war in der Lage, überall zu sein und zu einer ihm passenden Zeit zu erscheinen.

Aus einem Gebet der Jesiden geht hervor, dass man den allmächtigen Gott anrufen soll, damit er die Tore zum Wohlbefinden öffnen hilft und das Böse abwendet: *Xwedanê erd û ezman, deriyê xêran li me veke û şeran wergerîne.*

Die Ablehnung des Bösen hat also ihre Wurzeln in der Vorgeschichte der Jesiden, lange vor den später auftretenden Religionen wie der zarathustrischen, jüdischen, christlichen und islamischen Religion.

In dem Gebet „Mein Herr" wird das monotheistisch bestimmte Gottesbild der Jesiden deutlich:

Mein Herr

Mein Herr ist gnädig und barmherzig.
Er befahl, die Erde und deren vier Ecken zu gestalten und zu formen.
Mein Herr hat die Weltschöpfung vollendet.
Er hat sie mit einer Atmosphäre und einer Laufbahn ausgestattet und
die Kinder Adams darin angesiedelt.
Mein Herr ist der Allmächtige im Himmel, das Geheimnis des Himmels.
Er ist der Schöpfer des Tages, der Nacht und der Zeit.
Alles Gute kommt von ihm.
Mein Herr ist der Gott der Engel.
Er ist der Gott der sieben Engel, durch seine Allmächtigkeit.
Er ist der Gott der sieben Engel, die uns gottesfürchtig machen.
Mein Herr hat das Leben aus der weißen Perle geformt und gestaltet.
Er übergab es den sieben Engeln für immer und ewig und hat Tausi-Melek

zu dessen Führer gekrönt.
Mein Herr ist der Gott Adams.
Er ist unendlich gütig, zu jeder Zeit, in jedem Zeitraum, in jeder Epoche.

Hat das Jesidentum mit der Anbetung der Sonne (Scheschims; Schemesch) und der Verherrlichung der vier Lebenselemente Feuer, Wasser, Luft und Erde angefangen? Findet man die Anfänge des Glaubens in der Verherrlichung von Tausî-Melek als Vertreter des allmächtigen und allwissenden Gott Khoda (Xweda; Xwedê; Ezda), was wir bisher angenommen hatten und davon ausgegangen sind? Entsprechen die bisherigen Erkenntnisse der vollen historischen Wahrheit über diese Religion?

Die Suche nach Antworten auf diese Fragen ist nicht nur mühsam und kompliziert, sondern nur sehr begrenzt möglich. Es ist schon nahezu ausgeschlossen, dass sich die historischen Zusammenhänge in den vorhandenen Geschichtsbüchern finden. Die zahlreichen Kriege und Raubzüge gegen das Volk der Jesiden haben viele Details verschwinden lassen und Spuren verwischt. Sie ließen auch den Geschichtsschreibern und Historikern keine Chance, etwas Vernünftiges über dieses Volk schriftlich zu fixieren. Die unter den Gegnern dieses Volkes gepflegte Annahme, dass die Jesiden keine wesentliche Rolle in der Geschichte gespielt haben und deshalb aus historischer Sicht nicht ernst zu nehmen sind, ist jedoch absurd und wahrheitsfremd.

Der Spalter-Vorwurf

Und wenn jemand von uns seinen ganzen Mut zusammennimmt und den Versuch macht, diese Religion zu erforschen, muss er noch heute mit herber Kritik der moslemischen Kurden rechnen. Oft wurde mir der Vorwurf gemacht, dass ich das kurdische Volk durch meine Recherchen über die jesidische Religion spalten will. Anstatt die noch verbliebenen Jesiden zu beschützen, priesen diese Kritiker Mischehen zwischen Muslimen und Jesiden an. Alles andere ist nach ihrer Ansicht reaktionär. Tatsächlich wäre es ein Akt der Unterwerfung, wenn man diesen Vorstellungen folgen würde.

Die langwierige Suche nach historischen Spuren meines Glaubens in den deutschen Bibliotheken hat nach meiner Einschätzung erste Früchte getragen. Mein Freund und Arbeitskollege Klaus Janich, der sich im Geiste als Jeside fühlt, hat mir zwei wertvolle Hinweise gegeben. Die erste Fundstelle ist in dem Buch „Weltgeschichte in Daten"; erschienen im Deutschen Verlag der Wissenschaften; zweite Auflage von 1970 bis 1973, zu finden. Auf Seite 127 steht unter dem Stichwort Urartu:

„Das Land zeichnet sich durch Reichtum an Bodenschätzen, ein hoch stehendes Metallhandwerk (Eisen) und eine künstliche Bewässerung in den Gebirgstälern aus. Auf dem Gebiet der Kultur verdient die Reliefkunst Erwähnung.

Die erste Hälfte des 9. Jh. vor unserer Zeit; Sardur I. (ein Herrscher): Zusammenschluss der Stämme zu einem einheitlichen Staat. Hauptstadt war Tuschpa an der Südküste des Vansees. Hauptgott dieses Volkes war Chaldi (Hervorh. vom Autor). Erste militärische Auseinandersetzungen mit Assyrien unter Assurnasirpal II. und Salmannassar III.“

Unter der Überschrift „Die Religion des Urartu-Reiches“ taucht dieser wichtige Name erneut auf:

„Die Inschrift von Meher Kapisi nennt zuerst Khaldi, dann den Wettergott, den Sonnengott und die Versammlung der Götter. Darauf folgt Khutuini, vermutlich der Gott des Sieges. Reichsgott der Urartäer war seit Ischpuini der Kriegsgott Khaldi, der auf einem Löwen stehend abgebildet wurde. Khaldi ist als Namensbestandteil seit mittelassyrischer Zeit belegt.“

Dieser Begriff ist die Spur. Denn mehrere große Stämme der Jesiden, die heute in den Regionen Diyarbakir, Batman und Siirt und teilweise in Urfa, Nordostsyrien und Shingal (Schingal; Schengal) leben, werden als Khaldi bezeichnet. Vermutlich stammen diese und vielleicht alle anderen jesidischen Stämme aus der Region Berg Ararat und Vansee in dem heutigen nordöstlichen Teil von Türkisch Kurdistan. Viele Jesiden, auch ich, glaubten lange, dass es sich bei den Khaldi-Jesiden um einen Hauptstamm handelt. Niemand konnte jedoch ahnen, dass die Jesiden diesem Hauptgott vielleicht ihren Namen zu verdanken haben. Eines wussten wir ganz genau:

Alle Jesiden und nicht nur die erwähnten Stämme in den oben aufgezählten Regionen waren Chaldi (Khaldi; Xaldî; Xaltî).

Kein Widerspruch zur Religion

Anders als vielleicht vermutet wird, steht der geschilderte Erklärungsansatz nicht im Widerspruch zur Religion. Sie war, wie schon dargestellt, ursprünglich nicht monotheistisch, also auf den einen allmächtigen Gott ausgerichtet. Man unterscheidet drei Entwicklungsphasen: Am Anfang stand eine Vielgötter-Religion, doch setzte sich die Vorstellung eines Gottes durch, und am Ende kamen die Reformen von Scheich Adi.

Ich hoffe sehr, mit meinen Interpretationen eine Debatte über die Geschichte der Jesiden vor der Ära Scheich Adi ausgelöst zu haben. Diese Geschichte war bedeutender als es die heutigen Schätzungen über die Anzahl der Jesiden vermuten lassen, die sich jedenfalls im Rahmen einer halben Million bewegen. So gesehen, sind die Jesiden ein vom Aussterben bedrohtes Volk. Die Geschichtsbücher der Osmanen, die über ihre zahlreichen Kriege gegen die Jesiden berichten, sprechen noch von ca. 6 Millionen Jesiden, die der Lehre des Philosophen Scheich Fakhrê Adiyan folgten.

Die heiligen Bücher der Jesiden

Als Folge einer Jahrtausende währenden Verfolgung und der Eroberung ihrer Gebiete durch die islamischen Herrscher im 6. und 7. Jahrhundert nach Christus haben die Jesiden praktisch keine schriftliche Überlieferung. Doch wurden über Jahrtausende mündlich Gebete und Psalmen überliefert, die teilweise trotz Verfolgung und Zwangsislamisierung erhalten geblieben sind, was an ein Wunder grenzt. In verschiedenen Ritualen und Festabläufen sind weitere Hinweise auf religiöse Inhalte enthalten.

Immer wieder werden wir mit der Frage konfrontiert, ob die Jesiden Schriften besitzen, die dem Status der heiligen Bücher der anderen monotheistischen Religionen der Region, Thora, Bibel und Quran (Koran), entsprechen. Dies könnte den Vorwurf der Muslime entkräften, die Jesiden seien keine Anhänger einer sogenannten Buchreligion. Als solche hätten sie ähnlich wie Christen und Juden einen Sonderstatus und einen gewissen Anspruch auf Schutz.

Ende des 19. und Anfang des 20. Jahrhunderts „entdeckten" nun verschiedene Orientalisten, Forscher und christliche Gelehrte auf Kurdisch oder Arabisch verfasste Handschriften, die sie als Urversion der heiligen Bücher der Jesiden bezeichneten. Fragt man die Jesiden selbst, so wird man oft hören, dass sie durchaus zwei heilige Bücher besitzen: das *Meshefa Resh* und das *Kiteba Celwe*. Um Kopien dieser beider Texte handelt es sich bei den oben erwähnten Entdeckungen.

Auch viele jesidische Geistliche der alten Generation behaupten, dass die jetzt vorhandenen Schriften keineswegs echt sind; sie erklären vielmehr, dass Orientforscher aus Europa die Originale gestohlen und stattdessen selbstgefertigte Kopien hinterlassen haben. Das ist kennzeichnend für die Argumentation im Zusammenhang mit der Problematik der schriftlichen Überlieferung. Ich bewerte die Aussage als Versuch dieser Schicht, den Verlust ihrer Position als Bewahrer der heiligen Texte abzuschwächen, allerdings auch hier nicht ohne Verweis auf die Umstände. Die Religion und mit ihr die Scheichs und Pire, Emire und Baba Scheichs waren grausamsten Verfolgungen ausgesetzt. Aus Angst vor den Muslimen schränkten die Würdenträger ihre religiösen Aktivitäten stark ein. Die Gläubigen versteckten sich in ihren Häusern, um unbehelligt ihre Gebete zu sprechen oder um einem Scheich oder Fakir zuzuhören, der ihre Gemeinde besuchte. Heute haben die Texte der heiligen Bücher jedoch keine rituelle Bedeutung mehr, vielmehr gelten die Qawls theologisch gesehen als Herz der Religion.

Johannes Düchting weist in seinem Buch *Die Kinder des Engel Pfau* detailliert nach, dass der Ursprung dieser Texte ebenso unklar ist wie ihr Inhalt. Es existieren mehrere Versionen beider Texte auf Kurdisch, Arabisch, Assyrisch sowie unzählige Übersetzungen. Wahrscheinlich handelt es sich um Niederschriften von mündlichen Überlieferungen aus dem reichen jesidischen Schatz an Gebeten, Geschichten, Erzählungen, Legenden und Psalmen. Diese Aussage wird auch von Kreyenbroek unterstützt, der die bisherigen Versionen nicht für originale Texte aus der Zeit von oder vor Scheich Adi hält, sondern davon ausgeht, dass die Texte über Jahrhunderte hinweg mündlich weitergegeben und später an verschiedenen Stellen aufgezeichnet wurden (*Yezidism – Its Background, Observances and Textual Traditions*). Und darin liegt auch ihr Wert für die Jesiden: Mit den beiden Büchern wurden zum ersten Mal religiöse Texte der Jesiden niedergeschrieben und der Allgemeinheit zugänglich gemacht.

Das prächtige Gemälde des jesidischen Künstlers Ammar Salim illusioniert den jesidischen Schöpfungsmythos in einer faszinierenden und zugleich sehr detaillgetreuen Kunst. Zusehen sind die sieben Engel bei der Erschaffung des Universums, sowie die Herabsetzung des Heiligtums Lalisch durch die Allmacht Gottes (als Licht, Nûr dargestellt). Um das Geschehen herum sind die vier heiligen Lebenselemente Luft, Erde, Feuer und Wasser, daneben auch die neun Planeten verbildlicht.

Die Schöpfungsgeschichte in der jesidischen Religion

Die jesidische Religion hat eine ganz eigene Schöpfungsgeschichte. Wie in mehreren religiösen Texten, aber auch in den heiligen Büchern erwähnt wird, glauben die Jesiden, dass das ganze Dasein oder Universum aus einer Perle entstanden ist, die der Allmächtige und Allwissende geschaffen und vierzigtausend Jahre bei sich bewahrt hat. Diese Urperle beinhaltete die vier Lebenselemente, die Berge, die Landschaften, die Sterne, Planeten und Trabanten. Der Allmächtige habe die Urperle gesprengt, und dadurch wurden die einzelnen Himmelskörper voneinander getrennt. Jeder Himmelskörper nahm eine Laufbahn an, und so entstanden Sonne, Mond, Erde und die anderen Sterne.

Der Allmächtige schuf die Zeit und gestaltete die Erde so angenehm, dass die Nachfahren des Urmenschen Adam darin wohnen konnten. An die Ernährung der Sterblichen hatte er gedacht, indem er die Grundlage des Lebens in Form von Pflanzen schuf. Er formte die Erde so, dass sie vier Himmelsrichtungen bekam. Er teilte die Fläche in Wasser in Form von Meeren und Festland in Form von Bergen und Tälern auf. Wie in den anderen Religionen, vor allem den Buchreligionen, symbolisiert sich auch in der jesidischen Religion die Vollendung der Schöpfung in den Wochentagen. An jedem Wochentag wurde ein Engel von ihm aus dieser Urperle geschaffen. Dies machen der Qawl „Die Schöpfungsgeschichte" und die heiligen Bücher sehr deutlich. In den Kapiteln des Meshefa Resh (Schwarzes Buch) heißt es, dass er die einzelnen Engel oder Gottheiten damit beauftragt hat, die Himmelskörper wie die Sonne, den Mond und die Sterne zu schaffen und ihre Gestalt anzunehmen:

> *„Und Er erschuf einen Vogel namens Anfar, und Er legte die Perle auf dessen Rücken und ruhte auf ihr vierzigtausend Jahre.*
>
> *Der erste Tag der Schöpfung ist der Sonntag, und Gott erschuf an ihm einen Engel namens Azrail, und der ist der Engel Tausi-Melek, der Oberste von allen.*
>
> *Und am Montag erschuf Er den Engel Dardail, und dies ist Scheich Hasan.*
>
> *Und am Dienstag erschuf Er den Engel Israfail, und dies ist Scheich Shams. Und am Mittwoch erschuf Er den Engel Mikail, und dies ist Scheich Abu Bakr. Und am Donnerstag erschuf Er den Engel Jibrail und dies ist Sidjadin.*
>
> *Und am Freitag erschuf Er den Engel Shamnail und dies ist Nasiradin. Und am Samstag erschuf Er den Engel Nurail und dies ist Fakhradin.*
>
> *Und Gott machte den Engel Tausi-Melek zum Obersten über sie. Hernach erschuf Er das Bild der sieben Himmel, die Erde, die Sonne und den Mond."*

Weiter heißt es:

> *„Sieh, Er erschuf aus sich eine Perle und herrschte über sie 40.000 Jahre, und hernach ward Er zornig über die Perle und zertrat sie.*
>
> *Und es geschah ein Wunder. Da entstanden durch ihren Lärm die Berge und durch ihr Getöse die Hügel, und durch ihren Rauch die Himmel. Dann stieg Gott empor in den Himmel und ließ sie erstarren und festigte sie ohne Säulen.*
>
> *Danach sperrte Er die Erde ab. Er nahm ein Schreibrohr in die Hand und begann die gesamte Schöpfung aufzuzeichnen. Danach erschuf Er sechs Engel aus seiner Wesenheit und aus seinem Lichte heraus, und ihre Erschaffung war, als zünde jemand sein Licht am Licht des anderen an.*

Und dann sagte der erste Engel zum zweiten:

„Ich habe den Himmel erschaffen, du aber steig empor zum Himmel und erschaffe etwas.“ Da stieg der zweite empor und ward zur Sonne. Er sagte dies zum dritten, und da stieg dieser empor und ward zum Mond. Und der vierte erschuf den Horizont, und der fünfte ward zum Morgenstern, und der sechste erschuf die Atmosphäre.“

Vielleicht stammen alle Schöpfungsgeschichten und Lebensentstehungstheorien aus der Zeit der uralten Völker Mesopotamiens. Ähnlichkeiten und Parallelen zwischen den Angaben der heiligen Bücher der Buchreligionen und denen der alten Schriften in Form von Tontafeln sind reichlich vorhanden. Selbst die Vertreibung Adams aus dem Garten Eden ähnelt einer sumerischen Erzählung, auch wenn der Mensch, der aus dem Garten vertrieben wurde, anders hieß. Die Sintflut und die Rettung der Geschöpfe stammen ebenfalls aus der Zeit vor der Entstehung der drei Buchreligionen. Es ist nicht unsere Absicht, mit diesen Hinweisen die Darstellungen anderer Religionen in Frage zu stellen. Die jesidische Religion zeigt großen Respekt gegenüber anderen Religionen und hat die Bedeutung anderer Heiliger und Religionsstifter in vielen religiösen Texten hervorgehoben. Dass historische Zusammenhänge und Parallelen bestehen, solllte andererseits nicht übersehen werden.

Auch an anderen Stellen in den religiösen Texten wurde die Schöpfungsgeschichte dargestellt. So heißt es im gleichnamigen Qawl „Die Schöpfungsgeschichte“:

Oh Herr! Das Universum war finster.
In ihm existierten weder Mäuse noch Schlangen.
Du hast alles zum Leben erweckt!
Überall bedeckten Blumen die Oberfläche.
Oh Herr! Du bist der großzügige Gestalter.
Du hast aus den dunklen Wegen helle gemacht.
Du bist der Architekt und Gestalter aller Dinge der Welt.
Du hast den Paradiesgarten mit Farbenvielfalt geschaffen.
Es existierten weder Himmel noch Erde.
Das Universum war unendlich und sehr weiträumig.
Es gab weder Menschen noch Tiere.
Du hast sie geschaffen.
In den Tiefen der Meere befand sich nur die Perle.
Diese war weder starr noch beweglich.
Du hast sie geformt.
Und das Licht erschaffen.
Das Geschöpf hat eine Gestalt aus Fleisch angenommen.
Du hast ihm eine Seele gegeben,
Beine und Arme ihm gegeben,

Ihm gegeben, zu sprechen und zu handeln.
Unser Herr ist der Gott der Gnade.
Er hat der Welt Wege und Tore geöffnet.
Er hat alles zugänglich und uns Menschen dienstbar gemacht.
Und die Erde so schön bewohnbar wie den Paradiesgarten.
Mein Herr hatte einen Plan.
Er hat die Perle als Grundlage genommen.
Aus ihr hat Er die Heiligen geschaffen.
Und er sagte: „Das ist nicht genug."
Aus Furcht vor dem Allmächtigen fing die Perle an,
zu zittern und unruhig zu werden.
Sie konnte nicht mehr alles in sich tragen,
Weiß und rot bedeckten sie, die Farben der Menschen.
Unser Herr ist gnädig und gütig.
Er brachte uns Menschen Schönheit und gute Figur.
Er befahl durch seine göttlichen Fähigkeiten, dass wir uns lieben.
Er warf Hefe in die Weltmeere.
Dadurch konnten sie Gestalt annehmen.
Aus den Meeren stieg Rauch auf.
Dadurch konnten vierzehn Atmosphären entstehen.
Der Herr brachte die Perle heraus.
Er schüttete Liebe auf die Menschen.
Aus ihr schuf Er zwei Augen.
Aus den Augen floss viel Wasser.
Aus der Perle sind Unmengen Wasser geflossen.
Daraus entstanden enorme Flüsse.
Unser Herr spazierte auf dem Meer, erschuf die Arche,
Nahm von den Menschen, Tieren und Vögeln je ein Paar auf das Boot.
Unser Herr nahm Platz im Schiff.
Er durchsuchte alle vier Himmelsrichtungen.
Das Schiff bekam ein Loch.
Die Schlange versiegelte mit ihrem Schwanz das Leck.
Unser Herr steuerte das Schiff zu jedem Ufer,
Und führte es am Ende nach Lalisch,
Und sagte: „Das ist der heilige Ort."
Sultan Ezid ist ein wunderbarer Wegweiser.
Lalisch ist die Herberge der Menschheit.
Davon haben die Jesiden Kenntnis genommen.
Ich richte meine Hilferufe an den großen Scheich,
Damit Er aus dem Wasser der Quellen Flüsse entstehen lässt.
Oh Herr! Du hast eine Welt voll guter Dinge geschaffen.

Darin leben die Menschen satt und zufrieden.
Die Nächte sind finster und dunkel.
Überall wachsen Blumen und Blüten.
Unser Herr ist gnädig und gütig.
Er festigte den Himmel und die Erde,
Und gab uns eine Seele, befähigte uns zu sprechen.
Unser Herr ist der Gott der Schöpfung.
Er schuf sieben Engel,
Und trennte das Paradies von der Hölle.
Unser Herr schuf die Erde und änderte die Atmosphären.
Er stabilisierte die Laufbahn der Erde.
Mein Herr wanderte überall auf der Erde.
Pflanzen und Steine machte Er den Menschen dienstbar.
Diese haben die Menschen am Leben erhalten.
Er hat Lalisch auf die Erde herabgesetzt.
Lalisch wurde ein wunderbarer Ort.
Auf der Erde wuchsen die Pflanzen.
Das wurde zur Lebensgrundlage
Für alle Geschöpfe.
Der Herr ist gnädig und gütig.
Er schuf die vier Fundamente des Lebens.
Nur so konnte der Mensch Adam am Leben bleiben.
Der Herr ist gnädig und gütig.
Er schuf die Lebenselemente.
Eines davon ist das Wasser, eines ist das Licht
Die anderen sind die Erde, die Luft und das Feuer.
Unser Herr ist gnädig, Er formte den Körper von Adam.
Der Körper blieb starr und reglos, machte keinen Schritt.
Der Allmächtige sagte: „Oh, du Seele,
Warum gehst Du nicht in den Körper hinein?
Unser Herr ist allmächtig und allwissend, er schuf alle Geschöpfe.
Und er hat für sie die Hölle und das Paradies vorbereitet.
Unser Herr hat die Erde geschaffen
Und den Himmel von ihr getrennt.
Er machte die Erde zur Heimat aller Geschöpfe,
Verlangte aber gute Taten von den Menschen.
Lalisch wurde von oben herabgesetzt.
Auf der Erde wuchsen die Pflanzen, davon lebten alle Geschöpfe.
Unser Herr fing am Freitag, dem ersten Tag,
damit an das Kleid zu schneidern.
Am Samstag schneiderte Er das Kleid.

Am Mittwoch war Er mit seinem Werk fertig.
Siebenhundert Jahre später kam die Perle.
Siebenhundert Jahre vor Adam.
Die Erde schlief und war inaktiv
Bis der Allmächtige den heiligen Ort Lalisch schickte.
Er befahl und die Seele war zur Stelle.
Sie ging hin und her.
Der Herr versorgte sie mit dem Licht der Liebe.
Sie kam und trat in den Körper von Adam.
Unser Herr ist gnädig.
Er brachte Adam den Becher der Geheimnisse.
Adam trank aus dem Becher.
Er geriet sofort aus dem Gleichgewicht.
Das Fleisch bekam Leben.
Der Kopf bekam Verstand und Vernunft.
Das Blut floss in den Adern. Adam trank aus dem Becher.
Adam schmeckte der Inhalt des Bechers.
Das Wunder des Bechers erreichte das Paradies.
Die Engel nahmen Adam und brachten ihn zum Paradies.
Adam trank aus dem Becher.
Er entdeckte das Wunder im Becher.
Er wurde durch den Inhalt hellwach.
Er sagte: „Diese Erde ist wunderschön,
Sie ist mit frischem Gras bedeckt, heute ist mein Tag."
Unser Herr ist gnädig.
Er vollbrachte ein Wunder.
Er schuf die Zeit
und legte sie genau fest.
Oh, du Nachfahre Adams,
der auf die Erde kam.
Du musst jederzeit
An den Glauben denken.
Der Allmächtige rettete uns vor der Sintflut.
Ihr, die Muriden arbeitet fleißig!
Der Himmel regnete gute Dinge.
Entfernt Euch von den Feinden.
Der Allmächtige schüttete auf uns gute Taten.
Der Himmel und die Erde spendeten Gutes.
Tuet bitte auch nur Gutes
Und denkt immer an dieses Wort!

Ich möchte hier vorsichtig die Darstellung der Schöpfungsgeschichte bei den Jesiden mit der heute aktuellen Urknalltheorie vergleichen. Für meine Begriffe sind die beiden Darstellungen verblüffend ähnlich. Bei der einen handelt es um eine religiöse, bei der anderen um eine wissenschaftliche Darstellung. Auch die moderne Wissenschaft geht davon aus, dass das ganze Universum zu Beginn eine Masse ohne Ausdehnung war. Durch enormen Druck und hohe Temperatur kam es zum sogenannten Urknall, wodurch dann unser Sonnensystem und andere Galaxien entstanden sind. Die Zersprengung der Urperle und Schaffung der Welt ist mehr als ähnlich.

In der Schöpfungsdarstellung des Urmenschen Adam wird dem Mitwirken von Tausi-Melek im göttlichen Plan eine wesentliche Rolle beigemessen (siehe Kapitel Tausi-Melek).

Im Schwarzen Buch (Mishefa Resh) heißt es:

„Darauf stieg der Herr hinab auf das heilige Land. Er befahl dem Engel Jibrail (Gabriel) das Herbeischaffen von Erde aus den vier Ecken des Diesseits; und dieser brachte dann Erde und Luft und Feuer und Wasser. Dann erschuf Er aus all diesem den ersten Menschen Adam und legte in ihn eine Seele durch seine Macht. Und Er befahl Jibrail, dass Er den Adam ins Paradies hineinbringe und dass Adam von allen Früchten der Bäume esse, aber nicht von dem Weizen.... Und nach 100 Jahren sagte der Engel Tausi-Melek zu Gott:" Wie kann es sein, dass Adam sich vermehrt und wächst, und wo ist seine Nachkommenschaft?" Gott sagte zu ihm: „Die Sache und seine Durchführung gebe ich in deine Hand." Und dann kam Tausi-Melek und sagte zu Adam: „Hast du Weizen gegessen?" Er sagte: „Nein, weil Gott es mir verboten hat." Er sagte: „Iss; es wird besser für dich sein." Nachdem Adam gegessen hatte, blähte sich sofort sein Bauch auf. Da trieb ihn der Engel Tausi-Melek aus dem Garten hinaus, ließ ihn im Stich und stieg empor zum Himmel. (...) Und Adam spürte in seinem Bauch eine Enge, weil der keinen Ausgang hatte. Da sandte Gott einen Vogel, welcher ihn pickte und ihm einen Ausgang öffnete. Da bekam er Ruhe..."

Hier wird deutlich, dass der Allmächtige seinen Plan, Adam zu schaffen, in die Hände Tausi-Meleks gelegt hatte. Im Grunde genommen hat Tausi-Melek nur den göttlichen Plan in die Tat umgesetzt, wobei sich der Allmächtige passiv verhalten hat. In der Schöpfungsgeschichte wird auch die Rolle des Ortes Lalisch besonders hervorgehoben. In den Texten „Die Schöpfungsgeschichte" und „Mein Herr" wird das sehr deutlich, wenn es heißt, dass die Erde erst dann zur Ruhe kam, als der Allmächtige und Allwissende den Ort Lalisch darin integriert und angesiedelt hatte. Die Jesiden glauben sogar, dass die Gegend um diesen Ort das erste Festland war, das aus dem Meer ragte. Dieser Ort oder die Stelle, wo heute die heilige Stätte Lalisch als Pilgerort für die Jesiden steht, wurde von Gott ausgesucht. In den heiligen Texten heißt es, dass der Allmächtige alle Ecken der Erde durchsucht und sich dann für Lalisch als heiligen Ort entschieden hat.

Ein in Stein gemeißeltes Taus-Symbol im Eingangsbereich zum Lalisch-Tal.

Tausi-Melek

Kein Aspekt der jesidischen Religion wird so unterschiedlich interpretiert und zieht die Aufmerksamkeit auf sich wie die Rolle von Tausi-Melek. Ein wesentlicher Grund dafür, dass in der islamischen Welt die Jesiden als Ungläubige betrachtet werden, liegt in der Fehlinterpretation der Rolle von Tausi-Melek. Es ist daher von zentraler Bedeutung, präzise und mit viel Sorgfalt über das Dogma des Tausi-Melek im Jesidentum zu schreiben. Dieses Thema ist ein Schlüssel zur jesidischen Theologie.

Tausi-Melek in den religiösen Texten der Jesiden

In der jesidischen Schöpfungsgeschichte wird die Rolle Tausi-Meleks im göttlichen Plan hervorgehoben. Darin spricht man nicht von irgendeiner Vertreibung und schon gar nicht von einem in Gottes Ungnade gefallenen Engel, der die Vertreibung Adams aus dem Paradies verursacht hat. Vielmehr wird die Schöpfung Adams und seine Umsiedlung auf die Erde als ein Teil des göttlichen Planes dargestellt. Hierbei übernimmt Tausi-Melek im Auftrag Gottes die aktive Rolle. Der Allmächtige hat sich in diesem Weltplan passiv verhalten. Und er schritt erst ein, als Tausi-Melek ihn vollendete.

Symbolhafte Darstellung des Tausi-Melek von dem jesidischen Archäologen Lauffrey Nabo.

Das heilige Buch spricht nicht vom Genuss der Früchte am Baum der Erkenntnis, wie es bei allen drei Buchreligionen der Fall ist, sondern vom Genuss der Früchte aus Weizen bzw. vom Getreide. Tausi-Melek soll mit Erlaubnis des Allwissenden Adam dazu bewegt haben, Weizen zu verzehren. Adam soll daraufhin Bauchschmerzen und Blähungen bekommen haben. Er musste seinen Betreuer Tausi-Melek bitten, ihn aus seiner Notlage zu befreien. Da das Paradies ein reiner Ort war, musste ihn Tausi-Melek auf die für diesen Zweck bereits bewohnbar gemachte und vorbereitete Erde bringen.

Der folgende Auszug aus dem Gebet „Mein Herr“ zeigt die exponierte Stellung Tausi-Meleks:

> *Mein Herr ist der Gott der Engel.*
> *Er ist der Gott der sieben Engel durch seine Allmacht.*
> *Er ist der Gott der sieben Engel, die uns gottesfürchtig machen.Mein Herr hat das Leben aus der weißen Perle geformt und gestaltet.*
> *Er übergab es den sieben Engeln für immer und ewig*
> *und hat Tausi-Melek zu dessen Führer gekrönt.*

Die Symbolik des Pfaus

Wie die alten Ägypter den Adler als Symbol der Sonne angenommen haben, so haben die Jesiden den Vogel Pfau gewählt. Vielleicht war dafür seine prächtige Farbenvielfalt ausschlaggebend. Die Farbenpracht des Pfaus hat in zahlreichen Traditionen des Nahen und Fernen Ostens ihren Niederschlag gefunden. Die Tatsache, dass die jesidische Religion durch einen Pfau symbolisiert wird, ist charakteristisch. Das Symbol demonstriertdie friedliche und lebensfrohe Einstellung der Jesiden, denn der Pfau steht für Schönheit und Anmut.

Gebete zu Tausi-Melek

In den mündlich überlieferten Gebeten, Psalmen, religiösen Liedern und Lobeshymnen der Jesiden wird deutlich, dass der Glaube an Tausi-Melek im Mittelpunkt ihrer Religion steht. Im jesidischen Glaubensbekenntnis heißt es:

> *„Scheich Adi ist barmherzig und gnädig, der Heilige Sheikhisn ist unser Beschützer und berühmt, Scheschims (Sonnengott) ist das Licht der Welt, ich nehme meinen Glauben an im Namen Gottes und des von Tausi-Melek. Scheich Adi ist der Herrscher, Sheikhubakir ist mein Schutzherr, Scheschims ist meine Leuchte, ich spreche mein Glaubensbekenntnis im Namen des Herrn und von Tausi-Melek …"*

Gleich zu Beginn des Abendgebets wird sein Name erwähnt:

> *„O mein Herr, sei uns gnädig, dem Gedenken an den Engel Tausi-Melek zuliebe…"*

Wenn man den Würdenträgern bei ihren Gebeten genauer zuhört, die diese Psalme und Gebete von Generation zu Generation erstaunlicherweise mit nur geringen Veränderungen überliefert haben, dann stellt man fest, dass sie beim Lobpreisen des Herrn und Tausi-Meleks nicht etwa im Plural sprechen, sondern im Singular. Man sagt beispielsweise „O Allmächtiger und Tausi-Melek, sei uns gnädig". Vielleicht glauben sie daran, dass Tausi-Melek nicht etwa ein Engel Gottes, sondern ein weiterer Name oder eine andere Bezeichnung Gottes ist.

Ein jesidisches Fest zu Ehren Tausi-Meleks

Dieses Fest findet nicht wie das Newroz-Fest am 21. März, sondern am ersten Mittwoch im Monat April nach kurdischer Zeitrechnung statt. Das ist ungefähr Mitte April nach christlicher Zeitrechnung. Dieses Fest wird auch roter Mittwoch[2] genannt. Am ersten Mittwoch im April, so glauben die Jesiden, hat Gott der Allmächtige dem Engel Tausi-Melek den Auftrag gegeben, die Erde zu schaffen und sie für die Lebewesen, Tiere, Menschen und Pflanzen bewohnbar zu machen. Alljährlich kommt Tausi-Melek an diesem Tag zur Erde, um denjenigen Menschen, die an ihn glauben und ihn verehren, Gesundheit, Schutz und Wohlstand zu geben. Aus diesen Gründen

[2] Die Jesiden glauben, dass zwei besondere Mittwoche im Jahr existieren, ein roter Mittwoch und ein schwarzer Mittwoch. Während der erstgenannte allgemein bekannt ist (der erste Mittwoch im April), ist der zweite den meisten Jesiden unbekannt. Der schwarze Mittwoch bringt Katastrophen mit sich, wenn man an diesem Tag arbeiten geht. Aus diesem Grunde, so sagt eine alte Regel, arbeitet man besser an allen Mittwochen des Jahres nicht und feiert keine Hochzeit oder Verlobung. Nicht einmal die Körperwäsche oder Kleidereinigung sollte an diesem Tag vorgenommen werden.

Jesiden, die das Neujahrsfest Sersal zu Ehren von Tausi-Melek in der Lalisch-Tempelanlage feiern und mit heiligen Lichtern die Vollendung der Schöpfung zelebrieren.

ist der Monat April bei den Jesiden ein heiliger Monat. In diesem Monat darf kein Haus gebaut und keine Hochzeit gefeiert werden. Im Kurdischen nennt man den Monat April „Die Braut des Jahres", Bûka Salê.

Zusammenfassung

Anders als der Islam und das Christentum gibt es in der jesidischen Religion keinen Widersacher gegenüber dem göttlichen Willen. Die Vorstellung, dass eine selbständige böse Kraft Gott entgegenwirkt, ist bei den Jesiden nicht vorhanden. Vielmehr ist Gott einzig, allmächtig und allwissend. In dieser Anschauung kann keine zweite Kraft neben Gott existieren, die ohne sein Dazutun etwas verrichten könnte.

Die Aussprache des Wortes des Bösen wäre gleichbedeutend mit der Akzeptanz der Existenz dieser bösen Kraft und stellt eine Gotteslästerung dar. Der Begriff wird von Jesiden daher nicht ausgesprochen, er fehlt auch in dieser Darstellung – außer in Zitaten. In diesem Zusammenhang sei noch einmal hervorgehoben, dass die Jesiden keine Paradies-Höllen-Theorie haben. Vielmehr glauben die Jesiden an Seelenwanderung und Wiedergeburt (auf Kurdisch: *kirasguhertîn*).

Der Mensch ist selbst verantwortlich für sein Wirken. Aus jesidischer Sicht hat Gott dem Menschen die Möglichkeit gegeben, zu sehen, zu hören und zu denken. Er hat ihm den Verstand gegeben und damit die Möglichkeit, für sich den richtigen Weg zu finden. So symbolisiert Tausi-Melek

Jesiden begrüßen feierlich das neue Jahr (Sersal) im Lalisch-Tal.

in der jesidischen Theologie nicht das Böse und ist ebenso kein in Ungnade gefallener Engel. Aufgrund seiner Weigerung, Adam anzubeten, steht er für die Anerkennung der Allmacht Gottes. Er wurde von Gott zum obersten der sieben Engel erkoren und steht somit im Mittelpunkt des jesidischen Glaubens. Nach der Schöpfungsgeschichte der Jesiden ist Tausi-Melek an der gesamten Schöpfung, am göttlichen Plan aktiv beteiligt. Folglich verkörpert Tausi-Melek nicht den Widerpart in einem dualen Weltbild, sondern ist der Beweis für die Einzigartigkeit Gottes.

Hier liegt auch der Ansatzpunkt für die Kritik der anderen Religionsgemeinschaften, die davon ausgehen, dass Tausi-Melek ihrem Widerpart zu Gott gleichzusetzen ist. Das ist völlig falsch. Nicht nur der mythologische Werdegang, sondern auch das darauf basierende Dogma und die Weltanschauung der Jesiden sind grundlegend verschieden.

Lalisch-Tempelanlage, v.l.n.r.: das Heiligtum zu Ehren Scheich Muse Enzelis, für Scheich Adi und dahinter das Heiligtum für Scheich Hasan.

Scheich Adi, der große Reformer der jesidischen Religion

Scheich Adi ist für die Jesiden eine der zentralen Gestalten ihrer Glaubensvorstellungen. Von Tausi-Melek beseelt, kam er zu den Jesiden, um deren Gesellschaft und Glauben zu reformieren. Das Mausoleum des Scheichs in Lalisch ist das Hauptheiligtum der Jesiden, bei dem zu Ehren des Scheichs alljährlich im Oktober das Fest der Versammlung abgehalten wird.

Andere Stimmen insbesondere von nichtjesidischer Seite behaupten, dass Scheich Adi Bin Musafir ein in der islamischen Literatur bekannter Sufi sei, auf den eine Bruderschaft namens Adawiyya mit strikter Organisation und strengen Regeln zurückging.

Scheich Adi aus Sicht der Jesiden

Zu Beginn schauen wir auf den Ursprung, die Abstammung und den Geburtsort Scheich Adis. Dabei beginnen wir mit Scheich Adis Vorfahren und seinen Nachfolgern:

Großvater Ismail
Vater Musafir (Mutter Yezda)
Scheich Adi (gest. 1160 oder 1162)
Sein Neffe Scheich Sakhr I Abu al-Barakat
Scheich Sakhr II
Sein Sohn Scheich Adi II Bin Sakhr, 1221 von den Mongolen hingerichtet
Sein Sohn Scheich Hassan bin Adi, 1254 von den Mongolen hingerichtet
Sein Sohn Scheich Sherfedin (Sharaf al-Din), 1258 im Kampf gegen die Mongolen gefallen
Sein Bruder Scheich Fakhredin (Fakhr al-Din), 1276 nach Ägypten zu den Ayubiden ausgewandert
Sein Bruder Shemsedin (Shams al-Din) rebellierte gegen ihn und floh nach Syrien
Sein Bruder Scheich Zeynedin (Zayn al-Din)
Bevor nun durch die heiligen Texte Beweise über die jesidische Herkunft geliefert werden, wird zunächst der Geburtsort des Sheiks Adi kurz beschreiben:

Khirbat Qanafar

Das kleine Dorf am Fuße des Baruk-Berges und der gleichnamigen Zedernwälder am Ostrand des Libanongebirges ähnelt seinen Nachbardörfern in vieler Hinsicht. Eine mehrheitlich christliche Bevölkerung, ausgezeichnete Weine, gute Schulen und sogar ein bisschen Wintersport lassen Khirbat Qanafar als ein typisches libanesisches Dorf in der Beqaa-Ebene erscheinen. Ein großer Platz am Dorfrand wird von einer riesigen Eiche eingenommen, und diese Fläche grenzt an ein eingezäuntes Feld, in dessen Mitte ein eher untypisches Gebäude steht, ein Schrein mit Kuppeldach ganz in der muslimischen Tradition des Mittelalters und der Heiligengräber. Es stellt sich daher die Frage, wie der Schrein seinen Weg dorthin fand.

Die Antwort darauf findet sich im elften Jahrhundert, kurz nach dem Fall des Fatimidenkalifats und noch vor dem Aufstieg der Kreuzfahrer und Ayubiden, als sich viele Sufi-Orden in der Region zusammen mit der Einflussnahme türkischer Elemente verbreiteten. Es wurde überliefert, dass Musafir bin Ismail, ein Nachfahre der Ummayyaden, dort lebte und in dem Schrein begraben liegt. Auch das Schrein seiner Frau Yezda soll sich hier befinden. Musafir und Yezda sind jedoch nicht die bedeutendsten Sufis des elften Jahrhunderts, sondern es ist ihr Sohn Adi, dem später eine große Bedeutung zukam.

Adi bin Musafir wurde vermutlich 1074 in Bayt Far, so lautete der Name vom Ort Khirbar Qanafar damals, geboren und verbrachte seine Jugendzeit dort. Später ging Adi nach Bagdad wo er unter anderem bei al-Ghazali studierte. Dort lernte er als Studienkollegen Scheich Abdulqadir al-Gilani kennen, den berühmten muslimischen Gelehrten und späteren Gründer des Qadiriya-Sufi-Ordens. Es entwickelte sich eine lange und fruchtbare Freundschaft zwischen beiden. Von Bagdad zog Adi bin Musafir in das weit entfernte Lalisch-Tal in der Nähe von Mossul, wo er erst seinen eigenen Orden, die Adawiyya, gründete und später das Jesidentum grundlegend reformierte. Es soll der Wunsch Gilanis gewesen sein, die Jesiden zur Annahme des Islam zu bewegen, weshalb

Lalisch-Tempelanlage, v.l.n.r.: das Heiligtum zu Ehren Scheich Muse Enzeli, Scheich Adi und Scheich Hassan

er Scheich Adi nach Hakari entsandte. Dieser folgte aber den Anweisungen nicht, sondern nutzte seine guten Beziehungen zu Gilani als Schutzschild zum Wohle der Jesiden.

Bayt Far ist somit der Ursprungsort von Scheich Adi's Geschlecht, denn auch sein Neffe und Nachfolger Abu al-Barakat bin Sakhr zog von hier nach Lalisch. Ein späterer Führer der Adawiya, Zayn al-Din bin Sheref al-Din, zog im 12. Jahrhundert wieder zurück nach Bayt Far und begründete somit den syrischen Zweig der Jesiden.

Heute ist der Schrein verschlossen und unzugänglich. Er spielt im spirituellen Leben von Khirbat Qanafar keine Rolle mehr. Es ist jedoch nicht ausgeschlossen, dass sich die Jesiden auf ihre Gründerväter zurückbesinnen und den Schrein wiederinstandsetzen.

Im Abendgebet gibt es deutliche Hinweise zum Geburtsort von Scheich Adi. Auch hier wird Bayt Far ausdrücklich erwähnt. Es kann kein Zufall sein, dass diese Ortschaft in den Psalmen und Gebeten der Jesiden ausdrücklich genannt wird. Die Jesiden erwähnen Folgendes nach jedem vorgetragenen Qawl:

„Ya rebî! Tu li dinyayê tevî werî rehmê û li me Êzîdiyên Şerq û Şamê jî."
„Oh Herr! Beschütze die ganze Menschheit und uns Jesiden im Osten wie in Großsyrien."

Die Tatsache, dass es Jesiden in Großsyrien auch vor der Rückkehr von Scheich Adi in die Heimat seiner Vorväter gab, wird durch ein Qawl des Heiligen Scheich Fakhrê Adiyan belegt. Die Jesiden interpretieren diesen Qawl wie folgt:

Einmal waren Shekhisn, ein Nachfahre von Scheich Adi, und Scheich Fakhrê Adiyan vom Stamm der Sheshimsan-Scheichs unterwegs nach Großsyrien (Sham; Şam). Die Jesiden empfingen Scheich Fakhrê Adiyan sehr herzlich. Dagegen schenkten sie Shekhisn keine große Beachtung. Auf dem Rückweg nach Lalisch wurde Shekhisn wütend auf seinen Begleiter. Denn er war zu dieser Zeit der weltliche und religiöse Führer der Jesiden – nicht Scheich Fakhrê Adyan. Um Shekhisn zu besänftigen und zu beruhigen, hat Scheich Fakhirê Adiyan einen wunderbaren Qawl verfasst. Im fünften Vers des Abendgebets der Jesiden wird der Geburtsort Scheich Adi Bayt Far deutlich hervorgehoben:

5. Hûn bidene xatira Bihiştê û Darê
Kafê û Mixarê
Sirra Ezî û Baytil Farê
Ya Şêşims Tu pirsiyareke xêrê li mala xwe û me jî bikî vê carê.

Auch im „Qewlê Qendîlan" (Qawl der Leuchten) wird die Wanderung des Heiligen aus Großsyrien nach Lalisch in der Hakari-Region erwähnt:

11. Şîxadî hate Hekare
Sicûde bûn ber û dare
Şîxadî li nav Mêran serdar e.

12. Şîxadî hate Lalişe
Xemilî bi Xerqê reşe
Edewiyan hal pê xweş e.

13. Şîxadî li Laliş bû
Xemilî bi Xerqê reş bû
Edewiyan hal pê xweş bû.

11. Sheikhadi ist nach Hakar gekommen
Vor ihm standen alle Bäume und Felsen betend
Sheikhadi ist unter den Heiligen der Führer.

12. Sheikhadi ist nach Lalisch gekommen
Er trug den schwarzen Kherqe
Die Anhänger Adis freuten sich sehr darüber.

13. Sheikhadi war bereits in Lalisch
Er trug den schwarzen Kherqe
Die Anhänger Adis freuten sich sehr darüber.

Dieser Qawl beschreibt die Situation bei der Ankunft Scheich Adi in Hakari und Lalisch. Es wird deutlich, dass ihm die religiöse Führung durch das Anziehen des Khirqe, eines religiösen Symbols der Jesiden (siehe Kapitel Kherqe; Khirqe), und zugleich die Führung der jesidischen Gesellschaft übertragen wurde. Scheich Adi und seine Familie mussten daher bei den Jesiden bekannt gewesen sein. Und sie mussten Jesiden gewesen sein. Es ist möglich, dass seine Familie die weltliche und religiöse Führung der Jesiden bereits innehatte. Die Behauptung, Scheich Adi sei ein muslimischer Sufi-Scheich gewesen, ist daher mit Vorsicht zu betrachten. Der Ursprung Scheich Adi's in Bayt Far wird auch in dem folgenden Vers aus dem Qawl „Mala Bavan" (Das Haus meiner Vorfahren) deutlich:

Nûre ji mala Şêxan e
Şîxadî Şamê firî
Dewranê dewran birî
Belê, Şîxadî ciyê xwe Lalişê dikirî
Xoş mala bavane
Nûre ji mala Şêxan e
Şîxadî ji Şamê hat e
Li şerqê kir xebat e
Xoş mala bavan e

Das Haus des Scheichs strahlt.
Scheich Adi verließ Syrien;
die Ereignisse überschlugen sich.
Scheich Adi ließ sich in Lalisch nieder
Das Haus der Scheichs ist prachtvoll
Scheich Adi kam aus Syrien;
Im Osten wurde er aktiv.
Das Haus der Urahnen ist schön geworden

Nach der jesidischen Mythologie wurde Scheich Adi von Tausi-Melek erleuchtet. Als kleines Kind verlor er seinen Vater, weshalb er von seiner Mutter erzogen wurde. Später verließ er die Bekaa-Ebene, um über Bagdad in die jesidischen Siedlungsgebiete zu ziehen. In Lalisch angekommen, versammelten sich die Jesiden um ihn. Sie betrachteten ihn aufgrund seiner neuen Ideen, guten Beziehungen und charismatischen Persönlichkeit als Hoffnungsträger und Retter der vom Untergang bedrohten Gemeinschaft. Scheich Adi gewann Lalisch aus christlicher Hand zurück und machte es zum Zentrum der Religion. Dabei betrachtete er den heiligen Ort als Eigentum seiner Vorfahren, was im folgenden Auszug aus dem Qawl „Mala Bavan", Das Haus meiner Vorfahren, deutlich wird:

Ay, dibême, dibêm e
Wê qubê kim berî cêm e
Xweş mala bavan e
Ava dikirin qelêm e
Nûre ji mala Şêxan e
Qelêm dikire ava
Şîxadî xwe gerîye nav e

Xoş mala bavan e
Dost ronkaya herdu çav e
Nûre ji mala Şêxan e

Şîxadî Şamê firî
Dewranê dewran birî
Xoş mala bavane
Belê, Şîxadî ciyê xwe Lalişê dikirî

Nûre ji mala Şêxan e
Şîxadî ji Şamê hat e
Li şerqê kir xebat e
Xoş mala bavan e

Şîxadî xwe yî nûrê re yî xelat e
Nûre ji mala Şêxan e
Ich sage euch, ich sage euch,
und schwöre bei der Kuppel, die gen Osten gerichtet ist,
das Haus der Vorfahren ist schön.
Es wurde von Meisterhand gebaut;
Das Haus der Scheichs strahlt.
Die Meisterhand hat das Werk vollendet.
Scheich Adi besichtigte es selbst;
Das Haus der Vorfahren ist wunderschön.
Die Freunde sind das Licht der beiden Augen. Das Haus des Scheichs strahlt.
Scheich Adi verließ Syrien;

Die Ereignisse überschlugen sich.
Das Haus der Vorfahren ist wunderschön.
Scheich Adi ließ sich in Lalisch nieder.

Das Haus der Scheichs ist prachtvoll.
Scheich Adi kam aus Syrien;
Im Osten wurde er aktiv.
Das Haus der Vorfahren ist schön geworden,

Scheich Adi selbst ist die Erleuchtung und der Fleiß.
Das Haus der Scheichs ist erleuchtet.

In der gesamten Region verbreiteten sich die Nachrichten von Scheich Adis Erfolgen, woraufhin beunruhigte islamische Gelehrte nach Lalisch gingen, um sich davon ein Bild zu machen. Im Qawl „Scheich Adi û meran" (Scheich Adi und die Heiligen Männer) wird sehr deutlich, wie beunruhigt die islamische Welt um Abd al-Qadir Gilani war, als die Erfolge Scheich Adi hohe Wellen schlugen. Eine Delegation hochrangiger religiöser Würdeträger machte sich auf dem Weg nach Lalisch, um sich vor Ort davon zu überzeugen, ob Scheich Adi in der Tat Wunder vollbringen kann. So heißt es:

Scheich Adi ist der Herr der Güte.
Er erschien unter den Arabern und Nichtarabern.
Er erschien in Bait Far,
wanderte aus von dort und kam nach Hakari.
In Lalisch versammelten sich heilige Männer um ihn.
Er wanderte aus zu den Höhlen, er kam nach Lalisch.
Ein Gerücht drang an ihre Ohren.
Sie wurden glücklich, und ihre Herzen waren erfreut darüber.
Scheich Adi kam aus Syrien. Er war aktiv unter den Menschen des Ostens.
Er gab Mehmed Reshan eine Belohnung.
Mehmed Reshan gab er eine Belohnung,
er gab ihm Auskommen genug für sechs Mann.
Und er machte ihn zum Führer der heiligen Männer.
Unter den Sayyids gab es Neuigkeiten, dass ein neuer mächtiger Scheich aufgetaucht ist.
Und dass sich Schüler in Lalisch um ihn versammelten.
Auch unter den Nichtarabern gab es Neuigkeiten, dass ein Scheich aufgetaucht ist,
der Wunder vollbringt,
und dass sich Schüler in Lalisch um ihn versammeln.
Im Land der Nichtaraber gab es Neuigkeiten, dass ein Scheich aufgetaucht ist,
der die Bedeutungen kannte,
und dass sich seine Schüler um ihn scharten.

Scheichs kamen herbei, die Wunder vollbringen konnten,
ihre Rösser waren Löwen und ihre Peitschen Schlangen.
Sie erkundigten sich nach Scheich Adi.
Da waren Scheichs von den Lauteren Brüdern, auch ihre Peitschen waren Schlangen,
ihre Rösser Löwen.
Sie erkundigten sich nach Scheich Adis Namen.
Da waren Scheichs von Abu´l-Qat.
Dieser kam zu Scheich Adi, um mit ihm zu reden.
Er sagte: Scheich Adi ist der Pol der Zeit, und wir leben auf dieser Welt.
Da gab Scheich Adi einen Befehl: Er ließ den Löwen mit Mehmed Reshan auf einen Felsen steigen und sagte:
„Ihr heiligen Männer! Was denkt ihr darüber?
Zu ihm aber sagte er:
„Mehmed Reshan! Steige auf diesen Felsen!
Diese heiligen Männer werden nirgendwo einen Ort der Zuflucht haben.
Fordere sie auf, Stellung zu nehmen!
Mit Ehre, Furcht und Zorn sollst du sie befragen. Sieh, wie ihre Fähigkeiten und Wunderkräfte sind.
Dann führe sie an und bringe sie zu mir."
Die Scheichs verließen ihre Häuser
und prahlten lärmend mit bedrohlichen Gebärden. Mehmed Reshan fragte sie:
„Was habt ihr im Sinn?"
Für lange Zeit waren diese Männer die geistlichen Führer.
Sie waren die Anführer und Leiter.
Er sagte zu ihnen, „Scheich Adi hat euch eingeladen, zu ihm zu kommen."
Sayyid Abu´l-Wafa erhob seine Stimme:
„Lasst uns mit dieser Prahlerei aufhören und zu diesem Armen gehen."
Alle Sayyids riefen insgeheim aus: „Dort kann es kein Leben geben auf diesem Stück Felsen."
Der Anführer der Sayyids sagte, als er Mehmed Reshan sah:
„Bist du ein Scheich oder ein Schüler?"
„Ich bin Mehmed vom Unterstamm der Reshi,
Ich bin der, der auf dem Felsen lebt.
Ich bin wahrlich der Schüler von Scheich Adi!"
Die Scheichs kamen allesamt herbei und grüßten Scheich Adi,
welcher freundlich ihren Gruß erwiderte.
Scheich Adi ist wahrhaft der Herrscher.
Er ist höflich und verlässlich.
Er zeigt den Männern ihren Platz.
Mehmed Reshan hielt an der Furt an und sagte:
„Zu dieser Zeit seid ihr willkommen, ich bin nicht der Scheich.
Der Scheich ist dort in den Höhlen."

Die heiligen Männer dachten über Mehmed Reshan nach.
Sie stiegen hinauf und waren alle bestürzt, als sie den Eingang der Höhlen erreichten.
Die heiligen Männer gelangten an den Eingang der Höhlen.
In genauer Reihenfolge stiegen sie hinab und sagten:
„Ehre und Preis sei dem Herrn von Hakari."
Sayyid Ahmad wurde kämpferisch, Khidir erhob seine Stimme und sagte:
„Zurzeit ist nicht genügend Platz für die heiligen Männer hier."
Mehmed Reshan sagte zu Sayyid Ahmad:
„Du bist der Anführer von ihnen allen.
Wenn du deinen Rücken an der Höhle reibst,
wird genug Platz für dich und die heiligen Männer sein."
Sayyid Ahmad begann zu klagen:
„Wir brauchen vor allem anderen auch Wasser,
um unsere Waschungen und Gebete zu verrichten."
Scheich Adi ist ein guter Herrscher, er sprach ruhig zu ihnen:
„Wir brauchen kein Wasser, unsere Reinigung besteht in der Erwartung."
„Bringt Wasser für euch selbst hervor.
Wascht eure Hände, wie es nach der Sunna üblich ist.
Dann wendet euch zu Gott."
Scheich Adi, in seiner Gänze zu sehen, schlug seinen Stock gegen den Felsen.
Er sprach zum Wasser:
„Er ist der Allerhöchste. Tritt heraus, Zemzem!"
So wie es beim Sohn von Jem heißt:
„Selbst, wenn Scheich Adi nur spricht, wird Wasser aus dem Strom
des Brunnens Zemzem heraustreten."
Ihr heiligen Männer, darin liegt eine Bedeutung und ein Anlass zur Diskussion!
Das, was sie sich erwünschten, hat Scheich Adi hervorgebracht.
Er brachte den Rosenkranz
und den Stock von Sayyid Ahmad dem Großen hervor.
Dies sprach Mehmed Reshan: „Scheich Adi ist wahrhaft der Herrscher.
Er brachte den heiligen Männern Wasser."
Alle Sayyids riefen insgeheim aus:
„Wir haben nicht die Macht, Wasser hervorzubringen."
Scheich Adi, in seiner Gänze zu sehen, sprach zum Wasser, und es brach mit Donnerhall hervor.
„Ihr müsst den Scheich kennenlernen, doch jetzt geht alle schlafen.
Fragt Scheich Adi nach Futter für eure Löwen."
Dies sprach Khidir der Naqib: „Mein geliebter König, unsere Rosse fordern ihren Teil von dir."
Dies sprach Kela. Er brachte seine Begehren vor Scheich Adi und sagte:" Die rechte Speise für Löwen sind Rinder."
Scheich Adi ordnete folgendes an:
Er ließ Kühe für die Löwen bringen.

Die Kühe ließen die Löwen aber nicht in Frieden,
ebenso wenig wie die Hühner die Schlangen.
Das wurde den Führern klar. Sie sagten:
„Wir wurden mit weinenden Herzen zurückgelassen.
Sie sagten: „Unsere Löwen sind fort, nun wir müssen zu Fuß gehen.“
Furcht breitete sich unter den Anführern aus.
Es herrschte Traurigkeit und Kummer unter ihnen.
Sie sagten: „Wir wurden vor ihnen beschämt.
Nicht ein Löwe ist uns geblieben.“
„Oh, Sayyid Ahmad,
bist du davon nicht überzeugt?
Wirst du nun nicht entschlossen an ihn glauben?
Warum vertraust du Scheich Adi nicht?“
„Wenn du nicht daran glaubst,
dann lass uns bitte den Berg Meshet erklimmen.
Dort wird eine Brise vom Berg der Barmherzigkeit kommen.“
„Bitte, lass uns losgehen.
Dem Manne, der an seinem Bart festhält,
wird der Rang eines Scheichs verliehen.“
Scheich Adi rief zu ihnen:
„Lasst uns zum Gipfel des Berges Meshet gehen.
Lasst uns über die Erklärung nachdenken: Der Herrscher ist Scheich Adi.

In der Tat waren die Mitglieder der islamischen Delegation von den Wundertaten Scheich Adis überzeugt. Daraufhin wurden die Jesiden in den folgenden Jahren in Ruhe gelassen, bis die Osmanen die Verfolgung und die Zwangsislamisierung im 16. Jahrhundert wiederaufnahmen.

Scheich Adi nach Meinung nicht-jesidischer Historiker

Der irakische Autor al-Hasani schreibt unter Berufung auf ältere arabische Quellen, dass Scheich Adi in Bait al-Far geboren wurde, dem Ort unweit von Baalbek im Bekaatal des damaligen Syrien. Das Geburtsjahr des Scheichs sei nicht genau bekannt; er soll als fast neunzigjähriger Greis in den Bergen von Hakari bei Mossul verstorben sein, wo er in seinem Bethaus bestattet wurde. Als Todesjahr geben die Quellen 1159, 1161 bzw. 1162 an. Wenn man davon ausgeht, dass der Scheich ein hohes Lebensalter erreichte, kann man seine Geburt etwa um das Jahr 1074 datieren. Ungefähr im Jahre 1111 ließ sich Scheich Adi im Tal von Lalisch nieder. Das Gebiet von Lalisch liegt in der damals als „Hakari-Berge“ bekannten Region, weshalb der Scheich den Beinamen „al-Hakari“ erhielt.

Muslimische Quellen aus dem 13. Jahrhundert erwähnen bereits den Scheich Adi Bin Musafir als berühmten Sufi-Scheich. So finden sich Berichte bei Ibn al-Athir (gest. 1234) und Ibn Khalliqan

Der Heiligenschrein von Scheich Adi im inneren des Lalisch-Tempels.

(gest. 1282). Alsbald rankten sich zahlreiche Legenden um den Scheich, der schon als Kind eine ungewöhnliche Sprachbegabung und hohe Intelligenz gezeigt haben soll. So gab z. B. der 1555 verstorbene Muhammad al-Hanbali in seiner Biographie von Abd al-Qadir al-Gilani folgende Legende wieder:

„Musafir Bin Ismail, der leibliche Vater von Scheich Adi, zog sich in den Wald zurück, um sich den materiellen Dingen zu entziehen und in Bescheidenheit Gott zu dienen. Eines Tages forderte ihn Gott im Traum auf, zu seiner Frau zu gehen, die er seit 40 Jahren nicht mehr gesehen hatte. Es solle ihm ein dem allmächtigen Gott nahestehender Sohn geschenkt werden, der im Westen und im Osten berühmt werden würde. Eines Nachts kehrte Musafir Bin Ismail also heimlich zu seiner Frau zurück. Seine Frau fürchtete jedoch die Gerüchte, die später erzählt und verbreitet werden könnten. Denn jeder Einwohner des Ortes wusste, dass ihr Mann das Haus seit 40 Jahren nicht mehr betreten hatte. Also forderte sie ihn auf, die Ortsbewohner auf seine Rückkehr aufmerksam zu machen."

Der junge Adi Bin Musafir verließ demnach seinen Heimatort im Bekaatal und begab sich nach Bagdad, der Hauptstadt und dem kulturellen Zentrum des abbasidischen Kalifats. Dort traf er zahlreiche muslimische Gelehrte, unter ihnen auch den erwähnten Abd al-Qadir al-Gilani, auf den sich der Sufi-Orden der Qadiriya zurückführt. Offenbar wurde Adi Bin Musafir ein Schüler von Gilani, von dem er möglicherweise den Auftrag erhielt, das Sufitum unter den Kurden im Norden zu verbreiten.

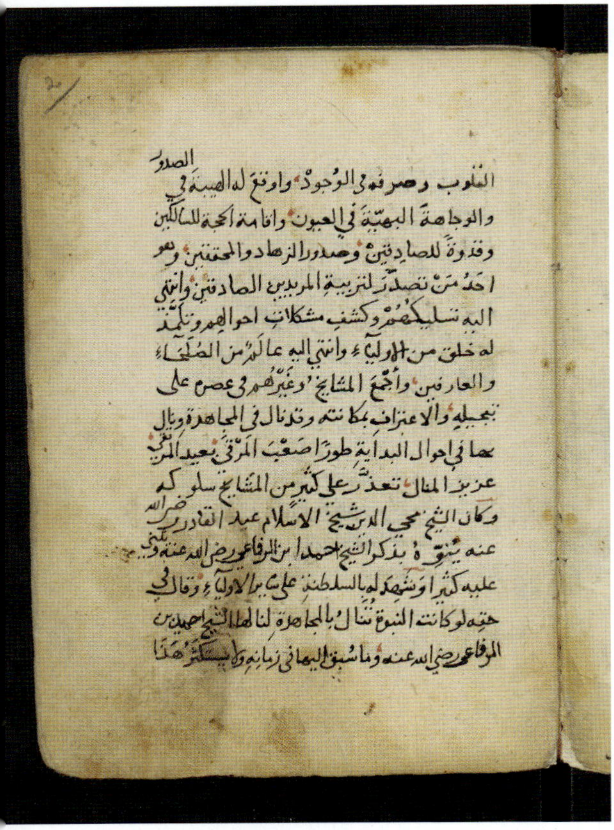

Auszug aus dem Buch Manaqib al-Scheich Ahmad al-Rifa`i.

Von Scheich Adi Bin Musafir sind vier Schriften bekannt:

- Die Glaubenslehre der Rechtgläubigen;
- Das Buch von der schönen Ausbildung der Seele;
- Ermahnungen des Scheich Adi an den Kalifen;
- Ermahnungen an den Schüler Qaid und die übrigen Schüler.

Sie sind ganz im Sinne des Sufitums des 12. Jahrhunderts verfasst und enthalten keine darüber hinaus gehenden theologischen Ansätze und Hinweise auf jesidische Glaubensvorstellungen.

In dem Buch *Manaqib al-Scheich Ahmad al-Rifa`i* (siehe Abbildung) wird ebenfalls von Wundertaten dieses Scheichs berichtet. Auffällig ist in diesem Buch die hohe Meinung, die Gailani später von Scheich Adi hatte. So sagte er:

„Wenn die Prophetengabe erlangt werden könnte durch Eifer für den Glauben, dann hätte fürwahr Scheich Adi Bin Musafir sie erlangt.“

Nahezu an allen Stellen dieses Buches, wo der Name Scheich Adi auftauchte, wurden im Nachinein, offensichtlich durch einen Fälscher, ganze Textstellen stark weggerieben und unkenntlich gemacht. Der Name Scheich Adi‘s wurde durch den Namen Scheich Ahmad al-Rifa`i, ein islamischer Gelehrter, ersetzt. Der Fälscher hat einige solcher Stellen glücklicherweise übersehen und den Namen Scheich Adi nicht entfernt. Dagegen wurden sowohl der Geburtsort Scheich Adi‘s (Bait il-Far) als auch Lalisch als seine Niederlassungsstätte in diesem Buch erwähnt. Schließlich wird erwähnt, dass Scheich Adi während eines Treffens mit einem Kurden in kurdischer Sprache gesagt haben soll „Ist das gut, oder schmeckt dir das?“, auf Kurdisch: *„Ev xoş e?“*

Auch hier wird wieder deutlich, dass dieses Buch, das schließlich von einem islamischen Autor verfasst wurde, Beweise dafür liefert, dass Scheich Adi ein Jeside war. Dabei ist es nicht auszuschließen, dass er die arabische Sprache ebenso gut beherrschte wie andere. Schließlich lebte er eine Zeit lang in Großsyrien, wo viele Menschen sowohl Arabisch als auch Aramäisch und Hebräisch gesprochen haben.

Das Haus des Scheichs, das wohl schon in vorchristlicher Zeit eine Kultstätte war, wurde nach seinem Tod durch sein Grab zum heutigen Tempel der Jesiden. Scheich Adi Bin Musafir verstarb kinderlos. Die Führung des neuen Ordens übernahm der Sohn seines Bruders, der ebenfalls aus Bait al-Far stammte. Dessen Sohn und Nachfolger Scheich Hassan war wiederum ein berühmter Scheich in den Bergen von Hakari. 1254 sei er von den Mongolen hingerichtet worden.

Nach islamischer Geschichtsschreibung besaß der Orden der *Adawiya* im 13. Jahrhundert Ableger in Syrien, in Ägypten und in Iran. In Lalisch erlangte ein Scheich des Ordens, Hasan Bin Adi (sein Vater hieß Abu al-Musafir Adi), großes Ansehen und starken Zulauf. Durch den Einfluss von Scheich Hasan auf die Kurden habe der Emir von Mossul, Badr ad-Din Lulu, eine machtpolitische Gefahr in dem Scheich gesehebn und ihn 1254 hinrichten lassen.

Auch die Jesiden verehren Scheich Hasan bzw. Sheikhisn, wie er bei ihnen heißt, als einen ihrer Heiligen. Professor Kreyenbroek geht davon aus, dass der kurdische Zweig der *Adawiya* in Lalisch zwischen Scheich Adi und Scheich Hasan Glaubensgrundsätze angenommen hatte, die sich erheblich von denen der anderen Zweige unterschieden und die zu einer Entfremdung von der benachbarten muslimischen Bevölkerung führte. Die Ankunft von Scheich Adi in Lalisch leitete eine Kette von Entwicklungen ein, die schließlich dem heutigen Jesidentum seine Ausprägung gaben.

Zuheir Kazim Aboud, ein bekannter kritischer Historiker, hat in seinem Buch mit dem Titel „Scheich Adi, der Reformator der jesidischen Religion“ folgendes geschrieben:

„Die Jesiden erwähnten bzw. erwähnen heute noch viele historische Persönlichkeiten, die in ihrer Geschichte eine wesentliche Rolle gespielt haben und in der jesidischen Gesellschaft sehr einflussreich waren. Diese Persönlichkeiten wurden bedauerlicherweise von nicht-jesidischen Historikern, Wissenschaftlern und Schriftstellern bewusst ignoriert. Die Geschichte der Jesiden wurde nicht entsprechend den historischen Abläufen dargestellt. Diese Forscher oder Historiker haben sich in diesem Thema weder neutral noch sachlich verhalten. Die aus historischer, wissenschaftlicher und theologischer Sicht wichtigste Persönlichkeit, die unumstritten ist und von niemandem ignoriert werden konnte, ist Scheich Adi. Dieser Scheich ermutigte das jesidische Volk, seinen Glauben standhaft zu verteidigen und zu pflegen. Er beeinflusste das jesidische Volk aus gesellschaftlicher, sozialer und theologischer Sicht. Er kam zu den Jesiden als Reformator und Erneuerer und wurde einer der wichtigsten Persönlichkeiten dieser Religion.“

Festzuhalten ist, dass Scheich Adi die jesidische Religion stark prägte. Er reformierte sie und führte eine neue gesellschaftliche Ordnung ein. Deshalb hat dieser Scheich einen besonderen Platz in der Geschichte der Jesiden eingenommen. Er hat durch seine Lehren, seine Philosophie und sein Engagement fundamentale Bedeutung erreicht.

Nicht selten führte jedoch die Behauptung muslimischer Historiker, Scheich Adi sei ein muslimisch-arabischer Sufi und Weggefährte von berühmten muslimischen Würdenträgern wie Abd al-Qadir Gilani, Kadib Alaban und Hassan al Basri gewesen, zu heftigen Diskussionen. Während diese Historiker und Forscher versuchen, Scheich Adi durch haltlose Behauptungen als eine muslimisch-arabische Persönlichkeit darzustellen, sehen ihn neutrale Stimmen in der Literatur als Jesiden und Kurden. Seine wahre Rolle in der Geschichte bleibt weiterhin ein Streitthema unter den Historikern und Religionsforschern.

Der Historiker Zuheir Kazim Aboud schreibt indes weiter:

„Sufismus ist nicht ausschließlich auf den Islam beschränkt, wie manche glauben. Er ist im Buddhismus, Hinduismus und in der zarathustrischen Religion ebenfalls verbreitet. Der Begriff Sufismus stammt ursprünglich aus dem Griechischen und bedeutet Weisheit. Ein Begriff mit der gleichen Bedeutung existiert auch bei den Hebräern.“

Einige Forscher neigen dazu, Scheich Adi als einen Nachfahren der Ummajaden aus Damaskus zu sehen, der davon träumte, die Macht der Ummajaden in der damaligen muslimischen Welt wiederherzustellen. Bekanntlich wurde die ummajadische Dynastie mit dem Machtzentrum Damaskus durch die abbasidische Dynastie in Bagdad abgelöst. So sei er in die kurdische Bergregion Hakari gekommen, weil er angeblich von den Abbasiden verfolgt wurde. Dort sei er für die Wiederherstellung der Macht der Ummajaden eingetreten.

Dieser Behauptung mangelt es aber sehr an Beweisen, und es gibt Fakten, die dieser These widersprechen. Der Beginn der abbasidischen Herrschaft datiert auf das Jahr 750, während Scheich Adi im Jahre 1162 geboren wurde. Im Übrigen würde sich ein Gegner der Abbasiden aus ihrem Einflussgebiet entfernen und nicht dorthin begeben. Bekanntlich kam Scheich Adi aus Großsyrien in die heutige Hakkari-Region (Scheichan), um seinen Anhängern den richtigen Weg zu zeigen. Es ist weiterhin aus der Geschichte bekannt, dass die mongolische Armee Bagdad im Jahre 1258 erobert und den letzten abbasidischen Herrscher al-Mutassam Billah und seine Kinder getötet hat. Die umayyadische Dynastie lebte zwar noch einige Zeit in Andalusien in Südspanien fort, hatte jedoch keinen Einfluss mehr auf die Geschicke des Abbadisenkalifats.

Aboud schreibt weiter:

„Die Behauptung mancher Historiker, die die Wanderung des Scheichs Adi aus dem Libanon in die Region Hakari im heutigen Türkisch-Irakisch-Kurdistan damit begründen, daß er für die Wiederherstellung der Macht der Umayaden kämpfte, ist haltlos, unlogisch, und widerspricht jeglicher Wahrheit.“

Aboud kritisiert die Schriftsteller, die Scheich Adi als einen Umayyaden beschreiben. Seiner Ansicht nach haben alle die Tatsache ignoriert, das Scheich Adi die kurdische Sprache beherrscht hat. Der berüchtigte erzkonservative Scheich Ibn Taymiyya sagte, dass Scheich Adi Musafir die Lehre des Islam befolgte und die fromme Linie seiner Vorgänger nicht verlassen hat. Aboud erwidert wie folgt: „Wenn das so wäre, so müsste ein entsprechender islamischer al-Adawiya-Orden existieren. Gibt es im Islam einen Orden, der sich so nennt?"

Richtig ist, dass Scheich Adi die Bewohner der Region Hakari wohl kannte und ihrer Sprache mächtig war. Er muss ihre Sprache beherrscht sowie ihre Stämme, Bräuche und Traditionen gekannt haben. Er muss ein Jeside gewesen sein. Denn wie kann man ein solches Engagement für die Jesiden und ihren Glauben sonst erklären? Wie konnten die Jesiden ihn als Reformator ihrer Religion akzeptieren, wenn er ein Fremder gewesen wäre? Warum sollte Scheich Adi aus Bait al-Far in den Bergen Libanons ausgerechnet in die Region Hakari auswandern?

Der Name seines Vaters „Musafir" bedeutet nichts Anderes als Einwanderer, Reisender. Scheich Adi trug den Beinamen al-Hakari, als er noch im Libanon war. Das gibt uns einen wichtigen Hinweis auf seine jesidische Herkunft.

Lalisch – das religiöse Zentrum der Jesiden.

Die Person Scheich Adis und der Versuch einer Bewertung

Das letzte Wort in der Forschung über den historischen Scheich Adi ist noch nicht gesprochen. Das 11. Jahrhundert war der Beginn einer turbulenten Zeit im Vorderen Orient: Im Westen fand 1096 -1099 der erste Kreuzzug statt, der mit der Eroberung Jerusalems endete. Im Osten eroberten die aus den zentralasiatischen Steppen abgewanderten turkstämmigen Seldschuken 1055 Bagdad und befreiten den abassidischen Kalifen aus der Gefangenschaft seiner iranischen Feinde – um ihn selbst unter ihren „Schutz" zu stellen. In dieser unruhigen Zeit verschlug es immer wieder einzelne Personen, Familien und Bevölkerungsgruppen an weit von ihrer Heimat entfernte Plätze. Ich hege daher die Hoffnung, dass sich bei weiteren Nachforschungen über Scheich Adi weitere historische Erkenntnisse über eine jesidisch-kurdische Herkunft des Scheichs ergeben werden. Es ist schwer vorstellbar, dass die damaligen Jesiden jemanden mit einer anderen Religion – obendrein dem Islam, dessen Anhänger Vernichtungskriege gegen sie geführt haben – ohne Vorbehalte aufgenommen, ihm die höchste religiöse Würde übertragen hätten und ihm blind gefolgt wären. Schließlich ist uns allen bekannt, dass die Zugehörigkeit zum Jesidentum erblich ist.

Die Jesiden haben es Scheich Adi allein zu danken, dass viele alte Merkmale des Jesidentums in Gestalt der Qawls erhalten blieben. Diese Qawls waren identitätsstiftend. Wenn Scheich Adi wirklich, wie manche behaupten, ein moslemischer Scheich gewesen wäre, warum und mit welcher Begründung ließ er zu, dass seine Anhänger diese heiligen Texte (Qawls – Psalmen und Gebete) rezitieren, in denen der Sonnengott Shemesh, Tausi-Melek und die vier Lebenselemente verherrlicht werden?

Das Wichtigste aber, was Scheich Adi erreicht hat, war zweifelfrei seine Entscheidung, Qawls – Psalmen und Gebete – zu verfassen, die bis heute mündlich überliefert worden sind. Diese Qawls waren im Grunde genommen die Rettung der jesidischen Religion in der damals vom Islam dominierten Welt. Sicherlich sind viele Qawls aus verschiedenen Gründen verloren gegangen. Aber die, die uns bis heute erhalten geblieben sind, enthalten wertvolle Informationen über diese Religion, über ihre alten Tradionen, Grundlagen, Mythen und Bräuche vor der Ära Scheich Adi. Die wissenschaftliche Analyse dieser Qawls ist die nächste Aufgabe, der ich mich widmen werde.

Als organisatorische Neuerung führte Scheich Adi den „Rat der Jesiden" als ein religiöses und politisches Gremium ein, das aus 40 Scheichs und 40 Piren bestand. Die für viele rätselhafteste und umstrittenste Reform, die nach den jesidischen Überlieferungen auf Scheich Adi zurückzuführen ist, war jedoch die Einführung des Kastensystems, die „Abgrenzung" (*sed u hed*). In einer pyramidenförmigen Hierarchie ist die Gesellschaft der Jesiden in mehrere strikt endogame Schichten aufgeteilt. Die obersten Schichten stellen drei Abstammungsgruppen der Scheichs, die untereinander nicht heiraten dürfen. Die zweite Schicht, die der *Pire*, besteht aus vier Abstammungsgruppen mit je weiteren Untergruppen. Sie können – mit einigen Ausnahmen – untereinander Heiratsbeziehungen pflegen. Schließlich folgt der breite Unterbau mit der Masse der Laien, der *Muriden*.

Scheich Adi war schon zu Lebzeiten eine herausragende Persönlichkeit, was mit der folgenden Begebenheit untermauert werden soll, welche von einem in Deutschland lebenden Jesiden zitiert wurde:

Scheich Adi saß in Lalisch im Kreis seiner Gemeinde. Er teilte ihr mit, dass gleich ein Fremder kommen und ihn mitnehmen würde, die Gemeinde solle jedoch nichts unternehmen. Kurze Zeit darauf kam tatsächlich ein groß gewachsener arabischer Mann, packte Scheich Adi und schleppte ihn gewaltsam mit sich fort. Die Gemeinde hielt sich an die Anweisungen ihres Meisters und blieb passiv. Etwas später betrat Meme Reshan, einer der engsten Vertrauten des Scheichs, den Raum und fragte nach Scheich Adi. Als er erfahren hatte, was geschehen war, fragte er vorwurfsvoll: „Er mag euch ja gesagt haben, dass ihr nichts unternehmen sollt, aber wie konnte euer Gewissen die Scheich Adi zugefügte Ungerechtigkeit ertragen?“ Meme Reshan eilte hinaus und befreite Scheich Adi aus den Händen seines vermeintlichen Entführers.

Diese Überlieferung weist eine interessante Parallele zur Weigerung *Tausi-Meleks* auf, Adam anzubeten. In beiden Fällen standen Zivilcourage und Gerechtigkeitssinn über dem blinden Befolgen von Befehlen.

Mehmet Tolan, einer der ersten nach Deutschland eingewanderten Jesiden, sagte dazu folgendes:

„Ich persönlich habe nie daran gezweifelt, dass Scheich Adi ein Jeside war. Er hat das Jesidentum vor dem Untergang gerettet und gab der jesidischen Gesellschaft durch seine Reformen ein neues Gesicht. Seine Qawls sind ein Geschenk des Himmels und seine Worte sind Balsam für unsere Seelen. Nun ist es für mich persönlich gleichgültig, was diejenigen sagen, die der Ansicht sind, dass Scheich Adi ein Araber und Moslem war.“

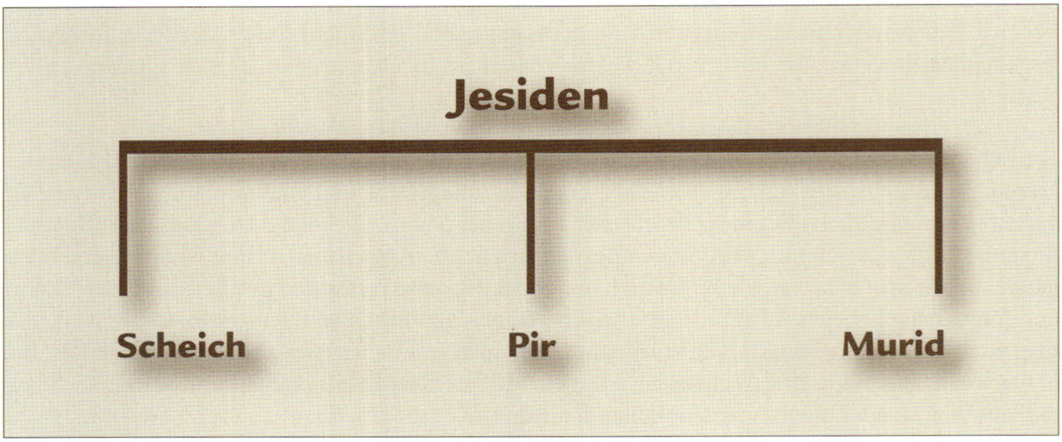

Der Aufbau der jesidischen Gesellschaft

Das schwierige Wort „Kaste“

Die Struktur der jesidischen Gesellschaft ist seit dem 11. Jahrhundert von festen Abgrenzungen geprägt, die Scheich Adi eingeführt hat. Sie beziehen sich auf die Eheschließung, die nur innerhalb der jeweiligen Gruppe stattfindet. Diese sogenanne Endogamie betrifft die Unterteilung in Laien – die kurdische Bezeichnung lautet *Murid* – und geistliche Familien, aber auch deren Unterteilung in zwei weitere Kategorien, die *Scheichs* und die *Pire*. Daneben gibt es eine Abgrenzung innerhalb der Familien mit ererbten geistlichen Funktionen in mehreren Schichten, die strikt endogam bleiben. Die obersten Schichten stellen drei Abstammungsgruppen der Scheichs, die nicht übergreifend heiraten dürfen. Die zweite Schicht, die der *Pire*, besteht aus vier Abstammungsgruppen mit weiteren Untergruppen.

Die Zuordnung richtet sich nach dem Vererbungsprinzip, man kann die Zugehörigkeit nicht wechseln. Ehen zwischen Kindern der Scheichs und der Muriden sind gelten als vergleichbar mit einer Heirat von Bruder und Schwester, wie es Jesiden bisweilen formulieren. Ausnahmen bestehen für die Pire und die Qawals.

Das jesidische System aus abgegrenzten Schichten, für die hier weiterhin der eingeführte Begriff der „Kasten“ verwendet wird, hat abgesehen davon, dass es bestimmte Einschränkungen der Partnerwahl beinhaltet, nur religiösen Bezug.

Der Begriff „Kaste" lässt zunächst an das indische Gesellschaftssystem denken. Mit dem indischen Kastensystem hat diese Struktur jedoch nichts zu tun. Die religiösen Würdenträger sind voneinander durch das Heiratsverbot abgegrenzt, und alle zusammen in gleicher Weise von den Laien. Das Jesidentum ist jedoch nicht hierarchisch organisiert, es gibt keinerlei Gewaltmonopol. Innerhalb der Gemeinschaft haben die Geistlichen keine besonderen Rechte im weltlichen Bereich bzw. im täglichen Leben. Darauf wird noch eingegangen.

Viele moderne Jesiden, besonders Jugendliche, macht das System nachdenklich. Sie bezweifeln, dass es überhaupt einen Sinn hatte, und meinen, dass Scheich Adi das Jesidentum negativ beeinflusst habe. Skeptiker sind der Ansicht, dass – wenn die Endogamie-Regeln weiter eingehalten würden – das Ende des Jesidentums vorprogrammiert sei.

Der Kritik an Scheich Adi und seinen Reformen halte ich entgegen, dass diese Reformen den Grundcharakter des Jesidentums nicht verändert haben. Das Schichtensystem, das Scheich Adi eingeführt hat, diente dazu, die einzelnen Klassen der jesidischen Gesellschaft voneinander abhängig zu machen, was noch näher erläutert wird, und auf diese Weise stärker miteinander zu verflechten. Gleichzeitig schuf es klare Strukturen, die Machtkämpfe ausschließen sollten – was allerdings nicht immer gelang. Die Führungsaufgaben behielt Scheich Adi seiner eigenen Verwandtschaft, den *Adani*-Scheichs, vor. Als besondere Leistung ist wohl die Einbindung von lokalen Würdenträgern in das System zu bewerten. Statt sie sich durch die Abwerbung ihrer Gefolgschaft zu Feinden zu machen, betraute Scheich Adi die *Shemsani*, die Nachfahren des mystischen *Ezdina Mir*, als Scheichs mit wichtigen religiösen Aufgaben in der Gemeinschaft.

Im Gegensatz zu den Genealogien in der Schicht der Scheichs, die sich auf einen arabischen Ursprung berufen, sind die Geschlechternamen der *Pire* kurdischen Ursprungs. Nach jesidischen Überlieferungen existierten die *Pir*-Geschlechter bereits vor der Ankunft Scheich Adis. Auch sie beraubte er nicht angestammter Privilegien, sondern übernahm sie in sein System.

Trotz seines großen Einflusses wäre Scheich Adi sicher nicht in der Lage gewesen, seinen Anhängern ein Kastensystem aufzuzwingen, wenn ihnen dies völlig fremd und zusätzlich mit Heiratsverboten verbunden gewesen wäre. Er muss sich daher ein bereits bestehendes System zu eigen gemacht und entsprechend umfunktioniert haben. Eine gesellschaftliche Differenzierung nach Kasten dürfte bei den Jesiden bereits in der Zeit vor Scheich Adi vorhanden gewesen sein.

Das endogame Kastensystem schuf eine Distanz zwischen den Laien und den religiösen Führern, den Scheichs und Pire. Es verhinderte, dass die „Männer der Religion" verweltlichten. Sie konnten sich ausschließlich auf ihre religiösen Aufgaben und insbesondere die Betreuung der Muriden konzentrieren. Auch in anderen Religionen besteht das Bestreben, die Männer, die sich der Religion widmen, von weltlichen Dingen zu entbinden, wenn auch mit anderen institutionellen Mitteln (z. B. durch das Zölibat in der katholischen Kirche).

Die engen Verflechtungen der Kasten haben maßgeblich dazu beigetragen, dass das Jesidentum trotz der Verfolgungen bis heute bestehen blieb. Darüber hinaus sind sie ein charakteristisches äußeres Merkmal, durch das sich die Jesiden von den Anhängern anderer Religionen unterscheiden.

Jeder Murid hat eine eindeutige Zuordnung zu einem Scheichverbund und einem Pirverbund. Prof. Wießner führte dafür den Begriff der „Religionsfamilien" ein. Dies leitet sich aus den fünf Grundpflichten (*penc ferzen heqiqete*) ab, die im Abendgebet erwähnt werden. Danach steht jeder Jeside in Beziehung zu je einem Scheich, Pir, *Hosta* (Lehrer), *Murabi* (Erzieher) und der Schwester oder dem Bruder im Jenseits. Dieses Beziehungsgeflecht, in dem jeder Jeside steht, geht auch ausfolgenden Qawl-Zeilen hervor:

Şex fer e û Pîr nîşan e,
hoste û merebî wekî wan e,
ferza birê an xwuşka axrete ferzeke giran e.

Der Scheich ist eine Pflicht und der Pir ist ein Merkmal,
genauso wichtig, ist ein Lehrer und ein Erzieher,
die Existenz einer Jenseitsschwester /-bruders ist erforderlich.

Allgemein gilt, dass die religiöse Würde in Scheich- und Pir-Familien beiden Ehepartnern verliehen ist. In vielen Fällen ist auch die Ehefrau des Geistlichen aktiv beteiligt und wird besonders als Kontaktperson für die Frauen tätig. Beiden wird hoher Respekt gezollt. Sie werden oftmals als Vater und Mutter bezeichnet und mit dem entsprechenden religiösen Titel angesprochen. Die Ausübung des geistlichen Amtes gebührt nur dem fähigsten Familienmitglied einer Kaste, obwohl die prinzipielle Berechtigung zur Ausübung allen von Geburt an zuteilwird.

Die Geistlichen haben die Funktion, die Laien zu betreuen und in der religiösen Lehre zu unterweisen. Darüber hinaus übernehmen sie wichtige soziale Funktionen. Die religiöse Autorität kann durchaus auch eine Begünstigung im weltlichen Leben mit sich bringen. Das System beabsichtigt aber nicht, einen unterschiedlichen sozialen Rang zwischen den Gruppen zu etablieren. Die Praxis bestätigt dies: Eine bedeutende materielle Besserstellung der Geistlichen gegenüber den Muriden ist nicht festzustellen. Zwar wird die religiöse Fürsorge der Geistlichen traditionell mit Spenden vergolten, sie ist andererseits aber auch mit Reisen und damit Kosten verbunden.

Es gibt im Jesidentum keinerlei Ausgrenzung, keine Parias. Der Kontakt zwischen den Gruppen ist nicht nur gewünscht, sondern die einzige Möglichkeit, die Religion zu bewahren. Durch die Einführung der Religionsgruppen wurde eine komplexe Gesellschaft geschaffen, die aufgrund der gegenseitigen Abhängigkeit zu einem besseren Zusammenhalt unter den Jesiden geführt hat.

Durch die von Geburt festgelegte Zuordnung zu einer Gruppe und einem Betreuungsverbund hat Scheich Adi ein religiöses System verankert, das es den Jesiden ermöglicht hat, in Zeiten der Unterdrückung auch ohne die sonst erforderliche öffentliche Organisation ihr religiöses Leben zu führen. Insbesondere diese Regeln haben bewirkt, dass die Jesiden gegen die massiven Islamisierungsbestrebungen resistenter wurden.

Die religiöse Struktur der jesidischen Geistlichkeit bot ein ausreichend tragfähiges Gerüst, um den Anforderungen an eine Religionsgemeinschaft gerecht zu werden. Dazu gehören die verschiedenen geistlichen Institutionen, wie z. B. der Religiöse Rat, die unter optimalen äußeren Bedingungen eine einflussreichere Position einnehmen könnten. Auf lokaler Ebene organisieren im Wesentlichen Scheichs und Pire das Gemeindeleben. Die überregionale Organisation funktioniert allerdings aufgrund der permanenten Unterdrückung, der geographischen Aufsplitterung und wegen innerer sozialer Konflikte nur eingeschränkt.

In der heutigen Praxis wird jedoch deutlich, dass das bestehende Sytem die ursprünglich ihm zugedachte Funktion nicht mehr ausreichend erfüllen kann. Den Mitgliedern der Geistlichkeit fehlt teilweise der theologische Hintergrund zur Vermittlung der religiösen Lehre. Hinzu kommt, dass in der Diaspora die Geistlichen einer viel stärkeren Erwartungshaltung hinsichtlich der Weitergabe und Unterrichtung religiöser Inhalte ausgesetzt sind. Daher ist es erforderlich, dass die Jesiden religiöse Institutionen einrichten, die die Ausbildung der Geistlichen übernehmen. An der Stelle von Mitgliedern der geistlichen Gruppen treten verstärkt Muriden, die durch Veröffentlichungen zu religiösen Themen und Vereinsaktivitäten die Lücke schließen. Hier findet de facto eine Aufweichung der Gruppenfunktionalität statt. Diese Tendenzen sind allgemein festzustellen, wenn auch in der Diaspora etwas stärker. Es liegt aber an den Geistlichen selbst, ihre Rolle zu verstärken, z.B. indem Religionsschulen gegründet und eine religiöse Führungsarbeit in der Gemeinschaft geleistet wird. In Zusammenarbeit mit den neuen jesidischen Organisationen ist somit eine zeitgemäße und professionelle Vermittlung des Jesidentums zu ermöglichen.

Die Muriden[3]

Viele Historiker und Religionswissenschaftler, Jesiden wie Nicht-Jesiden, haben sich mit den Gesellschaftsgruppen der Jesiden beschäftigt. Recht auffällig ist, dass dabei nur wenig über die Muriden geschrieben wurde, darunter überwiegend Negatives und mitunter unglaublicher Unsinn. Dafür einige Beispiele von „klassischen" Autoren zum Jesidentum aus dem vergangenen Jahrhundert, die jeden, der die Realität kennt, erschaudern lassen:

Sadiq al-Damluji, ein irakischer Schriftsteller, hat über 30 Jahre bei den Jesiden gelebt. Er schrieb dennoch in seinem in Mossul 1949 erschienen Buch „Das Jesidentum" Folgendes über die Muriden:

[3] Ich danke meinem Freund und Kollegen Ido Baba Scheich für wichtige Informationen zu diesem Kapitel.

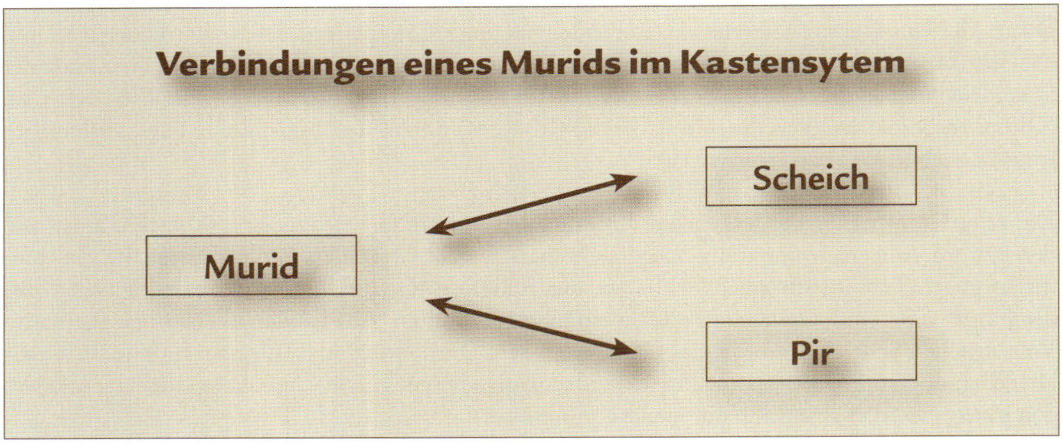

„Die Muriden oder das allgemeine Volk sind zahlenmäßig größer als die anderen Gesellschaftsschichten der Scheichs oder Pire. Die Angehörigen dieser Gruppierung haben nahezu keine Rechte. Vielmehr ist diese Kaste die unterste Kaste in der Hierarchie der jesidischen Religion. Ihre religiösen Freiheiten sind sehr stark eingeschränkt und ihre Rechte sind minimal. Angehörige der anderen Kasten unterdrücken die Muriden, damit diese besser kontrolliert und beherrscht werden können. Sie haben ihnen verboten, etwas über ihre Religion zu erfahren. Wenn man alles auf einen Nenner bringt, dann kann man die Situation so formulieren: die Muriden sind die Sklaven ihrer Scheichs und Pire und haben ihnen zu gehorchen."

Der irakische Schriftsteller Abd al-Razzak al-Hasani schrieb 1975 ähnlich wie Sadiq al-Damliji:

„Die Muriden sind vergleichbar mit einer Kuh, die viel Milch spendet. Sie bilden die Mehrheit der Jesiden und haben die Befehle ihrer religiösen Würdenträger ohne Widerspruch oder Protest zu befolgen. Sie dürfen weder Fragen über ihre Religion stellen noch über sie diskutieren. Sie sind Kreaturen ohne einen menschlichen Wert, vergleichbar mit einigen Kasten im Hinduismus."

Selbst kurdische Autoren wie der Schriftsteller Shakir Fatah äußern sich ähnlich abfällig und unwissend über die Muriden:

„Jeder Angehörige des allgemeinen Volkes wird als Murid bezeichnet. Diese sind vergleichbar mit den niederen Kasten des Hinduismus, die fast ohne Würde sind. Im Jesidentum bilden die Muriden die unterste Kaste. Sie haben eingeschränkte Freiheiten und ihnen sind viele Dinge untersagt. Sie werden unterdrückt und dürfen keine Fragen über ihre Religion stellen … sie dürfen nur in ihre Kaste einheiraten."

Man fragt sich, wie ein solcher Unsinn zustande kommt.

Es gibt aber auch schon länger differenzierte Darstellungen des komplexen Systems und der Rolle der Muriden. So legt der jesidische Schriftsteller Izeddin Baqisri dar, wie die Zugehörigkeit zu einer Gruppe und die Abhängigkeit von einer anderen mit bestimmten religiösen und sozialen Pflichten verbunden ist:

„Die Muriden zählen zu dem allgemeinen Volk, erfüllen ihre religiösen Pflichten genau und sind bestimmten Scheich- und Pirfamilien als Anhänger zugeordnet. Die Sheiks und Pire sind verpflichtet, ihre Muriden religiös zu betreuen, sie an ihre Pflichten zu erinnern, bei bestimmten Anlässen anwesend zu sein und religiöse Zeremonien mit Muriden vorzunehmen, wie die Totenmesse, Totenwäsche, Beerdigungen, Taufen und Eheschließungen." (Izeddin Baqisri; Mergeh; Duhok 2003).

Dr. Khalil Rashow, bekannter Fachmann für das Jesidentum, schildert einige besonders komplexe Beziehungen wie die Patenschaften, bei denen auch NichtJesiden einbezogen sind, und das Beziehungsgeflecht der Muriden innerhalb der Kasten (Rashow, Khalil Jindy: Die Yezidi: Ihr Glauben, ihre Traditionen und ihr soziales Systm; Studien 2003/2004, und seine beiden Hefte, die in den neunziger Jahren in Einbeck erschienen. Titel: „Zur Erkenntnis der jesidischen Religion"):

„Sie bilden das allgemeine Volk und können nur in ihrer Gruppe heiraten. Normalerweise darf ein Murid nicht der Pate eines anderen Muriden werden. Jeder Jeside muss einen Paten haben, der nicht zu seiner eigenen Kaste gehört. Das kann auch ein Muslim oder ein Christ sein. Doch es sind einige Fälle bekannt, bei denen ein Murid der Pate eines anderen Muriden geworden ist. Sollte dies der Fall sein, dürfen die Kinder des Paten niemanden aus der Familie des Patenkindes heiraten." (...)

„Jeder Jeside muss einen Scheich, einen Pir, einen Erzieher und einen/eine Bruder/Schwester im Jenseits haben. Die Eheschließung zwischen einem Scheich und einer Scheicha (Frau) aus der Scheich-Kaste, zu der dieser Scheich erblich zugewiesen ist (auch die Scheichs und Pire sind Muriden von bestimmten Scheichs und Pire) ist nicht gestattet, zum Beispiel die Sheiks der Scheichisnan sind Muride der Sheikshimsan und dürfen diese nicht heiraten."

Ich glaube, dass diese Bezeichnung „Murid" seit dem Altertum existiert. Zur Zeit des Polytheismus hatte jede Gottheit eigene Anhänger, die sie angebetet und ihr gedient haben. Diese ist eine uralte Beziehung, die bei den Jesiden bewahrt worden ist. Es ist indes durchaus möglich, dass der Begriff tatsächlich aus dem Sufismus stammt, sollte aber mit „die Wünschenden – die zu Gott beten, damit dieser ihre Wünsche erfüllt" übersetzt werden.

Der Murid liegt an seinem Todestag in den Händen seiner Würdenträger, die ihn rituell waschen und beerdigen. Das Wort Murid steht im Zusammenhang mit dem kurdischen *„mir"* (tot). Zur Erläuterung: Das Wort spricht man etwa wie *„mirr"* aus. Mit dem *Mir* hängt es nicht zusammen.

Die Beziehungen zwischen Scheich, Pir und Murid sind eindeutig religiöser Natur. Man darf diese Beziehung im Jesidentum nicht mit der Beziehung im feudalen System, zwischen dem Großgrundbesitzer und dem Knecht, vergleichen. Dass die Muriden verpflichtet sind, ihren Scheichs und Pire Abgaben zu leisten, hat heute eher symbolischen Charakter und kann auch nicht erzwungen werden. Die Muriden waren und sind keineswegs Untertanen der Kleriker, auch ist ihre Kaste nicht untergeordnet. Das wird deutlich, wenn das Verhältnis zwischen den geistlichen Familien untereinander betrachtet. Denn auch deren Angehörige sind anderen geistlichen Familien zugeordnet, also deren Muriden. Selbst das zweite Oberhaupt der Jesiden, der Baba Scheich, ist einem Scheich und Pir zugeordnet und in diesem Sinne dessen Murid. Er muss gegenüber dem für ihn Zuständigen treu und loyal sein. Die Unzulänglichkeit des Begriffs „Kaste" erweist sich auch hier.

Die Heiratsregeln bei den Jesiden gelten, wie gesagt, nicht nur für die Muriden, vielmehr müssen alle Gruppen gleichermaßen die Beschränkungen beachten. Jeder hat seine religiösen Rechte und Pflichten und muss diese einhalten. In der Geschichte der Jesiden gab es immer wieder Persönlichkeiten, die nicht zu den Kasten der Kleriker gehörten und trotzdem hohe religiöse Positionen erreichten, wie zum Beispiel Kochak Ibrahim. Dieser war zwar ein Murid, wurde aber aufgrund seiner Tüchtigkeit, Frömmigkeit und seines Engagements für die jesidische Religion zum religiösen Oberhaupt (Baba Scheich) ernannt. Ein anderes Beispiel ist der Fakir, welcher einen hohen Rang in der religiösen Hierarchie einnimmt und eine enorme Bedeutung für die Vermittlung der Religion hat. Viele Muriden wurden aufgrund ihrer Frömmigkeit zu Fakiren ernannt und tragen deren Symbol, die *Kherqe Scheich Adis*.

Die Muriden können sogar Erzieher (*Murabi)* für Scheich- und Pirfamilien werden, und ebenso Betreuer von heiligen Stätten (*Ziyaret*). Ein religiöser Psalm (*Qewlen Muridan*) verdeutlicht dies:

„Ich frage die Klugen und Intelligenten
Erklärt mir, was Muridentum bedeutet
Und welche Merkmale diese haben.
Der Murid ist derjenige, der gottesfürchtig ist und die Werte seiner Religion strikt befolgt ...“

In einem anderen Psalm heißt es:

„Unter den Sayyids verbreiteten sich Neuigkeiten,
dass ein neuer mächtiger Scheich aufgetaucht ist.
Und dass sich Schüler (murid)
in Lalisch um ihn versammelten.
Auch unter den Nichtarabern gab es Neuigkeiten, dass ein Scheich aufgetaucht ist,
der Wunder vollbringt,
und dass sich Schüler (murid) in Lalisch um ihn versammeln.“

In einem anderen Kapitel desselben Psalms wird erwähnt, dass Meme Reshan ein treuer Schüler und Anhänger Scheich Adis war:

„Der Scheich der Sayyids fragte ihn, als er Meme Reshan sah,
ob er ein Scheich oder ein Murid sei?
Ich bin Meme Reshan, der Reiter des edlen Hengstes
Ich bin ein stolzer Murid von Scheich Adi."

Das alles macht deutlich, dass die Muriden keineswegs blinde Anhänger der Kleriker, sondern im Gegenteil ein ebenso wichtiger Bestandteil der jesidischen Religion sind. Man kann dies auf einen Nenner bringen und sagen, dass eigentlich jeder Jeside ein Murid ist, völlig unabhängig, welcher Kaste er angehört. Die Muriden bilden das Fundament der jesidischen Religion.

Die Pire

Während die Scheich-Gruppierung erst mit den Reformen von Scheich Adi zu Einfluss gelangte, existierten die Pire bereits in den Anfängen des Jesidentums. Die Bezeichnung Pir stammt aus dem Kurdischen und bedeutet „der Alte bzw. der Weise" oder „der religiöse Führer". Mit den Reformen von Scheich Adi verloren die Pire einen Großteil ihrer religiösen Führungspositionen an die Scheichs. Das weltliche Oberhaupt, der Mir, sowie der zweithöchste Würdenträger der Jesiden, der Baba Scheich, entstammen der Kaste der Scheichs. Doch bildeten die Pire auch weiterhin einen Grundbaustein in der Gesellschaftsstruktur und bleiben bis heute tief in der Gemeinschaft verwurzelt. Sie haben eine ähnliche Position wie die Scheichs, sind allerdings nicht mehr so einflussreich wie in früheren Zeiten. So waren z.B. die Familien der Pire, Hasan Maman, Pir Afat und

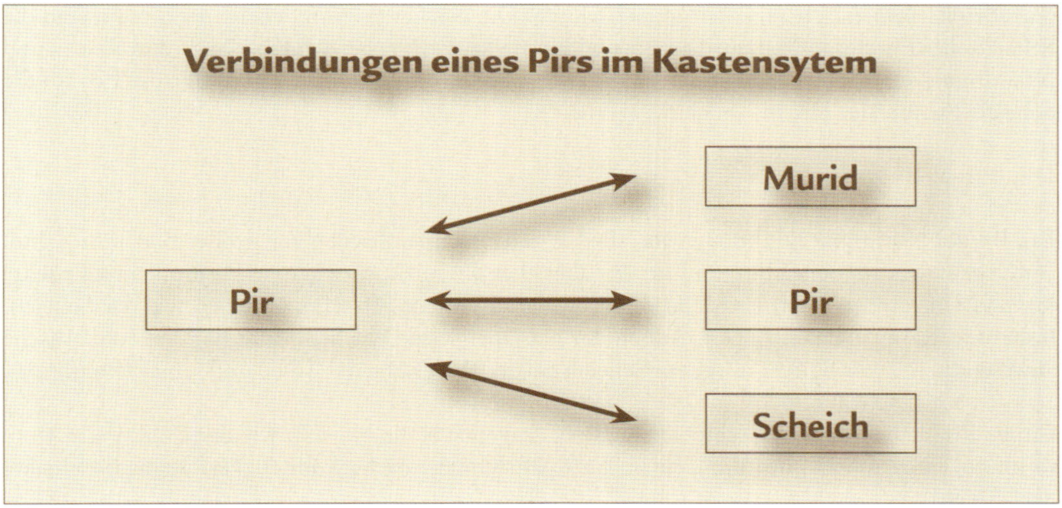

Pir Dima bei der Einweihung des Heiligtums Quba Siltan Êzîd in Georgien, er ist ein bedeutender jesidischer Theologie und Würdenträger.

Pir Jarwan (Cerwan), die Lehrer und Unterweiser der Scheichfamilien von Scheschims, Scheichisn und Scheichubakr.

Der letztere, Scheichubakr, war gleichzeitig der Scheich der Pire. Die Nachfolger von Scheschims und Pir Afat haben sich gegenseitig unterwiesen. Die Nachfolger von Scheich Fakhredin sind die Scheichs der Pir Hasan Maman-Familie und Hasnalka, Farkha bei den Khatibesis und Sijadin und Nasirdin bei den Pir Jarwan. Die Pir-Familie von Hasan Maman übte die Funktion des Pirs für die Scheich-Familie des Hasans (Scheichisn) aus.

Die Aufgaben der Pire

Ein Pir übt bestimmte Funktionen aus, die für den einzelnen Jesiden von großer Bedeutung sind. Im Gegensatz zum Scheich nimmt der Pir aber eher die spirituell wichtige Position eines Gelehrten und Unterweisers ein. Er ist im Alltag nicht so präsent für seine Muriden wie der Scheich, insbesondere im sozialen Leben. Außerdem hat jeder Jeside einen Pir, der bei der Totenwäsche anwesend sein muss. Dieser hilft dem Scheich bei der Waschung des Toten und seiner Beerdigung.

Einige Pire haben in der Geschichte eine herausragende Rolle gespielt, wie der Pir Aygane Meyro im 16. Jahrhundert oder Pir Jafer im 8./9. Jahrhundert (siehe Kapitel „Verfolgungsgeschichte der Jesiden“).

Die Zusammensetzung der Pir-Kaste

Die Pire sind in vier Hauptgruppen mit verschiedenen Untergruppen eingeteilt: Hasan Maman mit den Untergruppen Hasanelka und Khatibesi; Pir Afat mit den Untergruppen Meme Reshan, Buwal und Pir Debes; Pir Jarwan mit den Untergruppen Esibiya Haci Muhamed, Omar Khalan und Qediban; und Pir Haci Ali mit der Untergruppe Pir Bahri. Die bedeutendste Pir-Gruppe ist die zahlenmäßig eher kleine Gruppe der Hasan Maman, die auch „Pire Çil Piran" (Pire der 40 Pire) genannt wird. Ihre Zahl ist stark zurückgegangen, da sie aufgrund des Endogamiegebotes nicht in die anderen Pir-Hauptgruppen einheiraten dürfen.

Die Pir Verbände:

Bavê Pîran	(Tausî Melek)
Hasan Maman	(pîrê çilpîran)
Al	(Al)
Alūbekir	(Alûbakir)
Atqatē	(Atqatê)
Bad	(Bad)
Biwal	(Biwal)
Bū	(Bû)
Būb	(Bûb)
Jarwan	(Cerwan)
Chak	(Çak)
Chēlē	(Çêlê)
Davūdī/Daudībiderman	(Davûdî /Daudîbiderman)
Deva	(Deva)
Dirbēs	(Dirbês)
Fat	(Fat)
Gavanē Zerza	(Gavanê Zerzan)
Gerger	(Gerger)
H'ejī Mehemed bēzuret	(H'ecî Mehemed bêzuret)
H'ejī E'lī Memīn	(H'ecî E'lî Memîn)

H'esenchīnarī	(H'esençînarî)
H'esen Te'lk	(H'esen Te'lk)
Hesnenak	(Hesnenak)
Hajīal	(Hacîal)
Hesnalka/H'esen Ēlka	(Hesnalka/H'esen Êlka)
Hū	(Hû)
Īsībīa	(Îsîbîa)
Kewkī	(Kewkî)
Kemala	(K'emala)
Liblan	(Liblan)
Memē Reshan	(Memê Reşan)
Meqlebēz	(Meqlebêz)
Memē Shivan	(Memê Şivan)
Mehbūf	(Meh'bûf)
Mehmedē Reben	(Mehmedê Reben)
Mend	(Mend)
Momin	Momin)
Omarkhalī/Omarē Khala	(Omarxalî /Omarê Xala)
Qedībilban	(Qedîbilban)
Qelender	(Qelender)
Reshē Heyran	(Reşê Heyran)
Sīnekhalī	(Sînexalî)
Sīnanezar	(Sînanezar)
Shamīa	(Şamîa)
Terjiman	(T'erciman)
Tūz	(Tûz)
Khanīa	(Xanîa)
KhetīBisī	(Xetî Bisî)
û htd.	

Quelle: Dr. Khanna Omarkhali (Pir)

Die Scheichs

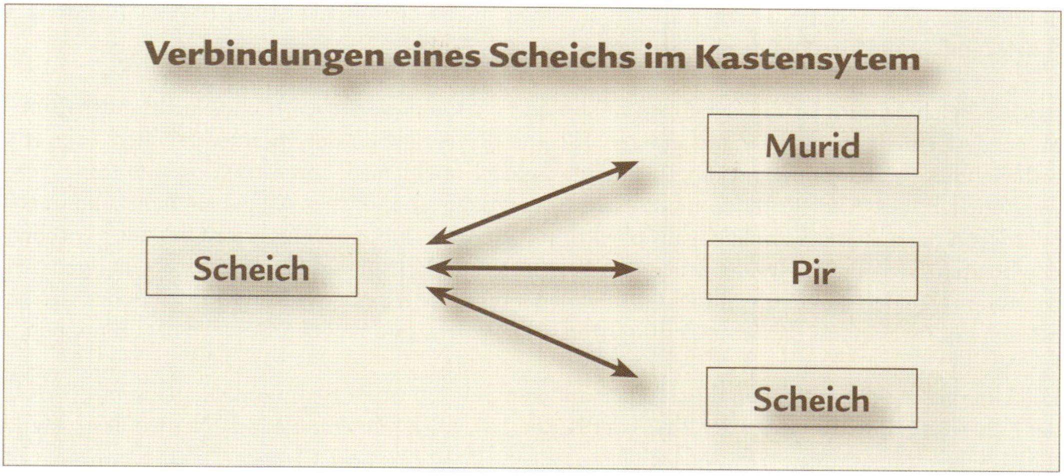

Die Aufgaben der Scheichs

Die Bezeichnung Scheich stammt aus dem Arabischen und bedeutet der Alte bzw. Weise oder in religiöser Hinsicht der geistliche Führer. Die deutsche Aussprache lässt sich ungefähr mit „Schech" wiedergeben, wobei das ch hart gesprochen wird wie in dem Wort Bach. Interessanterweise lautet das entsprechende kurdische Wort Pir. Die Scheich- und Pir-Gruppen sind in der jesidischen Gesellschaft bezüglich ihrer Aufgaben und Stellung in der Gemeinschaft voneinander abgegrenzt.

Jeder gläubige Jeside, unabhängig von seiner Stellung in der Gesellschaft oder seiner Zugehörigkeit zu einer bestimmten Gruppe, hat einen ihm zugeordneten Scheich, der seine Familie und seinen Stamm betreut, Taufen vornimmt, Besuche bei religiösen Anlässen und Festen abstattet und bei der Bestattung der Toten anhand von bestimmten Regeln und Riten mitwirkt. Auch die Scheichs selbst werden wiederum von einem ihnen zugeordneten Scheich betreut. Für den Scheich sind daher seine Schützlinge stets „seine" Muriden. Er hat sie an ihre religiösen Verpflichtungen zu erinnern, nimmt aber auch wichtige soziale Aufgaben wahr: Er wirkt aktiv im täglichen Leben mit und wird gelegentlich

Scheich Mijo Sedo Uso aus der Schingal Region.

bei wichtigen familiären Entscheidungen herangezogen. Der Scheich tritt auch als Vermittler in Konfliktfällen auf. Einige Scheichs, z.B. Scheich Mirza, der gegen die Osmanen im 18. Jahrhundert kämpfte und die Jesiden zweimal zum Sieg gegen die Paschas in der Provinz Diyarbakir führte, sind in die Geschichte eingegangen.

Jeder Scheich-Stamm ist für seinen speziellen Laien-Stamm verantwortlich. Nur in Ausnahmefällen darf ein Scheich aus einer anderen Familie die Aufgaben des verantwortlichen Scheichs wahrnehmen, z.B. wenn etwa der zuständige Scheich nicht mehr am Leben ist und seine Verwandten z.B. aus Altersgründen nicht mehr in der Lage sind, dessen Aufgaben wahrzunehmen, oder wenn der zuständige Scheich aus objektiven Gründen, z.B. geschlossener Grenzen zwischen den Staaten, in denen die Jesiden leben (Türkei, Syrien, Irak, Iran und Gebiete der ehemaligen Sowjetunion), zu den Zeremonien nicht erscheinen kann. Die regionalen Konflikte zwischen diesen Staaten erschweren das Passieren der Grenzen immer mehr und machen Besuche oft unmöglich.

Die Übernahme der Aufgaben durch einen anderen Scheich ist an Bedingungen geknüpft. So soll der Scheich beispielsweise bei der Taufe der Kinder, der Bisk- Zeremonie, den Namen des zuständigen Scheichs erwähnen: *„Im Namen Gottes und mit Erlaubnis deines Scheichs.“* Auf Kurdisch: *„Ya bi destura khode u bi deste Sheikhe te“*

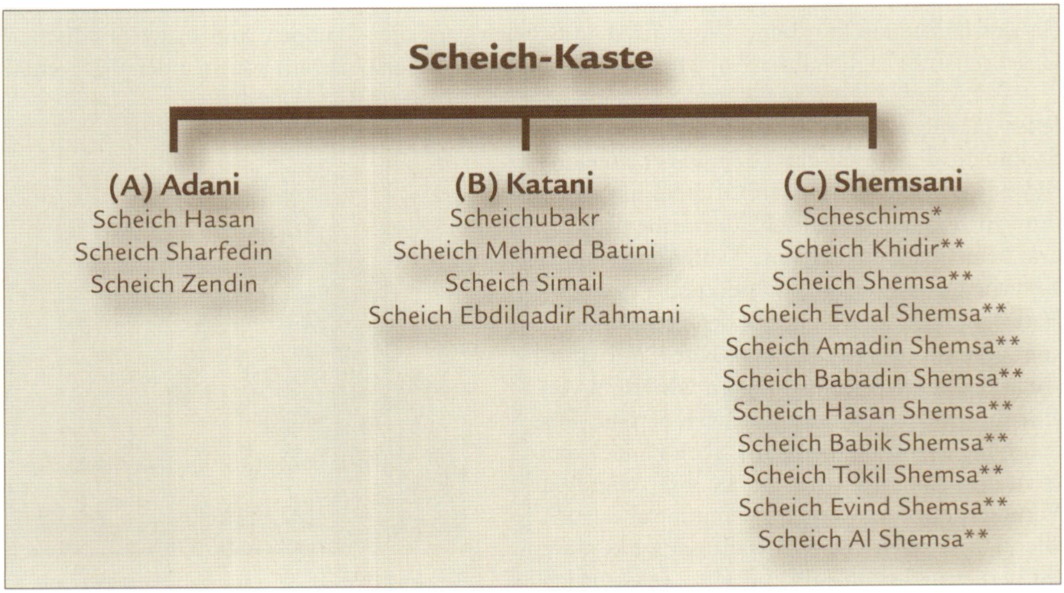

Die Laien des Scheichs erbringen ihm Abgaben, auf Kurdisch Fito. Das kann aus Geld, Naturalien, Kleidungsstücken oder anderem bestehen. Die Höhe ist nicht festgelegt oder geregelt. Die Abgabe ist freiwillig. Der Laie braucht sie nicht zu leisten, wenn er dazu finanziell nicht in der Lage ist. Für den Lebensunterhalt einer Scheich-Familie reichen die Abgaben nicht aus. In der Regel üben sie daneben einen weltlichen Beruf aus.

Die Zusammensetzung der Scheichkaste

Die Scheichkaste unterteilt sich in drei Unterkasten: Adani, Shemsani und Katani. Die Unterkasten setzen sich wiederum aus mehreren Scheichverbänden zusammen. Jeder Scheich gehört zu einem Scheichverband. Die Zugehörigkeit erfolgt durch Erbfolge. Bei Eheschließung nimmt die Ehefrau den Scheichverband des Ehemannes an. Die Scheichverbände werden nach Schutzpatronen (kurdisch: *Xwedan)* benannt.

Die Peschimame

Leider gibt es keine Qawls, die die Bedeutung dieses Scheich-Stammes hervorheben. Berühmt wurden sie jedoch durch ihren heiligen Vorfahren Sharfedin. Die Feierlichkeiten und Zeremonien in Lalisch sind ohne die Mitwirkung der Peschimame undenkbar. Scheich Adi und seine Nachfolger haben zur Betreuung der Jesiden in den abgelegenen Regionen, weit weg vom religiösen Zentrum Lalisch, Peschimame geschickt. Diese hatten auch zur Aufgabe, die Jesiden zusammenzuhalten und sie gegen ihre Feinde zu schützen.
Normalerweise sind sie die Vertreter des amtierenden Mirs in den verschiedenen jesidischen Siedlungen.

In Syrien war vor allem Peschimam Suleiman Omar, der Vater des 2005 in Deutschland verstorbenen Peschimam Ismail Deniz, von Bedeutung. Ohne seine Hilfe wäre z. B. die Gründung der ersten jesidischen Grundschule 1954 in Syrien durch meinen Vater unmöglich gewesen. Peschimam Ismail Deniz erhob sich auch gegen die feudalen kurdischen Großgrundbesitzer in Türkisch-Kurdistan.

Links Peschimam Scheich Numan, er ist der Begleiter des Baba Scheich und rechts Peschimam Scheich Faruk, der sog. „religiöse Führer des Fürstentums".

Die Peschimame stammen aus der Familie der Sharfedin, also aus der Hauptkaste der Adani-Scheichs, und repräsentieren sie. Wie man aus der Bedeutung des Wortes Peschimam ableiten kann, sind sie führende Geistliche, die einerseits in ihrer weltlichen Funktion die Emire repräsentieren bzw. vertreten und andererseits als geistliches Oberhaupt eines

Fakir Haci Schemmo, bedeutender Würdenträger.

bestimmten Gebietes auch religiöse Aufgaben wahrnehmen. Ihnen ist z. B. die Durchführung der Trauungszeremonie vorbehalten. Nur in ihrer Abwesenheit dürfen die anderen Geistlichen diese Aufgaben übernehmen. Zusätzlich sind die Peschimame in ihrer Funktion als Scheich verantwortlich für die Betreuung der Familien der Qatani-Unterkaste, d.h. der Familie des Mirs.

Die Fakire

Die Würde eines Fakirs wird Personen verliehen, die dies aufgrund religiöser Frömmigkeit und eines enthaltsamen Lebens verdient haben. Die Fakire widmen sich ausschließlich der Religion und halten die Gebote und Verbote strikt ein. Sie bilden keine eigene Kaste, vielmehr können Jesiden aller Kasten in diese Gruppe aufgenommen werden. Wenn der Fakir aus den Reihen der Geistlichen stammt, heißt er auf Kurdisch *Feqire dunav*, auf Deutsch: Der Fakir, der zwei Würden trägt. Entsprechende Laien heißen dann *Feqire yeknav*, auf Deutsch: der Fakir, der nur eine religiöse Würde trägt.

Als Erkennungszeichen tragen die Fakire einen Umhang aus reiner Wolle. Dieser wird *Kherqe* genannt. Der Kherqe wird mit den Blättern des Walnussbaums, auf Kurdisch *Zerguz*, gefärbt. Durch ein spezielles Färbeverfahren bekommt er eine schwarze Farbe. Der Kherqe wird dann in die „Weißen Quelle", eine in Lalisch befindliche heilige Wasserquelle, getaucht. Durch diesen Vorgang wird der Kherqe als besiegelt bezeichnet, auf kurdisch: *morkiri*. Diese Zeremonie wird in der heiligen Stätte Lalisch vollzogen.

Jeder Jeside, dem die Fakir-Würde aufgrund seiner Frömmigkeit und durch die Beherrschung zahlreicher Psalme und Gebete verliehen wurde, muss nach Lalisch pilgern. Denn nur dort wird ihm der Kherqe überreicht. Der Mir von Scheichan übernimmt diese Aufgabe.

Außerdem trägt jeder Fakir einen roten Gürtel aus Wolle über seinem Kherqe. In diesem Gürtel gibt es einen kupfernen Ring. Der Gürtel wird Mehaq genannt. Dieser muss mit dem heiligen kupfernen Ring, der Khadim genannt wird, fest verbunden werden. Der Ring steht symbolisch für folgende jesidische Überzeugung: Das Leben eines Menschen verläuft kreisförmig. Das bedeutet, dass der Tod nicht das Ende eines Menschenlebens darstellt. Die Jesiden sprechen von einem Gestaltwechsel, wenn jemand gestorben ist. Er trägt auch eine Binde um seinen Hals, den „Halsring von Ezid", auf Kurdisch *Toqê Êzîd*. Auf dem Kopf trägt er eine Art Kappe, die Kulik genannt wird und die Krone Scheich Adis symbolisiert. Zeigt ein Kherqe Materialermüdung, wirkt zerrissen und ist nicht mehr brauchbar, wird er an einem Ort im Mausoleum Scheich Adis aufbewahrt, bis er zerfällt. In Schengal (Schingal) wird er an einem Ort nahe der Pir-Akhayi-Quelle aufbewahrt.

Links Fakir Sabri und neben ihm Fakir Kemal, im Hintergrund ist das Schingal-Gebirge sichtbar. Fakir Kemal ist 2015 leider verstorben, an dieser Stelle richten wir unser Beileid an seine Angehörigen.

Die Nachfahren eines Fakirs müssen nicht unbedingt Fakire werden. Diese Würde ist im Gegensatz zu den anderen geistlichen Würden (Scheich und Pir) nicht erblich. Verletzt ein Fakir seine vorgeschriebenen Pflichten, ist der Mir befugt, ihm die Würde abzuerkennen.

Der Hüter der heiligen Stätten in Lalisch, *Micêwir*, muss unbedingt ein Fakir sein. Er ist beauftragt, die einzelnen Gräber zu pflegen und die Kerzen und Lichter, auf Kurdisch *Çira*, anzuzünden. Er spielt auch die wichtigste Rolle bei der Durchführung des religiösen Tanzes *Sema*. Dieser Tanz wird zu mehreren Anlässen und Festen veranstaltet (s. das Kapitel zum Fest der Cumaya Scheich Adi). Bei diesem Tanz übernimmt der Fakir die Rolle von Scheich Adi, was sich durch das Tragen von Kherqe und der Tracht, auf Kurdisch *Tanc u Hil*, zum Ausdruck bringt. An diesem Tanz beteiligen sich weitere 13 Würdenträger. Der Fakir begleitet diese Gruppe von Qawals, den Naqib und den Betreuer der „Weißen Quelle", um die heilige Figur, *Tausa Mirgeha Sheikhan*, zu den Gläubigen zu bringen. Dafür bekommt er auch einen Anteil der Gaben der Gläubigen. Die Qawals spielen auf den Musikinstrumenten, auf Kurdisch Def u Shibab, und singen die religiösen Psalme und Lobeshymnen.

Einer der berühmtesten Fakire aus den Reihen der Muride ist zweifelsfrei der legendäre Freiheitskämpfer Hemo Sherro, der den verfolgten Armeniern während der Massaker im Ersten Weltkrieg Zuflucht in den jesidischen Siedlungsgebieten des Schingal gewährt hat.

Qawals während einer Feier am Heiligtum Meme Reshan, sie spielen die traditionellen und religiösen Instrumente Def und Shibab.

Die Qawals – das Gedächtnis des Jesidentums

Von Dr. Khalil J. Rashow

Aufgaben und Funktion der Qawals

Die Qawals sind Menschen, deren Aufgabe darin besteht, die Qawls – Gebete, religiöse Gedichte, Erzählungen und Lobhymnen – auswendig zu lernen und an die Jesiden weiterzugeben. Bedenkt man, dass die Vermittlung im Jesidentum weitestgehend mündlich erfolgte, so kann man die Qawals als religiöses Gedächtnis der Jesiden bezeichnen. Während ihrer Vorträge in Lalisch, dem Religionszentrum der Jesiden, und auf ihren Reisen in die jesidischen Siedlungen erinnern sie die Jesiden an ihre religiöse Identität und ihre Verpflichtungen. Da sie die Träger der heiligen jesidischen Texte sind, genießen sie bei den Jesiden einen hohen Respekt. Selbst größere Streitigkeiten können die Qawals meistens erfolgreich schlichten. Damit übernehmen sie neben ihrer Funktion, die religiösen Lehren zu bewahren und zu vermitteln, auch eine sehr wichtige soziale Funktion.

Die Qawals sind für Jesiden, deren Siedlungsgebiete weiter entfernt vom religiösen Zentrum liegen, wie in Syrien und früher auch in der Türkei, eine wichtige Schnittstelle und Informations-

Das Oberhaupt der Qawals, der sog. „Mezinê Qewala" Bahzad im Heiligtum Quba Siltan Êzîd in Tiflis, Georgien bei dessen Einweihung im Sommer 2015.

quelle ihrer Religion. Bei ihren Besuchen nehmen die Qawals freiwillige Abgaben entgegen, die für die heiligen Stätten und das weltliche Oberhaupt, den Mir, bestimmt sind. Die Qawals werden ebenfalls anteilig bedacht.

Zur Herkunft des Namens

Während bis vor kurzer Zeit noch angenommen wurde, dass das Wort Qawal aus dem Arabischen stammt, zeigen einige neue wissenschaftliche Erkenntnisse und Sprachvergleiche, dass die Abstammung im sumerischen Wort Kalo zu suchen ist. Im Sumerischen bezeichnet Kalo eine weise, religiöse Persönlichkeit. Unterstützt wird diese These durch die Tatsache, dass die Jesiden aus dem Schingal-Gebiet noch heute das Wort Kalo als Synonym für das Wort Qawal verwenden.

Ein alter Qawal, dessen Sohn und sein Enkel spielen auf den religiösen Musikinstrumenten Def und Shibab.

Begleitet wird diese Zeremonie von Qawals, ihren religiösen Gesängen und den Klang jener Musikinstrumente.

Der Ursprung der Qawals

Der Ursprung der Qawals geht auf den jesidischen Reformator Scheich-Adi zurück. Deshalb bezeichnet man sie auch häufig als Qawals von Scheich Adi. Dasselbe trifft im Übrigen auch auf die Fakire zu.

Ursprünglich stammen die Qawals nur von den Stämmen der Hakari und Dimili ab. Die Zugehörigkeit zu der Gruppe der Qawals kann nicht erworben werden, sondern ist exklusiv, d.h. aufgrund der Abstammung von Qawal-Eltern. Nach meinen Forschungen, die sich mit den Informationen von Qawal Sivo decken, dem Sohn des jetzigen Oberhauptes der Gruppe der Qawals, wurde in der Geschichte der Jesiden nur einmal von dieser Regel abgewichen. Im Jahre 1834, in der Zeit der Jesiden-Pogrome des muslimischen Kurdenführers Mir Mihemede Rewanduzi, auch Mire Kore genannt, wurde die Zahl der Qawals erheblich verringert. Aus diesem Grunde wurde ein jesidischer Gelehrter namens Baso vom Stamm der Mamusi zum Qawal ernannt. Die Übertragung der Qawal-Würde erstreckte sich auch auf seine Familienmitglieder.

Die Qawals besiedelten ursprünglich zwei Dörfer im Nord-Irak: Die Qawals vom Stamm der Dimili bewohnten das Dorf Bahzani, die Qawals vom Stamm der Hakari das Dorf Bashiqa. Hinzu kommt der wichtige Unterschied, dass die Dimili-Qawals als Schutzpatron (*Khudan*) Nasirdin, die Hakari-Qawals hingegen Scheichisn (Scheich Hasan) haben.

Die religiöse Unterweisung der Qawals

Vor 70 bis 80 Jahren gab es im Dorf Bahzani eine Religionsschule für Qawals. Hier wurden die Kinder der Qawals im Erlernen der Qawls, der

Gebete und dem Gebrauch der traditionellen Musikinstrumente *Def* (ein großes Tamburin) und *Şibab* (Flöte) unterwiesen. Nach dem Tod des großen Qawal-Gelehrten Iso wurde die Schule auf Anweisung des damaligen Mir geschlossen. Die religiöse Unterweisung erfolgt jetzt auf regelmäßigen Sitzungen, bei denen die älteren und ausgebildeten Qawals die jungen Qawals unterrichten.

Nicht jeder Jeside aus der Gruppe der Qawals ist automatisch berechtigt, dieses Amt auszuüben. Er muss vielmehr drei Bedingungen erfüllen: Umfassende Kenntnisse der jesidischen Lehre und der heiligen Texte, Redegewandtheit und eine klangvolle Stimme sowie eine perfekte Beherrschung der Musikinstrumente Def und Shibab. Besonders schwierig ist das Erlernen der Begleitmelodien der Qawls, da jedes Qawl eine spezielle Melodie erfordert. Sobald ein Schüler die Musik beherrscht, wird er an die religiösen Texte herangeführt. Als ausgebildeter Qawal muss er die wichtigsten religiösen Erzählungen und Gedichte auswendig rezitieren können.

Da die heiligen Texte der Jesiden sehr umfangreich sind, werden die religiösen Inhalte in einer bestimmten Reihenfolge gelehrt:

1. Gebete.

2. Erzählungen und Gebete, die sich mit dem Tod auseinandersetzen.

3. Bestimmte *Beyts*, das sind Texte in Gedichtform, die sich mit den Pflichten und der Verantwortung innerhalb der Gemeinschaft beschäftigen: *Beyta Jindi (Beyta Cindi)* (Lied über den Barmherzigen), *Beyta Sibe* (das Morgengebet), *Beyta Evare* (das Abendgebet).

4. Sieben religiöse Texte für die in Lalisch abgehaltene Zeremonie *Sema*, eine Art religiöses Theaterstück, das sich mit dem Gebet und der Verehrung der sieben Engel für Gott beschäftigt und von den religiösen Instrumenten begleitet wird.

5. Die Melodien der heiligen Texte.

6. *Mishabet:* Wenn der Schüler die ersten fünf Punkte beherrscht, wird er in Mishabet geschult. Bei der *Mishabet* lernt der Qawal, mit dem bewussten Vortragen von Auszügen einer religiösen Erzählung und deren Interpretation Antworten auf gesellschaftliche Probleme der Gemeinschaft zu geben. *Mishabet* gilt als die Vollendung der Qawal-Kunst.

Die Hierarchie innerhalb der Qawal-Kaste

Das Oberhaupt der Qawals, Mezine Qewalan, ist der uneingeschränkte Führer und Wegweiser der Qawals. Er ist verantwortlich für die religiöse Erziehung und Koordination der Qawals. Zugleich ist er Mitglied des Religiösen Rates. Das Oberhaupt der Qawals muss vom Stamm der Dimili sein und residiert im Dorf Bahzani.

Rechts, der verstorbene Qawal Sileman, links sein Sohn und neues Oberhaupt der Qawals, Qawal Bahzad.

Der Verwalter der Sinjaq (Sincaq), Bege Sinceqan: Der Titel Bege Sinceqe – Verwalter der heiligen Tausi-Melek-Symbole – wird Qawals verliehen, die über eine herausragende Kenntnis der heiligen Texte verfügen. Dieser Titel ist nach dem Amt des Oberhauptes die höchste Position, die ein Qawal erreichen kann. Als Religionslehrer, Seyda, unterrichtet er die anderen Qawals. Er kann sowohl vom Stamm der Hakari als auch der Dimili sein. Seine wichtigste Aufgabe ist es, bei den Tauwaf-Wanderungen als Anführer dabei zu sein. Dabei vertritt er die Schutzpatrone Scheich Sin und Scheich Shims. Selbst der Mir als weltliches und der Baba Scheich als religiöses Oberhaupt sind bei diesem Ritual dem Bege Sinceqan untergeordnet.

Der Serhosta rezitiert bei den Tauwaf-Wanderungen die Qawls und spielt dazu Tamburin. Er achtet darauf, dass die übrigen Qawals die Musik richtig im Takt spielen.

Der *Nufer* schließlich ist der Qawal in Ausbildung.

Religiöse Handlungen der Qawals

In Lalisch nehmen die Qawals bei allen Feierlichkeiten und religiösen Anlässen wichtige Funktionen wahr. Dabei richten sie sich nach festen Regeln. Vor Sonnenaufgang wird das religiöse Lied *Beyta Cindi* in Begleitung des *Def* und *Shibab* gespielt, womit sie alle Jesiden aufwecken und zum Gebet aufrufen. Bei Sonnenaufgang singen die Qawals das morgendliche Gebet *Du'a Sibe*. Anschließend wird ein rein instrumentales Stück gespielt. Bevor das *Simat*, das traditionelle, aus Weizen zubereitete Essen, in der Küche Scheich Adis gefertigt wird, spielt ein Qawal im Hofe Scheich Adis mit der

Shibab eine kurze Melodie. Vor Sonnenuntergang wird das abendliche Gebet *Beyta Evare* gesprochen. Es können anschließend weitere heilige Texte gesungen werden. Am Abend, wenn die Jesiden sich versammeln, beginnt der *Begê Sinceqan* mit dem *Mishabet*. Nach dem *Mishabet* wird das religiöse Theaterstück *Sema* mit musikalischer Begleitung durch die Qawals aufgeführt. Bei dieser Zeremonie sind die bedeutendsten religiösen Würdenträger anwesend, u.a. der Baba Scheich und der Peschimam. Sieben dieser Würdenträger spielen die Rolle der Engel, die zu Ehren Gottes drei Runden um ein Feuer laufen. Anschließend wird wieder *Simat* gereicht.

Als *Tauwaf*-Wanderungen werden die Reisen der Qawals zu den jesidischen Dörfern bezeichnet, die alljährlich stattfinden sollen. Auf den Reisen nehmen sie eine Bronzestatue (*Sincaq*) mit, die Tausi-Melek symbolisiert. Diese Statue wird in einem Zimmer aufgestellt, wobei die Qawals religiöse Texte vortragen. Die anwesenden Jesiden küssen die Statue. Die Qawals verteilen *Berat*, eine kleine weiße Kugel aus der heiligen Erde von Lalisch, und geben den Jesiden einen Schluck vom Wasser der heiligen Quelle *Kaniya Sipi* in Lalisch. Nach Abschluss dieses Rituals zahlen die Jesiden freiwillig Abgaben an die Qawals.

Zu den Sterbefeierlichkeiten singen die Qawals das religiöses Lied *Qewle Seremerge (Qewlê Seremergê)*, das sich mit dem Leben, dem Tod und dem Leben nach dem Tod befasst.

Besondere religiöse Lieder singen sie zu den religiösen Tänzen vor der Weißen Quelle in Lalisch, auf der Brücke der Güte, *Pira Marifetê*, und den Jima`ya- (Jima`ya- bzw. *Cema'iya*-Feierlichkeiten) zu Ehren Scheich Adis, Ka-

Qawals zelebrieren mit den religiösen Musikinstrumenten vor der Lalisch-Tempelanlage bei einer Feierlichkeit.

Eine Tauwaf-Wanderung von Qawals durch eine jesidische Dorfgemeinschaft.

Der amtierende Baba Tschawisch, Pir Shero.

Ein Micewir am Scheich Ale Shemsa Tempel in der Schingal Region (2012).

Daye Esmer, dt. „Mutter Esmer". Sie ist eine Kebane, Dienerin der heiligen Wasserquelle Kaniya Sipi (Weiße Quelle) in Lalisch.

bakh (*Kabax*). Bei den *Tauwaf*-Wanderungen spielen sie *Def* und *Shibab*.

Dieser Artikel erschien in der Dengê Êzîdiyan, Ausgabe 6+7 1997, Oldenburg, aus dem Kurdischen übersetzt von Telim Tolan und Chaukeddin Issa.

Die religiösen Diener im Tempel Scheich Adis und der Heiligtümer

Eine feste Aufgabenverteilung gibt es für die Betreuung der heiligen Stätten und Tempel der Jesiden: Der Baba Tschawisch (*Baba Çawîş*) ist ein frommer und asketisch lebender Mann, dem es untersagt ist, zu heiraten. Er verbringt sein ganzes Leben im Heiligtum und verrichtet dort seine Dienste.

Die *Micewiran* sind Tempeldiener und verantwortlich für die Pflege und den Unterhalt der vielen lokalen Heiligtümer in den jesidischen Siedlungsgebieten. Man kann sie auch als religiöse Führer der lokalen Gemeinschaft und Wächter der heiligen Stätten bezeichnen.

Die *Kebanen* sind Frauen, die entweder unverheiratet oder verwitwet sein müssen, um im Heiligtum dienen zu können. Ihre Hauptaufgabe ist es, den Tempel sauber zu halten.

Die Kochake

Die Kochake stellten eine Sondergruppe dar, zu der die Gläubigen gehen, um sich in der Not einen Rat zu holen. Daneben führen sie aber auch viele Rituale durch. Wenn z.B. Scheich und Pir nicht anwesend sind, können sie in Vertretung die Totenwaschung vornehmen. Ihre wichtigste Aufgabe ist es jedoch, über das Schicksal der verstorbenen Seelen zu berichten. Sie galten als Zukunftsseher und Wahrsager, die Traumorakel bestimmen konnten, haben jedoch heutzutage diese Bedeutung fast vollständig verloren.

Ein Jeside, der sich berufen fühlt, ein Kochak zu werden, bewirbt sich um die Anerkennung seines Anspruches beim Baba Scheich. Der Kandidat fastet dann 40 Tage im Sommer und im Winter. Danach bleibt der neue Kochak eine Woche allein und darf mit niemandem sprechen. Nachdem er sich allen Initiationen erfolgreich unterzogen hat, bekommt er vom Baba Scheich den Titel eines Kochak und eine spezielle Kleidung (siehe Abbildungen), die den Eintritt in den Orden symbolisiert. Neben der Kleidung gibt es noch einen roten Gürtel aus Wolle, an dem ein Kupferring befestigt ist. Dazu trägt der Kochak einen Turban, einen Mantel und eine Kopfbedeckung.

Die Kochaks treffen sich mehrmals jedes Jahr mit dem Baba Scheich in Lalisch, wobei sie über die Aufgaben und Verantwortungen der Kochaks diskutieren. Außerdem berichten sie von ihren Träumen und Visionen und tauschen ihre Erfahrungen aus. Sie leben von den Spenden der jesidischen Gemeinden.

Kochek Nun und Kochek Xelat.

Links Kochek Dexil und rechts Scheich Xwededa Serement. Von Scheich Xwededa erhielten wir als Unterstützung einige Privataufnahmen von Würdenträgern, dankeschön an dieser Stelle.

Das weltliche Oberhaupt Mir Tahsin Said Beg und das religiöse Oberhaupt, der Baba Scheich, Scheich Kheto.

Die Führung der jesidischen Gemeinschaft

Ein historischer Rückblick

Die Jesiden wurden durch die Gründung ihres in der Geschichte unter der Bezeichnung „Dewleta Khalidiyan“ bekannten Staates berühmt, obwohl dieser Staat von den arabisch-islamischen Historikern und Orientalisten mit keinem Wort erwähnt wurde. Die Jesiden verfügten auch über mehrere Fürstentümer und Emirate. Das berühmteste war zweifellos das Emirat von Dasin mit der Hauptstadt Dihok (Dohuk). Es wurde erstmals von den Assyrern 2000 vor Christus erwähnt. Später tauchte es in den christlichen Quellen im ersten Jahrhundert nach Christus auf. In den islamischen Schriften wurde es erstmals im Jahre 20 n. Hijra (islamische Zeitrechnung) im Zusammenhang mit den damaligen Ereignissen urkundlich erwähnt. Dieses Emirat existierte bis zum Jahre 1237 n. Chr.

Andere Emirate der Jesiden waren Dunbiliya, Mahmouda, Kilis, Halab (Aleppo im heutigen Syrien), Hewler (Irbil), Harir, Sindjar, Scheichan, Hama, Malatiya, Meresh und Jezira Botan. Das einzige Emirat, das heute noch besteht und funktionsfähig geblieben ist, ist das Emirat von Scheichan, dessen Emir „der Mir von Scheichan“ genannt wird. Mir Tahsin Beg regiert heute noch nahezu unverändert nach den alten Traditionen.

Die heutigen Führer der jesidischen Gesellschaft repräsentieren und verkörpern die einzelnen Funktionen des damaligen Staates. Deshalb tauchen auch typische Staatsmerkmale in den einzelnen Bezeichnungen auf, wie Baba Wezir, Baba Tschawisch, Baba Neqib.

Nach der Mythologie der Jesiden ist Lalisch die Hefe der Erde und die heiligste Stelle unserer Welt. Nachdem sich Scheich Adi auf seiner Wanderung aus Großsyrien in Lalisch niederliess, gaben viele Emire ihre Emirate auf und suchten die Nähe des großen Scheichs in Lalisch, wie z. B. Mir Jafer Hasan Mamani aus dem Emirat Harir, Mir Meme Reshan aus dem Emirat Meqluba Scheichan, Mir Ezdina Mire Shemsan aus Tewreze (dem heutigen Täbriz im Iran), Derwesh Adem aus dem Emirat Khurassan, Mir Ibrahim, der in der Festung Jderhiye regiert hat, Mir Gembul und Scheich Jafer Zerzayi.

Nachdem Scheich Hasan (Scheichisn) die Macht in Lalisch geerbt und vor allem viele Anhänger in Hakkari, Großsyrien, im Irak und sogar in Ägypten gewonnen hatte, wollte er einen funktionierenden Staat gründen. Er sah in der jesidischen Religion die Grundlage dafür. Die Emirate blieben im Rahmen des gesamten Staates bestehen, und jeder Mir konnte weiter regieren.

Um seine Macht überall zu festigen, war er jedoch gezwungen, einige Bräuche und Mythen der alten Religionen und Lehren von Abraham, die im Leben der damaligen Menschen eine zentrale Rolle gespielt haben, in sein Staatskonzept aufzunehmen. Mehrere Faktoren führten dazu, dass Scheich Hasan seinen Traum vom eigenen jesidischen Staat nie verwirklichen konnte:

Sein Vorhaben, grundlegende Veränderungen im Jesidentum vorzunehmen, war zu umfangreich und unrealisierbar, vor allem inmitten in einer feindlich gesinnten islamischen Welt. Er verfolgte zudem intensiv eigene Machtinteressen. Dafür hielt er sich zu oft in Mossul auf, also fern von seinem jesidischen Volk, das ihn als Mir brauchte, wie er auch dessen Solidarität bitter nötig hatte. Schliesslich unterlag er in den Feindseligkeiten mit Bad al-Din Lulu, dem Statthalter von Mossul, welcher ihn im Kerker hinrichten ließ.

In der Geschichte der Jesiden sind Rivalitäten unter den Angehörigen der drei Hauptkasten der Scheichs – Adani, Katani und Shemsani – gut bekannt. Es ging in erster Linie um Macht und Vorherrschaft in der jesidischen Gesellschaft. Nach der Ermordung von Scheich Hasan begann ein Streit um die Machtübernahme in der jesidischen Gesellschaft zwischen den Angehörigen der drei Hauptstämme der Scheichs, vor allem zwischen den Shemsanis und den Nachfahren des Scheich Hasan (Adanis). Die heutigen Mire von Scheichan – die Nachfahren von Derwesh Adem (Katanis) – beanspruchten ebenfalls die Macht für sich, und es kam zu Auseinandersetzungen zwischen ihnen und den Angehörigen der Adanis. Mit Unterstützung der Shemsanis konnten sie die Angehörigen der Adanis von der Macht verdrängen.

Der Religionsrat der Jesiden

Der Religionsrat der Jesiden befasst sich mit religiösen und weltlichen Angelegenheiten. Er gibt Empfehlungen für den weiteren Weg der Gemeinschaft. Seine Sitzungen werden in Lalisch abgehalten. Die kurdische Bezeichnung ist Jivata Ruhani (*Civata Ruhani; Jivata Ruhani*), d.h. Rat der Weisen. Die ständigen Mitglieder des Rates der Würdenträger sind:

- Mir
- Baba Scheich
- Scheich Wazir oder al-Wazir
- Peschimam des Mir
- Peschimam des Baba Scheich
- Naqib
- Baba Gavan, der Behüter der Heiligtümer
- der Führer der Qawals
- Baba Tschawisch
- der Torwächter des Scheich Adi Tempels

Bei Themen, die von grundsätzlicher Bedeutung für die gesamte Gemeinschaft der Jesiden sind, nehmen auch Stammesführer, Diener und Betreuer von lokalen heiligen Orten (*Ziyaret*) sowie die zivilen Leiter und Dorfvorsteher an den Sitzungen des Rates der Würdenträger teil. Die Mitglieder sind angehalten, in der Nähe von Lalisch zu leben.

Das amtierende weltliche Oberhaupt der Jesiden, Mir Tahsin Said Beg.

Der Mir

Er ist das Oberhaupt der Jesiden. Er gilt als rechtmäßiger Vertreter des jesidischen Reformators Scheich Adi. Er wird ausschließlich aus den Mitgliedern der Qatani-Kaste ernannt und regiert auf Lebenszeit. Seine Hauptaufgabe ist es, die Jesiden vor allem in weltlichen Fragen zu vertreten. Seine Entscheidungen sind bei den Jesiden verbindlich. Er steht dem Religiösen Rat vor. Die Aufnahme der Ratsmitglieder bedarf seiner Zustimmung. Nach Beratung mit dem Rat und jesidischen Persönlichkeiten ernennt er den Baba Scheich im Rahmen einer religiösen Zeremonie. Auch die Verwaltung von Lalisch obliegt seiner Führung. Er residiert in Ba´adre, das etwa 20 Kilometer von Lalisch entfernt ist.

Das amtierende religiöse Oberhaupt der Jesiden, Baba Scheich, Scheich Kheto.

Der Mir verwaltet die *Sincaqa Tausa Scheich Adi*, die Symbole des Glaubens. Diese Symbole werden von den Qawals während ihrer Wanderungen durch die Jesiden-Gebiete mitgenommen, bei denen Geld für den Lebensunterhalt der Emire und des Baba Scheich sowie für Arbeiten oder Restaurierungen an den heiligen Stätten der Jesiden gesammelt wird. Das amtierende Oberhaupt der Jesiden ist Mir Tahsin Said Beg.

Der Baba Scheich

Der Baba Scheich (Vater der Scheichs) ist der gewählte Weise der Jesiden. Er wird auch Akhtyare Mirgeh (*kur-*

Liste der Baba Scheichs

	Ezdine Mir	
Sicadin Scheschims	Melek Farkhedin	Nasirdin
Khatuna Fikhra	Scheich Bedir	Scheich Mend
	Scheich Khoshena	
	Scheich Sara	
	Scheich Khetari	
	Scheich Ido	
	Scheich Meshal	
	Kochek Cem*	
Scheich Kochek	Scheich Khemir	
	Scheich Reshke	
	Kochek Brim*	
Scheich Brim	Scheich Nasir	
Scheich Haci	Scheich Ali	
Scheich Sileman	Scheich Ismail	
	Scheich Haciye S. Nasir**	
Scheich Resho	Scheich Haci	Scheich Brim
	Scheich Ilyas **	
Scheich Hadi, Scheich Ido	Scheich Kheto	Scheich Hisen

Anmerkungen:
Mittlere Spalte: Diese Personen verkörpern den Baba Scheich. Linke und rechte Spalte: Geschwister des jeweiligen Baba Scheich.
* Personen, die nicht aus der vorgeschriebenen Shemsani-Kaste stammen, jedoch aufgrund ihrer überragenden Fähigkeiten zum Baba Scheich ernannt wurden.
* * Personen, die aus der für den Baba Scheich vorgeschriebenen Shemsani-Kaste stammen, jedoch nicht zur Familie des heutigen Baba Scheich gehören.
Quelle: Hadi Baba Scheich, Bruder des jetzigen Baba Scheich (Scheich Kheto).

disch: Extiyarê Mîrgehê) genannt, was soviel heißt wie der Weise des Fürstentums. Er muss Angehöriger der Fakhradin-Scheichs sein. Diese Scheichs spielen seit jeher eine bedeutende Rolle im Jesidentum und sind für ihre sehr guten Kenntnisse über das Jesidentum bekannt. Der Baba Scheich kennt die jesidischen Qawls und genießt höchste Autorität in der Auslegung der Religion. Der Mir berät sich in religiösen Fragen mit dem Baba Scheich.

Jährlich besucht er jesidische Dörfer und vermittelt den Menschen, wie ein wahrhaft jesidisches Leben zu führen ist. Zusätzlich ist er für die Ausrichtung der religiösen Feste in Lalisch und die Betreuung der dortigen heiligen Stätten verantwortlich. Verstößt ein Jeside gegen die elementaren Bestimmungen des Jesidentums durch Eheschließung mit einer/einem Nicht-Jesiden, durch

Verletzung von *Sed u Hed* oder einem offenen Bekenntnis zu einer anderen Religion, so dass seine weitere Zugehörigkeit zur Gemeinschaft in Frage gestellt wird, entscheidet der Baba Scheich über den Ausschluss aus der Gemeinschaft.

Eine der bekanntesten Persönlichkeiten aus der Familie des Baba Scheichs ist der Freiheitskämpfer und Mitglied der Patriotischen Union Kurdistans, Scheich Hussein Baba Scheich, ein Bruder des jetzigen Baba Scheich. Er wurde ein Opfer der Rivalität zwischen den beiden kurdischen Parteien PUK und KDP.

Der Scheich al-Wazir

Diese Bezeichnung wurde im 13. Jahrhundert Scheschims, dem Sohn des Ezdina Mir (Êzdînê Mîr), verliehen. Der Grund für die Verleihung dieser Würde war die Gründung eines unabhängigen Staates durch Scheichisn (Scheich Hasan), den Sohn des Scheich Adi II, welcher Scheschims (Şêşims) zu seinem Minister ernannte. Heute obliegen ihm verschiedene religiöse Funktionen während der Feierlichkeiten in Lalisch, z. B. die Zeremonie der Opfergabe für den Sonnengott Scheschims in Form eines Bullen, der einen weißen Fleck auf der Stirn haben muss, am Qabachtag. Dieses Ritual ist auf den Sonnenkult (Mithraismus) zurückzuführen.

Scheich al-Wazir Scheich Hassoun Shamsani.

Die weiteren Aufgaben des Scheich al-Wazir in Lalisch sind:

- Betreuung der drei Scheschims-Plätze in Lalisch.
- Bere Shibake (*Berê Şibakê*, der Stuhl von Scheich Adi) wird bei der Familie des Scheich al-Wazir im Ort Bahzani aufbewahrt.
- Er beteiligt sich neben dreizehn weiteren Repräsentanten an der heiligen Zeremo nie *Sema* und an allen Festen, die in Lalisch begangen werden.

- Er verteilt *Simat* von Scheschims, eine rituell zubereitete Speise, an die Gläubigen. Des Weiteren verteilt er während des Festes zu Ehren von Scheich Adi (*Cimayiya Şîxadî*) die Aufzeichnungen von Scheschims auf die Gläubigen.

- Er nimmt einen gesonderten Platz im Diwan von Scheich Adi ein.

- Er beteiligt sich an der Zeremonie *Qenter* während der religiösen Feste in Lalisch z. B. während des Festes zu Ehren von Scheich Adi.

- Er ist berechtigt, die Symbole von Scheschims von Ort zu Ort zu den Gläubigen bringen und ihre Gaben und Spenden in Empfang nehmen.

Er trägt eine Kopfbedeckung (*Kulik*) und muss weiße Kleidung tragen. Während der Zeremonie Sema trägt er eine heilige Tracht, die *Merze* genannt wird.

Der Scheich al-Wazir behielt seine historische Bedeutung in der Shemsani-Familie bei. Er ist Repräsentant der Shemsani-Scheichs im Geistlichen Rat in Lalisch. Der Baba Scheich ist der Anführer aller Scheichs, während der Scheich al-Wazir als Oberhaupt der Shemsani-Kaste angesehen wird. Seine Abstammung führt er u. a. auf den berühmten Freiheitskämpfer Hemo Shero zurück, d. h. seine Wurzeln liegen im Schingal.

Peschimam Faruk, Mitglied des Religiösen Rates

Peschimam des Mir

Die Rolle der Peschimame wurde im vorangegangen Kapitel behandelt. Es ist aber noch hinzuzufügen, dass sie sich wie die anderen Würdenträger an den in Lalisch stattfindenden Zeremonien beteiligen und den Menschenzug während der Feste und Veranstaltungen anführen. Der Peschimam des Mir ist zugleich sein Scheich, somit ist der Mir selbst ein Murid der Kaste der Adani. Umgekehrt ist der Fall beim Peschimam des Baba Scheich. Der Baba Scheich ist der Scheich der Peschimame, also der Scheich der Adani.

Neqib

Der Neqib muss aus der Pirkaste der Hajdiyalan (*Haciyalan*) stammen. Seine Aufgabe besteht darin, die heiligen Taus-Figuren (Tausa Şîxadî) zu den Gläubigen in den jesidischen Ortschaften tragen. Er allein ist berechtigt, die Teile der Taus-Figur wieder zusammen zu fügen. Zudem gehört auch er zu den Repräsentanten und Hütern des heiligen Ortes Lalisch.

Peschimam Numan, Baba Tschawisch und rechts der Baba Gavan.

Baba Gavan

Der Baba Gavan gehört zur Scheich-Kaste der Amadinan, einer Unterkaste der Shemsani-Hauptkaste. Er erfüllt folgende Aufgaben:

- Er beteiligt sich neben den dreizehn wichtigen Würdenträgern an der heiligen Zeremonie Sema.
- Er fastet mit der Gruppe um den Baba Scheich die 40 Sommer- und 40 Winterfastentage.
- Er besucht in Begleitung des Baba Scheich und Peshimam des Sherfedinan jährlich die Jesidengemeinschaften.
- Er trägt die gleichen Symbole, Kleidung und Kopfbedeckung etc. wie der Baba Scheich, Baba Tschawisch und Peschimam des Sherfedinan.
- Manchmal beteiligt er sich am Khilmetfest in Lalisch.

Baba Tschawisch

Der Baba Tschawisch entsagt dem gewöhnlichen Leben und darf als einziger Würdenträger nie heiraten. Er erfüllt seine religiösen Aufgaben mit Hilfe der sogenannten *Kabani*. Die übrigen Frauen, die ständig in Lalisch leben und der heiligen Stätte dienen, werden *Feqran* genannt. Sie werden als geistige Geschwister betrachtet und verhalten sich auch so. Es ist nicht vorgeschrieben, dass Baba Tschawisch und diese Frauen aus einer bestimmten Kaste stammen müssen. Jeder Jeside oder jede Jesidin, der oder die dazu würdig und fähig ist und sich mit dieser Lebensart identifiziert, kann diese Würde verkörpern.

Der verstorbene Baba Tschawisch, Pir Kemal.

Der Name eines Weggefährten von Scheich Adi, der Tschawisch hieß, führte zu der Bezeichnung. Sein Schrein liegt in Lalisch. Auch in der Ortschaft Khanik hat er ein Denkmal. Man interpretiert und definiert das Wort folgendermaßen: „*Chau*“ stammt aus dem Kurdischen und bedeutet Auge, und „*iesh*“ bedeutet etwa Arbeit oder Tätigkeit oder Aufgabe. Die Bezeichnung Baba Tschawisch bedeutet demnach „die Person, die die Arbeit leitet und beobachtet“. Diese Definition kommt für meine Begriffe der Realität am nächsten. Tschawisch war aber auch ein militärischer Rang in der osmanischen Armee und ist vergleichbar mit dem Rang eines Unteroffiziers.

In der Mythologie der Jesiden hatte Gott Lalisch als heiligen Ort bestimmt. Einige historische Quellen sprechen davon, dass Lalisch eine assyrische Militärfestung war. Andere meinen, Lalisch sei eine nestorianische Kirche gewesen. Die Jesiden sind der Überzeugung, dass Lalisch als Zentrum schon vor dem Christentum jesidisches Eigentum war. Sie verloren es durch Vertreibung und Vernichtungsfeldzüge ihrer Feinde an die Christen, die es wiederum zu einer christlichen Kirche umfunktionierten. Die Jesiden bekamen es zurück, als Scheich Adi aus Großsyrien zurückkehrte und die dortigen Kirchenmänner zur Aufgabe bewegen konnte. Die beiden Kirchenmänner, die damals die Kirche leiteten, hießen Hanna und Menna. Andere Quellen bezeichnen die beiden als Mar Johanna und Yesho Sabran. In der Tat tauchen diese Namen in einem jesidischen Qawl auf. Die Legende besagt, dass die beiden anfangs der Bitte von Scheich Adi nicht nachkamen und ihre Kirche behalten wollten. Scheich Adi aber sagte den beiden, dass Lalisch Eigentum seiner Vorfahren ist. Es gibt eine mündliche Überlieferung, die von den Jesiden heute noch rezitiert wird und folgendes besagt:

Der amtierende Baba Tschawisch, Pir Shero vor der Lalisch-Tempelanlage.

Hanna sagte zu Menna: „Der Scheich ist gekommen, um uns den Platz wegzunehmen.“ Nachdem sie sich weigerten, sagte Scheich Adi zu ihnen: „Geht zum Grab Eures Vaters, und er wird mit Gottes Hilfe zu Euch sprechen und Euch die volle Wahrheit sagen, und ich werde mit seinem Urteil einverstanden sein.“ Sie begaben sich zum Grab ihres Vaters, und dieser sprach zu ihnen, dass Scheich Adi immer die Wahrheit sagt, und er wünsche sich, dass dieser Scheich schon zu seinen Lebzeiten erschienen wäre. „Er ist ein guter Scheich und imstande, Wunder zu vollbringen. Ich rate Euch, in seiner Nähe zu bleiben, dann könnt Ihr die Gnade Gottes genießen“, so der verstorbene Vater. Daraufhin lenkten die beiden ein, und Scheich Adi erlaubte ihnen, in seiner Nähe in Lalisch zu bleiben. Einer von ihnen nahm dann die Stellung und den religiösen Rang des Baba Tschawisch ein.

Aufgaben des Baba Tschawisch:

- Er beteiligt sich an der Zeremonie Sema und anderen Feierlichkeiten in Lalisch neben den dreizehn Würdenträgern.

- Er pflegt die Räumlichkeiten in Lalisch, die Wasserbassins und bewässert die dortigen Olivenbäume, aus deren Früchten das Öl für die Leuchten (*Qendil*) gewonnen wird.

- Er trägt täglich den Morgen- und Abendpsalm und einen heiligen Qawl in Scheich Adi`s Diwan vor. Außerdem muss er täglich das Morgen- und Abendgebet und das Glaubensbekenntnis sprechen.

- Er beteiligt sich neben den anderen Würdenträgern an der Verteilung der heiligen Speise *Semat* während der heiligen Feste in Lalisch.

- Er fastet die vierzig Fastentage des Winters und des Sommers gemeinsam mit den übrigen Würdenträgern.

- Er ist zuständig für die Pflege aller heiligen Figuren und Symbole in Lalisch. Er kümmert sich um den Teppich in Lalisch und die landwirtschaftlichen Gegenstände.

Er trägt einen Bart, weiße Kleidung und auf dem Kopf ein weißes Tuch, das Shash genannt wird. Dieses Tuch wird um den schwarzen Kippa (*Kulik*) gewickelt. Um seinen Bauch trägt er einen schwarzen Gürtel, *Rist*, der sieben Mal um seinen Körper gewunden wird und einen Knoten an der Vorderseite hat. Dieser Gürtel trägt einen Ring aus Kupfer oder Bronze, der als *Khadim* bezeichnet wird. Er trägt auch einen weißen *Kherqe* und weiße Kleidung, die *Merzu* genannt wird. Diese Kleidung hat rote Streifen an den Seiten. Er darf keine Schuhe in Lalisch tragen, selbst nicht im Winter.

Jesidische Jugendliche die gekleidet in traditionell-jesidischer Tracht im Lalisch-Tal zu einer Festlichkeit tanzen.

Heirat und Ehe bei den Jesiden

Kein religiöser Zwang

In der jesidischen Gemeinschaft wird die Monogamie praktiziert. In bestimmten Fällen ist es einem Mann jedoch erlaubt, eine weitere Frau zu heiraten, etwa, wenn die erste Frau keine Kinder gebären kann. Die Heirat nach Scheidung oder Tod des bisherigen Partners ist beiden Geschlechtern erlaubt.

Waren Eheschließungen früher in erster Linie dem starken Einfluss der Familie ausgesetzt, so gehören „arrangierte" Ehen mittlerweile zur Ausnahme. Es gibt in der jesidischen Religion keine Vorschrift, aus der sich herleiten ließe, dass die Eltern über die Ehepartner entscheiden.

Hinsichtlich des Heiratstermins sind Regeln zu beachten: Die Jesiden feiern ihre Hochzeit nicht im Monat April und nicht an einem Mittwoch. Denn an diesem Tag schickte der allmächtige Gott seinen Engel Tausi-Melek auf die Erde, um sie zu formen und bewohnbar zu machen. Der April ist der Monat der Fruchtbarkeit. Die Welt erhebt sich aus dem Winterschlaf und der Frühling bringt seine schönste Pracht hervor. Im kurdischen Volksmund wird der April Bûka Salê, auf

Deutsch: die Braut des Jahres, genannt. Nach jesidischer Vorstellung gebührt nur dem April die Ehre der Braut.

Bei der Hochzeitsfeier, unmittelbar bevor die Braut das Haus des zukünftigen Ehemannes betritt, hält eine Verwandte des Bräutigams einen Brotlaib in einer Hand und eine Kelle in der anderen und tanzt vor dem Brautpaar. Anschließend bricht die Braut dieses Brot und schließt damit einen Pakt mit der Familie ihres Ehemannes, so dass sie respektiert, beschützt und in deren Reihen aufgenommen wird. Mit der Kelle hat es folgende Bewandtnis: Der große, meist aus Holz hergestellte Löffel mit langem Stiel dient zum Umrühren von Speisen in großen Behältern während des Kochens. Das symbolisiert Reichtum und Glück in der Ehe.

Die Trauung soll ein Peschimam in der Weise vornehmen, dass er dreimal nach dem Einverständnis beider Partner zu fragen hat. Ist kein Peschimam verfügbar, nimmt ein anderer Würdenträger, in der Regel der Scheich der Familie, seinen Platz ein. Die Braut und der Bräutigam brechen gemeinsam ein Stück Brot und essen etwas hiervon. Damit wird die Eheschließung symbolisiert.

Die Tradition der Mitgift

Die Jesiden kennen wie viele andere Völker die Festlegung einer Mitgift vor der offiziellen Verlobung, die von der Familie des Bräutigams aufzubringen ist. Die Regelung wird vom Ältesten der Gruppe bzw. einem männlichen Verwandten, Bekannten oder Geistlichen ausgehandelt, der vom Vater des Mädchens bevollmächtigt wird. Erwähnenswert ist sicher, dass alle zum Abend der Mitgiftregelung Eingeladenen ein Mitspracherecht haben. Obwohl die Mitgift, auf Kurdisch *Qelen*, symbolischen Charakter haben soll, waren Fälle nicht selten, bei denen vor Eheschließungen ein hoher Betrag verlangt wurde. Diese Praxis erscheint den Jesiden als unwürdig, nicht vereinbar mit den Grundzügen der jesidischen Religion und nicht mehr zeitgemäß. Besonders hartnäckig hält sich dieser Brauch unter den Jesiden der alten Generation. Viele von ihnen tun sich schwer mit dem Gedanken an moderne Veränderungen der alten Bräuche. Wie die „arrangierte Ehe", so gehört auch die Mitgift zu den Relikten überholter Traditionen. Sie stößt aber inzwischen auch bei den Geistlichen auf Kritik, die aus dem Irak die Entwicklung der Gemeinschaft in Westeuropa beobachten.

Der Geistliche Rat befasste sich eingehend mit der Problematik. Angesichts der Verschiedenheit der einzelnen jesidischen Siedlungsgebiete beschloss er im Jahre 1968 eine regionale Trennung bei der Festlegung der Mitgift. Für das Gebiet der Mirgeha Scheichan wurde der Brautpreis auf 150 Dinar festgelegt. Für Schingal und Huwairiya beträgt er 220 Dinar. Im Gebiet von Bashika und Bahzani, obwohl nicht ausdrücklich in diesem Beschluss erwähnt, wurde er auf 120 Dinar festgelegt.

Auch die Jesiden in Syrien ergriffen frühzeitig die Initiative und legten durch ihren Sprecher Shammo Malke Issa dem Mir Tahsin Beg eine vorbereitete Erkärung vor, in der er die Mitgift für die Region Qamishli festlegen sollte. Diese Mitgift sollte nur einen symbolischen Charakter haben. Das geschah im Rahmen eines Empfangs für den Mir im Dorf Tell Khatoun im Oktober 1968.

Bei Verstoß gegen diese Regel sollte der Urheber gemäß dem Beschluss nicht mehr an religiöse Zeremonien teilnehmen dürfen. Bis zum Jahre 1974 hat sich kein Jeside dem Beschluss widersetzt. Mit zunehmendem Wohlstand einzelner Familien, u.a. durch die Arbeitsaufnahme in Städten, kam es jedoch zu Überschreitungen bei der Festlegung der Mitgift. Dies geschah zu einer Zeit, als der Mir das Exil im Ausland suchen musste. Es gab vermehrt Fälle, in denen die Ehe aufgrund zu hoher Mitgiftforderungen nicht zustande kam. Lediglich die Studenten der Universitäten wehrten sich dagegen und sprachen sich in Lalisch und während der Besuche der Qawals gegen diese unsägliche Praxis aus. Der Mir erließ daraufhin einen neuen Beschluss zum Brautgeld und legte die maximale Höhe der Mitgift auf einen symbolischen Betrag fest.

Die Beseitigung dieser mittlerweile selteneren Praxis ist eine vordringliche Aufgabe der Gesellschaft betrifft sie doch auch das Leben in der neuen Heimat. Der Umgang mit diesem Thema ist wichtig für die Frage, ob es gelingt, das Interesse der jungen Generation an der eigenen Identität und Herkunft zu stärken.

Die Heiratsregeln

Im Jesidentum wird Endogamie praktiziert. Diese Regel besagt, dass Jesiden innerhalb ihrer Gruppe ehelichen.[4] Damit ist eine Ehe mit Andersgläubigen oder mit Partnern aus den anderen religiösen Schichten des Jesidentums ausgeschlossen.

Mit dieser Vorschrift versucht man, sich von anderen, stärkeren und einflussreicheren Religionen abzugrenzen, bei denen die Missionierung Andersgläubiger oder „Ungläubiger" zu den Aufgaben der Mitglieder gehört. Solch eine Offensivstrategie, wie sie bei Muslims und Christen zu finden ist, ist den Jesiden fremd. Man kann nur als Jeside geboren werden. Es besteht nicht die Möglichkeit, zum Jesidentum zu konvertieren. Daher können Jesiden auch nur andere Jesiden heiraten. Diese Regel stellt eine historisch gewachsene Schutzfunktion gegen den andrängenden Islam dar. Zudem kann den Jesiden Missionierung und somit auch logischerweise religiöser Fanatismus nicht unterstellt werden. Mischehen werden in der Regel abgelehnt und die entsprechenden Partner von der Gemeinschaft gemieden.

Andere Religionen wie das Judentum und der Islam haben eigene Bestimmungen und Präferenzen, um die Heirat innerhalb und außerhalb der Gemeinschaft zu regeln. Auch sie bevorzugen die endogame Variante, um die Identifizierung mit der Gruppe und der Religion zu erhalten.

[4] Obwohl bei den Jesiden im Gebiet von Afrin (Syrien) verschiedentlich die Praxis beobachtet werden kann, dass Jesiden nicht innerhalb der Kaste heiraten, werden sie von der Mehrheit der Gemeinschaft immer noch als Jesiden anerkannt.

Neben dem Heiratsgebot gibt es spezielle Abgrenzungen innerhalb der Gemeinschaft. Ehen zwischen Angehörigen der geistlichen Familien und den Laien würden dem besonderen Verhältnis beider Gruppen zueinander widersprechen und sind daher ausgeschlossen. Zudem gibt es bei den geistlichen Familien untereinander Einschränkungen. Diese Regeln, die vom Reformer Scheich Adi eingeführt wurden, bergen einige Probleme vor allem bei den Scheich-Familien.

Die Grenzen der Endogamie: Pir Hasan Maman, Qawals und Murid

Problematisch ist die Einhaltung der Endogamieregel beim Pir-Zweig der Hasan Maman. Sie stehen aufgrund ihres besonderen Ansehens an der Spitze der Pir-Gruppe. Leider sind es nur noch wenige Familien, die ebenfalls die Regel befolgen sollen, nur unter sich zu heiraten. Der religiöse Rat der Jesiden sah sich daher veranlasst, nach einer Lösung dieses Problems zu suchen. Nach eingehender Untersuchung der historischen Quellen kam man zu der Erkenntnis, dass der Zweig der Hasan Maman früher mit dem Zweig der Pir Hasnelka verwandt war. Ebenso waren diese keine Muriden der Hasan Maman und gaben ihnen auch keine Ferida (Geldzahlung an einen Geistlichen). Der Rat beschloss daher, die Heiratspforte zwischen diesen beiden Gruppen aufzustoßen und verabschiedete im Konsens am 20. April 1968 einen entsprechenden Beschluss. Es gab jedoch einige einflussreiche Gruppen, vor allem im Schingal, die von der Rechtmäßigkeit dieses Beschlusses nicht überzeugt waren. Dies endete in einer allgemeinen Nichtbeachtung des Beschlusses, und kein Angehöriger der Pir Hasan Maman hatte bis jetzt den Mut bzw. die Chance, den Beschluss umzusetzen.

Auch für die Qawals, die keine eigene Kaste bilden, galt ursprünglich, dass sie nur untereinander heiraten dürfen. Aufgrund der geringen Zahl an Qawal-Familien erlaubte der Baba Scheich durch einen Erlass den Qawals, in die Kaste der Muriden einzuheiraten.

Auch bei den Muriden gab es Beschränkungen: Die Bevölkerung war ursprünglich analog ihrer religiösen Zuordnung zu einzelnen Scheichkasten in drei Gruppen geteilt, die zeitlebens voneinander getrennt blieben. Die Laien der Adani-Scheichs durften nicht die Laien der Qatani- oder Shemsani-Scheichs heiraten. Im Laufe der Geschichte und aufgrund der dauernden Verfolgung und Pogrome wurden die Heiratsmöglichkeiten innerhalb der einzelnen Gruppen stark reduziert. Reformen wurden unausweichlich, weshalb der Baba Scheich im 18. und 19. Jahrhundert, meines Wissens Scheich Nasir mit Namen, die Initiative ergriff und neue Regelungen erließ, um dem Aussterben der einzelnen Gruppen Einhalt zu gebieten. So machte er aus den Laien eine einheitliche große Kaste, und heute dürfen alle Muriden untereinander heiraten.

Unter den Jesiden in der neuen Heimat zeigt sich aber zunehmend Unmut über die Heiratsbeschränkungen. Besonders unter den jungen Jesiden, die in Deutschland geboren wurden, stellt sich die Frage nach dem Sinn dieser Regeln. Es ist in der Gemeinschaft eines der populärsten Themen und ruft unterschiedlichste Reaktionen hervor. Einige befürworten offene Heiratsregeln und die Möglichkeit der Konversion zum Jesidentum. Andere lehnen das strikt ab. Am Ende sind es immer noch die Familien, die diese Fragen für sich beantworten müssen. Das Thema wird dem Leser auch an anderer Stelle dieses Buches noch begegnen.

Zur Scheidung bei den Jesiden

Eine jesidische Ehe wird auf Lebenszeit geschlossen. Eine Scheidung ist jedoch möglich; ihr geht aber ein langer Vermittlungsprozess voraus. Verwandte, Freunde, renommierte Persönlichkeiten und besonders die Geistlichen versuchen, die Scheidung abzuwenden. In der Regel sind diese Bemühungen auch erfolgreich, weil Bedingungen zur Verbesserung des Eheverhältnisses ausgehandelt werden können. Der Erhalt der Familieneinheit wird als die existenziell wichtige Aufgabe der Gemeinschaft gesehen. Für die Scheidung müssen wichtige Gründe vorliegen. Diese sind in erster Linie Untreue, Gewalt oder Vernachlässigung der Ehepflichten. Frauen und Männer können gleichberechtigt die Scheidung verlangen. Ein Würdenträger, meistens ein Peschimam, vermittelt zwischen den Konfliktparteien und versucht, für beide Seiten akzeptable Lösungen zu finden.

Die Scheidung wird symbolisch vollzogen. Im Rahmen einer Zeremonie erklären die Partner gegenseitig, dass sie sich von nun an als Geschwister betrachten. Dabei übergibt der Mann der Frau drei Steine. Beiden Partnern ist es freigestellt, eine neue Ehe einzugehen.

Das Sorgerecht für die Kinder wird von den Vermittlern ausgehandelt. Eine zwingende Regel, dass das Sorgerecht prinzipiell dem Mann zugesprochen wird, ist wegen der individuell unterschiedlichen Scheidungsgründe nicht festgelegt. Unstrittig ist allerdings die folgende Regel: Wenn ein Ex-Ehepartner eine Beziehung mit einem Nicht-Jesiden eingeht, sind die Kinder in die Obhut des jesidischen Ex-Ehepartners zu geben. Sollte der Ehepartner mit der Erziehung überfordert sein, wird er von seiner Familie und Gemeinschaft unterstützt. Der Erhalt der Kinder für die jesidische Gemeinde hat Vorrang.

Jesiden, die sich im Untergewölbe der Lalisch-Tempelanlage mit dem heiligen Wasser des Kaniya Zimzim, zu dt. „Zemzem Quelle“ reinigen.

Einige traditionelle religiöse Rituale und Gebote

Wie in anderen Religionen sind Rituale, Regeln und Traditionen bis zu einem gewissen Grade dem Wandel der Zeit ausgesetzt. Die folgenden aus einem jesidischen Qawl entnommenen Aussagen stellen jedoch Grundregeln dar, deren Einhaltung für alle Jesiden verbindlich sind:

- Ehrung des Ansehens Gottes, Tausi-Meleks und Scheich Adis.
- Respektierung der Geistlichen, da diese die Lehre Scheich Adis vermitteln, *Derba li Xerqe Shixadi nede*.
- Heirat innerhalb der jesidischen Religionsgemeinschaft, Shariet.
- Heirat innerhalb der eigenen Kaste, *Tariqet*.

Bei den folgenden Regeln handelt es sich lediglich um eine Auswahl:

- Jesiden dürfen den Namen des Bösen nicht erwähnen.
- Jesiden dürfen ihre Mitmenschen nicht verfluchen oder beleidigen.
- Jesiden sollen nicht lügen oder falschen Eid ablegen.

In früheren Zeiten legten Jesiden auf folgende Weise einen Eid ab, wenn es um wichtige Entscheidungen oder Vorfälle ging: Um die Person wurde ein Kreis gezeichnet und gesagt: „Dieser Kreis stellt den jesidischen Glauben dar, und wenn du die Wahrheit gesagt hast, dann verlasse den Kreis ohne Angst." Viele hatten aus irgendeinem Grund Angst vor der Wahrheit und blieben stundenlang innerhalb des Kreises stehen, bis ein Würdenträger oder eine andere Person sie befreiten, indem sie eine Lücke in den Kreis machten. Bedauerlicherweise wurde diese Eidesmethode von den muslimischen Nachbarn missbraucht. Sobald sie einen Jesiden erkannt hatten, zogen sie um ihn einen Kreis, lachten ihn aus und schikanierten ihn.

• Ein Jeside sollte seinen Oberlippenbart nicht rasieren, wohl aber mit einer kleinen Schere pflegen.

Dieser kulturelle Brauch ist auch bei vielen anderen Gemeinschaften der Region verbreitet. Ob ihm religiöse Gründe zugrunde liegen, ist mir nicht bekannt. Mittlerweile finden sich in den Reihen der Jesiden viele, die diese Regeln für überholt halten und sich nicht mehr daran gebunden fühlen. Dies wird auch von der Mehrheit der geistlichen Würdenträger toleriert.

• Jesiden dürfen im Falle einer Erkrankung alle zur Verfügung stehenden Mittel und Medikamente in Anspruch nehmen, die nötig sind, um wieder zu genesen.

• Speise-Tabus sind ein weiterer Bestandteil des jesidischen Glaubens.

So sollen kein Schweinefleisch und bestimmte Salatarten gegessen werden. In den Überlieferungen finden sich auch Hinweise auf weitere verbotene Speisen, so Fisch, Kürbis, eine bestimmte Sorte Kohl usw. Der Grund ihres Verbotes ist wahrscheinlich in der Ähnlichkeit ihrer Bezeichnung mit Worten zu suchen, die den Bösen bezeichnen. Es wird zum Teil mit Legenden oder – wie im Fall des Fischverbotes – mit der Hochachtung vor heiligen Personen, hier dem Propheten Jonas, begründet. Alkohol ist nicht prinzipiell verboten, was die Möglichkeit eröffnete, in Restaurants und Läden alkoholische Getränke zu verkaufen, was den Moslems untersagt ist. In der neuen Heimat in Europa spielen die Speisetabus aber fast keine Rolle mehr. Dies gilt auch für das Tabu des Tragens blauer Kleidung (siehe Abschnitt zur Bekleidung).

Jesidische Kinder und Jugendliche geschmückt in traditioneller jesidischer Tracht bei einer festlichen Zeremonie in der Lalisch-Tempelstadt.

Der Festkalender der Jesiden

Die Jesiden in den verschiedenen Siedlungsgebieten feiern mehrere Feste im Jahr, von denen nicht alle der eigenen Religion entlehnt sind. Auch landesübliche Feste werden begangen, Beispiele sind das Fest zu Ehren des Heiligen Khidir Elias und natürlich das Newroz-Fest. Meiner Meinung nach hat kein Volk im Nahen und Fernen Osten oder vielleicht auf der ganzen Welt so viele religiöse Feste wie das Volk der jesidischen Kurden. Verteilt auf alle Jahreszeiten feiern sie ihre Feste, ohne eines zu vernachlässigen, geschweige denn zu ignorieren. Diese Tradition ist nichts Anderes als die tief verwurzelte Treue der Jesiden zu ihrem alten Glauben, der frei ist von Fanatismus und Radikalismus. Dazu hat dieses friedliche Volk sogar die religiösen Feste der benachbarten Völker mitgefeiert. Das zeigt, wie tolerant die Jesiden gegenüber den Nachbarvölkern waren.

Einige dieser Feiertage sind schon Jahrtausende alt, während andere erst nach dem Auftreten von Scheich Adi in Erscheinung traten. Man kann daher die Feste der Jesiden aus historischer Sicht in zwei Gruppen unterteilen: die Feste vor der Ära Scheich Adi einerseits sowie während und nach seiner Zeit andererseits.

Die Feste vor der Ära von Scheich Adi sind:

- Serisal; das Neujahrfest bzw. Charshema Sor.
- Das Ezid-Fest (Îda Êzî)
- Batizmi (Batizmî)
- Das Belinda-Hauptfest (Cejna Bêlinda Mezin)
- Das Khidir Ilyas-Fest
- Das Fest der Pilgerfahrt zu den Grabstätten der Heiligen (Cejna Haciyan/ Ida Heciyan)

Einige Kenner des Jesidentums sind der Ansicht, dass folgende Feste ebenfalls zu der Gruppe gehören, die aus der Zeit vor der Ära Scheich Adi stammen:

- Das Fest zu Ehren von Scheich Adi (Cemaya Şîxadî)
- Das Jama-Kabach-Fest (Cema Qebax)

Die Experten sind sich nicht einig, ob dass letztere Fest schon vor der Ära Scheich Adi entstand oder von Scheich Adi selbst ins Leben gerufen wurde. Das Fest weist uralte Bräuche und Traditionen aus der Zeit der Sumerer auf und enthält Elemente, die mit der Mithraismus-Kultur zusammenhängen.

Feste aus der Zeit Scheich Adis:

- Das Fest der Fastentage (Cejna Rojiyan)
- Das Fest Belinda Pir Afat (Cejna Pîr Afat; Pîr Avat).
- Das Pilgerfest zu Ehren der Heiligen (Tiwafên Xasan)

Die Feste, die möglicherweise nach der Ära Scheich Adi entstanden, sind:

- Das Fest der Vierzig Wintertage
- Das Fest der Vierzig Sommertage
- Das Cemaya Bere Shibake (Berê Şibakê)
- Das Fest des Scheich Ale Shemsa (Şêx Alê Şemsa)
- Das Shevberat-Fest (Cejna Şevberatê)
- Das Fest der Nishanan (Cejna Nîşanan)
- Das Fest der Khudanan

Manche Kenner der Religion sind der Auffassung, dass das Pilgerfahrtfest (Cejna Haciyan) ebenfalls nach der Ära Scheich Adi entstanden ist. Ich bin jedoch anderer Ansicht. Denn dieses Fest wird zu Ehren Abrahams und seines Sohnes Ismail (Isaak) gefeiert und sollte demnach schon vor dem Auftreten Scheich Adi's begangen worden sein. In den heiligen Büchern der Buchreligionen sind die Wanderung Abrahams aus Ur im heutigen Irak, sein mehrjähriger Aufenthalt in Urfa im heutigen Türkisch-Kurdistan und – nach dem Tod seines Vaters in Urfa – die Übersiedlung in das Land Palästina festgehalten.

Es gibt noch weitere Feiertage im Leben der Jesiden wie Cemaya Shekhevind (Cemaya Shêkhevind) in der Region Batman/Beshiri, außerdem Khimet (Xilmet) bei dem Tschelkan-Stamm in Syrien und Tur Abdin sowie eine Reihe von regionalen Festen im Schingal. Selbst die Wanderung der Qawals mit den Taus-Symbolen durch die jesidischen Regionen, sowie die Wanderung von Baba Scheich (Bavê Shêkh) und die des Peschimam (Pêshîmam) werden als Feste angesehen. Beispielhaft wird im Folgenden der Festkalender für religiöse und überregionale Feste in den verschiedenen Regionen der Jesiden im Jahre 2017 detailliert dargestellt:

Cejn û rojên bîranînê / Jesidische Feier- und Gedenktage 2017

05.01.2017	Îda Belindê
08.01. - 15.01.2017	Batizimi (Çolî) / Fest zu Ehren von Pir Ali
14.01.2017	Sersal / jesidisches Neujahrfest
02.02.2017	Çilê Zivistanê / Winterfest
16.02.2017	Xidirilyas / Fest zu Ehren von Khidir Elias
17.02.2017	Xidirnebî / Fest zu Ehren von Khidir Nebi
15.03.2017	Kiloça Serê Salê / Brot zu Ehren der Heiligen
19.04.2017	Çarşema Sor / religiöses Fest zu Ehren von Tausi-Melek
20.04.2017	Roja Basinbar / Anlegen der Frühlingsarmbänder
20.04.2017	Tewafên Welatşêx / Beginn der Feierlichkeiten in Welat Scheich
10.05.2017	Şevberat
15.06.2017	Roja Mezela li Ermenistan / Gurcistan u Rusiya, Totengedenktag
01.08.2017	Çilê Havînê / Sommerfest
03.08.2017	Bîranîna Cangoriyên Êzîdiyan / Genozid-Gedenktag der Jesiden
19.08.2017	Cimaiya Şerfedîn / Fest zu Ehren von Sherfedin
06.10. - 13.10.2017	Cimaiya Şîxadî / Pilgerfest zu Ehren von Scheichadi
04.09.2017	Îda Qurbanê / Opferfest zu Ehren Abrahams
28-29-30.11.2017	Rojiyên Şêşims / Beginn der Fastenzeit
01.12.2017	Îda Şêşims / Fest zu Ehren des Heiligen Sheshims
05-06-07.12.2017	Rojiyên Xwudan
08.12.2017	Îda Xwudan / Fest zu Ehren der Familienheiligen
12-13-14.12.2017	Rojiyên Êzîd
15.12.2017	Îda Êzîd / Fest zu Ehren Gottes
25.12.2017- 01.01.2018	Batizimi (Torî) / Fest zu Ehren von Pir Ali

Zeremonielle Begrüßung des neuen Jahres vor der Lalisch-Tempelanlage.

Gefärbte Eier zum Neujahrsfest 2016.

Frühlingsbänder, die am Tag des Neujahrsfests, meist von den Scheichs der Familien verteilt werden. Die Basembare sollen mit dem heiligen Wasser der Zimzim Quelle und heiliger Erde aus Lalisch gesegnet werden.

Das Neujahrsfest *Serisal* bzw. *Charshema Sor*

Das religiöse Neujahr fällt bei den Jesiden nicht wie das kurdische Newroz- Fest auf den 21. März, sondern findet am ersten Mittwoch im April eines jeden Jahres statt, also nach dem 14. April im gregorianischen Kalender.

Der Neujahrs-Mittwoch wird auch roter Mittwoch genannt, *Çarshema Sor*. Am roten Mittwoch, so glauben die Jesiden, hat der allmächtige Gott dem Engel Gabriel, Tausi-Melek, den Auftrag gegeben, die Erde zu erschaffen und für Tiere, Menschen und Pflanzen bewohnbar zu machen. Daher schmücken die Jesiden an diesem Tag ihre Hauseingänge mit Blumen und grünen Zweigen. Eier werden gefärbt, rot-gelb-weiß-grüne Bänder geflochten und entweder als Armband oder als Zopfbinde getragen. Dies nennt man auf Kurdisch *Basembar*.

Im Monat April soll außerdem nach jesidischer Darstellung Gott den Erzengel Gabriel zur Erde geschickt haben, um Moses und sein Volk vor den Verfolgern des Pharaos zu schützen. Auch aus diesen Gründen gilt der April bei den Jesiden als heilig. In diesem Monat darf kein Haus gebaut oder Hochzeit gefeiert werden. Einige Jesiden behaupten, dass in diesem Monat nur die Engel heiraten und sich vermehren. Sie sagen auch, dass die Erde schwanger ist. Aus diesem Grund ist es untersagt, dass man die Erde pflügt oder in sonstiger Art und Weise berührt oder beschädigt.

Freiwillige Fastenzeiten

Die nicht allgemein verbindlichen Fastenzeiten umfassen 80 Tage im Jahr, jeweils 40 Tage im Winter und 40 Tage im Sommer. Sie heißen auf Kurdisch *Çile Zivistane und Çile Havine.*

Diese Fastentage werden von strenggläubigen Jesiden aus den verschiedenen Gruppen wahrgenommen, sowohl von Laien als auch von Geistlichen. Diejenigen, die sich entscheiden, 80 Tage zu fasten, werden von den übrigen Jesiden mit Respekt und Hochachtung behandelt und nehmen in der Gesellschaft eine Sonderstellung ein.

Die 40 Fastentage im Winter beginnen am 1. (14.) Januar, die Fastentage im Sommer am 1. (14.) Juli. Diese Fastenzeit kann im Falle einer Krankheit des Gläubigen wegfallen oder unterbrochen werden, ansonsten unterscheidet sich der Rahmen dieser Fastentage nicht von übrigen Fastentagen.

Das Êzî-Fest (Cejna Êzîd; Cejna rojiyên Êzî)

Das Ida-Êzî-Fest bildet den Höhepunkt der Feierlichkeiten nach den vorangegangenen Fastentagen. Am ersten Freitag im Dezember eines jeden Jahres, beginnend mit dem 14.12., wird das Ida Êzî gefeiert. Davor fasten die Jesiden drei Tage, d.h. von Dienstag bis zum Donnerstag einschließlich, wobei täglich nur von Sonnenaufgang bis Sonnenuntergang gefastet wird. Die Bedeutung der Feier für die Jesiden ist der von Weihnachten bei den Christen gleichzusetzen. Der Ursprung der Feier geht auf die Wurzeln unserer alten Religion zurück. Im Jesidentum nimmt die Sonne einen hohen Stellenwert ein und wird als das sichtbare Symbol Gottes verstanden. Im Ur-Jesidentum wurde die Sonne als Gottheit angebetet. Nicht ohne Grund fällt daher der wichtigste Feiertag der Jesiden auf die Sonnenwende am 21. Dezember. Weil die Tage bis zur Sonnenwende immer kürzer werden und damit die Sonne immer weniger zu sehen ist, wurde gefastet. Das kurdische Wort für die Fastentage lautet „*Rojî*“ und leitet sich vom kurdischen Wort „*Roj*“ ab, welches wiederum „Sonne“ bedeutet. Mit dem Feiertag wurde also ursprünglich das Ende der kurzen Tage gefeiert. Es ist das Fest zu Ehren Gottes.

Beispielhaft wird im Folgenden der Festkalender für das Êzî-Fest im Jahr 2004 detailliert dargestellt: die Hauptfastentage, dazu gehörige Feste und das Hauptfest Ida Êzî.

30. November bis 2. Dezember	Rojiyen Scheschims: Fastentage zu Ehren Scheschims
3. bis 12. Dezember	Ida Scheschims Fest zu Ehren Scheschims
7. bis 9. Dezember	Rojiyen Khudan: Fastentage zu Ehren des jeweiligen Khudan
10. bis 12. Dezember	Ida Khudan: Fest zu Ehren des Khudan
14. bis 16. Dezember	Rojiyen Êzî: Fastentage zu Ehren Gottes
17. Dezember	Ida Êzî: Fest zu Ehren Gottes

Wie bereits beschrieben, fasten die Jesiden vor diesem Fest dreimal drei Tage. Am dritten Freitag ist es dann soweit. An diesem Festtag feiern die Jesiden, ob arm oder reich, gleichermaßen – vorausgesetzt, die Familie hat kurz vor dem Fest kein Mitglied verloren. Nur in diesem Fall verzichtet man auf das Feiern. Ansonsten feiern die Jesiden dieses Fest sehr ausgelassen. Sie tanzen und singen, Männer, Frauen, Mädchen und Jungen gemeinsam. Dieses Fest war – unter normalen Umständen – auch bei muslimischen und christlichen Nachbarn der Jesiden hochgeschätzt, wobei sie ihre jesidischen Freunde, Paten ihrer Kinder oder ihre ehemaligen Verwandten besuchten, um mit ihnen gemeinsam zu feiern. Ein weiterer wichtiger Aspekt dieser Feiertage ist der gemeinsame Besuch der gesamten Familie auf dem Friedhof zur Ehrung der Verstorbenen. Neben einem gemeinsamen Essen werden auch traditionelle Weisen und Psalme vorgetragen.

Seit langem wurden die Feierlichkeiten zu diesem Fest in den jesidischen Siedlungsgebieten um Batman, Diyarbekir, Tur Abdin und Viransehir in der türkischen Provinz Urfa stark beeinträchtigt. Die Jesiden hatten schlechte Erfahrungen mit ihren muslimischen Nachbarn gemacht, die auf diesen Festen nach jesidischen Mädchen und Frauen Ausschau hielten und häufig versuchten, sie anschließend zwecks späterer Zwangsheirat zu entführen Deshalb verzichteten die Jesiden auf die schönste Seite des Festes, nämlich auf das gemeinsame Feiern entsprechend der alten Traditionen mit Folklore. Dafür wird das Ezid-Fest bei den verschiedenen Gemeinden in Deutschland intensiv gefeiert.

Manche nicht-jesidische Theologen und Religionswissenschaftler behaupten, dass die Jesiden dieses Fest zu Ehren des ummayyadischen Kalifen von Großsyrien, Yazid Ibn Muawiya, feiern, dessen Vater von dem moslemischen Propheten nach Damaskus geschickt wurde, um als Herrscher über die Region zu fungieren. Später beanspruchte diese Familie die Macht in der islamischen Welt und führte gegen die Familie des Propheten einen erbarmungslosen Krieg.

Die Jesiden betrachten die Behauptung als haltlos und absurd. Denn sie feiern dieses Fest seit Tausenden von Jahren, also lange bevor Muawiya als Kalif von Damaskus in der Geschichte auftaucht (mehr dazu im Kapitel „Bedeutende historische Persönlichkeiten der jesidischen Geschichte“, in dem zu Beginn über Yazid Bin Muawiya berichtet wird).

In vielen Qawls wird einwandfrei bewiesen, dass die Jesiden mit der Bezeichnung „Êzîd“ den allmächtigen Gott meinen und dieses Fest zu dessen Ehren feiern.

In einem jesidischen Qawl heißt es u. a.:

Sultan Êzî ist der Herrscher und Allmächtige
Er trägt tausend und einen Namen
Der schönste unter ihnen ist „Khoda“
Sultan Ezi kennt genau die Wassermengen in den Ozeanen und Meeren
Die Entstehungsdauer des Universums durch ihn ist vergleichbar mit einer
Stunde oder einem kurzen Moment
Er war es, der Eva zur Braut und Adam zum Bräutigam gemacht hat.

Auf Kurdisch heißt es:

Siltan Êzî bi xwe padşa ye
Hezar û yek nav li xwe danaye
Navê mezin her Xweda ye.
Siltan Êzî dizane li behra çend keşkûl av e
Ev dinya li bawî se'et û gav e
Ewî Hewa kire bûk Adem kire zave.

Deutlicher kann man nicht ausdrücken, dass die Jesiden mit Ezi tatsächlich den allmächtigen Gott meinen.

Das Batizmi-Fest

Dieses Fest wird nur von den Jesiden aus Tur Abdin (*Çiyaye Bagoke*) und aus der Umgebung der Ortschaften Tirbe Sipi und Qamishli gefeiert. Dort lebten vier jesidische Stämme, die dem Fest eine große Bedeutung beimessen:

- Der Stamm der *Kelikan*, zu dem die Afshi, Kiwakh, Mihokan und Behminman gehören.

- Der Stamm der *Shemikan*. Zu ihm gehören die Nasirkan, Alokan, Botokan und Misurkan. Auch die Dalini werden eigentlich zu den Shemikan gezählt, sie sind aber mittlerweile zum Islam übergetreten. In Konfliktfällen jedoch stehen sie weiterhin auf Seiten ihrer jesidischen Verwandten.

- Der Stamm der *Dasikan*: Er hat in der Vergangenheit unter dem legendären Führer Shemdine Çoli seine Tapferkeit im bewaffneten Konflikt gegen die osmanische Besatzung mit dem kurdisch-muslimischen Stamm der Haverkan unter Führung Hajo Zakhurranis bewiesen.

- Der Stamm der *Bajolan*: Von diesem Stamm fielen Hunderte von Männern, Frauen und Kindern im Jahre 1925 einem türkischen Massaker in Tur Abdin zum Opfer. Die Geschichte der beiden Brüder Hissik und Bonce ist zum Symbol des Widerstandes der Haverkan-Jesiden gegen die osmanisch-türkische Herrschaft geworden.

Vorbereitungen einer jesidischen Familie zum Batizmi Fest.

Zum Ursprung des Festes

Nach mündlichen Überlieferungen stammen das Batizmi-Fest und seine Bezeichnung aus der Zeit vor dem Reformer Scheich Adi. Mir ist es bis jetzt trotz intensiver Nachforschung nicht gelungen, den Ursprung des Wortes eindeutig festzustellen. Vermutlich kommt die Bezeichnung aus dem Griechischen und bedeutet etwa das „Täufer-Fest". Ein weiterer Hinweis darauf, dass das Fest aus der Zeit vor Scheich Adi stammt, ist sein Anlass. Es wird zu Ehren eines legendären Pir mit Namen Pir Ari, kurz Piyali genannt, gefeiert, also nicht zu Ehren eines Angehörigen der seit Scheich Adi vorherrschenden Scheich-Gruppen. Pir Ari stammte aus dem Dorf Derdil in der Nähe des in der Geschichte der Kurden berühmt gewordenen Hasankef am Tigris im heutigen Türkisch-Kurdistan.

Um den Namensgeber rankt sich folgende Legende: Er suchte Arbeit als Schäfer bei den Mönchen eines christlichen Klosters in Tur Abdin. Die Viehherde, die er betreute, vermehrte sich erstaunlich schnell, und die Schafe wurden auch im Winter satt, obwohl kaum Nahrung vorhanden war. Dies versetzte den Abt in Erstaunen, so dass er einen Mann damit beauftragte, den Hirten heimlich zu beobachten, um so hinter dessen Geheimnis zu kommen. Der Mann beobachtete den Pir mit großer Aufmerksamkeit und stellte fest, dass der Pir Gott anrief, um grünes Gras und sauberes Wasser bat und dazu mit seinem Stab auf die Erde schlug. Gott erfüllte seine Bitte, und die Landschaft um ihn verwandelte sich in eine grüne Weide mit frischem Wasser und viel saftigem Gras. Mehrere Mönche beobachteten danach unabhängig voneinander Pir Ari, alle berichteten dasselbe.

Der Pir besuchte später die Jesiden, in der Hoffnung, sie in ihrem jesidischen Glauben zu festigen. Sein Können, seine Frömmigkeit und Gottesnähe stellte er dabei folgendermaßen unter Beweis: Die Stämme der Jesiden hatten sich versammelt und eine Kuh geschlachtet. Nun verlangten sie von dem Pir, sie wieder lebendig zu machen. Er fügte Haupt und Leib, die getrennt waren, wieder zusammen. Dabei rief er laut: „Mit Hilfe des Allmächtigen, stehe auf, er schenkt dir zum zweiten Mal das Leben!" Die Kuh stand auf, und fortan glaubten die Jesiden, dass er tatsächlich ein Wundertäter sei. Als Strafe für die Stämme, die an seinen Fähigkeiten gezweifelt hatten und erst nach dem vollbrachten Kuhwunder an ihn glaubten, gab er ihnen den Beinamen *Çelkan* - zu Deutsch: diejenigen, die eine Kuh brachten. Dieser Beiname wird noch heute gebraucht. Alle Jesiden, die in Tur Abdin bzw. um die Ortschaft Tirbe Sipi leben, werden *Çelkan* genannt.

Der Ort, an dem sich Pir Ari seinerzeit niederließ, ist eine große Höhle, die sich in Tur Abdin in der heutigen Provinz Mardin/Türkei befindet. Viele Menschen pilgerten zu dieser heiligen Stätte wegen ihrer Wunderkraft. Da der Heilige nur Verheiratete empfing, war die Zeremonie für unverheiratete Jungen und Mädchen demnach tabu. Eines Tages widersetzte sich ein Mädchen, das ihm unbedingt begegnen wollte, dieser Regel. Es begleitete seine Eltern gegen deren Willen dorthin und antwortete auf die Frage, ob sie verheiratet sei, mit Ja. Als zusätzlichen Trick hatte es einen länglichen Stein mitgenommen, den es vorher in ein Tuch eingewickelt hatte. Alles sollte so aussehen, als hätte es bereits ein Kind. Bei der Ankunft der Familie zeigte der heilige Pir Ari mit dem Finger auf das Mädchen und sagte: „Meine Tochter, bringe dein Kind zu mir, damit ich es im Namen des Allmächtigen und seines Engel Tausi-Melek taufen kann!" Das Mädchen lächelte ihm zu und sagte mit zitternder Stimme: „Vater, dies ist kein Lebewesen, es ist ein Stein. Ich wollte dich unbedingt sehen. Mir blieb keine andere Wahl als eine Ehe vorzutäuschen." Der Heilige wiederholte seine Worte und forderte erneut das Mädchen auf, zu ihm zu gehen. Beim dritten Mal reichte ihm das Mädchen den eingewickelten Stein. Als Pir Ari das Tuch entfernte, lag da ein kleiner Junge.

Zum Ablauf des Festes

Das Batizmi-Fest wird von den Tschelkan-Stämmen unterschiedlich gefeiert, und zwar bei den Jesiden im Tur Abdin in der heutigen Türkei um den 24. Dezember nach hiesigem Kalender, bei den Bewohnern in den Niederungen und Ebenen nahe der türkisch-syrischen Grenze zwischen dem 8. und 12. Dezember, so dass sie das kurdische Neujahrfest (julianisch) um den 13 und 14. Januar begehen können.

Der Beginn des Festes fällt auf den ersten Donnerstag im Januar nach westlicher Zeitrechnung. Die Jesiden der genannten Gebiete feiern heute noch dieses Fest sehr umfangreich. Drei Tage und drei Nächte wird getanzt und gesungen. Am Sonntag vor dem Fest beginnen die Jesiden mit den ersten Vorbereitungen. An diesem Tag, der *Sershok u Cilshok* – etwa „Wäsche und Reinigung" – heißt, fangen die Jesiden an, ihre Kleider und den Haushalt zu reinigen. Die Häuser werden neu gestrichen und geschmückt, und der Gäste-Empfangsraum wird neu ausgestattet.

Der Montag und Dienstag sind Totengedenktage, *Nane Miriyan* genannt. An diesen beiden Tagen und dem anschließenden Mittwoch fasten viele Jesiden zu Ehren von Pir Ari. Der Mittwoch ist zugleich der Schlachttag, auf Kurdisch *Pezguran*. Am Mittwoch wird auch *Khawra (Xewre)*, eine spezielle Art von Brot, gebacken. Die Hefe oder den Sauerteig dafür liefern die religiösen Würdenträger. Sie wandern durch die jesidischen Dörfer und verteilen die Zutaten an die jesidischen Familien. Am Donnerstag beginnen die eigentlichen Feierlichkeiten.

Zu Ehren des Heiligen bleiben die Jesiden von Donnerstagabend bis zum Sonnenaufgang am Freitag wach, wobei getanzt und gebetet wird, Spiele gespielt und Geschichten erzählt werden. Fromme Personen und Würdenträger tragen Gebete und Psalme bzw. religiöse Gesänge vor. Somit hat jeder seinen Anteil am Fest.

An Mahlzeiten, die mit viel Fleisch zubereitet werden, fehlt es selbstverständlich nicht. Eine original jesidische Brotsorte wird mit Hilfe von Hefe und Sauerteig, welcher der Jesiden-Familie von ihrem Pir gereicht wird, auf einer heißen, breiten und runden Stahlplatte gebacken. Bis zur vollständigen Bildung der Brotkruste wird das Brot mit Speck bestrichen. Dieses Brot heißt *Sewik*. Außerdem bereiten die Jesiden zum Fest eine Joghurtspezialität, *Mehira Rahb*, zu. Diese Spezialität besteht aus ganzen, gekochten Weizenkörnern, die mit selbstgemachtem, mit Wasser verdünntem

Joghurt oder Dickmilch und Knoblauch versetzt werden.

Außerdem werden für den Heiligen sieben Fleischstücke aus verschiedenen Teilen des geschlachteten Tieres geschnitten. Diese Teile tragen die kurdische Bezeichnung *Herheft perchen Piyali*. Dann werden spezielle Kerzen aus weißem Textilstoff hergestellt. Der Stoff wird zusammengefaltet wie bei der Herstellung von Seilen und in bereits verflüssigtes Tierfett getränkt. Zu Ehren des Heiligen werden sieben solcher Kerzen angezündet. Sieben Handvoll Rosinen werden zu dem Teller, auf dem die Kerzen stehen, gegeben. Alle oben erwähnten Spezialitäten werden vor einer extra bereitgelegten Matte postiert, die den Sitz des Heiligen symbolisieren soll. Dazu kommt eine angezündete Zigarette.

Jesiden, die einen Heiligenschrein und die Gräber ihrer Angehörigen besuchen.

Das Belinda Fest (Cejna Bêlindê)

Wie wir bereits erwähnt haben, feiern die Jesiden praktisch über das ganze Jahr Feste zu Ehren von verschieden Heiligen, zu Ehren von Tausi-Melek (Tausî-Melek) und zu Ehren des allmächtigen Ezda (Êzî, Xwedê). Manche Feste werden nur in bestimmten Regionen, manche am heiligen Ort Lalisch und manche von Jesiden in allen Regionen gefeiert, in denen sie leben. Das Fest Belinda Piran (Bêlinda Pîran) wird ähnlich wie das Batizmi-Fest gefeiert. Auch inhaltlich sind die beiden Feste sehr ähnlich. Sie finden sogar zur selben Jahreszeit, im Dezember oder Januar eines jeden Jahres, statt. Doch während Batizmi hauptsächlich in Tur Abdin und Tirbespi gefeiert wird, begeht man das Belinda-Fest in der Region Welat Shekh in den Dörfern Bashiqa und Bahzani. Aber auch die jesidischen Stämme der Denan und Haweriyan in den anderen jesidischen Regionen feiern es.

Wie die Bezeichnung des Festes entstanden ist, weiß niemand genau. Ismail Tschol Beg schreibt in seinem in arabischer Sprache in Beirut im Jahre 1934 erschienenen Buch „Das Jesidentum damals und heute“, dass die Bezeichnung Piran vom Wort Pir (Pîr) abgeleitet wurde. Es kann sein, dass er recht hat, denn dieses Fest und das Batizmi-Fest werden zu Ehren von Heiligen aus der Kaste der Pire gefeiert: das Batizmi-Fest zum Gedenken an Pir Ari (Piyalî) und Belinda zu Ehren von Pir Afat (Pîrafat). Andere Schriftsteller und Jesidenkenner wie Khidir Suleyman (Pîr Xidir Slêman) sind jedoch anderer Ansicht. Khidir verbindet das Fest mit den jährlichen Opfergaben der Jesiden für ihre Toten. An drei Tagen, also am Montag, Dienstag und Mittwoch vor dem Batizmi-Fest am Donnerstag, bereiten die Jesiden tatsächlich Essen – Brot, Trockenfrüchte wie Feigen, aber auch Fleisch – für ihre Toten zu und besuchen deren Gräber. Ein ähnliches Fest wird vom jesidische Stamm Jiwanan (Ciwanan) in der Region Schingal gefeiert. Hier wird es Melmelav (Mêlmêlav) genannt.

Das Fest Belinda findet am 10. Dezember nach jesidischem Kalender statt, also um den 24. Dezember nach gregorianischem Kalender. Am ersten Freitag des Belinda Piran bereiten die Jesiden eine besondere Speise zu, die Keschk (Keşk) genannt wird. Angehörige der Pir-Afat-Kaste bringen diese Speise dem religiösen Oberhaupt der Jesiden, Baba Scheich (Extiyarê Mîrgehê). Die anderen Jesiden essen diese Spezialität als Simat bei den Pir-Afat-Familien. Der Keschk wird aus Joghurt und Weizen einen Monat vor dem Fest von den Jesidinnen zubereitet und getrocknet. Am Tag des Festes backen sie ein spezielles Brot, das „Sewik“ genannt wird. Der Älteste in der Familie erwähnt die Namen der verstorbenen Familienmitglieder und legt entsprechend ihrer Anzahl Brote zusammen. Man bringt die Sewik und andere Speisen auf den Friedhof und verteilt sie dort an die Teilnehmer. Die Jesiden glauben nicht nur an ein Leben nach dem Tod, sondern auch daran, dass die Toten ebenfalls Essen und Trinken wie die Lebenden brauchen. Diese Vorstellung haben sie gemeinsam mit anderen alten Völkern aus der Region wie den Sumerern, Babyloniern, Juden und Ägyptern.

Das Brot spielt bei den verschiedenen religiösen Bräuchen und Ritualen der jesidischen Feste – so bei Khidir Elias, Batizmi und Belinda – eine zentrale Rolle. Das Brot ist heilig, und der Weizen hat seinen Ursprung im Himmelreich, so der jesidische Glaube. Im Kurdischen heißt es: „Zad îman e.“ In allen drei ähnlichen, oben erwähnten Festen wird ein weiteres Brot, das „Khewra“ oder „Khewler“ (Xewre; Xewlêr) genannt wird, am Mittwoch vor dem Fest gebacken. Schon im Gilgamesch-Epos wird die Rolle des Weizens zur Vermenschlichung von überirdischen Wesen hervorgehoben. Dem Brot ist in diesem Buch wegen seiner Bedeutung ein eigenes Kapitel gewidmet.

Am Abend des Donnerstags sammeln die Teilnehmer Feuerholz und Stroh und schichten es vor dem Stall des Pflugochsen auf. Sie nennen dieses Brennmaterial „Reshik“. Frauen, Männer, Jugendliche und Kinder warten auf den ersten Bauern, der mit seinem Arbeitsochsen in das Dorf zurückkehrt. Sobald sie ihn gesichtet haben, empfangen sie ihn mit großem Jubel, Gesängen und viel Applaus und führen ihn und seinen Ochsen zur Feuerstelle. Der Bauer und sein Tier müssen über das bereits angezündete Brennmaterial springen. Die Hausherrin wirft dann Süßigkeiten, beispielsweise Rosinen, und Getreide – Weizen und Gerste – auf die Versammelten. Dieses Ritual wird dann vor jedem Haus wiederholt, dessen Bewohner einen Arbeitsochsen hat. Es ist vergleichbar mit dem Feuerdienst im Mithraismus, dem Sonnenkult. Viele Feste der Jesiden sind mit dem Feuerdienst eng verbunden und weisen ähnliche Merkmale und Traditionen auf. Sowohl im Fest Belinda als auch im identischen Fest in Schingal und im Batizmi-Fest des Tschelkan-Stammes ist der Feuerdienst dominierend.

Am Tag des Festes beteiligen sich alle Jesiden des Ortes am Sammeln von Brennholz. Dieses Holz wird zu einem Haufen in Form einer Pyramide zusammengesetzt. Der Dorfälteste zündet dann das Holz an und die Anwesenden beginnen für ein gutes und erntereiches Jahr zu beten. Fällt der brennende Haufen gen Osten zur Sonne, wird das Jahr ein gutes Erntejahr werden. Fällt er aber zur anderen Seite um, wird ein trockenes Jahr kommen. So glauben zumindest die jesidischen Bauern. Die Frauen bereiten eine Speise vor, die aus mindestens sieben verschiedenen Früchten und Getreidesorten besteht. Diese sind: getrocknete Feigen, Hagebutten, Walnüsse, geröstete Kichererbsen, Weizen, Gerste, Sesamkerne und Mandeln. Zum Schluss beten die Anwesenden zu Gott, dass er ihnen ein gutes Jahr schenke.

Vorher gibt es aber noch ein Spiel, das „Eierbrechen" genannt wird: Zwei Männer halten jeweils ein hartgekochtes Ei in der Faust, und zwar in Längsrichtung. Einer der beiden schlägt von oben auf die Faust des anderen. Dabei muss jeder versuchen, das Ei so festzuhalten, dass es nicht in der Faust zerdrückt oder vom Schlag des Gegners demoliert wird. Gewonnen hat derjenige, der ein unbeschädigtes Ei vorweisen kann.

Verarbeitung eines speziellen Teiggemisches zu Pekhun.

Das Khidir-Elyas-Fest und das Khidir-Nebi-Fest

Das Khidir Elyas Fest wird am ersten Donnerstag nach dem 14. Februar begangen. Es wird gemeinsam mit den christlichen Gemeinden zu Ehren des Heiligen Mar Behnam gefeiert, der von den Jesiden Khidir Elyas, von den Christen Ilias und von den Muslimen Khidir genannt wird. Khidr ist der Heilige, den man für Leben, Gesundheit und Wasser anruft. An diesem Tag brät und röstet man sieben verschiedene Getreidekörner ohne Fett, die dann zu Mehl verarbeitet und mit dickflüssigem Traubenzucker, auf Kurdisch *Dims*, vermischt werden. Das Ganze wird zu großen Kugeln gerollt, auf Kurdisch *Pekhun (Pêxûn; Pêxwîn)*, und anschließend zu Ehren des Heiligen gegessen. Am folgenden Freitag wird ein ähnliches Fest zu Ehren von Khidir Nebi gefeiert. Nebi gilt vielen Jesiden als Heiliger der Verliebten, der an diesem Tag Liebesgelübde erfüllt. Einige Jesiden fasten die Feiertage. Während dieser Feiertage darf ein Jeside keine Bäume fällen, keine Wildtiere jagen und erlegen. Er muss mit der Natur in Harmonie leben. In diesen Tagen muss Frieden herrschen, Streit oder gar gewaltsame Auseinandersetzungen dürfen nicht sein. Das Wort der Spezialität „Pêkhun; Pêkhwîn; Pêxûn muss eigentlich Bêkhun (Bêxwîn) heißen. Auf Deutsch: „ohne Blutvergießen". Die Jesiden streuen etwas von dem Mehl dieser Getreide auf ihre Anbauflächen und auf ihre Haustiere, ihr Vieh, um sich dabei eine gute Ernte, Gesundheit und gute Vermehrung der Tiere zu wünschen. In diesem Fest spielen die Jesidinnen die dominierende Rolle, vor allem bei Besuchen der Gläubigen bei ihren Würdenträgern.

Das Fest der Pilgerer (Îda Heciyan)

Es ist wohl so, dass die Bezeichnung Hec, gesprochen Hadsch, arabischen Ursprungs ist und soviel heißt wie „zu einem Heiligtum pilgern". Gemeint ist dabei natürlich Mekka und die Ka´ba. Heiligtümer hatten aber auch Angehörige anderer Religionen lange schon vor der Entstehung des Islams, und sie pilgerten auch dorthin. Juden und Christen etwa pilgerten nach Jerusalem, wo die Klagemauer und die Grabeskirche stehen.

Ich glaube, dass auch die Jesiden Abraham und seine Söhne Isaak und Ismail verehrten und somit auch die Pilgerfahrt und die damit verbundenen Traditionen wie das Opfern eines Tieres – zumeist ein Lamm – zu ihren Ehren praktizierten. Aber wie wurde Lalisch zum „Hajj" der Jesiden?

Wie wir wissen, war Lalisch ursprünglich ein Feuer-Tempel zur Verehrung des Sonnengottes „Schemesch". Aus der Geschichte der Jesiden ist auch bekannt, dass im Laufe der Zwangsislamisierung die Jesiden die umgebende Region als angestammte Heimat verloren haben. Die christlichen Chaldäer hatten dann aus der alten heiligen Stätte eine Kirche gemacht. Erst als Scheich Adi wieder in die Heimat seiner Vorfahren zurückkehrte, wurde dieser Ort den legitimen Besitzern zurückgegeben. Im 18. Jahrhundert haben die Osmanen die Region überfallen und in der Absicht, die Jesiden mit Zwang zum Islam zu bekehren, Lalisch zu einer Koranschule umgewandelt. Bis heute sind die Spuren dieses Überfalls in Lalisch sichtbar. Erst auf Intervention der Europäer zogen sich die Osmanen aus der Region zurück und überließen die heilige Stätte ihren rechtmäßigen Besitzern.

Das heutige Hauptheiligtum der Muslime – die Ka´ba und der schwarze Stein in Mekka – ist nichts anderes als das Heiligtum von Abraham und seinem Sohn Ismail. Selbst die Muslime feiern das „Opferfest" zu Ehren von Abraham und seinem Sohn. Vor der Entstehung des Islams war Mekka mit seinen Heiligtümern das Pilgerfahrtsziel verschiedener Glaubensrichtungen. Jede Glaubensrichtung hatte ihre heiligen Symbole und Figuren in Mekka, zu denen ihre Anhänger alljährlich pilgerten. Selbst Christen waren vertreten. In der Geschichtsschreibung des Islams wird sogar berichtet, dass eine starke jüdische und ebenso eine christliche Gemeinde in Mekka existierten. Es ist nicht auszuschließen, dass selbst die Sonnenanbeter des Mithraismus ihre Figuren und Symbole dort aufbewahrt und jährlich gemeinsam mit den Angehörigen anderer Religionen ein Fest zu Ehren ihrer Heiligen gefeiert haben.

Man wundert sich in mancher Hinsicht, auf welche Weise die Parallelen zwischen dem Islam und dem Jesidentum beim Ablauf des Opfer- oder Pilgerfahrtsfestes zustande kamen. Ich meine, jedoch ohne handfeste historische Beweise dafür zu liefern, dass die heiligen Orte wie die Quelle „Zimzim" oder der Berg „Arafat" im Islam und im Jesidentum nicht von ungefähr dieselben sind. Den Jesiden wie den Christen und Juden war es jedoch verboten, die Wirkungsstätte von Abraham und Ismail zu betreten. Bekanntlich haben zurzeit nur Muslime Zugang zu diesem Heiligtum in Mekka. Als Ersatz für diese wichtigten heiligen Stätten der damals großen Religionen Jesidentum, Judentum und Christentum haben die Jesiden mit Hilfe des legendären jesidischen Reformers Scheich Adi den heiligen Ort Lalisch geschaffen. Scheich Adi war es dann, der den Jesiden durch eine Wundertat die Zimzim-Quelle öffnete.

Auch die Jesiden glauben, dass die Mutter von Ismail Hajira (Hagar) die erste war, die der Wasserquelle in Mekka die Bezeichnung „Zimzim" gegeben hat. Abraham und die Söhne Isaak und Ismail sind nicht nur den Juden, Christen und Muslimen heilig, sondern auch den Jesiden. Selbst die Beschneidung der Knaben bei den Jesiden, Juden, Muslimen und auch bei manchen Christen symbolisiert einen mit dem Allmächtigen geschlossenen Pakt in Anspielung an die Geschichte Abrahams und seinen Versuch, seinen eigenen Sohn für Gott zu opfern. Dieser Brauch ist also viel älter als der Islam.

Die Muslime nennen dieses Fest „Opferfest" und begehen es nach dem islamischen Kalender. Die Jesiden nennen es das „Pilgerfahrtfest" und orientieren sich ebenfalls am islamischen Kalender. Es ist neben dem Fest Schevberata das einzige Fest der Jesiden, das man nach islamischer Zeitrechnung begeht. Es kann dafür zwei Gründe geben: Zum einen wollten sie der islamischen Welt zeigen, dass es doch Parallelen zur neu entstandenen Buchreligion gibt und dass sie keine Heiden sind, zum anderen begehen sie das Fest ohnehin zu Ehren von Abraham und seinem Sohn Ismail (Isaak). Zwei Qawls über Abraham und seinen Sohn Ismail belegen die These.

Ausschnitt aus den Qawl Abraham (Brahim Khalil):

Abraham ist der Vater aller Propheten
Er wollte als Zeichen seiner Hingabe und Treue zu Gott
Den eigenen Sohn Ismail für ihn opfern.

Im Qawl Prophet Ismail heißt es unter anderem:

Vater! Wir sind nur Geschöpfe
Der Allmächtige ist unser Schöpfer

Wir müssen ihm gehorchen und mit seinem Opferbefehl einverstanden sein.
Ismail war nur ein Heranwachsender
Er ging zu seiner alten Mutter und sagte ihr:
„Mutter, ich bitte um Vergebung
Der Wille des Allmächtigen muss geschehen.
Abraham hat dreimal den Versuch unternommen,
das Haupt von Ismail mit dem schärfsten seiner Messer zu durchtrennen
Bei allen drei Versuchen drehte sich das Messer auf die stumpfe Seite.
Das Messer sprach zu Abraham:
„Abraham! Ich kann nichts dafür.
Der Wille des Allmächtigen hindert mich daran, meine Aufgabe zu erfüllen.
Wie der Pir Khidir sagt:
Der Allmächtige schickte einen Hammel vom Himmel,
Um an der Stelle von Ismail geopfert zu werden.

Die Cemaya Scheich Adi in Lalisch

Vorbereitungen zur Sema-Zeremonie in Lalisch

Dieses Fest wird vor allem bei den Jesiden in Irakisch-Kurdistan in den Gebieten Schingal und in der Provinz Scheichan groß gefeiert. Hier ist es bedeutsamer als alle übrigen religiösen Feiertage. Das Fest findet vom 6. bis 13. Oktober (23.-30. September nach dem julianischen Kalender) in Lalisch statt und umfasst mehrere Zeremonien. Es ist neben den religiösen Ereignissen auch ein gesellschaftlicher Höhepunkt, zu dem Tausende Pilger anreisen. Die Teilnahme an diesem Fest ist Pflicht eines jeden Jesiden – wenn es die äußeren Umstände erlauben. Idealerweise kommen alle jesidischen Gemeinden aus den verschiedenen Siedlungsgebieten zusammen. Gegenwärtig ist die Möglichkeit für Jesiden, nach Lalisch zu pilgern, aufgrund der politischen Umstände äußerst eingeschränkt.

Am Eingang des Tales von Lalisch liegt eine Brücke, die *Pira Selav*, auf Deutsch „Brücke der Begrüßung". Wenn ein Jeside diese Brücke erreicht, so zieht er seine Schuhe und Strümpfe aus und geht barfuß weiter, weil er nun heiligen Boden betritt. Die Besucher tragen festliche Kleidung, es wird gesungen, getanzt, und die Atmosphäre ist ausgelassen. Der Hauptweg, der durch

Pira Selav - Brücke der Begrüßung in Lalisch

das Lalisch-Tal führt, verwandelt sich an den Festtagen in einen Marktplatz, der integraler Bestandteil der Feierlichkeiten und vor allem für weit Angereiste von Bedeutung ist. Weiter im Tal hinter den großen Heiligtümern ist eine Art Jahrmarkt gelegen, auf dem auch spielerische Wettkämpfe veranstaltet werden.

Auf der *Suqa Marifete*, dem Hauptplatz vor dem Heiligtum Scheich Adis, herrscht reges Treiben, und am Abend werden Lampen an den Wänden der Häuser entzündet. Etwas südlich neben dem Markt befindet sich ein Gebäude, das den *Çilmeran* gewidmet ist. Der Name geht auf die 40 Männer zurück, die Scheich Adi begleitet haben. Außerdem hat jede Scheich- und Pir-Familie ein Haus, in dem sie eine bestimmte Anzahl von Muriden während der Feierlichkeiten beherbergen.

An den ersten sieben Abenden der *Cejna* findet an einem der Heiligtümer eine *Sema* statt, eine Zeremonie des Zuhörens, die eine bestimmte Gruppe geistlicher Würdenträger abhält. Nach jesidischer Tradition befahl Gott den Engeln, Adam sieben Mal zu umkreisen, damit er beseelt werde, weshalb die Jesiden auch sieben *Sema*-Feierlichkeiten zelebrieren. Für jede Sema sind Würdenträ-

Das **Suqa Marifete**, zu dt. „Markt der Erkenntnis". Es ist ein großer Platz in Lalisch, an dem sich die Pilger während der Feste aufhalten und feiern. Jeden Morgen wird den Festbesuchern ein heiliges Mahl, **Simat**, gereicht. Es besteht aus gekochtem Fleisch und Weizen und ist auf den Brauch Scheich Adis zurückzuführen, den Gästen in Lalisch Essen anzubieten. **Simat Çil Meran**, das Mahl der 40 Heiligen, findet am sechsten Festtag statt und besteht ausschließlich aus gekochten Fleisch, dem Segenskraft zugesprochen wird. Bereits der Verzehr eines kleinen Stückes reicht angeblich aus, um ein Jahr vor Unheil und Unglück geschützt zu sein.

Sema-Zeremonie

Nach dem Abfeuern von Gewehrsalven am Berg Arafat beginnt die Qakbah, begleitet vom echtem Weihrauch.

ger bestimmter Scheich- oder Pir-Familien zuständig. Die Zuständigkeit für eine *Sema* vererbt sich vom Vater auf den Sohn. Jede *Sema* ist nach einem heiligen Text, einem Heiligen, einem Stamm, einer Region oder Ort benannt, z.B. Sema Scheich Schems. Während einer *Sema* rezitieren die Qawal heilige Texte, begleitet von *def* und *shibab*. Die religiösen Würdenträger, die mit der Ausführung der *Sema* betraut sind, tragen bei ihrer Vorführung besondere Kleider.

Cema Qebax

Qabakh, das Bullenopfer am sechsten Tag der *Cejna*, stellt einen Höhepunkt der Feierlichkeiten dar. Eine Gruppe von Männern der Stämme Mamusi, Qaidi und Tirk laufen schnell vom nahegelegenen Berg Arafat zur *Suqa Marifete* herab, wobei sie aus ihren Gewehren Salven abfeuern. Im Anschluss daran führt der Baba Scheich den zu opfernden Bullen durch das Heiligtum Scheich Adis zum *Gakuji*, dem Ort der Schlachtung, oder zum Heiligtum Scheschims, wo wahlweise die Schlachtung vorgenommen werden kann. Auf dem Weg dorthin stiehlt eine Gruppe aus den Reihen der Teilnehmer in einer theaterähnlichen Inszenierung den Bullen, wo-

Qabakh, das Bullenopfer

raufhin Pilger die Diebe mit Stöcken vertreiben. Danach überreichen die Pilger dem Mir den Bullen als Geschenk, der ihn dem Baba Scheich zur Schlachtung bringt. Im Innenhof des Scheich Adi Heiligtums führen einige Jesiden die *Govenda Heft Rez*, den Tanz der sieben Reihen, auf, und das Fleisch des Bullen wird unter den Pilgern verteilt.

Jesiden beim Tragen der Bahre Scheich Adis

Bere Shibake

Am siebten Tag wird *Bare Shibake* zelebriert. Diese Zeremonie wird vollzogen, um des Todes von Scheich Adi zu gedenken. Sein Todestag soll nach jesidischer Tradition der sechste Tag der Cejna sein. Zu diesem Anlass wird der Fensterrahmen, aus dem Scheich Adi herausgeschaut haben soll und der ihm später als Bahre diente, von dem Schrein Scheich Adis zur *Kaniya Keloke* getragen, um dort geweiht zu werden. Vor der Weihung bestimmt der Mir, welchen jesidischen Stämmen es erlaubt ist, die Bahre zu tragen. Die Zuschauer versuchen, während der Zeremonie, die Bahre zu berühren, um Scheich Adis Segen zu erhalten. Nach der Zeremonie versammeln sich die Pilger an der Kaniya Keloke, um sich mit ihrem Wasser zu benetzen.

Am achten Festtag werden tagsüber drei *Semayen* wiederholt. Eine Prozession führt vom Scheich-Adi-Heiligtum zum Ort der ersten *Sema*, dem Heiligtum von Scheschims. Dabei spielen die Qawals Musik, und ein Würdenträger, der die alte, schwarze Kleidung Scheich Adis trägt, schließt sich ihnen an. Ihm folgen Würdenträger, die mit einem weißen Wollumhang bekleidet sind und gemäß jesidischer Tradition die sieben Engel symbolisieren. Das Ende der Prozession bilden der Baba Scheich und weitere Mitglieder des Geistlichen Rates. Die daran beteiligten Würdenträger bilden zwei Gruppen. Der ersten Gruppe um den Mir von Scheichan gehören an:

- der Mir von Scheichan
- der Fakir von Lalisch, zurzeit ist Fakir Haci zuständig
- der Peschimam des Scheich Hasan
- der Mir Hac
- der Pir der Pir Kaste Sebiyan (Issebiyan)
- der Scheich des Wazir
- der Scheich des Scheich Ismail
- der Scheich des Scheich Abdulqadi

In Begleitung dieser Gruppe sind der Führer der Qawal und weitere Qawals, welche während der Feierlichkeiten auf Def und Shibab spielen. Die zweite Gruppe besteht ausfolgenden Personen:

- Baba Scheich
- der Peschimam des Sherfedinan
- Baba Gavan
- der Weise von Bashike (Ekhtiyare Bashike)
- der Weise von Bahzani (Ekhtiyare Bahzani)
- der Weise von Baski (der Wächter der heiligen Quellen)
- Baba Tschawisch

Ein weiterer Bestandteil der Feierlichkeiten ist die Verehrung des klügsten und tapfersten Apostels Scheich Adis, Fakhre Çilmeran. Die Jesiden glauben, dass Scheich Adi vierzig Jünger oder Apostel hatte, die ihn beschützten und bereit waren, sich selbst für ihn zu opfern. Einer der prominentesten Jünger war Fakhre Çilmeran. Aus diesem Grunde ist ihm eine Gedenkstätte in der Nähe des Dorfes Ain Sifni eingerichtet. Dort wird wieder ein Ochse geopfert und sein Fleisch an die Anwesenden verteilt.

Cejna Rojiyan

Die Jesiden begehen dieses Fest jährlich am ersten Dezember nach kurdischer Zeitrechnung. Der Wochentag muss ein Freitag sein. Das bedeutet, dass das Fest am ersten Freitag nach dem 13. Dezember nach christlicher Zeitrechnung sein muss. Dieses Fest ist sehr alt und geht in die Zeit zurück, als die Jesiden die Sonne als eine Gottheit (Şêşims) betrachtet und angebetet haben. Sie fasten drei Tage und zeigen damit ihre Verbundenheit mit der Sonne und dem Licht gegen die Finsternis und die Dunkelheit. Während der Festtage nimmt der Anteil des Tageslichts allmählich zu, der Tag wird länger und die Nacht kürzer. Wie die Jesiden diese sehr sensible Differenz zwischen dem Licht- und Dunkelheitsanteil damals ausgerechnet haben, obwohl es sich um wenige Minuten Unterschied handelt, ist ein Rätsel. Vielleicht liefert dieses Beispiel den besten Beweis dafür, dass die Jesiden sich mit der Sternendeutung beschäftigt haben und deshalb als Magier (Madjus) in die Geschichte eingegangen sind. Man bezeichnet das Fest auch als Fest des allmächtigen Ezda (Gott).

Das Fest der vierzig Wintertage (Cejna Çilê Zivistanê)

Dieses Fest feiern die Jesiden am letzten Tag der vierzig Winterfastentage, also am 20. Januar. Die Fastentage zu diesem Fest beginnen am 11. Dezember und dauern bis zum 24. Januar nach christlicher Zeitrechnung. Der Baba Scheich, seine Gefolgsleute, fromme Jesiden, die die Fastentage eingehalten haben, und auch andere Menschen aus der Umgegend versammeln sich in der Nacht zum Fest in Lalisch. Am Tag beginnen sie mit den religiösen Ritualen – siehe auch das Bild am Beginn des Kapitels „Scheich Adi, der große Reformer". Es entstand beim Ritual *Semakeshan* während der Sema-Zeremonie. Zum Abschluss pilgern die Teilnehmer zu den heiligen Plätzen von Lalisch und zu den Gräbern der Heiligen.

Dieses Fest nutzen die Jesiden als Gelegenheit, sich miteinander zu versöhnen. Das geschieht auch aus Respekt vor diesem Fest.

Die Meinungen über die Gründe, weshalb die Jesiden dieses Fest feiern, gehen weit auseinander. Während manche Jesiden-Experten der Ansicht sind, dass es auf Scheich Adi zurückzuführen ist, meinen andere, das Fest hänge mit der Natur, den Jahreszeiten und der Landwirtschaft zusammen. Die erste Gruppe behauptet, dass Scheich Adi seine vierzig Gefolgsleute um sich versammelte und ihnen die Theologie dieser alten Religion offenbarte. Zu Ehren von Scheich Adi und seinen vierzig Rittern fasten die Jesiden vierzig Tage im Winter und weitere vierzig Tage im Sommer mit je einem Abschluss-Fest. Die zweite Gruppe meint, dass die Jesiden je vierzig Tage im Winter und im Sommer fasten, damit der allmächtige Gott ihnen ein gutes, regenreiches Jahr und damit eine gute Ernte schenkt.

Ich neige dazu, der zweiten Gruppe Recht zu geben. Dieses Verhalten konnte man auch bei den alten Völkern dieser Region wie den Sumerern und Babyloniern beobachten. Bei den Jesiden dauert der harte Winter vierzig Tage, und genauso lange der harte Sommer. Wie ich an einer anderen Stelle dieses Buches erwähnt habe, ist die jesidische Religion sehr naturverbunden. Parallelen zu den Bräuchen und Mythen der alten Völker Mesopotamiens – das sind vor allem die Sumerer, Babylonier, Chaldäer und Assyrer – findet man bei den Jesiden. Die alten Völker verehrten viele Götter. Tod und Leben verbanden sie mit dem Willen von Ishtar und Gilgamesh. Anki war der Gott des Wassers, Anana der Gott des Regens und Temuz der Gott der Ernte. Bei den Jesiden ist Meme Reshan der Heilige, der für den Regen zuständig ist, Melik Fekhradin ist das Symbol des Mondes und der Heilige Sheikhshims (Şêşims) symbolisiert die Sonne. Kewali Mam Shivan (Kewalî Mam Şivan) ist zuständig für die Haustiere, das Vieh. Desweiteren glauben die Jesiden, dass die Körner des Weizens vierzig Tage unter der Erde bleiben, bis die ersten Pflanzen aus dem Boden sprießen. Deshalb fasten sie zwei Mal vierzig Tage. Sie hoffen dabei, dass der allmächtige Gott ihre Gebete erhört und ihnen eine gute Ernte schenkt.

Das Fest Vierzig Sommertage (Cejna Çilê Havînê)

Die Fastentage beginnen am 24. Juni und dauern bis zum 2. August. Anschließend feiern die Jesiden das Fest in Lalisch. Der Ablauf unterscheidet sich kaum von dem des Vierzig-Wintertage-Fest. Deshalb werde ich auf die Einzelheiten verzichten.

Cejna Scheich Ala Shemsa (Şêxalê Şemsa)

Das Bild auf der folgenden Seite zeigt Jesiden, die bei der Pilgerstätte zu Ehren Scheich Ala Sehmsas feierlich ihr Fest zelebrieren. Es handelt sich im Grunde genommen nicht um ein religiöses Fest, Ihm liegt ein Ereignis zugrunde. Shekhal war der Sohn von Scheschims Ezdinemir (Êzdînemîr). Dieser soll sich in die Tochter des Shekh Hassan Sitya Tawis verliebt haben. Die beiden haben eine Liebesaffäre begonnen, obwohl das Mädchen bereits jemand anderem versprochen und

Pilgerstätte zu Ehren Scheich Ala Sehmsas

verlobt war. Aufgrund dieser vermuteten Liebesaffäre wurden die beiden von der Führung der Jesiden in Haft genommen. Der Tag ihrer Freilassung wird bis heute als Fest der Freude gefeiert. Dieses Fest wird immer am zweiten Ramadan-Festtag gefeiert. Warum die Jesiden ausgerechnet ein islamisches Fest als Datum genommen haben, ist unklar. Ich vermute, dass es ein Zufall war, dass die beiden Feste am gleichen Tag gefeiert wurden. Im Laufe der Jahre haben die Jesiden sich dann auf diesen Tag festgelegt, und damit wandert auch dieses Fest mit dem Ramadan-Fest durch alle vier Jahreszeiten.

Das Fest Shevberat (Cejna Şevberatê)

Die Bezeichnung des Festes leitet sich aus den Worten „Şev“ und „Berat“ ab. Um die historischen Vereinbarungen zwischen den Scheich-Kasten einzuhalten, haben alle Beteiligten auf die heilige Erde „Berat“ geschworen. Das Fest ist ein Resultat der Verfolgungsgeschichte der Jesiden und im Grunde genommen kein religiöses Fest. Nach dem Sieg der Abassiden in Bagdad über die Ummayaden mit dem Machtzentrum Damaskus dachten viele Völker, darunter die Jesiden und die Assyrer und Chaldäer, dass die Ära des Islams zu Ende geht, und bekannten sich öffentlich zu ihren alten Religionen. Die Abassiden reagierten heftig und töteten jeden, der sich nicht zum Islam bekannte. Viele Jesiden, wie die Stämme der Adani und Katani (Adanî û Qatanî), verließen die Einflussregionen der Abassiden fluchtartig und suchten Zuflucht in abgelegenen jesidischen Gegenden.

Seitdem feiern die Jesiden dieses historische Ereignis als das Shevberat-Fest. Der Konflikt und die Rivalitäten zwischen den Scheich-Kasten Adani, Shemsani und Katani um die Führung der Jesiden beeinflussten den Ablauf des Festes. Denn es ging im wahrsten Sinne des Wortes um die Machtverteilung, das heißt, um die Frage, wer das weltliche Oberhaupt (Emir) und wer das religiöse Oberhaupt (Baba Scheich) werden kann. Nach dem Tod von Scheich Adi wollte sein Verwandter Scheich Hassan (Şêxisn) die Führung der Jesiden übernehmen. Scheich Shams (Şêşims) wollte das verhindern. Erst dank einer Intervention des bedeutenden Philosophen Scheich Fakhir Adiyan, der zum Shemsani-Stamm gehörte und ein Weggefährte des legendären Şêxisn war, konnte man diese unnötige Feindseligkeit beenden und eine für alle Seiten akzeptable Lösung finden. Deshalb wird der erste Teil des Festes bis zur Morgendämmerung zu Ehren von Scheich Hassan gefeiert. Der Rest des Festes gilt Scheich Shams.

Das Fest wird am 15. des islamischen Monats Shaban gefeiert, und sein Termin verschiebt sich daher ständig gegenüber dem westlichen Kalender. Es hat aber, wie schon gesagt, mehr historische Bedeutung und gehört nicht zu den Feiern mit religiösem Bezug. Seine Feier ist auch auf die jesidischen Regionen im Irak und Irakisch-Kurdistan beschränkt, wo es einige Jesiden gibt, die glauben, das die Abgrenzung *Sed û Hed* am Morgen dieses Festes von der Führung der jesidischen Gesellschaft eingeführt wurde. Die Terminierung des Festes nach dem islamischen Kalender ist damit zu erklären, dass der Adani-Stamm im Einflussgebiet des Islams lebte (etwa in Mosul und Damaskus) und sich daher am islamischen Kalender orientierte. Der Shemsani-Scheich-Stamm zählt hingegen zu den Ureinwohnern der Region im Nord-Irakisch.

Es gibt einige jesidische Stämme, die dieses Fest nicht allzu groß feiern, wie der Stamm der Tschelkan im Gebiet Tur Abdin im Distrikt Mardin in der Türkei und in der Region Qamishli in Syrien. Stattdessen feiern die Angehörigen dieses Stammes das Batizmi-Fest mit großem Aufwand. Die übrigen jesidischen Stämme in den anderen Regionen wie der Khalti-Stamm im Umfeld von Batman, Diyarbakir und Urfa feiern dieses Fest sehr groß und zählen es neben dem Ezid-Fest im Dezember, dem Roten Mittwoch-Fest im April und dem Cemaya Scheikh Adi-Fest im Oktober zu den wichtigsten Feierlichkeiten.

In den anderen entfernten Regionen besuchen die Jesiden am Festtag ihre Friedhöfe und regionalen Heiligtümer und verteilen dort ihre Opfergaben an die Menschen. Der restliche Ablauf dieses Festes unterscheidet sich im Prinzip kaum von den anderen Feierlichkeiten. Man schlachtet ein Tier und bereitet die Speisen für die Besucher zu. In diesem Fest ist das Schlachten eines Lammes das Symbol der überlieferten Geschichte von Abraham und seinem Sohn Ismail, als der Vater den Befehl des Allmächtigen in die Tat umsetzen und seinen Sohn für seine Treue zu Gott auf einem Felsen opfern wollte. Der Erzengel Gabriel, so die religiöse Überlieferung, brachte im letzten Moment ein Lamm, um Ismail zu ersetzen.

Am Heiligtum Lalisch werden die Feste mit umfänglichen traditionellen Bräuchen gefeiert. Daran beteiligen sich alle religiösen Persönlichkeiten und Hüter des Heiligtums. Die Jesiden betonen, dass ihre Pilgerfahrt in der Höhle in Lalisch enden muss, in der sich die unterirdische Zimzim-Quelle befindet. Sie verbinden diese Quelle mit der Zimzim-Quelle in Mekka als Symbol der Verbundenheit mit Ismail, dem Sohn Abrahams.

In den Dörfern der jesidischen Regionen in Nord-Irak wird das Fest wie folgt gefeiert:

Sobald die Jesiden zu früher Stunde aufgestanden sind, pilgern sie zu ihren lokalen oder regionalen Heiligtümern, bei denen es sich in den meisten Fällen um Friedhöfe oder um das Grab eines verstorbenen, verehrten Vorfahren handelt. Der Betreuer der heiligen Stätte (Micêwir) bereitet Fleisch und Getreide (Grieß) zu und lädt die Dorfbewohner zum gemeinsamen Essen entweder am Schrein des Heiligen oder bei sich zuhause ein. Am Abend des Festes zündet der Betreuer des lokalen Heiligtums die speziell dafür geformten Leuchten (Kerzen) an. Dieser Brauch wird auch am Dienstag und Donnerstagabends ausgeübt; er ist auch bei allen anderen jesidischen Festen üblich.

Am Hauptheiligtum der Jesiden in Lalisch dauern die Feierlichkeiten zwei Tage. Der erste Tag wird Erefat genannt. Am zweiten Tag findet die eigentliche Feier statt. In der Morgendämmerung beginnen die Qawals, die Beherrscher der Psalmen und Gebete, den Psalm „Beyta Cindi“ mit den traditionellen religiösen Musikinstrumenten Def und Schibab am Eingang des Heiligtums zu singen. Das dient in erster Linie dazu, die Pilger aufzuwecken. Nachdem die Gläubigen aufgestanden sind, beginnen die anwesenden Qawals mit dem Gebet „Beyta Sibê“, dem Morgenpsalm.

Die Jesiden versammeln sich, um gemeinsam die spezielle Speise „Simat“ zu essen. Dieses sogenannte Sifret el-khelîl (das Mahl des Allmächtigen) symbolisiert das Essen, das Abraham zu Ehren seines Gottes als Opfer geben wollte. Dann wird das folgende Essensgebet „Di`a Zad“ von den Qawals vorgetragen:

Herr, nimm unsere Opfergabe an!
Das Mahl des Allmächtigen!
Gesegnet wird das Mahl von Abraham!
Das soll es immer und ewig in Hülle und Fülle geben!
Und die Menschen sollen das Fest sorgenfrei begehen!
Gott gibt euch noch mehr Reichtum.
Wer dieses Mahl zur Verfügung gestellt hat,
dem soll das Himmelreich auf immer und ewig zur Heimat werden,
und der Gang zur Hölle bleibe ihm verschlossen.
Wir Menschen sind für Fehler und Sünden anfällig.
Einzig und allein Gott ist vollkommen und fehlerfrei.
Möge Gott unsere Gabe annehmen.

Dass hier der Begriff der Hölle erscheint, ist sicher erklärungsbedürftig. Denn eine Hölle im christilich-jüdischen oder islamischen Verständnis gibt es bei den Jesiden nicht. Das Leben, in das man immer wieder hineingeboren wird, verläuft gewissermaßen kreisförmig. Zwischen dem vorigen und dem nächsten Leben gibt es nur einen „Kleidungswechsel". Die neue Gestalt hängt vom Verhalten im vorigen Leben ab. So kann die Seele eines Sünders durch Wiedergeburt in einem höchst unangenehmen Körper gefangen sein, beispielsweise einem wilden Tier – ein wahrhaft höllischer Zustand für die Seele. Das ist die Hölle im religiösen Verständnis der Jesiden, und daher haben die Qawals den Begriff verwendet.

Später am Abend wird der entsprechende Psalm „Beyta Êvarê" von den Qawals vorgetragen. Zum Abschluss der Feierlichkeiten versammeln sich die Gläubigen vor dem Haupteingang des Diwans von Scheich Adi (*Deriye Qapî û Sindrûka Schîkhadî*), um ihre Pilgerfahrt zu vollenden. Anschließend begeben sie sich in die Höhle, wo die Quelle Zimzim entspringt, und segnen sich mit deren Wasser. Man sagt, dass ein Ehepaar die Höhle nicht gemeinsam betreten darf, denn dieser Ort gilt als der Ort der Verbrüderung.

Das Fest der Nishanan (Cejna Nîşanan Symbole)

Dieses Fest feiern die Jesiden jährlich am 21. Februar nach christlicher Zeitrechnung. Bei dem Anlass handelt es sich um ein historisches Ereignis. Im Jahre 1892 überfiel der osmanische Feldherr Omar Wahbi Pasha, der von den Jesiden Firiq Pasha (Firîq Paşa) genannt wird, die jesidische Region Scheichan. Er zwang viele Jesiden, den Islam anzunehmen. Einige Jesiden nahmen das Angebot dieses Generals – „Moslem werden oder sterben" – nur scheinbar an. Sobald dieser General seinen Einfluss in der Region verloren hatte, kehrten diese Jesiden zu ihrem alten Glauben zurück. Bei diesem Überfall hat der General nahezu alle religiösen Symbole der Jesiden beschlagnahmt und mitgenommen. Als aber einige Zeit später Suleiman Nethif Pasha als Stadthalter von Mosoul eingesetzt wurde, besuchte er die betroffene jesidische Region Scheichan. Damit wollte er zeigen, dass den Jesiden während der Ära seines Vorgängers Unrecht getan wurde und eine Wiedergutmachung moralisch notwendig ist. Man sagt ihm nach, dass seine Mutter eine Jesidin vom Stamm der Khalti (Xaltî) war. Deshalb hat er gegenüber den Jesiden eine gewisse Sympathie gezeigt. Die Jesiden baten ihn während seines Besuches um die Rückgabe ihrer gestohlenen religiösen Symbole. Nach seiner Rückkehr nach Mossul hat er veranlasst, diese Symbole im Kriegsbeutemuseum zu suchen. Er hat alle Symbole, die noch in diesem Museum zu finden waren, den Jesiden zurückgegeben. Die Jesiden erklären das Jahr 1913 als das Jahr der Rückgabe dieser Symbole und bezeichnen diesen Anlass als Cejna Nîshanan.

Das Fest Shekhevind

Shekhevind stammt aus der Familie der Sheshimsan. Nach der Ära von Scheich Adi hat der religiöse Rat der Jesiden beschlossen, religiöse Würdenträger (Scheich und Pir) in die jesidischen Siedlungsgebiete außerhalb Scheichan zu entsenden, um die Gläubigen religiös zu betreuen. So kam Shekhevind in die Region Bisheri um Batman und Sirt im heutigen Türkisch-Kurdistan. Die Jesiden der Region empfingen ihn mit offenen Armen und waren froh, dass sie eine Verbindung zu ihrer heiligen Stätte Lalisch hatten. Anscheinend ist er Anfang Juni (nach kurdischer Zeitrechnung also um den 14. Juni nach christlicher Zeitrechnung) in der Region angekommen (vermutlich um 1150 n.Chr.).

Am 1. Juni besuchen die Jesiden aus verschieden Dörfern seine Stätte und feiern das Fest zu Ehren dieses Heiligen gemeinsam mit Liedern, Tänzen und Essenszubereitung. In den siebziger Jahren wurde die Stätte von den moslemischen Kurden nahezu vollständig verwüstet und die historischen Bäume als Brennmaterial verwendet. Man hat mir erzählt, dass ein kurdischer Moslem seine Absicht, die Bäume der heiligen Stätte der Jesiden zu fällen, gegenüber seiner greisen Mutter geäußert hat. Seine Mutter soll ihn davor gewarnt haben, die heilige Stätte der Jesiden zu schänden. Er tat es trotzdem. Nur zwei Tage später wurde er von einem Zug in der Region erfasst und getötet.

Bedauerlicherweise wurde die Stätte in den neunziger Jahren nahezu restlos zerstört und als Ackerfläche genutzt. Die Familienmitglieder der Betreuer dieser heiligen Stätte, zu denen auch die Vorfahren meiner Schwiegermutter zählen, leben heute in Deutschland und haben vermutlich die Betreuung aufgegeben.

Das Khilmet-Fest

Ein wichtiges Fest ist Khilmet (Xilmet), das wörtlich übersetzt „Dienen" heißt. Jede jesidische Region hat einen Schutzpatron, einen Heiligen. Die Gebiete um Qamishli und Mardin, wo überwiegend Angehörige des jesidischen Stammes Tschelkan leben, feiern dieses Khilmet-Fest zu Ehren des Heiligen Shebilqassim (Şêbilqasim). Für diesen Heiligen haben die Jesiden eine Stätte (Ziyaret) errichtet und pilgern jedes Jahr zu dieser Stätte, um das Fest Khilmet am 14. Mai (nach christlicher Zeitrechnung. Das ist am 01. Mai nach kurdischer Zeitrechnung) zu feiern.

In der Region Beshiri im Distrikt Batman im heutigen Türkisch-Kurdistan wird dieses Fest zu Ehren des Schutzheiligen Shêkhevind gefeiert. Auch hier pilgern die Jesiden aus allen umliegenden Dörfern und Ortschaften jedes Jahr zu der heiligen Stätte dieses Heiligen und feiern gemeinsam das Fest ebenfalls am 14. Mai.

In der Region Hasaka, Amouda und Serê Kaniyê in Syrisch-Kurdistan feiern die Jesiden dieses Khilmet-Fest zu Ehren eines Faqirs Namens Bûqetarê Dena. Dieses Fest wird am ersten Freitag im Monat Mai nach kurdischem Kalender gefeiert. Das ist also ungefähr Mitte Mai nach christlichem Kalender. Die Jesiden feiern dieses Fest zu Ehren dieses Faqirs. Nicht alle Jesiden und nicht alle Angehörigen des jesidischen Stammes Dena in dieser Region sind dabei, wie Farouq Ismail Shahab und Hussein Sino mir gegenüber merhrfach betont haben. Die Verehrer dieses Heiligen müssen einen Berat und ein Stück des heiligen Kherqe eingewickelt in einem roten Stoff stets bei sich tragen. Wann dieser Heilige in Erscheinung getreten ist, wissen die Jesiden dieser Region nicht. Eine heilige Stätte (Ziyaret), die an ihn erinnert, existiert heute noch und wird von den Jesiden, vor allem von seinen Anhängern oder Verehrern (Dena), regelmäßig besucht. Bedauerlicherweise wurden solche Stätten (Ziyaret) in den Regionen Batman, Diyarbekir und Mardin häufig vernichtet und geschändet. Die Jesiden vermuten die Täter unter den moslemischen Kurden in den drei Regionen.

Die Joghurt-Pilgerfahrt (Sefera Nan û Mast)

Ich glaube, dass auch dieses Fest eine sehr alte Tradition im Zweistromland hat. Wandmalereien an vielen heiligen Stätten der alten Völker, der Sumerer, Babylonier und Assyrer, liefern genug Hinweise darauf, dass diese Völker naturverbunden waren. Diese Bilder zeigen Menschen beim Melken der Kühe, bei der Zubereitung von Joghurt und anderen Milchprodukten sowie bei der Herstellung von Butter. Die Jesiden sind zurzeit das einzige Volk in der Region, das noch immer dieses Fest begeht und während der Feierlichkeiten nach Lalisch pilgert. Dieses Fest war keineswegs regional begrenzt. Auch die Jesiden in Syrien und in der Türkei feierten es. Nachdem künstliche Grenzen zwischen den Staaten entstanden, in denen die Jesiden leben, haben sie es jedoch aufgegeben, für dieses Fest nach Lalisch zu pilgern. Es ist sicher kennzeichnend für die Leiden, die das jesidische Volk durchgemacht hat, dass so viel grundlegendes Wissen und Traditionen unwiederbringlich verloren gegangen sind.

Dort, wo die Pilgerfahrt noch stattfinden kann, bringen die Jesiden Joghurt, Brot und Speiseöl – meist Olivenöl – nach Lalisch. Diese drei Lebensmittel nennen sie „bizir“, das Saatgut des Lebens. Das Ziel dieser Fahrt nach Lalisch war es, das Brot und den Joghurt mit dem Wasser der heiligen Quelle „Kaniya Sipî“, der Weißen Quelle, zu benetzen. Sie hofften, dass dadurch diese Lebensmittel dauerhaft in Hülle und Fülle zur Verfügung stehen und der allmächtige Gott sie mit einer guten Ernte und viel Nachwuchs beim Vieh beschenkt. Die Rituale dieses Festes beginnen genau am 18. März und dauern bis zum Neujahrsfest, also bis zum ersten Mittwoch im April nach kurdischer Zeitrechnung. Es ist nicht vorgeschrieben, dass alle Dörfer gemeinsam und zur gleichen Zeit nach Lalisch gehen. Manchmal gehen die Bewohner von mehreren Dörfern gemeinsam zur heiligen Stätte, und bevor sie zur Pilgerfahrt nach Lalisch aufbrechen, sammeln sie den „Bizir“, den sie nach Lalisch mitnehmen wollen, entweder bei der Familie des Micêwir der örtlichen heiligen Stätte des Dorfes oder bei der Familie des Dorfältesten. Dort trägt entweder der Hüter, ein Qawal oder ein Rezitator mehrere Qawls vor. Am nächsten Tag brechen sie nach Lalisch auf. Sobald sie sich Lalisch nähern, werden sie von den Wächtern mit Psalmen und Lobeshymnen empfangen. An der Spitze des Empfangskomitees steht der Baba Tschawisch. Er trägt das Symbol Chaqaltu und den Weihrauchbehälter in der Hand. Alle pilgern dann zu den heiligen Brunnen (*Kaniya Sipî û Zimzim*) und zu den Gräbern der Heiligen in Lalisch. Sie schlachten dann ihre mitgebrachten Tiere und bereiten das Essen für die Teilnehmer vor. Das mitgebrachte Olivenöl wird in speziellen Fässern und Behältern aufbewahrt, worin die aus Leinen gedrehten Kerzenkörper (*Qendîl*) getaucht werden. Mit diesen Qendils wird der Feuerdienst in Lalisch vollzogen. Das mitgebrachte Brot und Mehl werden ebenfalls in Behältern (*Xizna nan*) aufbewahrt, um es später den Teilnehmern und

Gästen des Festes anzubieten. Das religiöse Oberhaupt der Jesiden, Baba Scheich, darf bei dieser Zeremonie auf keinen Fall fehlen. Er muss in Lalisch anwesend sein.

Der Hüter der örtlichen heiligen Stätte, der seine Dorfbewohner nach Lalisch begleitet hatte, bringt etwas Brot und Joghurt, der mit dem Wasser der Quelle Kaniya Sipi verdünnt wurde, (Dew; Dewmast) mit ins Dorf zurück und verteilt ihn an die Dorfbewohner, die aus bestimmten Gründen nicht mitgehen konnten. Die Dorfbewohner benutzen diesen Joghurt mit dem Wasser der heiligen Quelle als Hefe zur Herstellung von neuem Joghurt oder neuer Butter.

Das Fest der Khudanan

Dieses Fest wird zu Ehren aller heiligen Vorfahren der Shekh und Pir gefeiert. Das Fest beginnt mit drei Fastentagen Ende November/Anfang Dezember nach christlicher Zeitrechnung. Ich glaube, dass auch dieses Fest sehr alte Wurzeln hat. Denn die Jesiden glaubten neben dem Sonnengott als Hauptgott auch an andere Götter, wie z. B. an den Gott des Regens, der Landwirtschaft und Fruchtbarkeit und an Götter, die nach der Entwicklung des Jesidentums zu einer monotheistischen Religion nun als Heilige und nicht mehr als Gottheiten betrachtet wurden. Jeder Shekh- oder Pir-Stamm ist zuständig für eine bestimmte Aufgabe im Leben der Jesiden. Pir Jarwan beispielsweise ist für die Behandlung von Stichen durch Skorpione zuständig. Die Shekhs des Scheschims-Stammes (genauer gesagt die Nachfahren von Shekh Mend – der Sohn von Shekh Fakhre Adiya) sind für die Behandlung und den Umgang mit Schlangen zuständig.

Die regionalen Feste von Schingal (Cemayên Çiyayê Şengalê)

Alle Feste dieser Region beginnen traditionell nach der Ernte um den 15. August und dauern bis Ende Oktober. Die Bräuche und Traditionen aller Feste der Region sind mehr oder weniger einheitlich.

Das Sharfedin-Fest (Cemaya Şerfedîn)

Der Tempel zu Ehren eines der bedeutendsten Helden der jesidischen Geschichte konnte 2015 von jesidischen Einheiten vor der Zerstörung durch den IS bewahrt werden. Das Heiligtum an den Schingal-Bergen wurde zu Ehren des Scheich Sharfedin errichtet, der sich der Überlieferung zufolge dort an einem Freitag ansiedelte. Es kann der 15. August 1246 gewesen sein. Daher wird das Fest an diesem Tag im Jahr gefeiert. Offenbar war er nach der Ermordung seines Vaters Scheich Hassan (Şêxisn) durch den Statthalter von Mosul, Badr al-Din Lulu, im Jahre 1254 geflohen, um den Widerstand gegen den Statthalter und dessen Armee zu organisieren.

Alle jesidischen Stämme beteiligen sich an der Organisation dieses Festes. Die Familie Elias Bahris, die Betreuer des Sherfedin-Mausoleums (Micêwir), wandern durch die Städte und Dörfer der Region, um Gaben der Gläubigen, die für dieses Fest bestimmt sind, zu sammeln. Die Men-

Heiligenstätte zu Ehren Sharfedins

schen pilgern scharenweise zu der Grabstätte dieses jesidischen Helden, um zu seinen Ehren zu feiern. Das Fest wird mit großer Freude, mit traditionellen Tänzen und Musik begangen. Am Donnerstag, also einen Tag vor dem Fest, beginnen die Volksmusiker, Tänze zu organisieren. Das berühmteste Lied, das an diesem Tag gesungen wird, ist das Lied „Sherfedine". Aus einem von seinem Vater Scheich Hassan in der Gefangenschaft verfassten Gedicht haben die Jesiden ein Lied gemacht, das heute noch von vielen jesidischen Sängern mit Stolz vorgetragen wird. Es gilt als Symbol des Widerstandes gegen die Unterdrückung durch die muslimischen Herrscher. Am Tag des Festes werden die Symbole der Grabstätte (*Perrî*) mit sehr lebhafter Teilnahme erneuert. Dieser Brauch existiert seit der Zeit, als Kotschak Birhim um das Jahr 1825 n. Chr. Betreuer dieser heiligen Stätte wurde. Die Frauen bereiten für die Teilnehmer Essen zu. Wenn die Qawals mit den Symbolen der jesidischen Religion (*Tawus*) in diese Region kommen, ist die Grabstätte von Sherfedin ihre allererste Station. Der Schrein liegt auf dem Hauptkamm des Schingalgebirges in der Nähe des Heiligtums Cilmeran.

Das Fest von Haciyali (Cemaya Hacyalî)

Dieses Fest wird am 21. August eines jeden Jahres gefeiert. Hacialî ist ein Heiliger der Jesiden. Seine Grabstätte liegt in der Nähe des Dorfes Esin im Schingal. Die Hüter der Grabstätte sind Angehörige der Hajiyali-Pir-Familie. Psychisch labile Menschen und Schwerkranke übernachten in der Nähe der Grabstätte in der Hoffnung, dass der Heilige ihnen beisteht und sie wieder heilt. Viele jesidischen Stämme der Region beteiligen sich aktiv an den Feierlichkeiten. Der Hüter der heiligen Stätte, der Micêwir, legt den genauen Tag fest. Am Freitag werden die Symbole der Kuppel erneuert und neu eingebaut. Vorher müssen diese Symbole zeremoniell in das Wasser des Sherfedin-Brunnens getaucht werden. Dieser Brauch wird mit Qawls von einigen Kotschaks, religiösen Persönlichkeiten und Qawals oder Rezitatoren von Qawls begleitet. Anschließend speisen sie gemeinsam und kehren am Abend in ihre Dörfer zurück.

Siltan-Êzîd-Tempel

Das Fest des Êzîd-Tempels (Cemaya Perestgeha Êzî)

Das Fest am Siltan-Êzîd-Tempel feiern die Jesiden am 28. August eines jeden Jahres. Die heilige Stätte befindet sich in der Nähe des Dorfes Teyrif. Die Jesiden der Region Shamal und Schingal begehen dieses Fest gemeinsam. Der Hüter der heiligen Stätte pflegt die Anlage, bevor die Pilger aus den Dörfern ankommen. Auch hier werden die Symbole mit begleitenden Qawls erneuert und in die Kuppel eingebaut. Die Menschen essen dann zusammen und kehren später in ihre Dörfer zurück.

Das Fest von Scheschims im Dorf Jafre (Cemaya Şêşims li gundê Cefrê)

Dieses Fest wird an einem Freitag zwischen dem 11. und 15. September gefeiert. Die Natur um die heilige Stätte von Scheschims ist einzigartig schön. Dort befindet sich ein großer Friedhof. Die jesidischen Stämme des Dorfes Jafre und die Stämme der Simoqi, Hesikan, Aldakhi und Dena beerdigen ihre Toten auf diesem Friedhof. Der Hüter der heiligen Stätte legt den Tag fest. Danach sammeln die Gläubigen ihre Gaben und bereiten sich auf das Fest vor. Die Symbole werden – wie bei den anderen Festen üblich – gereinigt und erneuert. Anschließend essen die Teilnehmer und tanzen bis zum Abend traditionelle Tänze.

Das Fest von Pir Ora (Cemaya Pîrê Ewra)

Dieses Fest wird jährlich am 17. September im Dorf Zerwa (Zêrwa), dem Hauptsitz des Cavaran-Stammes und des Hauses von Daud al-Daud, gefeiert. Die Jesiden generell, aber vor allem Angehörige des jesidischen Stammes Mehrkan feiern dieses Fest. Auch hier werden die Symbole erneuert. Religiöse Persönlichkeiten nehmen mit ihren Qawls aktiv daran teil.

Das Fest von Scheich Hassan (Cemaya Şêxisn) im Dorf Gavahra

Jährlich wird dieses Fest am 21. September im Dorf Gabara gefeiert. Die Hüter dieser heiligen Stätte sind Angehörige der Scheich-Kaste des Scheich Hasan. Der Stamm Korkorkan spielt bei der Organisation dieses Festes eine Schlüsselrolle. Auch hier werden die Symbole wie üblich erneuert. An Gesängen und traditionellen Tänzen mangelt es nicht. Die gesammelten Gaben der Gläubigen werden an die Teilnehmer und Bedürftige verteilt.

Das Fest von Scheschims und Scheich Barakat im Dorf Usiva (Cemaya Şêşims û Şêx Berekat li gundê Ûsiva)

Das Fest an den beiden heiligen Stätten wird am 27. September zwischen den Dörfern Usiva und Bekira gefeiert. Die Jesiden aus Shamal und Angehörige der Scheschims-Familie organisieren dieses Fest. Auch hier werden die Symbole der Stätten erneuert und die Gaben der Gläubigen an die Menschen verteilt.

Das Fest von Fakhradin (Cemaya Fexredîn)

Das Fest wird jährlich am 2. Oktober gefeiert. Die Angehörige der Scheich-Familie der Fakhradinan und des jesidischen Stammes Qiraniyan (Qîraniyan) organisieren es. Der Ablauf des Festes unterscheidet sich nicht von dem anderer Feste. Die meisten Familien des Qirani Stammes leben heute in der Siedlung Siba Shex Khidr, doch kehren sie zum Fest in ihr altes Dorf zurück.

Das Fest von Shebil Qassim (Cemaya Şêbil Qasim)

Jährlich feiern die Jesiden dieses Fest am 7. Oktober. Die Hüter (Micêwir) der Sheshimsan (Şêşimsan) und die Angehörigen von Shekh Mus (Şêx Mûs) organisieren das Fest. Insbesondere nehmen die Angehörigen der jesidischen Stämme Faqiran (Feqîran) und Aldakhi (Aldaxî) am Fest teil. Das Heiligtum liegt auch mitten in den Bergen in der Nähe des Heiligtums Cilmeran.

Die Jesiden des Tschelkan-Stammes in Syrien und in der Türkei feiern ebenfalls dieses Fest. Sie nennen es „Khilmeta Shebil Qassim". Es findet hier allerdings im Monat Mai statt. Jede jesidische Familie bereitet zuhause ein Essen vor und bringt es zum Dorfvorplatz. Dort essen die Dorfbewohner, aber auch Gäste und Vorbeiziehende gemeinsam. Über diesen Heiligen und dessen Fest ist leider wenig bekannt.

Das Fest von Scheich Mand (Cemaya Şêx Mend)

Dieses Fest wird an der Heiligenstätte zu Ehren des Scheich Mand in der Ortschaft Scheichan (AinSifni) am 14. Oktober gefeiert. Die Stämme der Faqîran (Feqîran), Simoqi und Mandkan organisieren es. Der Heilige Scheich Mend ist der Sohn des legendären Philosophen Scheich Fakhradin (Melik Fexredîn). Er regierte die Stadt Aleppo in Syrien. Manche behaupten jedoch, dass er nur ein hoher Offizier der Armee und kein Statthalter gewesen sei. Den mündlichen Überlieferungen nach war er der Wali von Aleppo. Er wird vor allem vom Stamm der Haweriyan (Hewêrî) verehrt.

Die Heiligenstätte zu Ehren des Scheich Mand.

Das Fest der Tschilmeran (Çilmêran)

Das Heiligtum *Quba Çilmêran* liegt am Gipfel der Schingal-Gebirgskette. Das Fest feiert man am 16. Oktober eines jeden Jahres. Die Erzieher (Merebî) der Hüter der heiligen Stätte organisieren das Fest. Die Bezeichnung Tschilmeran (Çilmêran) ist in Anspielung auf die vierzig Ritter der Familie von Scheich Adi (Çil siwarên Mala Adiyan) gewählt worden. Der Grund könnte darin liegen, dass die Zahl „vierzig" in vielen anderen Bezeichnungen der Jesiden, wie zum Beispiel die vierzig Winterfastentage, die vierzig Sommerfastentage, die vierzig Scheich- und Pir-Kasten, vorkommen. Auch der harte Winter mit Schnee, Kälte und Frost dauert nach Ansicht der Jesiden vierzig Tage. Die neu geborenen Kinder müssen die ersten vierzig Tage nach der Geburt überstehen. Dann besteht keine Gefahr mehr für sie, im Säuglingsalter zu sterben.

Heiligtum Quba Çilmêran

Das Fest von Siware Geduke (Cemaya Siwarê Gêdûkê)

Es wird am 19. Oktober vom Simoqi Stamm gefeiert. Wahrscheinlich wird hier der Heilige Scheich Khale Shamsa (Şêxalê Şemsa) geehrt. Die heilige Stätte liegt in einer Bergschlucht in der Nähe des Dorfes Bara.

Das Fest von Pir Afat (Cemaya Pîr Afat)

Dieses Fest wird am 24. Oktober eines jeden Jahres gefeiert. Die heilige Stätte (dieses Symbol, Nîşan) liegt beim Dorf Jafriye (Cefriyê). Der Micewir kommt aus der Familie Pir Talo, u.a. war die Mutter von Pir Talo eine der wenigen weiblichen Geistlichen. Ihr Grab befindet sich neben dem Heiligtum.

Das Fest von Rashaka (Cemaya Reşeka)

Das Fest wird am 24. Oktober eines jeden Jahres gefeiert. Insbesondere der Stamm von Hababan engagiert sich dabei.

Ein jesidisches Kleinkind wird mit heiligem Wasser aus Lalisch getauft.

Feierlichkeiten nach einer Geburt

Morkirin - die Taufe

Zu einem möglichst frühen Zeitpunkt ihres Lebens, in der Regel in der Kindheit, müssen sich jesidische Jungen und Mädchen einer Taufe (*Morkirin*) unterziehen. Die eigentliche Handlung, das dreimalige Besprengen des Kopfes mit heiligem Wasser, sollte in Lalisch – dort in der *Kaniya Sipi* und mit dem unterirdisch durch eine Höhle fließenden heiligen Quellwasser Zimzim – stattfinden. Die Eltern oder ein Pir können den Ritus vollziehen; dabei wird, so die Bedeutung, die Seele des Täuflings für ein gutes Leben als Jeside gereinigt.

Bisk – die rituelle Haarbeschneidung

An Stelle der Taufe ist für Jesiden außerhalb des Irak die *Bisk*-Zeremonie immer wichtiger geworden. Die Initiation in den Glauben bei den Jesiden hat indes nur wenig Ähnlichkeit mit der christlichen Taufe und wird folgendermaßen vorgenommen: Allen männlichen Kindern werden im fünften oder siebenten Monat (die Monatszahl muss ungerade sein) kleine Büschel des Kopfhaares an drei verschiedenen Stellen von ihrem Scheich abgeschnitten, wobei ein Gebet (s. das

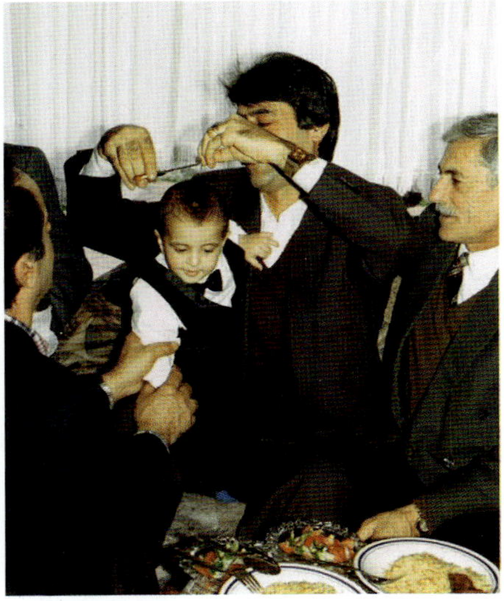

Auf dem Bild ist eine jesidische Familie und ihr Scheich bei der Bisk-Zeremonie in Deutschland zu sehen.

Tauf-Gebet im Kapitel „Qawls – die religiösen Texte der Jesiden“) gesprochen wird. Diese Zeremonie muss vor dem Sonnenuntergang vollzogen sein. Sie wird im Kurdischen mit dem Wort Bisk bezeichnet. Die Bisk-Zeremonie erfolgt zwar ohne Paten, wird aber trotzdem feierlich begangen. In der Regel werden die Nachbarn und Verwandten sowie der Scheich und der Pir zu einem gemeinsamen Essen eingeladen.

Bei den Mädchen verhält es sich anders. Die Haare der getauften Mädchen sollten ursprünglich bis zum Tode nicht von scharfen Schneidegegenständen geschnitten werden. Deshalb werden sie besonders gepflegt und mit Sorgfalt und Vorsicht gekämmt. Die während des Kämmens ausgefallenen Haare werden gesammelt und nicht etwa weggeworfen, sondern in der Erde vergraben. Leider wird an dieser Tradition heute nur noch selten festgehalten.

Die Beschneidung

Die Jesiden messen der Beschneidung ihrer Kinder eine besondere Bedeutung zu. Sie wird bei ihnen zu Ehren Abrahams, der seinen Sohn Ismail auf Befehl des Allmächtigen opfern wollte, vorgenommen. Weil Jesiden ihre Toten nicht unbeschnitten bestatten dürfen, kann dies auch noch während der Totenwäsche nachgeholt werden. Die Beschneidung der Knaben wird mit großem Aufwand vorgenommen, wobei zahlreiche Gäste, Verwandte und Bekannte eingeladen werden. Das Fest ist reich an Musik, Essen und Trinken.

Im Gegensatz zur Bisk-Taufe braucht die Beschneidung einen Paten, auf Kurdisch *Kirive Sinete*. Der Pate des Kindes tritt durch den Vollzug des Rituals in enge Verbundenheit mit der jesidischen

Familie und wird als ein erweitertes Mitglied der Familie betrachtet. Er kann sowohl aus den Reihen der Jesiden als auch Nicht-Jesiden ausgewählt werden. Bei der Festlegung auf einen jesidischen Paten wird darauf geachtet, dass dieser nicht aus einer Gruppe stammt, in die er einheiraten darf. Die Muriden dürfen demgemäß die Paten ihres Kindes aus den Reihen aller Geistlichen nehmen, die Geistlichen genauso aus den Reihen der Muriden. Die Scheichs und Pire dürfen alle nicht aus ihrer Kaste stammenden Jesiden als Paten ihres Kindes wählen.

Die Bestimmung eines nicht-jesidischen Paten kann vielfältige Motive haben. Hierdurch wird in der Regel eine bestehende Freundschaft bzw. anderweitige Verbundenheit oder ein Respekt zum Ausdruck gebracht. Aber auch strategische Gründe haben besonders in der Vergangenheit eine wichtige Rolle gespielt. So wurden bewusst u.a. muslimische Paten ausgewählt, um deren Wohlgefallen zu erwerben.

Jenseitsbruder und Jenseitsschwester

Jeder Jeside, Mann und Frau, wählt sich nach der Pubertät einen Jenseitsbruder bzw. eine Jenseitsschwester, eine Art Schutzengel, der von nun an bei allen Situationen und Stationen im Leben des Jesiden mit Schutz und Rat zur Seite steht. Alexander Sternberg beschreibt in seinem Gutachten für die Gesellschaft für bedrohte Völker in Göttingen den *Biraye Akhrete* folgendermaßen:

„Eine außerordentliche Bedeutung für die Existenz der Jesiden-Gemeinde besitzt die Institution der Bruderschaft im Jenseits. Biraye Akhrete bedeutet Bruder in der anderen Welt bzw. in der weiblichen Form Schwester in der anderen Welt, oft auch als Yar, d.i. Freund, bezeichnet. Jeder Jeside und jede Jesidin muss, sobald er/sie in die Pubertät kommt, sich einen Bruder oder eine Schwester in der anderen Welt auswählen. Der Biraye Akhrete, und ersatzweise, wenn dieser nicht greifbar ist, der Murabi, dieser aber nur unter bestimmten Voraussetzungen, hat eine außerordentlich wichtige Funktion beim Tod des Gläubigen. Er sollte beim Sterben anwesend sein, denn er ist es, der dem Sterbenden jene Geheimnisse ins Ohr flüstert, die dieser zu seiner Lebzeit nicht erfahren durfte, um sie nicht zu verraten."

Der *Biraye Akhrete* hatte ursprünglich ähnliche Aufgaben und Pflichten wie der *Murabi*. So sollte er der Lehrer für die Familie sein, für die Eltern und besonders für die Kinder, sollte ursprünglich die religiöse Erziehung übernehmen, kleine Gottesdienste ausführen und die Familie an ihre religiösen Pflichten erinnern. Der *Murabi* sollte derjenige sein, der die ihm zugeteilten Jesiden-Familien zu Festanlässen besucht und ihnen jährlich einmal Hefe für ihr Spezialbrot zur Verfügung stellt. Der *Murabi* und der *Biraye Akhrete* sind für die Jesiden-Familie wie ein kollektives Familienoberhaupt. Keine wichtige Entscheidung wird ohne sie getroffen. In Konfliktfällen spielen die beiden eine wichtige Vermittlerrolle, um die Konflikte friedlich zu lösen.

Doch hat die Auswahl der *Biraye Akhrete* wie auch des *Kirive Sinete* (Paten) auch ihre negativen Seiten, da man nun nicht mehr in diese Gruppen einheiraten darf. Deshalb wird er oftmals aus der Scheich oder Pir-Kaste ausgewählt, da diese sowieso ausgeschlossen sind. Die Jenseitsgeschwister-Beziehung vererbt sich oft innerhalb bestimmter Familien.

Somit lässt sich feststellen, dass für jeden Jesiden neben dem Scheich und dem Pir, denen er traditionell zugeordnet ist, drei weitere Personen seiner Wahl eine außerordentliche Bedeutung haben:

- der *Biraye Akhrete* (Jenseitsbruder)
- der *Murabi* (Lehrer)
- der *Kirive Sinete* (Pate)

Ein jesidisches Gräberfeld auf dem Stadtfriedhof Lahe.

Die Bestattung der Toten

Die Jesiden haben großen Respekt vor dem Tod, denn der Tod erinnert die Menschen an die Allmacht Gottes und seine unantastbare Herrschaft über das Leben. Ebenso betrachten die Jesiden den Tod als festen Bestandteil des Lebenszyklus. Sie nennen ihn Kirasguhartin, zu deutsch: Der Mensch wechselt die Kleidung. Dadurch drücken die Jesiden ihren Glauben an ein Leben nach dem Tod aus, denn die Seele des Verstorbenen kehrt durch Seelenwanderung in einem anderen Kleid – in einer anderen Gestalt – wieder in das Leben zurück.

Wenn ein Jeside im Sterben liegt, sollen sein Scheich, sein Pir und sein Jenseitsbruder, Birayê Akhretê, anwesend sein. Nach dem Ableben übernimmt die Jenseitsschwester, Khuha Akhretê, meist die Frau eines Geistlichen, das Nähen des Tuches, in das der Tote eingewickelt wird. Der Scheich löst etwas Material von einer Berat-Kugel, geformt aus heiliger Erde in Lalisch, in Wasser auf und träufelt es in den Mund des Verstorbenen.

Anschließend wird der Tote von seinem Scheich und seinem Pir rituell gewaschen. Nach der Waschung werden ihm Berat-Kugeln in die Hand gedrückt, etwas von dem Material wird auf die geschlossenen Augen gelegt und auf Beine und Brustkorb gestreut. Der Kopf wird mit einem weißen Tuch bedeckt und anschließend verbunden. Dem Toten wird dann ein weißer Umhang angelegt.

Der Leichnam wird in ein von beiden Seiten zugenähtes, etwa vier Meter langes weißes Tuch gehüllt, das am Kopfbereich geschlossen wird. Er wird auf einer Bahre zu seiner letzten Ruhestätte getragen. Am Grab des Toten wird eine religiöse Gedenkfeier vor den versammelten Menschen gehalten. Die religiösen Texte Terqîn und Nasîn werden laut gesprochen. In den meisten Fällen wird diese Messe von einem Faqir gehalten. Sofern kein Faqir erscheinen und die Messe halten kann, darf ein anderer Würdenträger, ein Scheich oder Pir, diese Messe halten. Fehlen all diese Würdenträger gänzlich, kann auch ein Murid die Messe halten, vorausgesetzt er beherrscht die Texte lückenlos.

Direkt über den Sarg werden Steinplatten als Schutz vor Erde und Staub verlegt. Der menschliche Körper ist etwas Gottgegebenes. Auch nach dem Tod bezeichnen die Jesiden den Leichnam als Amanetê Khodê, d. h. Eigentum bzw. Werk Gottes. Folglich wird bei den Jesiden die Einäscherung nicht praktiziert.

Die ersten drei Tage beginnend mit der Beerdigung eines Menschen spielen eine wichtige religiöse Rolle. Man definiert die drei Tage wie folgt:

Am ersten Tag ist der Tote zu Gast bei den anderen Toten des Friedhofs. Am zweiten Tag wird er als Sultan geehrt und am dritten Tag wird er einer von ihnen. Zu Kurdisch: Roja pêshî mêvan e, roja didoyan siltan e û roja siseyan dibe ji wane.

In diesen drei Tagen besuchen die engsten Verwandten und Freunde das Grab vor Sonnenaufgang. An allen drei Tagen muss ein Würdenträger dabei sein, um am Grab des Toten Gebete zu sprechen. Das Haus des Toten oder eines seiner engsten Verwandten wird von Freunden und Bekannten drei Wochen lang besucht. Die Gäste spenden dabei Trost und Geld, und die Angehörigen stellen Essen und Getränke zur Verfügung.

Am siebenten Tag beginnend mit der Beerdigung wird das Grab zum Abschluss der Trauerzeit erneut besucht. Auch an diesem Tag wird von den Angehörigen Essen an die Versammelten verteilt (Khêra mirî). In manchen Gegenden, vor allem bei den Tschelkan-Jesiden, kommt man nach vierzig Tagen zu einer Gedenkfeier zusammen. In der Zeit danach kommen die Verwandten, Bekannten und Freunde des Toten einmal im Jahr zusammen, und zwar sechs Wochen vor dem vollendeten Todesjahr. Es werden dann die Gräber besucht und erneut Essen, Obst, meist getrocknete Feigen, Rosinen oder türkischer Honig mit Brot verteilt.

Junge Jesiden in den Trachten des Schingal und Scheichan-Gebietes vor dem Eingang von Lalisch

Die Bekleidung

Traditionell ist weiß die angesehenste Farbe. So bestatten die Jesiden ihre Toten nur in weißen Kleidern und tragen auch selbst, wenn möglich, vornehmlich helle, weiße Kleidung. Dies geht auf bestimmte, meist religiöse Hintergründe zurück. Da die Jesiden an ein Leben nach dem Tode glauben, tragen sie als Symbol der Ewigkeit weiße Kleider. Auch gelten Reinlichkeit als hohes Gebot im religiösen Leben. Da man an weißen Kleidern Schmutz und Verunreinigungen sofort bemerkt, wechseln Jesiden ihre Kleider schon bei kleinen Verunreinigungen.

Eine Farbe, die Jesiden früher nicht tragen sollten, ist das Blau. Das Verbot dieser Farbe hatte ebenfalls religiöse Hintergründe: Blau bedeutet in kurdischer Sprache Shin. Das Wort *Şîn* hat aber noch eine andere Bedeutung, nämlich Trauer. In Todesfällen feiern die Jesiden zwar die Trauerzeremonie, sie sollten jedoch keineswegs über den Tod eines Angehörigen über den Maßen traurig sein.

Nach einer anderen mündlichen Überlieferung sollen die Armeeangehörigen der osmanischen Feldherren Feriq Pascha und Omar Wahbi Pascha 1891/92 auf ihren Strafexpeditionen gegen die Jesiden blaue Uniformen getragen haben. Um die Jesiden zum Islam zu bewegen, war Feriq Pascha jede Methode recht. Neben den militärischen Mitteln versuchte er auch, nach dem Motto „Teile und herrsche" die Rivalitäten unter den Mitgliedern der Familie des Mir auszunutzen. So versuchte er, einen der Brüder, die sich die Macht streitig machten, zu beeinflussen und unterbreitete ihm den Vorschlag, ihn zum Emir über alle Jesiden zu krönen, falls er die Jesiden hinter sich bringt und zum Islam konvertiert. Er versprach, jedem Jesiden, der Muslim wird und sich dem neuen Mir anschließend unterwirft, eine blaue Uniform und ein Stück Gold zu schenken.

Ismail Beg, der sich darauf eingelassen hatte, begann damit, die Pläne des Feriq Pascha zu verwirklichen. Sein Bruder Said Beg, der amtierende Mir, organisierte den Widerstand der Jesiden gegen ihn. Er rief alle Jesiden dazu auf, gegen die osmanische Armee und das Vorhaben seines Bruders Ismail Beg zu kämpfen. Die Mehrheit der Jesiden schloss sich Said Beg an und kämpfte gegen die drohende Islamisierung.

Als der General merkte, dass keine Erfolgsaussichten bestanden, gab er seinen Plan auf. Ismail Beg kehrte hingegen reumütig zu den Jesiden zurück und bat um Gnade und Wiederaufnahme. Dies wurde ihm auch gewährt, doch blieb er bis zu seinem Tod ohne Machtbefugnisse. Diese Ereignisse dieser Zeit blieben den nachfolgenden Generationen in Form einer sprichwörtlichen Beleidigung erhalten. Wenn ein Jeside etwas tut, was mit dem jesidischen Glauben nicht zu vereinbaren ist, dann sagt man zu ihm: „Geh zu Feriq Pascha und hole dir dein blaues Tuch und das Goldstück."

Fakir Haci in Lalisch

Für die modernen Jesiden, vor allem für die junge Generation, haben jedoch solche traditionellen Kleidervorschriften kaum noch Bedeutung. Sie möchten sich vielmehr ihre Vergangenheit von der inhaltlichen Seite erschließen.

Kherqe Scheich Adi

Die Geistlichen, vor allem die Angehörigen der Gruppe der Fakire, tragen schwarze Kleider. Dieses besondere Gewand, auf Kurdisch *Kherqe*, besteht aus reiner Schafwolle und wird mit der Farbe der Blätter eines Baumes schwarz gefärbt. Das Tragen der *Kherqe* versetzt den Träger in einen besonderen Status, auf Kurdisch *Kherqe bimor*. Das Gewand darf, da es die Frömmigkeit des Geistlichen symbolisiert, weder beschmutzt noch abgelegt werden. Nur wenn der *Kherqe* gereinigt wird, zieht es der Geistliche aus. Als religiöses Symbol wird der *Kherqe* in der Regel in Lalisch, dem Ort der Heiligtümer, vom Baba Scheich an die betreffende Person vergeben. In Lalisch wird er auch gefärbt. Wie schon berichtet, hatte auch Scheich Adi eine schwarze Kherqe getragen, als er nach Lalisch kam. Auf dem Bild zu sehen ist Fakir Haci, einer der bedeutendsten Gelehrten der heutigen Jesiden.

Die Tradition des Brotbrechens bei den Jesiden

Die Jesiden verehren das Brot als Symbol des Glaubens, auf Kurdisch *Zad iman e*. Wenn die Jesiden ein Stück geworfenes Brot auf der Erde finden, sind sie religiös verpflichtet, dieses zu küssen, auf die Stirn zu legen und Gott für seine Gnade und Gaben zu danken. Außerdem sind sie verpflichtet, dieses Stück Brot auf einen Stein, Baum oder Mauer, weit weg von den Fußgängern, zu legen, in der Hoffnung, dass es von einem Tier oder Vogel gefressen wird. Man darf Brot oder andere Getreideprodukte nicht mit Füßen treten.

Es gibt auch einige Jesiden, die gar kein Brot oder Weizenprodukte verzehren. Sie sind der Meinung, dass die Pflanze ursprünglich aus dem Himmelreich stammt und man sie verehren muss anstatt sie zu verzehren.

Zum regional bedeutsamen *Batizmi* Fest, das von den Çhelkan-Jesiden in Tur Abdin, in Syrien im Kreis Qamishli und im Irak in Jabal Schingal gefeiert wird, wird eine besondere Art von Brot, das *Sewik*, gebacken. Auch in Lalisch wird dieses Brot zu bestimmten religiösen Anlässen gebacken.

Die Gaben für die Toten werden bei den Jesiden *nane miriyan*, zu Deutsch: das Brot der Toten, genannt. An jedem Donnerstag in der Woche muss die jesidische Familie die Gaben für ihre toten Verwandten an andere jesidischen Familien in der Nachbarschaft verteilen. Dabei darf Brot nicht fehlen. Zum Fest zu Ehren des Heiligen Khidir-Elyas backen die Jesiden eine Brotart, die Khaure genannt wird. Parallel zu diesem Brot bereiten die Frauen einen Brei aus Weizenmehl und Rübensaft zu, der *Pokhwin* genannt wird.

In Deutschland habe ich festgestellt, dass viele Jesiden keine gebackenen Brote verteilen, sondern Mehl, Salz und andere Nahrungsmittel, vor allem die Speisen, die der Tote gern zu seinen Lebzeiten gegessen hatte. Hier bildet das Brot eine Brücke zwischen dem Jenseits und dem Diesseits. Die Bedeutung des Brotbrechens bei der Hochzeit ist im Kapitel über die Eheschließung nachzulesen.

Die Geschichte des Religionszentrums Lalisch

Von Khidir S. Khalil (Pir Xidir Silêman)[5]

Ein geheimnisvoller Ort

Der Ort Lalisch findet in den meisten Abhandlungen über das Jesidentum Beachtung. Sehr oft wird von Autoren herausgestellt, dass Lalisch der wohl heiligste Ort bei den Jesiden ist, und man begründet diese besondere Bedeutung mit der Tatsache, dass Lalisch die Residenz von vielen jesidischen Persönlichkeiten und Heiligen war und immer noch ist. Außerdem entspringen in Lalisch die zwei wichtigsten heiligen Wasserquellen, nämlich die „Weiße Quelle" (*Kaniya Sipi*) und die „Zimzim-Quelle" (*Kaniya Zimzim*) Einige Autoren heben besonders die Schönheit und Einzigartigkeit dieses Ortes hervor, beschreiben die schöne umliegende Natur mit dem erfrischenden Klima und der einzigartigen Vegetation. Jedoch wird in diesen Texten nur wenig über die spezielle Architektur, insbesondere die kegelförmigen Türme, erzählt. Einige haben den Schwerpunkt ihrer

[5] Dieser Artikel erschien in der Dengê Êzîdiyan, Ausgabe 6+7, 1997, Oldenburg. Aus dem Kurdischen ins Deutsche übersetzt von Telim Tolan und Chaukeddin Issa.

Beschreibungen auf die Verfolgungen und Pogrome gegen die Jesiden im Lalisch-Gebiet gelegt. Diese Autoren haben sich in diesem Zusammenhang auch mit der Geschichte von Lalisch auseinandergesetzt. Bei diesem Thema zeigt sich, dass zahlreiche Autoren dazu eine Fülle von sich widersprechenden Schilderungen produzierten – bis hin zu schlichtem Nonsens.

Für jeden, der sich wissenschaftlich mit dem Jesidentum befassen will, ist es unerlässlich, die Entstehungsgeschichte des heiligen Ortes Lalisch zu ergründen. Die Auseinandersetzung mit Lalisch macht jedoch deutlich, dass vieles noch unerforscht ist. Es bedarf daher intensiverer Forschungsarbeit, bis sich die vorliegenden Erkenntnisse über Lalisch zu einem klaren Bild zusammenzufügen lassen.

Die wenigen Abhandlungen über Lalisch sind nach der Zeit des jesidischen Reformators Scheich Adi erschienen und sehr oberflächlich bzw. fehlerhaft. Das Interesse vieler Historiker an Lalisch erklärt sich damit, dass es seit jeher das religiöse Zentrum und die theologische Quelle der Jesiden ist. In Lalisch sind viele jesidische Heilige erschienen, das Grabmal von Scheich Adi wird in seinen Gemäuern beherbergt und die Geschichte von Lalisch ist mit dem Blut der verfolgten Jesiden getränkt. Allein die Zahl der als Heilige verehrten Personen, die in Lalisch lebten und hier ihre letzte Ruhestätte gefunden haben, beträgt mehr als 150.

Bei einer Abhandlung über Lalisch darf die Sicht jedoch nicht nur auf die Zeit nach Scheich Adi beschränkt werden. Schließlich gilt es als erwiesen, dass Lalisch schon vor Scheich Adi existierte, auch wenn dies von einigen wenigen Autoren bezweifelt wird.

Herkunft und Bedeutung des Namens

Das Wort Lalisch wird nach meinen Erkenntnissen weder in kurdischen noch in arabischen Wörterbüchern erwähnt. Es sind mir jedoch einige unterschiedliche mündliche Interpretationen bekannt. Zwei davon möchte ich schildern:

1) Eine Interpretation besagt, dass das Wort Lalisch kurdischer Herkunft ist und sich aus zwei Wörtern zusammensetzt: *la*, der Ort und *lash*, die Leiche, zusammen: der Ort der Leiche. Vertreter dieser Übersetzung begründen ihre Interpretation damit, dass sich in Lalisch u.a. das Grabmal von Scheich Adi befindet.

2) Eine andere Interpretation besagt, dass Lalisch aus den Wörtern *lal* – stumm – und *hish*,

Im Innenhof der Lalisch-Tempelstadt.

Bewusstsein, gebildet wurde. Da Lalisch ein heiliger Ort ist, verhalten sich die Menschen bei Eintritt sehr ruhig und geben kein Wort von sich. Es gilt die Regel, dass man sich stumm und bedächtig in Lalisch zu verhalten hat.

Auch wenn eine dieser Interpretationen zutreffen sollte, fehlt es an der wissenschaftlichen Grundlage. Wie vieles im Jesidentum, lässt sich auch der Ursrprung des Wortes Lalisch aus einem religiösen Qawl (religiösen Gedicht, Erzählung, Lobhymne) ableiten, in dem Lalisch als Synonym für Wachstum und Fruchtbarkeit verwendet wird.

Die mythologische und religiöse Bedeutung von Lalisch

Der Qawl „*Zebuni Meksur*" bietet uns hierzu die entsprechenden Informationen:[6]

Die Welt war immer noch unbesiedelt, eine Erdspalte tat sich auf. Er sagte:
Meine Lieben, ohne dieses Geheimnis wird die Erde nicht ruhig werden.
Auch nach 40 Jahren war die Erde immer noch unruhig und instabil.
Als Lalisch auf sie herabkam, verfestigte sie sich.
Als Lalisch erschien, wuchsen die Pflanzen auf der Erde.
Viele Dinge wurden durch sie geschmückt.
Als die Erde belebt wurde, trennten sich die vier Elemente.
Diese sind Erde, Wasser, Luft und Feuer.
Aus diesen vier Elementen wurde dann der Prophet Adam geschaffen.

Die herausragende religiöse Bedeutung von Lalisch erklärt, dass es in vielen Qawls und Gebeten erwähnt wird. Viele Jesiden glauben, dass ihre Gebete erst dann von Gott erhört werden, wenn der Name des heiligen Ortes Lalisch erwähnt wird. Aus diesem Grunde verwenden die Jesiden jährlich einmal das Wasser der heiligen Quelle *Kaniya Sipi*, um Sauerteig fürs Brotbacken und Joghurt zu erzeugen. In der jesidischen Mythologie gibt es die Vorstellung, dass nach dem Ableben eines Jesiden seine Seele in Lalisch, am Schauplatz der Erkenntnis (auf Kurdisch *Suka Marifete*) Rechenschaft ablegt. Die Verletzung und Verunreinigung der umliegenden Natur von Lalisch wird daher als Sünde betrachtet und ist strengstens untersagt.

Die Herrscher über Lalisch

Vor dem Erscheinen Scheich Adis (1074-1162) wird der Name Lalisch in der Literatur nicht erwähnt. Es ist daher anzunehmen, dass erst mit Scheich Adi der Name Lalisch in die Literatur eingegangen ist. Für die These spricht auch, dass der Ort von vielen als der Tempel Scheich Adis bezeichnet wird. Einige Jahrhunderte nach Scheich Adi wurde die Geschichte des Jesidentums, der Lebenslauf Scheich Adis und die Entstehung Lalishs von einigen islamischen Gelehrten wie

[6] Die vollständige Version findet sich im Anhang.

Das Heiligtum zu Ehren Scheschims vor der Ebene, die am Ausgang des Lalisch-Tales beginnt.

Ibn Athir, Ibn Khalikan, Abu Fida, Hafis Dhahab, Ibn Warda oder al-Maqrisi näher beschrieben. Die Meinungen wichen kaum voneinander ab, insbesondere die Meinung über die Herkunft des Reformators Scheich Adi. Hier sind sich alle einig, dass er aus dem Gebiet Großsyrien und genauer aus der Ortschaft Bait al-Far in Baalbek stammt und nach Lalisch auswanderte. Viele Jesiden versammelten sich um ihn und betrachteten ihn als Hoffnungsträger und Retter der vom Untergang bedrohten Religionsgemeinschaft.

Anfang des 20. Jahrhunderts entdeckten Archäologen und Historiker eine Tontafel mit chaldäischer Schrift. Aus dieser Tafel ist zu entnehmen, dass Lalisch vor der Zeit Scheich Adis eine christliche Kirche oder ein Kloster war. Autor dieser Schrift war der christliche Priester Ram Ischo. Nach seinen Forschungen wurde Lalisch im siebten Jahrhundert nach Christus errichtet. Unter der Führerschaft von Scheich Adi hätten die Jesiden Lalisch den Christen gewaltsam weggenommen. Diese Meinung wurde in der Geschichte auch von weiteren zumeist christlichen Autoren vertreten, entspricht aber nicht den geschichtlichen Tatsachen. So wird z.B. das Jahr 1222 als das Jahr der Eroberung von Lalisch durch die Jesiden genannt. 60 Jahre vor diesem Zeitpunkt war Scheich-Adi jedoch schon verstorben.

Der irakische Wissenschaftler George Habib, ein anerkannter christlicher Historiker, lehnt in seinem Buch *Die Jesiden – Reste einer alten Religion* (Bagdad 1978) die Theorie ab, dass Lalisch christlichen Ursprung sei. Seinen Erkenntnissen nach ist Lalisch noch vor dem Christentum erbaut worden und wurde vom Mithrakult als Sonnentempel genutzt. Die Jesiden sind demnach die Nachfolger der Mithra. Noch heute sind in den Mauern von Lalisch Symbole des Mithra-Kults als Mosaikwerke zu sehen. Diese Mosaike sind ein Beweis dafür, dass Lalisch keineswegs ein christlicher Ort, sondern ein Feuertempel der Sonnenanbeter war, als deren Nachfahren sich die Jesiden im gewissen Sinne sehen, auch wenn sich die Religion über die Verehrung der vier Lebenselemente zum Monotheismus entwickelte. Zahlreiche Gebete der Jesiden belegen diese Theorie. Die Sonne wird heute noch als sichtbares Zeichen Gottes im Himmel betrachtet.

So scheint es plausibel, dass Lalisch ein Tempel der Mithra war und anschließend von den Jesiden bewohnt wurde. In einer Zwischenphase dürfte es aufgrund seiner strategisch günstigen Lage von den Assyrern besetzt worden sein, bis Scheich Adi den damaligen christlichen Geistlichen Mar Yuhanna davon überzeugen konnte, dass die Jesiden die rechtmäßigen Eigentümer von Lalisch sind. Er überließ Lalisch friedlich den Jesiden. Es wird überliefert, dass er als Bedingung für seine Räumung gefordert habe, in einem jesidischen Qawl die Namen der beiden letzten Mönche von Lalisch, Hena und Berhena, zu erwähnen. Diese Bedingung wurde als Würdigung der friedlichen Übergabe von Lalisch und der historisch gewachsenen Freundschaft zwischen Jesiden und Christen erfüllt.

Besetzungen und Pogrome in Lalisch

Lalisch als wichtigstes jesidisches Religionszentrum war sehr oft erstes Angriffziel der Feinde des Jesidentums. So wurde es in seiner Geschichte des öfteren Schauplatz unvorstellbarer Gräueltaten an den Jesiden. Wir wollen hier nur einige exemplarisch erwähnen:

Badr ad-Din Lulu, der vom Christentum zum Islam konvertierte Herrscher von Mossul, verübte schlimme Gewalttaten an den Jesiden und schändete mehrmals das Heiligtum Lalisch. Damit der Glaube der Jesiden an ihre Religion zerbricht und sie zum Islam überwechseln, ermordete er im Jahre 1254 n. Chr. den jesidischen Fürsten und Nachfahren Scheich Adis, Mir Scheich Hasan, und ließ seine zerstückelte Leiche vor die Tore von Mossul werfen. Zehn Jahre später richtete er bei der Belagerung von Lalisch große Schäden am Heiligtum an. Er entweihte das Grab von Scheich Adi, indem er es öffnete und die Gebeine Scheich Adis verbrannte. Viele Jesiden mussten aus ihren angestammten Gebieten um Lalisch flüchten, eine große Zahl wurde umgebracht oder in die Gefängnisse von Mossul verschleppt. Der Wille der Jesiden sollte endgültig gebrochen werden, als Badr ad-Din Lulu ca. einhundert jesidische Persönlichkeiten, Stammesführer und religiöse Würdenträger auf bestialische Weise ermorden ließ und sie zur Abschreckung an Bäumen aufhängte.

Kurdische Fürsten zerstörten 1396 n. Chr. bei einem großen Feldzug gegen die Jesiden die kegelförmigen Türme von Lalisch. Die Jesiden stellten jedoch Lalisch wieder her. Trotz dieser gewalttätigen Heimsuchungen von Lalisch durch überwiegend fanatische Muslime konnten sich die Jesiden ihr Heiligtum über die Jahrhunderte erhalten. So steht Lalisch auch heute noch für den ungebrochenen Widerstandswillen der Jesiden.

Die heiligen Quellen und Brunnen um Lalisch

Wie schon erwähnt, gibt es in und um Lalisch eine Vielzahl als heilig angesehene Orte, meist Quellen, Steine oder Bäume. Hadi Baba Scheich stellte das folgende Verzeichnis der heiligen Quellen und Brunnen in Lalisch zusammen:

Jesidische Pilger, die mit ihren Füßen in der Zemzem-Quelle eintauchen.

Quellen	Brunnen
Kaniya Sipî	Golika Mezin
Kaniya Qîzan	Kaniya Kulavan
Kaniya Kuran	Kaniya Zerik (Golika Zerik)
Golika Biçûk	Birka Kelokê
Birka Henîfa	Kolana Sityaes
Baba Gushgush	Gizra Qolan
Birka Nasirdîn	Bane Kafe
Merzên Behrê	Kela Reshkirina Xerqan
Birka Gakujê	Morkirina Xerqan
Birka Mema Reşan	Werska Kewatir
Kaniya Zimzim	Pira Selate
Kaniya Shivanan	Reze Zeytunan
Kaniya Berbayikê	Xana Ezi
Serê gihishtina hev ya Kaniya	Pala Pire
Sipî û Kaniya Zimzim	Çiyaye Mishrugya
Suka marifete	Çiyaye Erefate
Diwar (Surgeha Shexadi)	Çiyaye Hizrete
Runishtina Melik Ferxedin	Çiyaye Mishrate
Runishtina Scheich Adi	

Die jesidischen Fürstentümer um Lalisch

Vor der Bildung des Fürstentums der Scheichs *Mirgeha Sheikhan* im 13. Jahrhundert gab es andere jesidische Fürstentümer (Emirate), wie das Fürstentum des Nord- und Süd-Dasins, dessen Hauptstadt Dohuk war. In einigen Geschichtsbüchern des Nahen Ostens wird von den heldenhaften Kämpfen der Jesiden unter der Führerschaft ihres Fürsten Mir Jafer Dasini Hasanmamani gegen den Kalifen der Abassiden, Mutassam Billah (regierte von 833-842) berichtet. Weiter wird erzählt, dass sich das Fürstentum des Mir Jafer nördlich von Mossul befand.

Nach der Bildung des Fürstentums der Scheichs sind weitere Fürstentümer an anderen Orten entstanden, wie z.B. das Fürstentum der Mahmudi, der Dimili und Bahruni. Der Historiker Anwar Mayi Sebaret[7] berichtet in diesem Zusammenhang:

„Vor 300 Jahren gab es im Dorf Ashut das jesidische Fürstentum Bahruni... Dohuk war bis zum Jahre 1236 die Hauptstadt dieses lange existiernde Fürstentum. Nach dem Zerfall des Fürstentums der Süd-Dasin bildete sich das Fürstentum der Scheichs, dessen Hauptstadt das Dorf Ba'adre war. Dieses Fürstentum hat in der Geschichte der Jesiden eine große Rolle gespielt.“

Das Fürstentum der Scheichs genoss aufgrund seiner Stärke einen hohen Respekt bei den umliegenden islamischen Fürstentümern und schützte damit die Jesiden vor Angriffen. Diese Zeit der Stärke der Jesiden erlitt erst im Jahre 1832 durch die Pogrome des muslimischen Kurdenfürsten Mir Muhammad Rewanduzi, auch Mire Kore genannt, einen schweren Rückschlag.

[7] Anwar Mayi Sebaret, Die Kurden in der Region Bahdinan, Dohuk 1999

Im Eingangsbereich zum Lalisch-Tempelinneren reihen sich junge Männer, gekleidet in traditioneller jesidischer Tracht, um dem wichtigsten Heiligtum des jesidischen Volkes ihre Ehrerbietung zu erweisen.

Die Pilgerfahrt der Jesiden: Ziyaret und Tawaf

Wie andere Völker, so pilgern auch die Jesiden zu ihren Heiligtümern. Diese befinden sich hauptsächlich in Irakisch-Kurdistan, wo z.B. in Lalisch das Bethaus, das Grab des heiligen Reformers Scheich Adi und die Gräber seiner engsten Verwandten stehen. Aber auch in den anderen Siedlungsgebieten im Schingal, Bahzani, Tur Abdin oder in Afrin gibt es etliche kleine und größere *ziyarets*, d.h. Grabmale von bedeutenden Personen oder Heiligen. Doch auch Steine, Bäume oder Plätze können zum Wallfahrtsort werden. Auch ihnen werden heilende Kräfte zugesprochen, und Pilger kommen von nah und fern, um hier zu beten und den Segen zu erlangen.

Die eigentliche Pilgerfahrt nach Lalisch beginnt am 6. Oktober und endet am 13. Oktober nach abendländischer Zeitrechnung bzw. vom 23. September bis 30. September nach kurdischer Zeitrechnung. Sie geht einher mit dem großen Fest der *Cemaya Scheich Adi*. Es ist die Pflicht jedes Jesiden, einmal in seinem Leben zu den Heiligtümern in Lalisch zu pilgern, vorausgesetzt, er ist finanziell dazu in der Lage. Der Gläubige darf nicht zu Lasten der Familie und seiner Kinder pilgern. Falls er es trotzdem tut, begeht er eine Sünde.

Doch pilgern die Jesiden nicht nur nach Lalisch. Fast jeder Heilige in der jesidischen Geschichte wurde mit dem Bau einer besonderen Stätte bedacht. In allen Teilen ihrer angestammten Gebiete findet man solche heiligen Stätten. Der Besuch dieser Stätten nimmt eine beachtliche Stellung im religiösen Festtagskalender der Jesiden ein, da es für jeden tawaf oder ziyaret einen bestimmten Feiertag gibt. Der liegt häufig im April, kann aber auch im August wie es bei vielen Schreinen im Schingal der Fall ist, stattfinden.

Die wichtigsten Pilgerstätten im Irak

1. Das Karajal Heiligtum im Dorf Sina zu Ehren des Scheich Khidira. Dieses wird in erster Linie vom al-Kaidi-Stamm betreut.
2. Tawafa Pir Mend im Dorf al-Jarahiya.
3. Tawafa Haji Ali im Dorf Baadhri.
4. Tawafa Scheich Mend im Bezirk Ain Sufni.
5. Shah Siwar im Dorf Beban
6. Haji Feris im Dorf Khatari.
7. Meme Essan im Dorf Essan
8. Abdi Resh im Dorf Derebun

In der Türkei liegt das Heiligtum Merava Scheich Adi im Dorf Bacin in der Provinz Mardin. Der Bau dieser *Ziyaret* kam folgendermaßen zustande: Auch die Jesiden, die fern von ihrem heiligen Zentrum Lalisch im heutigen Irak leben, wollten ihre Verbundenheit zu ihrer Religion und deren Reformer Scheich Adi bekräftigen. Da sie aber durch die politischen Grenzen zwischen den verschiedenen Staaten daran gehindert wurden, brachten sie einen Stein aus Lalisch in ihr Dorf und bauten dann ein kleines Heiligtum um ihn herum. Die *Ziyareta* Sheikhavinda in der Region Beschiri in der Provinz Batman liegt ebenfalls in Türkisch-Kurdistan. Die Pilgerfahrt begehen die Khaltan-Jesiden im Mai/Juni.

In syrischen Afrin gibt es eine Reihe von Ziyarets, die entweder Schreine zu Ehren der Heiligen sind oder heilige Plätze wie Höhlen, Bäume oder Felsen sind. Zu den bekanntesten zählen die Höhle Cil Xane im Dorf Arsh Qibar und die Ziyaret Scheich Barakat auf einem Berg in der Nähe des Dorfes Ghezewiye. Besonders zum jesidischen Neujahrsfest werden sie stark frequentiert, aber auch sonst kommen Jesiden mit ihren Bitten, Wünschen und Gebeten und befestigen kleine Bänder an den Wänden und Zweigen.

Heilige Symbole und Gegenstände bei den Jesiden

Von Gisela Prieß

Jesiden haben eine große Anzahl von großen oder kleinen Gegenständen, die als heilige Symbole betrachtet werden. Einige davon kann man mit den vasa sacra, den heiligen Gefäßen der christlichen Kirchen, vergleichen:

• Tawis: Der heilige Pfau aus Messing (Tawisa Ezî, das Symbol für den Engel Tawisî Melek) ähnelt einer Standarte. Es gibt ihn in sieben Ausführungen (sincaq), die je zu einem jesidischen Siedlungsbezirk gehören. Beim zweimaligen Einsammeln der Abgaben durch die Qawal (der so genannten Tawaf-Runde) werden die Standarten durch alle jesidischen Dörfer getragen.

• Def û Shibab: Trommel und Rohrblattflöte, die die heiligen Instrumente der Qawal sind.

• Sherbikê ber Tawisê: Eine kleine Schale mit geweihtem Wasser, die zum sincaq, dem Messing-Pfau, gehört, wenn die Abgaben in den Dörfern eingesammelt werden. Die Schale wird bei religiösen Zeremonien herumgereicht und jeder Gläubige bekommt einen Schluck daraus, auch Frauen und Kinder.

• Sicada Baba Scheich: Der heilige Teppich des Baba Scheich. Die Gläubigen küssen den Teppich, auf dem der Baba Scheich bei Versammlungen sitzt.

• Berat: Die kleinen aus der Tonerde in Lalisch geformten Lehmkugeln, die jeder Jeside bei sich trägt. Sie sind Talisman und Beschützer im Leben.

• Berê Shibakê: Das große und schwere Gitterfenster aus reinem Gold, das an jedem Jahresfest (cumaya, cejna) im Oktober in Lalisch umhergetragen wird.

• Kherqe: Das ist der dunkelblaue Wollturban, den der Peschimam auf dem Kopf trägt. Fakire tragen einen schwarzen Turban.

• Chirayet Ocakhan (Chira): Die Olivenöllampe. Das Öl und die Baumwolldochte werden im Heiligtum in Lalisch hergestellt.

• Tanc û Hile: Damit sind Gewand und Kopfbedeckung von Scheich Adi gemeint. Es handelt sich um den schwarzen Fez und das weite Gewand ähnlich dem von Derwischen im Sufismus.

• Nîshan: Ein heiliges Tuch, an dem Messingringe und/oder Tiersymbole aus Messing befestigt sind. Dieses Heiligtum, so wird behauptet, wurde einst vom Schutzheiligen erhalten. Es befindet sich bei Scheich- und Pir-Familien im Familienbesitz und wird seit Jahren immer weitervererbt.

• Girivan, Tok oder Pêsir: ein weißes Unterhemd, das mit der Hand aus einem einzigen Stück Stoff genäht wird. Es ist ein Erkennungsmerkmal eines jeden Jesiden und sollte auf jeden Fall in der Sterbestunde getragen werden.

• Kaniya Sipî: Die heilige Quelle, die unter dem Haupthaus in Lalisch aus einemFelsen entspringt.

• Zimzim: Diese heilige Quelle fließt unter dem Heiligtum in Lalisch durch eine Felsengrotte. Dieser Ort ist besonders heilig und wird nur von Jesiden betreten.

• Qub û Ziyaret: Gemeint sind die Steinchen und die heilige Erde in unmittelbarer Nähe eines Heiligtums.

• Stêrik: Dieser Brauch herrscht in Georgien, Armenien und teilweise in Syrien unter Scheich- und Pir-Familien vor. Kleine heilige Gegenstände, wie z.B. Berat- Kugeln und Steinchen, die aus einem Heiligtum mitgebracht wurden, werden in einem Kissen versteckt und in bestimmten Lebenssituationen innerhalb der Familie hervorgeholt.

• Roj û Hîv: Die Sonne und der Mond haben eine große symbolische Bedeutung. Das Gebet bei Sonnenaufgang und -untergang wird in Sonnenrichtung gesprochen. Wird der aufgehende Mond erblickt, kann das Gebet Duah Heyfe gesprochen werden.

Berat – ein besonderer Stoff

Die Bezeichnung *Berat* wurde bereits mit dem Hinweis erwähnt, dass es sich um kleine Kugeln aus heiligem Boden handelt. *Berat* stammt ab vom kurdischen Wort *Birati* und bedeutet Brüderlichkeit. Berat ist ein Gestein aus reinem Kalk und stammt aus der Umgebung des Grabes von Scheich Adi in Lalisch. Er wird mit dem Wasser der heiligen Quelle *Kaniya Sipi* von den Betreuern der Stätte zu Kugeln geformt, getrocknet und an die Gläubigen verteilt. Jeder Jeside ist angehalten, stets einen Berat bei sich zu tragen. Der Sinn des *Berats* ist, dass er Trost und Beistand

Die Schale links enthält Wasser aus der Kaniya-Sipi-Quelle. Rechts in Folien eingepacktes Gestein aus Lalisch, unten fertige Berat-Kugeln.

spenden und die gläubigen Jesiden an ihre Verbundenheit mit Lalisch und Scheich Adi erinnern soll. Besondere Bedeutung wird dem *Berat* bei der Totenbestattung beigemessen, wenn die Kugeln auf den Mund und die Augen des Verstorbenen gelegt werden.

Die wenigsten Jesiden wissen jedoch, dass der *Berat* noch eine ganz andere Bedeutung hat, und zwar verkörpert er wichtige religiöse Vorstellungen über die Entstehung der Erde und die Schöpfung von Adam, des ersten Menschen. Die kugelförmigen *Berate* symbolisieren die weiße Perle und den Urstoff, aus dem Gott das Leben, die Erde, die Sterne, die Sonne und den Mond geschaffen hat.

Da der *Berat* auch ein Symbol der Verbrüderung darstellt, dürfen Eheleute ihn sich nicht gegenseitig überreichen. Üblicherweise bekommen die Gläubigen die Berat-Kügelchen aus den Händen ihres Scheichs.

Die Bedeutung der Zahl 40 im Jesidentum

In der Bibel regnete es 40 Tage und Nächte während der großen Flut. Jesus fastete 40 Tage in der Wüste und wurde in Versuchung gebracht. Die Fastenzeit vor Ostern beträgt 40 Tage. Der 40. Todestag Huseyn's wird bei den Schiiten und Alewiten besonders begangen. Zur Zeit der Pestepidemien im Mittelalter mussten die Reisenden 40 Tage in Quarantäne. 40 Jahre gelten allgemein als Zeitraum eines Generationswechsels. Nach der Geburt soll die junge Mutter 40 Tage im Haus und beim Kind bleiben. Diese Zeit gilt als die schwierigste. Ist sie überwunden, gilt die Gefahr als gebannt, am plötzlichen Kindstod zu sterben. Danach wird das Kind rituell gebadet. Dabei sind 40 Handvoll Wasser in ein Gefäß zu geben und während des Bades dem Kind auf die Stirn zu tropfen.

Aus religionswissenschaftlicher Sicht steht die Zahl 40 symbolisch für eine nicht näher bestimmte, doch immerhin große Anzahl von Dingen oder Personen. Die 40 ist auch im Jesidentum bedeutsam. Zuerst ist an die 40 Fastentage im Winter und die 40 Fastentage im Sommer zu denken. Scheich Adi hatte genau vierzig Scheich- und vierzig Pir-Kasten ins Leben gerufen. Man spricht von vierzig Scheichs, vierzig Pirs, von vierzig Rittern der heiligen Familie Adiyan (*her çil siwarên Mala Adiyan; Çilmêran*), von vierzig Gefolgsleuten Scheich Adi's. Vierzig Tage nach dem Tod eines Jesiden geben dessen Angehörige ein großes Essen. Sie nennen es „Vierzig Tage des Toten" (*Çilroja mirî*). Die Jesiden glauben, dass die Arche Noah vierzig Tage der Sintflut standhalten musste. Außerdem glauben sie, dass die Körner des Weizens vierzig Tage unter der Erde bleiben, bis die ersten Pflanzen aus dem Boden sprießen. Deshalb fasten sie zwei Mal vierzig Tage. Sie hoffen dabei, dass der allmächtige Gott ihre Gebete erhört und ihnen gute Ernte schenkt.

Das Verhältnis der Jesiden zu anderen Religionen

Die jesidische Gesellschaft hat als Grundverständnis, dass ein Jeside ein guter Mensch sein kann und sollte. Aber um ein guter Mensch zu sein, muss man nicht Jeside sein. Das bedeutet: Die Jesiden vertreten nicht die Auffassung, dass sie andere Menschen von der eigenen Religion überzeugen müssten, also andere von ihrer Religion abzubringen und zu missionieren. Vielmehr ist das Jesidentum von Grund auf tolerant gegenüber anderen Religionen. In einem Gebet der Jesiden heißt es daher: „Lieber Gott, schütze erst die (anderen) 72 Völker und dann uns."

Die Jesiden und die Juden

Als ich 1974 Qamishli und damit Syrien verließ, lebten noch 20 bis 30 jüdische Familien in der dortigen Gemeinde. Die Mitglieder sprachen fließend kurdisch. Viele waren fliegende Händler, die ihre Waren in kurdischen Dörfern absetzen konnten.

Das Verhältnis zwischen ihnen und den jesidischen sowie muslimischen Kurden war jedoch geprägt von der Angst, beim syrischen Geheimdienst in den Verdacht der Spionage für Israel zu geraten.

Die jüdischen Kinder wurden wie die jesidischen Kinder zur Teilnahme am islamischen Religionsunterricht gezwungen. Ebenso war die Bewegungsfreiheit der jüdischen Mitbürger stark eingeschränkt. Sie mussten fast jeden Abend auf dem Polizeirevier erscheinen. Dies war eine Art Vorbeugungsmaßnahme, um ihre Flucht nach Israel über die Türkei zu verhindern. Die wenigen Beziehungen mit den jesidischen Familien waren sehr herzlich und rührten nicht zuletzt aus der gemeinsamen Verfolgungssituation.

Die Beziehungen zwischen den beiden für die damaligen Verhältnisse großen Religionen waren in der Vergangenheit weitaus vielfältiger, was sich in verschiedenen gemeinsamen Riten darstellt, wie z.B. der Beschneidung der Knaben und dem Verbot von Schweinefleisch. Diese Regeln existierten schon vor dem Aufkommen des Islam, mit dem sie häufig in Zusammenhang gebracht werden. Weitere bedeutende Gemeinsamkeiten beider Religionen sind der Brauch des Brotbrechens und die Konvertierungsregel, welche die Aufnahme in die jeweilige Religionsgemeinschaft verbietet. Einschränkend sei jedoch erwähnt, dass die Juden im Gegensatz zu den Jesiden eine Aufnahme unter bestimmten Voraussetzungen erlauben.

Aus der Frühzeit beider Religionen fällt auf, dass die Wechselwirkungen nicht zu übersehen sind, z.B. die Verehrung von Abraham, seiner Söhne Ismail und Isaak, des Weiteren der Könige Salomon und David. Es gibt sogar Psalme (Qawls) zu Abraham und seinen Söhnen. Seit der „babylo-

Das Faravahar, Symbol der Zarathustrier

Symbolische Darstellung des Tausi-Melek

nischen Gefangenschaft" unter Nebukadnezar um 560 v.C. gab es im Siedlungsgebiet der heutigen Jesiden jüdische Nachbarn. Erst mit Aufkommen des arabischen Nationalismus in der Mitte des zwanzigsten Jahrhunderts flohen diese nach Israel, betrachten sich aber heute noch als Kurden.

Die Jesiden und die Zarathustrier [8]

Zu den wichtigsten Fragen im Jesidentum gehört die Frage nach dem Verhältnis der Jesiden zu den Kurden und den Zarathustriern. Die erstere Frage nach dem Verhältnis zu den Kurden scheint mir hinreichend beantwortet. Bedeutende kurdische Politiker, wie Osman Sabri oder der große kurdische Dichter Cegerxwin erwähnten in ihren Werken immer wieder, dass die Kurden, ursprünglich sogar alle Kurden, der jesidischen Religion angehörten. Ich erinnere mich gut daran, wie diese beiden und andere kurdische Politiker die jesidischen Feste mit uns gemeinsam feierten. Diese historische Tatsache, dass die jesidische Religion die kulturelle Wurzel der Kurden darstellt, ist mittlerweile unter den Kurden allgemein anerkannt.

Was das Verhältnis zu den Zarathustriern betrifft, klaffen die Meinungen jedoch weit auseinander. Da die These, die Jesiden seien die Nachfahren der Zarathustrier, unter den Kurden einschließlich einiger Jesiden verbreitet ist, werde ich dazu ausführlich Stellung beziehen. Schon ein bedeutender Historiker, Schriftsteller und Dichter wie Osman Sabri hat nirgendwo in seinen Veröffentlichungen das Wort Zarathustrier erwähnt. Es war immer von den Jesiden oder den Ezdais die Rede.

Bevor ich auf die religiösen Aspekte zu sprechen komme, ist es wichtig, Gründe darzustellen, die zu dieser Diskussion geführt haben. Prof. Wießner hat vor der Zarathustra-These stets gewarnt.

[8] Der Zarathustrier Oshi (Schweiz) hat hierzu wertvolle Informationen geliefert.

Es gebe keine Fakten, die einen Zusammenhang belegen. In einer Stellungnahme schildert er die politischen Hintergründe so:

„Wir haben nur wenige, aber eindeutige Hinweise darauf, dass kurdische Nationalisten, die sich um die Identitätsfindung ihres Volkes im Kampf mit dem arabischen und dem türkischen Nationalismus seit dem Beginn unseres Jahrhunderts bemühen, die Religion der Jesiden, die sie als fremd, altertümlich und unislamisch kannten, mit der Religion des Propheten Zarathustra in Beziehung setzten. Zu diesen Zeugen gehören z. B. die Prinzen Geladat Ali Badir Khan und Dr. Kamiran Badir Khan, Enkel des letzten regierenden erblichen Emirs des Botan-Fürstentums Badir Khan. Dieser hatte sich einerseits als leidenschaftlicher Verfolger der Jesiden einen Namen gemacht, andererseits hatte ihm auch die Familie der jesidischen Emire, der Çol-Clan, politisch unterstanden. Badir Khan hatte eine Frau aus dem Çol-Clan geehelicht, die Großmutter der genannten beiden Prinzen, die so über ihre Großmutter mit dem jesidischen Fürsten Ismail Beg verwandt waren, der uns schon als Vertreter der Idee begegnete, dass Christentum und Jesidentum miteinander verwandt seien. Beide kurdischen Prinzen kompensierten die Unterdrückung der Jesiden durch ihren Großvater augenscheinlich durch eine leidenschaftliche Zuwendung zu den Jesiden."

Prinz Galadat Bedirkhan veröffentlichte 1933 ein Werk mit dem Titel: „Gebete der Jesiden", worin er schreibt:

„In der Welt gibt es nur einen Weg, und das ist der Weg der Wahrheit Zarathustras."

Diese Schrift gilt nun als ein Zeugnis für die weit verbreitete Vorstellung, dass die Religion der Jesiden mit der Religion Zarathustras identisch sei, dass also die Jesiden demzufolge Nachfahren des iranischen Volkes seien, das sich zur Religion Zarathustras bekannte. Jedoch wird nur eine gewissenhafte, ideologiefreie Forschung dieses Problem lösen können, in welcher Beziehung Glaubensvorstellungen des Jesidentums zu denen des iranischen Zoroastrismus aus vorislamischer Zeit stehen. Es gibt seit ewigen Zeiten immer wieder Versuche, den Jesiden ihre religiösen Wurzeln streitig zu machen. Die politische Motivation ist offensichtlich. Es geht dabei um Vereinnahmung. Mit der realen Geschichte der Jesiden hat diese Diskussion nichts zu tun. Wie am Anfang schon erwähnt, haben beide Religionen Gemeinsamkeiten, aber auch deutliche Unterschiede.

Theologischer Vergleich der religiösen Inhalte

Das heilige Buch der Zarathustrier heißt Avesta. Die Bücher der Jesiden heißen Meshafa Resh und Kitaba Celwa, das Schwarze Buch und das Buch der Offenbarung. Die Jesiden haben weder in ihren mündlichen noch in schriftlichen Überlieferungen mit auch nur einem Wort Zarathustra oder Avesta erwähnt. Während sich die zarathustrische Religion als Offenbarungsreligion versteht, wurde die jesidische Religion durch einen mehrere Jahrtausende dauernden Prozess geformt. Es begann mit der Sonnenanbetung und der Verehrung der vier Lebenselemente Feuer, Erde, Luft und Wasser und ging über zum Glauben an die Existenz zweier Götter und deren Prinzipien „Gut" und „Böse“. Im letzten Stadium entwickelte sich der Glaube an den einzigen und guten Gott Ezda und seinen Erzengel Tausi-Melek.

Die rituelle Opferung von Tieren war zentraler Bestandteil des Mithraismus und zeugte vom Glauben daran, dass die Tötung des mythologischen Urstiers den Beginn der Welt darstellte. Interessanterweise finden wir die Figur des iranischen Urstiers in der jesidischen Mythologie wieder. Während sich Zarathustra jedoch gegen die rituelle Opferung aussprach und die Stiertötung als den Beginn des Bösen ansah, gehört das Opferritual des Bullen bis heute fest zum jesidischen Ritus, und eine Assoziation der Stiertötung mit dem Bösen findet bei den Jesiden nicht statt. Auch das rituelle Fasten, das die Jesiden als Opfer an Gott betrachten, widerspricht der zarathustrischen Lehre vehement. Doch das Auftauchen des mythologischen Urstiers in der Religion lässt zumindest eine Beeinflussung des Jesidentums vom oder gar dessen Wurzel im Mithraismus vermuten, zumal die (irakischen) Kurden den iranischen Völkern zugerechnet werden. Daneben werden einige Elemente des mithraistischen Tierkreises, wie etwa die Schlange oder der Skorpion, von den Jesiden verehrt, während sie von Zarathustra hingegen als Schädlinge abgetan werden.

Interessant ist auch die Schöpfungsgeschichte beider Religionen. So erklärt die Avesta die materielle Welt als Folge eines Zwistes von Gut und Böse in einer ursprünglich rein geistigen Welt. Der jesidische Gott Ezda dagegen hat die Welt auf dem Rücken eines Vogels in einer weißen Perle erschaffen und verleiht sieben Engeln, darunter Tausi-Melek, die Aufgabe der Regentschaft.

Bemerkenswert ist hier die Zahl Sieben: Auch die Avesta kennt sieben *Ameshâ Spentâs*, engelartige (spirituelle) Wesen, die Aspekte von Ahura Mazda darstellen. Hier scheinen sich Parallelen abzuzeichnen. Doch die jesidische Schöpfungsgeschichte nimmt eine entscheidende Wende, die auf einen deutlichen Unterschied dieser Religion zum Zarathustrismus verweist. So gibt es im Jesidentum die Legende von Adam und Eva, die auch in der semitisch-monotheistischen Theologie zu finden ist. Jedoch wird sie anders interpretiert, woraus dann die Existenz von Tausi Melek abgeleitet wird, dem „Stellvertreter Gottes auf Erden“. Dessen Pfauensymbol gibt es zwar auch im indo-iranischen Kulturraum, jedoch findet sich im Zarathustrismus in dieser prominenten Form kein Pendant.

In einem 3sat-Fernsehbeitrag über den Zarathustrismus in Indien erklärte ein als „die Autorität“ der Gemeinde vorgestellter Priester mit Namen Kotcheste Mistri (phonetisch), dass seiner Religion Abstinenz, Zölibat und Selbstkasteiung fremd seien (was für das Jesidentum ebenfalls zurtrifft), doch werde auch Fasten als „Sünde“ abgelehnt. Wörtlich: *„Wir glauben, dass Abu Ramasta, der Gott der Weisheit, uns erschaffen hat, damit wir vor allem glücklich und fröhlich sind. Und wenn uns Gott dafür Körper und Seele gegeben hat, dann folgt daraus, dass wir für beides sorgen müssen.“*

Ein weiterer, interessanter Punkt ist der jesidische Glaube an die Seelenwanderung nach dem Tode des Menschen. Diese eigene Art der Reinkarnation ist den Zarathustriern fremd; die Avesta besagt, dass über den Menschen nach seinem Tode geurteilt wird und er entsprechend seiner Taten dem Paradies oder der Hölle zugewiesen wird. Das Konzept von Paradies und Hölle ist zarathustrischen Ursprungs, wobei der Aufenthalt in der Hölle nur ein vorübergehender ist, quasi eine Besserungsmaßnahme, was zu einer Gemeinsamkeit der beiden Religionen in einem Punkt führt: Beide nehmen das Gute als den finalen Endzustand des Menschen an.

Die Jesiden jedoch schließen die Existenz einer bösen Macht aus, die Einfluss auf das Weltgeschehen nehmen könnte. Es obliegt allein der Verantwortung des Menschen, zwischen den in ihm aufkommenden positiven und negativen Gedanken den richtigen Weg zu gehen. Der Dualismus spielt sich lediglich bei den Menschen ab. Im Zarathustrismus hingegen spielt das Böse bzw. der böse Aspekt einer jeden Existenz und eines jeden Vorgangs, repräsentiert durch den bösen Geist *Angro Mainiyu*, eine entscheidende Rolle in der Erklärung jeglicher Form von Existenz. Das erklärte Versprechen eines jeden Zarathustriers ist es denn auch, Ahura Mazda im Kampf gegen das Böse zu unterstützen.

Gesellschaftliche Aspekte

Was die Jesiden mit den Zarathustriern teilen, ist, dass sie traditionell keine Konvertierungen zulassen. Dies ist jedoch vermutlich ein Relikt des sassanidischen Irans, wo innerhalb der zarathustrischen Bevölkerung nebst einem Kastensystem auch ein Konvertierungsverbot herrschte. Andere Meinungen verstehen den Zarathustrismus wie auch den Mithraismus als seit jeher ethnisch exklusive Religionen. Wie dem auch sei, es lässt sich feststellen, dass die Zarathustrier – insbesondere die Parsen – immer noch mehrheitlich Konvertierungen ausschließen. Doch im Gegensatz zu den Jesiden gibt es heute innerhalb der Zarathustrier kein Kastensystem mehr. Mit der Ausnahme der Erblichkeit des Priesterstandes (auch die Zarathustrier kennen den geistlichen Stand der Pire), die heutzutage tendenziell an Bedeutung verliert, gibt es in der zarathustrischen Gemeinschaft keine Form religiöser Standesunterschiede zwischen den Menschen, wie es auch in der Avesta vorgesehen ist.

Eine interessante Parallele der Brauchtümer der beiden Religionen lässt sich im Tragen eines speziellen religiösen Kleidungsstücks beobachten. Dr. Pir Memo Othman beschreibt diesen Brauch wie folgt:

„Jeder fromme, erwachsene Jeside ist verpflichtet, ein weißes und von der Schwester im Jenseits eigenhändig geschnittenes Kleid, den sogenannten Pisira Ezid, mit einem speziellen runden Kragen unter seinen täglichen Kleidern zu tragen. Um den Kopfausschnitt beziehungsweise den Rundkragen dieses Kleides müssen neun Knöpfe oder Löcher angebracht werden. Dieses religiöse Gewand entspricht dem zarathustrischen Sedre, das eine ähnliche Funktion bei den Gläubigen besitzt und ebenfalls unter den anderen Kleidern getragen wird. Auffallend ist, dass das zarathustrische Gewand aus exakt neun Nähten besteht, welche einerseits die neun Bestandteile der menschlichen Zusammensetzung bzw. Existenz darstellen, sich aber andererseits interessanterweise ebenfalls auf die Planeten und Sterne beziehen und den Menschen daran erinnern, dass er ein integraler Bestandteil der universalen Elemente ist. Das Tragen eines solchen Kleidungsstücks bzw. dessen kosmische und existenzielle Symbolik werden von den Zarathustriern bereits den

präzarathustrischen Zeiten zugeschrieben, und beide Religionen scheinen diesen altiranischen Brauch bis heute erhalten zu haben.“

Unterschiede sind in der Bestattung der Toten festzustellen: Beiden Religionen sind zwar die vier Lebenselemente, Feuer, Erde, Luft und Wasser heilig. Während jedoch die Jesiden ihre Toten in der Erde bestatten, werden tote Zarathustrier auf die „Ewigen Türme" gelegt, damit die Leichen von Aasfressern, z.B. von Geiern, vernichtet werden. Eine Erdbestattung würde nach der Ansicht der Zarathustrier die Erde „beschmutzen". In der erwähnten Sendung benannte der Priester ein neues Problem dieser Methode: Die Geier werden weniger.

Ein weiterer Unterschied liegt in der allgemeinen Volkszugehörigkeit der beiden Gruppen. Die Jesiden sind Kurden, sprechen Kurmanji (Kurmanci) und leben mehrheitlich im Gebiet zwischen der Türkei, Syrien, Irak und dem Kaukasus. Die Zarathustrier sind Perser, sprechen Persisch (Farsi) und leben im heutigen Iran und nach ihrer Flucht vor der Zwangsislamisierung in Indien. Geographisch und linguistisch sind demzufolge keine Gemeinsamkeiten festzustellen. Im Iran soll es zwar noch einige jesidische Dörfer geben, die jedoch von den Siedlungen der Zarathustrier getrennt sind. Auch wird im Iran die jesidische Religion offiziell als eigenständige Religion betrachtet und wird nicht den Zarathustriern zugerechnet.

Fazit

Anhand der genannten Beispiele aus den theologischen Inhalten der Religionen sowie einiger sozialen Betrachtungen lässt sich feststellen, dass Jesiden und Zarathustrier verschiedene Religionsgruppen sind, verschiedene Entwicklungsstufen durchliefen, unabhängig voneinander organisiert sind, aber auch Parallelen zu finden sind. Das gilt jedoch gleichermaßen für das Verhältnis zu anderen Religionen. Wie immer man zu diesem Thema stehen mag, das Wichtigste auf der Welt haben beide Religionen gemeinsam: Den festen Glauben an das Gute.

Die Jesiden und die Christen

Bei den Jesiden war und ist es eine religiöse Pflicht, den Schwachen und Verfolgten in ihren Regionen beizustehen, wie sie es gegenüber den Aramäern und den Armeniern im 18. Jahrhundert und wieder im 20. Jahrhundert auch getan haben. Diese Völker lebten Jahrhunderte, wenn nicht Jahrtausende, friedlich zusammen. Uns ist kein einziger Fall, kein einziges historisches Ereignis bekannt, in dem die Jesiden gegen die christlichen Nachbarn oder die christlichen Nachbarn gegen die Jesiden vorgegangen wären. Im Gegenteil: Sie haben sich gegenseitig geschützt, soweit dies möglich war. Jede Volksgruppe hat die andere nicht nur akzeptiert, sondern auch ihren Glauben toleriert und respektiert.

Offenbar hatte die Christianisierung, die vor dem Islam aus im Nahen Osten stattfand, nicht zu Pogromen gegen Jesiden geführt. Im Jahre 342 oder 348 n. Chr. stießen die Iraner unter Führung des

Königs Schapur mit den Römern bei Schingal zusammen. Im Verlauf der Schlacht gewannen die Römer die Oberhand und nahmen zahlreiche Iraner gefangen. Somit war diese Region für die Ausbreitung der christlichen Religion offen. Schon einige Jahre zuvor hatte sich das Christentum vor allem in Armenien verbreitet. Die neue Religion konnte sich in ihrer Entstehungszeit anfangs nur in den Städten und unter den Händlern behaupten.

Die Jesiden, die in den Dörfern und in den Bergen lebten, lehnten sie ab. Im Tur Abdin lebten schon vor der Christianisierung viele Jesiden. Häufig wurden in der Folgezeit Kirchen und Klöster auf den Überresten vergangener Kultanlagen gebaut, die durchaus der Sonnenanbetung der Jesiden gedient haben konnten.

Das Kloster Mor Malke bei Harabale (Arkah, Xerabale) besitzt einen kleinen Altar, der das Relikt eines Feuertempels sein könnte. Es ist ein Hinweis darauf, dass die Menschen hier vor der Verbreitung des Christentums Sonnen- und Feueranbeter waren. Über das Leben des Heiligen Mor Malke lesen wir, dass er Anhänger des Sonnengottes in Arkah vorfand. Nach den Überlieferungen wurde das Kloster Mor Yakub bei Salah im 4. Jahrhundert an der Stelle eines weiteren Feuer-Tempels erbaut, er nach dem griechischen Gott Herakles benannt war. Auch das Kloster in Kartmin (Qertmin), welches mehrere behauene Steine im Fundament besitzt, könnte auf der Basis eines vorchristlichen Tempels stehen (so auch Hollerweger, Lebendiges Kulturerbe Turabdin. Linz, 2000).

Die bekanntesten kurdischen Stämme, die das Christentum annahmen, waren die Yaqubi und Curqan. Diese beiden Stämme lebten haupt-

Auf Einladung des Vatikans ist im Januar 2015 eine jesidische Delegation im Vatikanstaat von Papst Franziskus empfangen worden (ÊzîdîPress).

sächlich in Tur Abdin um Nusaybin und Mardin und nördlich von Mossul. Bedauerlicherweise haben sie ihre Identität als Kurden aufgegeben, obwohl sie bis heute nur kurdisch sprechen können. Da die Sprache der Bibel aber das Aramäische war, mussten sie diese mitlernen.

Nachdem die Araber und später die Osmanen ihre Heimat – das Zweistromland und fast ganz Ostanatolien – erobert hatten, standen die friedlichen Christen und Jesiden vor einer völlig neuen Situation. Die Angreifer schreckten vor nichts zurück. Sie haben jeden niedergemetzelt, der den neuen, fremden Glauben ablehnte. Allein die Weigerung, sich zum Islam zu bekennen, war in den Augen der neuen Eroberer eine Gotteslästerung und Beleidigung des Islam, obgleich Christen und Jesiden wie die Muslime an die Allmacht Gottes glauben. Es führt kein Weg an der Feststellung vorbei, dass die Araber und Osmanen ihre Grausamkeiten an den Jesiden und Christen stets und bis heute im Namen ihrer Religion verübt haben.

Der Aufstand der Kurden von 830 und die Plünderung von Kartmin

Der folgende Auszug entstammt der syrischen Chronik von 1234, wie sie der Patriarch Afrem Barsaum in seiner Geschichte des Tur Abdin anführt:

„Über den Mahdi, welcher der Anführer der Kurden wurde: Zu dieser Zeit, in den Tagen des Kalifen Mamun um 830 n.Chr., tauchte ein Mahdi auf, um die Kurden anzuführen. Er hatte die Festung Hesno Dikifro erobert und nahm die Religion der Muslime an. Eine große Zahl von Stämmen aller Nationen, Perser, Araber und Heiden, sammelten sich um ihn, um im Namen Allahs zu plündern. Ihre Schwerter waren berauscht von Blut, sie hatten kein Mitleid weder mit jung noch alt. Sogar der Kalif Mamun zitterte vor ihnen. Als sie aber in Tur Abdin, in die Abtei von Kartmin und in die umliegenden Dörfer eindrangen, stellte sich ihnen Hasan Beg, der Anführer dieses Gebietes, mutig entgegen, besonders als er die Peinigungen sah, die sie den Mönchen zufügten. Er fiel unerwartet über die Kurden her und vertrieb sie. Der Mahdi flüchtete in das Land von Ishak, der den Kopf dieses bösen Mannes abschlug.“

Noch heute existiert im Tur Abdin ein jesidischer Friedhof namens Quben Hassan Beg. Auf diesem Friedhof wurde mein Onkel väterlicherseits beerdigt, der im arabisch-israelischen Krieg 1948 an der Front verwundet wurde und an den Folgen seiner Verletzungen in Aleppo verstarb. Seine Überreste wurden von seiner Frau Naima Juma in den fünfziger Jahren über die Grenze Syrien/Türkei zu diesem Friedhof gebracht, wo er seine letzte Ruhe fand. Auch die Toten der umliegenden jesidischen Dörfer Afshe, Birguriya, Kunar und Geliye Sora sind auf diesem Friedhof begraben. Dies bestätigt, dass Hasan Beg ein Jeside war, der die verfolgten Christen in Schutz nahm und gegen die muslimischen Verfolger verteidigte.

Vermutlich waren auch die Armenier vor ihrer Christianisierung Anhänger einer alten Religion. Die Wahrscheinlichkeit, dass sie Anhänger der jesidischen Religion waren, ist gering, obwohl sie zumindest geographisch die nächsten Nachbarn der Jesiden waren. Es ist indes nicht völlig auszuschließen, dass auch sie Sonnenanbeter waren. Im heutigen Armenien findet man in vielen unterirdischen Gängen der alten christlichen Kirchen immer noch Feuerstellen, wo der Feuerdienst einer vorchristlichen Religion, vermutlich der Sonnenkult-Religion, stattgefunden hatte.

Der armenische König Tirdad hatte den christlichen Glauben angenommen und ebnete damit den Weg zur Christianisierung des gesamten armenischen Volkes. Armenier sind kein semitisches Volk wie die Juden und Araber, sondern ein indogermanisches Volk und somit ethnisch mit den Jesiden verwandt. Dies ist wahrscheinlich ein Grund dafür, dass es jahrhundertelang nicht zu Glaubenskriegen zwischen den Jesiden und Armeniern kam. Das Verhältnis wurde enger, als die Osmanen im 19. und 20. Jahrhundert Millionen von Armeniern umbrachten und die Überlebenden vertrieben, die nach Syrien und Russland fliehen mussten. Wie Prof. Wießner bestätigte, ließ Anfang des 19. Jahrhunderts der Chef des jesidischen Stammes der Khalti, Mirza Aga, bei Diyarbakir eine Kirche für die armenischen Christen bauen (s. unten).

Von 1914 bis 1918 war es den Jesiden infolge ihrer Isolation unmöglich, den Verlauf des Ersten Weltkrieges zu verfolgen und zu verstehen. Dennoch ergriffen sie die erste günstige Gelegenheit, um das verhasste osmanische Joch abzuschütteln. Als der Völkermord an den Armeniern und Assyrern in der Türkei begann, dem schließlich etwa anderthalb Millionen Christen zum Opfer fielen, boten die Bewohner des Schingal vielen Christen ihren Schutz an und nahmen etwa 20.000 Verfolgte bis zum Ende der Feindseligkeiten auf – bestätigt schon bei Ismail Çol Beg, Die Jesiden in Vergangenheit und Gegenwart. Beirut, 1934).

In dem im Jahre 2002 erschienenen Buch „Vergossenes Blut“, den Memoiren des zur damaligen Zeit 15-jährigen Klosterschülers Abdulmassih Karabasch, schreibt der Autor auf Seite 107 folgende Bemerkungen:

„Die Jesiden mögen die Christen sehr; sie sind edlen Charakters und gastfreundlich. Dies wurde offenbar bei ihrer Aufnahme der Christen und ganz besonders, als sie sich versammelten, um die Christen vor den Verfolgungen und den Blutbädern zu retten; sie gaben sogar ihr Leben für die Christen und ertrugen die Plünderungen ihrer Häuser, um die Christen zu schützen. Dadurch hinterließen sie große Liebe und Wertschätzung in den Herzen aller Christen ... Außer im Schingal-Gebirge, unter dem Schutz der Jesiden, konnten sie nirgends Zuflucht finden.“

Als die Behörden die Auslieferung der Armenier von den Jesiden verlangten, weigerten sich diese, dem Ersuchen Folge zu leisten. Im Februar 1918 wurde eine türkische Abteilung, unterstützt durch Hilfstruppen der Beduinen, ausgesandt, um die Rebellen zu bestrafen. Die Jesiden griffen erfolglos die Regierungstruppen in der Nähe von Balad Schingal an, mussten daraufhin in das Gebirge fliehen und warteten dort auf Unterstützung. Wenig später wurden die Engländer als Befreier des Schingal empfangen. Viele Jesiden aus dem Gebiet Qars in der heutigen Türkei, vor allem vom Stamm der Sipkan und Anqosiyan, flohen mit den Armeniern nach Eriwan. Die christlichen

Aramäer, die in Tur Abdin lebten, suchten Schutz bei den Jesiden in den unwegsamen Bergregionen, bis die Verfolgung durch den internationalen Druck auf die Osmanen aufhörte.

Bleibendes Dokument für die Beziehung zwischen Jesiden und Christen ist das Leben des 1933 gestorbenen jesidischen Fürsten Ismail Beg, der sich lange um die Anerkennung als Mir aller Jesiden bemühte. Im Zusammenhang mit dem Schutz, den die Russen den nestorianischen Christen Nord-Kurdistans gewährten, nachdem ein Teil von ihnen zum russisch-orthodoxen Glauben übergetreten war, reiste er 1908 zum armenischen Patriarchen in Edjschiadzin und zum russischen Vizekönig des Kaukasus und bat für die rund 15.000 Jesiden Transkaukasiens um den Schutz der armenischen Kirche und der russischen Regierung.

Die Respektierung des Christentums zeigt sich auch in einem Qawl:

Jesus ist ein guter Prophet.
Er hatte keinen Vater, jedoch eine Mutter.
Ohne Zweifel, er entstammt aus dem Licht Gottes.

Prof. Wießner hat sich bei seinen Feldforschungen in der Türkei mit Jesiden und Christen gleichermaßen auseinandergesetzt. In einem Schreiben an den Autor hat Wießner Ausführungen zum Verhältnis zwischen den Jesiden und Christen gemacht:

„Als Minderheit waren die Jesiden in ihrer Heimat dazu gezwungen, sich in einen größeren solidarischen Verband einzuordnen, um so einen gewissen Schutz zu erhalten. Die Suche nach der Solidarität ist Teil ihres Bemühens, die muslimisch-kurdische Vorherrschaft nur so lange zu ertragen, wie es für das eigene Überleben unbedingt notwendig ist. Den größten Erfolg zeigte die Suche nach der schutzverleihenden Solidarität bei den Christen. Den Christen scheint der Glaube der Jesiden an Melek Taus als Schöpfer- und Offenbarergestalt neben Gott wohl keine großen Schwierigkeiten zu bereiten.

Wir erfahren so gut wie nichts von dogmatischen Auseinandersetzungen zwischen Christen und Jesiden oder von dem Bemühen der Christen, die Jesiden zum Christentum zu bekehren. Die Suche nach Solidarität und Schutz bei den orientalischen Christen wird von den Jesiden seit altersher praktiziert. Es ist bezeugt, dass die Jesiden in vielen Siedlungsgebieten in engster Nachbarschaft mit Christen lebten und zu diesen ein ausgezeichnetes Verhältnis hatten. Derartiges trifft zu z.B. für die jesidischen Siedlungsgebiete:

1. in Nordwest-Syrien im Jabal Siman.

2. in der Provinz Van, die bis zu den türkisch-kurdischen Massakern mehrheitlich von armenischen Christen bewohnt war.

3. im östlichen Teil der Provinz Mardin, in dem die jesidischen Dörfer in engster Nachbarschaft zu christlichen Siedlungen lagen.

4. in Sheikhan, wo die Yezidi engst mit den im Nord-lrak ansässigen Christen, mit Assyrern und Chaldäern, kommunizierten.

Im Jabal Schingal wurde dieses enge Verhältnis zu den Christen sogar von staatlicher Seite, vom osmanischen Reich, ausgenutzt; als Vertreter der Staatsmacht gegenüber den Jesiden wurden hier bis in den Anfang des 19. Jh. Christen bestimmt. Im östlichen Teil der Provinz Mardin waren viele Jesidendörfer von z. T. sehr mächtigen christlichen Dörfern umgeben, jesidische Friedhöfe liegen bis heute in der Nähe und unter dem Schutz christlicher Dörfer; als die Christen aus diesem Gebiet nach Europa strömten, blieben die Jesiden schutzlos zurück und mussten ihre Siedlungen unter den landhungrigen muslimischen Agas verlassen. In Scheikhan liegt einer der berühmtesten jesidischen Friedhöfe bei Bursen nur wenige Kilometer entfernt von Alqosh, der alten Residenz eines christlichen Patriarchen, und dem christlichen Kloster des Rabban Hormuzd. Aus dem Anfang des 19. Jh. ist für die Intensität der Kontakte zwischen Jesiden und Christen aus der Gegend östlich von Diyarbakir bezeugt, daß der Chef des jesidischen Stammes der Khalti, Mirza Aga, eine Kirche für die damals bei Diyarbakir noch siedelnden armenischen Christen bauen ließ. Aus der Provinz Van verschwanden die letzten Jesiden nach den Massakern der Türken und Kurden an den Armeniern in der letzten Hälfte vergangenen und in den ersten Jahrzehnten unseres Jahrhunderts: Das Zarenreich und danach die Sowjetunion boten den Vertriebenen neue Siedlungsräume.“

Das Verhältnis der Jesiden zu den christlichen Nachbarn ist heute noch freundschaftlich, ja sogar brüderlich. Die Freundschaft scheint für die Ewigkeit geschlossen zu sein. Doch keine Regel ohne Ausnahme. Es gibt radikale Organisationen der Christen, vor allem in Armenien und Europa, die versuchen, die Jesiden von den übrigen Kurden zu trennen. Selbst ihre kurdische Sprache wird als jesidische Sprache bezeichnet. Diejenigen Jesiden, die sich zum Kurdentum bekennen, und das sind vor allem Akademiker und Schriftsteller, werden so lange von den staatlichen Stellen verfolgt und unter Druck gesetzt, bis ihnen keine andere Wahl bleibt als das Land zu verlassen.

Doch gibt es viele, die sich hinsichtlich ihrer ethnischen Herkunft selbstbewusst als Jesiden bezeichnen und es ablehnen, als Kurden bezeichnet zu werden. Ihre Argumentation: Entsprechend der Grundannahme, wonach das Jesidentum die ursprüngliche Religion der Kurden ist, müssten sich die Kurden Jesiden nennen, aber nicht umgekehrt. Außerdem werfen sie den Kurden vor, dass sie in der Geschichte wiederholt die Jesiden verfolgt haben. Warum sich also dann noch zum Kurdentum bekennen?

Hier zeigt sich, wie historische Konflikte bis heute fortwirken. Bekannt ist, dass die Massaker an den Armeniern mit Beteiligung kurdischer Stämme stattfanden. Kurden waren Mitglieder der ab 1911 im Osmanischen Reich tätigen „Spezialorganisation“ (Teşkilât-ı Mahsusa), die gegen Feinde des Reiches Spionage und Propaganda betrieb sowie Attentate unternahm. Gründer war Ismail Enver Pascha, Generalleutnant und Kriegsminister des Osmanischen Reichs und als „Jungtürke“ Zeitgenosse von Mustafa Kemal Atatürk, der in der Organisation ebenfalls tätig war. Sie wurde am 5. August 1914 dem Kriegsministerium unterstellt und 1918 nach dem Ende der Regierung aufgelöst. Kurdische Organisationen und Politiker, darunter der Parlamentsabgeordnete Ahmet

Türk, räumten in jüngster Zeit die Beteiligung der Kurden an den Massakern ein und baten um Verzeihung.

Es spielt auch eine Rolle, dass Kurden zur Sowjetzeit einen Teil Armeniens als autonome Provinz verwalteten und damit politische Pläne verbanden. Ein Gebiet zwischen der heutigen Republik Bergkarabach und der armenischen Provinz Sjunik, die im Südosten des Landes liegt, war seit dem 18. Jahrhundert von Kurden bewohnt. Von 1923 bis 1929 erhielt das Gebiet einen Autonomiestatus und den Namen „Rotes Kurdistan“. Amtssprache war Kurmanci. Nach einer Volkszählung von 1926 lebten dort 51.200 Menschen, davon 73,1 Prozent Kurden, 26,3 Prozent Aserbaidschaner und einige wenige – 256 Menschen – Armenier. Auch nach der Auflösung 1929 förderte der Staat die kurdische Kultur noch. Es gab kurdische Schulen und die Zeitung „Sowjetkurdistan“. Ab 1937 wurde eine Politik der Assimilierung betrieben, in deren Verlauf auch Kurden aus grenznahen Gebieten zum Iran und zur Türkei nach Zentralasien deportiert wurden.

Jesiden und Muslime

Das Verhältnis zwischen Jesiden und Muslimen ist spannungsgeladen und bedarf der Klärung vieler Vorurteile. Ein großer Teil der Muslime vertritt z.B. die Auffassung, dass die Jesiden ursprünglich eine Art islamische Sekte waren, die vom rechten Weg abgekommen sei und deshalb zwangsweise bekehrt oder umgebracht werden müsse. Nach ihrer Auffassung bringt dies für denjenigen, der solches tut, ebenso das Seelenheil wie für die von ihnen „erretteten“ Jesiden.

Dass die jesidische Religion nicht nur älter, sondern völlig anders strukturiert ist, kann allerdings nicht übersehen, sondern nur verdrängt werden. Auch wenn es äußerlich betrachtet Ähnlichkeiten bei den Gebeten, Fastenzeiten, Feierlichkeiten und Pilgerfahrten gibt, so muss man erkennen, dass die jesidischen Versionen älter und anders gestaltet sind. Das jesidische Fest Shev Berat wird zwar am gleichen Tag wie das islamische Fest Laylat al-Qadr abgehalten; es beinhaltet jedoch einen eindeutigen jesidischen Ansatz im Wettstreit der beiden Scheichkasten Adani und Schemsani. Andere Regeln und Ereignisse sind nicht so leicht auseinanderzuhalten, wie z.B. die Sufi-Vergangenheit Sheich Adis oder der vermeintliche Zusammenhang zwischen dem Zimzim-Brunnen in Lalisch und dem in Mekka.

Auf theologischem Gebiet ist es jedoch viel einfacher, die Unterschiede zwischen den beiden Religionen darzustellen. Das Jesidentum kennt nicht den Dualismus zwischen Himmel und Hölle und respektiert den Koran, aber nur als Offenbarungsschrift, aber nicht als heiliges Buch. Muhammad ist ein Prophet und als solcher verdient er Respekt.

Wären die Jesiden eine islamische Sekte – warum wurden sie dann über Jahrhunderte hinweg zwangsislamisiert? Tatsächlich waren es häufig Jesiden, die gerade in der Zeit des frühen Islam Widerstand gegen die massive Islamisierung des gesamten Nahen Ostens leisteten. Wie es scheint, waren sie eine der wenigen Gruppen, die in ihrer abgeschiedenen Bergwelt in der Lage waren, den arabisch-muslimischen Heeren Einhalt zu bieten. Wie geschildert, gehörte zumindest die Mehrheit der Kurden vor dem Islam der jesidischen Religion an. Obwohl die überwiegende Mehrheit dieser Kurden zwangsislamisiert wurde, darf nicht von einer totalen Zwangsislamisierung gesprochen werden. Eine nicht zu unterschätzende Zahl von Jesiden trat nicht zum Islam über, sondern behielt ihre Religion bei. Das lag vor allem in zwei Tatsachen begründet: Einerseits die abgeschiedene geographische Lage der Jesiden-Gebiete. Sherefkhan Bitlisi schreibt in seinem berühmten Buch „Sherefname", dass alle Kurden aus dem Gebiet Jezire/Cezira Botan Jesiden waren. Das Gebiet liegt im heutigen Türkisch-Kurdistan, es wird hauptsächlich von einem kleinen Stamm, der sich Boti nennt, besiedelt, der von der Familie Bedirkhan Pascha angeführt wird. Die Angehörigen dieser Familie sind die Nachfahren von Abdulaziz Suleiman Khalid.

Nach Befragungen konnte leicht festgestellt werden, dass sie aus dem Gebiet Jezire Botan stammen. Sicherlich beschreibt Bitlisi hier ein Beispiel von vielen. Außerdem tragen die Botan-Stämme bis heute weiße Kleider als Zeichen des jesidischen Glaubens. Und andererseits gab es die Toleranz einiger Führer der Muslime, z.B. Scheich Abdul-Qadir al-Gilani. Cezira Botan liegt im heutigen Türkisch-Kurdistan, wird hauptsächlich vom Boti-Stamm besiedelt und von der Familie Bedirkhan Pascha angeführt. Die Angehörigen dieser Familie sind die Nachfahren von Abdulaziz Suleiman Khalid.

Doch trotz dieser Tatsachen wurde die Zwangsislamisierung der Jesiden und zugleich die Eroberung ihrer angestammten Heimat massiv vorangetrieben. Und die Jesiden wurden erbarmungslos verfolgt, vertrieben und ermordet, als Heiden, Gottlose und Anbeter des Bösen.

So entstand ein ungeheurer Konversionsdruck. Es sind unzählige Fälle bekannt, wo jesidische Stammesführer ohne Blutvergießen widerstandslos Muslime geworden sind, um sich in ihrem damals vorherrschend muslimisch geprägten Lebensraum behaupten zu können und viele Menschen vor dem sicheren Tod zu retten. Khalis Beg mit ca. 40.000 Stammesangehörigen nahm den Islam an. Der Stammesführer wollte seinen Einfluss und seinen Reichtum an fruchtbarem Boden nicht verlieren. Viele seiner Stammesangehörigen wollten jedoch lieber sterben als Muslime zu werden und flüchteten deshalb in andere Jesiden-Siedlungen. Der berühmte Husain Qenjo, der Urgroßvater des kurdischen Parlamentariers Ahmed Türk, wurde Muslim, um als Pascha gekrönt zu werden, was ihm als Jeside nicht erlaubt war. Doch die meisten anderen Jesiden wurden im Laufe der Zeit zwangsislamisiert. Da die Jesiden nicht wie die Juden oder Christen als Anhänger einer Buchreligion gelten, konnten sie jederzeit ungestraft unterdrückt und verfolgt werden. Wie schon erwähnt, gilt dies aus muslimischer Sicht sogar als lobenswerte Tat, da somit versucht wird, die Jesiden wieder auf den rechten Pfad zurückzuführen.

Ein weiterer Grund für die Abneigung und den Hass vieler Muslime gegenüber den Jesiden ist die unsinnige Vorstellung, dass sie an der Ermordung von Hussain und Hasan, den Söhnen des vierten

Kalifen Ali Ibn Abi Talib, mitschuldig gewesen sein sollen. Wie in den folgenden Kapiteln näher erläutert wird, bestand zwar eine Art geistige Verbindung zwischen den jesidischen Führern und dem damaligen Kalifen Yazid Bin Muawiya, doch spielten sich die Ereignisse um die Kalifensöhne weit entfernt vom Siedlungsgebiet der Jesiden ab. Man kann hier fast von einer anderen Welt sprechen, da die Region im Südirak und die jesidischen Gebiete nicht nur räumlich, sondern auch kulturell getrennt waren und eine andere Ausrichtung hatten.

Doch bot die Existenz der Jesiden eine willkommene Möglichkeit, von den eigenen Schwächen und Missständen abzulenken, zumal der Eroberungs- und Missionierungsdrang im Nahen Osten zu erlöschen drohte. Zudem boten die Dörfer der Jesiden reichlich Beute. Und als schwächste Gruppe in der Gesellschaft erschienen die Jesiden als geeignete Opfer. Sie beteten sogar „Götzen" an, die sie in Bildern darstellten wie das des Tausi Melek, womit sie aus der Sicht des Islam gegen das von ihm verhängte Bilderverbot verstießen.

Viele dieser Gründe spielten nur auf regionaler Ebene eine Rolle, doch betrafen sie die Jesiden in ihrer Gemeinschaft in allen Siedlungsgebieten. Gerüchte, Übertreibungen und Fehlinformationen führten später zu allgemein verfestigten Vorurteilen unter vielen Muslimen.

Über Ursache und Wirkung in der jesidischen Geschichte

Intellektuelle Kurden – muslimische Kurden – kritisieren uns Intellektuelle der Jesiden regelmäßig mit der Begründung, wir hätten in den letzten 30 bis 40 Jahren versucht, die Jesiden von den muslimischen Kurden zu trennen und sie als nicht zum kurdischen Volk gehörig auszugeben. Das sind haltlose Behauptungen. Wir bestreiten ja nicht, dass wir Kurden sind. Aber was das Trennen angeht: Ich bin der Ansicht, dass solche Behauptungen die – falsche – Reaktion darauf sind, dass wir begonnen haben, unsere Leidensgeschichte selbst und in objektiver Form darzustellen, um nicht länger nur aus der Perspektive einiger muslimischer Orientalisten und Schriftsteller über uns lesen zu müssen. In diesem Zusammenhang sprechen wir mit Recht von uns als Jesiden, denn unsere Geschichte hat bis heute einen völlig eigenständigen Verlauf, der nicht zuletzt auch durch religiöse Intoleranz auf Seiten der islamisierten Kurden geprägt ist. Es geht also um Ursache und Wirkung.

Die politischen Organisationen der Kurden verlangen von ihren Gefolgsleuten zumeist bedingungslosen Gehorsam und blinde Treue. Konstruktive Kritik wird schnell als Angriff auf die jeweilige Partei, auf deren Ziele und Strukturen verdammt. Diejenigen, die historische Wahrheiten aufzuschreiben wagen, werden zu Verrätern und Volksverhetzern abgestempelt. Nicht nur einige politische Organisationen der Kurden verhalten sich ablehnend gegenüber jedem Versuch der jesidischen Kurden, ihre Geschichte selbst zu untersuchen und aufzuschreiben. Selbst Historiker stellen nicht selten Massenmörder, die das Leben Tausender Jesiden auf dem Gewissen haben, als Helden, Freiheitskämpfer und gerechte Herrscher dar. Das gilt es zu korrigieren.

Ein Beitrag dazu – 300 Seiten stark – ist das ebenfalls vom jesidischen Forum herausgegebene Buch „Jesidische Helden“, in dem die oft dramatischen Lebensgeschichten bedeutender jesidischer Persönlichkeiten geschildert werden. Das Leben dieser Helden, die in den üblichen geschichtlichen Abhandlungen nicht vorkommen, ist geprägt vom Überlebenskampf in einer zunehmend vom Islam beherrschten Welt. Die folgenden Schilderungen entstammen diesem Buch.

Es gibt ein kurdisches Sprichwort, wonach die Wahrheit nicht jedem schmeckt, doch soll man trotzdem bei der Wahrheit bleiben. Wir wollen die heutigen muslimischen Kurden wegen der Untaten ihrer Vorväter nicht zur Rechenschaft ziehen oder anklagen. Es geht um die historisch genaue Beschreibung der Ereignisse, also um die Wahrheit, soweit man ihr nahekommen kann.

Zur Wahrheit gehört die Feststellung, dass einige muslimisch-kurdische Herrscher Hand in Hand mit den Osmanen und Arabern erbarmungslos Kriege gegen die Jesiden geführt, Tausende von ihnen getötet oder zwangsislamisiert haben. Diese Feststellung können wir unseren kurdischen Gesprächspartnern nicht ersparen – so wie die Türken die Wahrheit über den Genozid an den Armeniern von 1915 irgendwann akzeptieren müssen.

Wie kann man einen Kurden als Helden feiern, der die osmanischen Herrscher oder vor ihnen die abassidischen Kalifen gebeten hat, ihm bei der Verfolgung, Vertreibung und Zwangsislamisierung der Jesiden Rückendeckung zu geben?

Man wird es schlimm und unmoralisch nennen müssen, dass die muslimischen Kurden den vor den Osmanen flüchtenden Scheich Mirza in der Region Diyarbakir den osmanischen Soldaten ausgeliefert haben, nachdem sie ihn erkannt hatten.

Man wird es schlimm und unmoralisch nennen müssen, dass als Folge der Mordbrennerei des muslimisch-kurdischen Führers Mir Mohammed Rawandouzi Tausende jesidische Flüchtlinge, die den Strom Tigris über Seilbrücken überqueren wollten, den Tod fanden.

Man wird es schlimm und unmoralisch nennen müssen, dass der muslimisch-kurdische Emir von Botan die Zwangsislamisierung der Jesiden in seiner und in den benachbarten Regionen durch den Bau von Moscheen in den jesidischen Dörfern vorantreiben wollte.

Und dass kaum ein kurdischer Historiker einen jesidischen Führer oder Volkshelden erwähnt hat, der seine Heimat vor den Eindringlingen – muslimischen Arabern und Osmanen – schützte, zeugt auch nicht gerade von Zusammengehörigkeitsgefühl.

Der legendäre Stammesfürst der jesidischen Stämme Shifqetyan und Nemirdaniyan, Mirza Haji, wurde im 18. Jahrhundert auf Befehl des muslimischen Emirs von Botan enthauptet, weil er es abgelehnt hatte, den Islam anzunehmen. Den mündlichen Überlieferungen zufolge hat er die Treue zu seinem Glauben bis zur letzten Sekunde seines Lebens mit den Worten demonstriert: „Hol

Hola Tawisî-Melek e". Das „e" entspricht dem Verb „ist" im Deutschen. Die Übersetzung: „Der Glaube von Tawisî-Melek ist der wahre Glaube."

Als muslimisch-kurdische Führer wie Salahuddin Ayoubi die islamischen Armeen im 13. Jahrhundert gegen die christlichen Kreuzzüge in Palästina führte, schützten jesidische Führer ihre Heimat, ihre Kultur und Sprache. Bereits vor tausend Jahren kämpfte der als Heiliger verehrte Sherfedin gegen die Araber, Mongolen und Perser, die die Heimat der Jesiden kolonialisieren wollten.

Ein religiöses Lied, das von den Jesiden heute noch gesungen wird, sagt:

„Sharfedin ist der Emir in der Residenz,
Gratuliere Ezidxan (Heimat der Jesiden) und sage dessen Volk,
Es soll diesen Glauben festigen und bewahren
Die Befreiung unserer Heimat ist sehr nah…"

Deshalb bin ich der Ansicht, dass die Wortführer der muslimischen Kurden unsere Arbeit begrüßen sollten, anstatt uns ständig zu kritisieren und uns haltlose Vorwürfe zu machen.

Bedeutende Persönlichkeiten der jesidischen Geschichte

Hassan Beg Kosa

Gegen die massive Verfolgung der beiden Volksgruppen durch die Araber, die Osmanen und später die Machthaber der jungen türkischen Republik haben sich immer wieder tapfere Menschen gewehrt und Widerstand gegen die zahlenmäßig überlegenen Armeen der Aggressoren geleistet. Einer von ihnen war der Emir Hassan Beg Kosa. Er konnte nicht zusehen, wie die Muslime die friedlichen Mönche und Nonnen in den Klöstern von Tur Abdin in der heutigen Provinz Mardin in der Türkei regelrecht abschlachteten. Der Überlieferung nach haben ihn alle jesidischen Stämme unterstützt. Um welche Stämme es sich damals gehandelt hat, ist uns jedoch im Einzelnen nicht bekannt. Der legendäre Dichter des kurdischen Volkes, Jegerkhwin (Cegerxwin), schreibt in seinem um 1970 erschienenen Buch „Die Geschichte Kurdistans“, dass in dieser Region ein Volk gelebt habe, das man als „Sonnen- und Feueranbeter“ bezeichnen könne.

Die überwiegende Mehrheit der heutigen Christen in der Region gehörte dem kurdischen Stamm der Jakobiden an. Viele ihrer Kirchen und Klöster wurden dort gebaut, wo einst die Sonnen- und Feuertempel der Ureinwohner standen. Die Stämme, von denen uns aus verschiedenen historischen Quellen bekannt ist, dass sie diese Region seit mindestens 500 Jahren besiedeln, sind die Kelikan, Schemikan, Dassikan, Bahjoliyan, Schifqetan, Butiyan, Namirdaniyan und Zeyniyan.

Beg Kosa, der zugleich der Emir der Jesiden in der Region Tur Abdin war, bot den Gegnern die Stirn. Er hatte Erfolg im Kampf gegen die Muslime. Einige Jahrhunderte später folgten auch andere jesidische Führer dem Beispiel ihres Urahnen und nahmen die Christen in Schutz. Scheich Mirza und Mirzike Zaza im 18. Jahrhundert, Hamoye Sharro und die jesidischen Stämme im Tur Abdin des 19. Jahrhunderts sind nur einige Beispiele von vielen. Die Jesiden nahmen die verfolgten Christen bei sich auf, sie ließen sogar Kirchen für sie bauen. Mit ihrer ungewöhnlichen Haltung und ihren Aktivitäten zogen sie den Hass der Muslime auf sich und brachten das eigene Leben in Gefahr.

In der Neuzeit fielen sie selbst der Verfolgung und Vertreibung durch die Osmanen und deren kurdische Unterstützer – viele Großgrundbesitzer – zum Opfer, weil sie nicht zuletzt die verfolgten Christen in den Jahren 1914 bis 1916 in Schutz genommen hatten. Und heute sind die Dörfer der Jesiden aus Tur Abdin weitgehend verlassen, verfallen oder von Dorfschützern in Besitz genommen worden. Die Versuche einiger Jesiden aus Deutschland, früheren Landbesitz zu reklamieren oder das Land zu bestellen, sind weitgehend gescheitert. Der Zugang zu den Friedhöfen muss weiterhin erkauft werden.

Ein Ausflug in die Zeit, als der Islam seine erste Hochphase erreichte, zeigt uns, dass die Jesiden schon vor mehr als tausend Jahren kämpfen mussten – und kämpfen konnten.

Dass uns einige wertvolle Literaturquellen über die Jesiden in Tur Abdin erreicht haben, verdanken wir den schriftkundigen Mönchen, Priestern und Bischöfen der Aramäer und Armenier. Sie haben über Jahrhunderte einige wichtige historische Ereignisse schriftlich festgehalten und in den Archiven ihrer Klöster aufbewahrt.

Der Kampf gegen die Plünderer von Kartmin im Jahr 830

Im Kapitel über das Verhältnis zwischen den Jesiden und den Christen ist der Bericht des syrisch-orthodoxen Patriarchen Afram Barssaum schon zitiert worden, in dem der Autor der syrischen Chronik von 1234 über den Kampf gegen Plünderer zur Zeit des Kalifen Mamun um 830 n. Chr. schreibt. Damals – so heißt es dort – tauchte ein Mahdi auf, hinter dem sich eine große Zahl von Stämmen aller Nationen, Perser, Araber und Heiden, sammelten, um im Namen Allahs zu plündern. Hier die eindrucksvollste Passage noch einmal: „Ihre Schwerter waren berauscht von Blut, sie hatten kein Mitleid, weder mit jung noch mit alt. Sogar der Kalif Mamun zitterte vor ihnen. Als sie aber in Tur Abdin in die Abtei von Kartmin und in die umliegenden Dörfer eindrangen, stellte sich ihnen Hassan Beg, der Anführer dieses Gebietes, mutig entgegen, besonders als er die Peinigungen sah, die sie den Mönchen zufügten. Er fiel unerwartet über die Kurden her und vertrieb sie. Der Mahdi flüchtet in das Land des Ishak, der den Kopf dieses bösen Mannes abschlug."

Die Ruinenstadt Haskif oder Hassankef, die am Strom Tigris liegt, wird im Aramäischen als Hassno Dikafro bezeichnet. Als die Jesiden diese in den Felsen gehauene Stadt verlassen hatten, fanden die Angehörigen der syrisch-orthodoxen Kirche dort Zuflucht. Diese uralte Festung gewährte ihnen eine Zeit lang Schutz vor den Arabern, Osmanen und einigen machtgierigen kurdischen Großgrundbesitzern.

Obwohl es keine sicheren historischen Beweise dafür gibt, ist es nicht auszuschließen, dass diese Festung nach dem Jesiden Hassan Beg benannt wurde. Bekannt ist, dass zwei Unterstämme des Hauptstammes Schemikan, nämlich die Nasirkan und die Misurkan, in der Region Haskif, genauer: in Dardil, ansässig waren. Von dort stammt auch ein Heiliger der Jesiden, Pir Ali (Piyali). Ende des 17. Jahrhunderts wanderten die beiden Stämme in die Region Tur Abdin und besiedelten das heutige Dorf Bacin (Bajin) bei Midyat in der Provinz Mardin. Dieses Dorf bestand zu Anfang nur aus mehreren Höhlen, die von den Jesiden als Winterquartiere für ihre Viehherden benutzt wurden. Es war im Besitz des kurdischen Stammes Osmanan oder Ozmanan. Um die Schäden, die von den Viehherden der neuen jesidischen Ankömmlinge besonders in den Getreidefeldern der Region zu erwarten waren, in Grenzen zu halten, hat der Emir der Mihalmiyan die Jesiden in Bacin siedeln lassen.

Ein Beispiel für Solidarität

Einige Jahrzehnte später mussten sie die Grausamkeit des Herrschers von Botan erdulden. Dieser wollte die Zwangsislamisierung der Jesiden um jeden Preis durchsetzen. Neben den bewaffneten Übergriffen auf die jesidischen Ortschaften ließ er auch in einigen Dörfern Moscheen bauen und bestimmte für jede Moschee einen muslimischen Vorbeter. Vom Stamm der Schemikan, der von der Zwangsislamisierung am schlimmsten betroffen war, konnten sich die Bewohner von Bacin retten. Ihre Stammesverwandten, die Dalini, und andere mussten zum Islam übertreten. Die berühmteste Schemikan-Familie, die zum Islam übertrat, war die Familie des Stammesfürsten Nuriye Azizke (Ziwer). Trotz der religiösen Unterschiede haben sich Jesiden und Ex-Jesiden gegenseitig in Schutz genommen. Auf diese einzigartige Allianz sind alle in dieser Region heute noch besonders stolz.

Mehrfach versuchten andere muslimisch-kurdische Stämme, mit Waffengewalt gegen den jesidischen Stamm der Schemikan vorzugehen. Nur dank der Solidarität ihrer muslimischen Stammesverwandten und der heimlichen Unterstützung der christlichen Aramäer konnten die Jesiden überleben. Selbst in den sechziger und siebziger Jahren des vorigen Jahrhunderts versuchten einige macht- und habgierige muslimisch-kurdische Großgrundbesitzer der Region, die Jesiden aus dieser Ortschaft zu vertreiben. Alle Versuche waren zum Scheitern verurteilt, denn die Jesiden der Region und sogar aus dem angrenzenden Syrien haben sich mit dem verfolgten Stamm der Schemikan in Bacin solidarisiert. Selbst der legendäre Kurdenführer Mullah Mustafa Barzani musste sich 1969 in den Konflikt zwischen dem Stamm der Schemikan und den Muslimen der Region einschalten, um einen Krieg abzuwenden. Die heutigen muslimischen Intellektuellen dieses Stammes ließen sich von den türkischen Standesämtern mit dem Familiennamen „Schemikanli" registrieren. Sie wollten ihre Verbundenheit zu ihren jesidischen Verwandten zum Ausdruck bringen und ihre uneingeschränkte Solidarität mit ihnen demonstrieren.

Zurück zu der Zeit der frühen Kalifen: Den mündlichen Überlieferungen zufolge war Hassan Beg ein Familienmitglied der Emire von Dassin. Er lebte zur Zeit des legendären jesidischen Emirs Jafar Dassini Hassinmemani. Dieser Emir regierte die Jesiden etwa um 833 n.Chr. während der Ära des abassidischen Kalifen Mutassam Billah. Dass der syrisch-orthodoxe Patriarch Afram Barsaum einen abassidischen Kalifen namens Mamun nannte, der 830 n. Chr. regierte und vor dem Mahdi zitterte, verwundert nicht, weil damals mehrere Kalifen nacheinander in kurzen Zeitabständen die Macht in der islamischen Welt übernommen hatten. Nicht selten baten diese Kalifen ausländische Mächte wie die Osmanen oder die Perser um Hilfe, wenn Gefahr von anderen machtgierigen Nachbarn drohte. Um ihre Macht zu behalten, waren diese Kalifen auf die Hilfe der nicht-arabischen Fremdmächte angewiesen. Das waren die Perser, die Osmanen und ihre Vorläufer, die Seldschuken. Sie werden auch als seldschukische Türken bezeichnet. Ihre Fürstendynastie, dass Reich der Großseldschuken, erstreckte sich in den Jahren von 1040 bis 1194 über Mittelasien, den Iran, Irak, Syrien, Anatolien und Teile der arabischen Halbinsel. Einige Seldschuken-Fürsten beherrschten das gesamte Reich, andere nur Teilgebiete wie Kerman und Syrien (bis zum Anfang des

12. Jahrhunderts) oder Anatolien (Sultanat von Rum bis zum Anfang des 14. Jahrhunderts). Die Seldschuken waren sunnitische Muslime und leiteten mit ihrem Sieg in der Schlacht von Manzikert im Jahr 1071 die türkische Landnahme Anatoliens ein.

Es ist nicht auszuschließen, dass Hassan Beg ein Urahn jenes jesidischen Emirs Hassan Beg war, der viel später, im Jahre 1520 n. Chr., über die Regionen Mosul und Soran geherrscht hat. Die Muslime der beiden Regionen haben dessen Herrschaft über ihre Gebiete nicht akzeptiert. Sie konnten sich nicht damit abfinden, unter einem jesidischen Herrscher zu leben. Sie haben gegen diesen Emir Aufstände organisiert und seine Herrschaft gewaltsam beendet.

Die religiöse Führung der Jesiden hat im Laufe der Geschichte vielfach Würdenträger, also Scheichs, Pire und Emire, in die jesidischen Regionen geschickt, um diese religiös zu betreuen. Scheikh Mend, der Sohn des legendären jesidischen Philosophen Scheich Fakhir Adiyan, wurde in die Region Aleppo in Zentralsyrien geschickt, um dort zu regieren. Sherfedin, der Urahn der Peschimame in der jesidischen Religion, wanderte nach Schingal am Sinjar-Gebirge, um die Jesiden zu betreuen und sie im Kriegsfall zu führen. Pir Ali prägte das religiöse Leben der Jesiden im Tur Abdin vor der Ära von Hassan Beg. Selbst nach der Ära von Scheich Adi gingen der Philosoph Scheich Fakhir Adiyan und der Geistliche Sheikhsinin die Region Damaskus, um ihr jesidisches Volk zu besuchen und zu betreuen. Sie haben solche Besuche in Qawls festgehalten (siehe das Buch in kurdischer Sprache „Scheich Fakhre Adiyan, Filosof u Khasse Ola Eziditiye", Verlag Dengê Êzîdiyan, 2008).

So hat es sich entwickelt, dass in jeder jesidischen Region mehrere Geistliche lebten, um die verschiedenen Stämme der Jesiden zu betreuen. Es ist nicht ganz unwahrscheinlich, dass im Wirrwarr der Kriege in den jesidischen Regionen selbst die Familie des wichtigsten jesidischen Reformers Scheich Adi nach Großsyrien auswanderte und einige Jahrzehnte später in seine ursprüngliche Region Lalisch im heutigen Irak zurückkehrte. So kann es auch im Fall von Emir Hassan Beg Kosa gewesen sein. Dieser Emir regierte die gesamte Region im Tur Abdin. Anscheinend hat er während seiner Ära für Harmonie und ein friedliches Zusammenleben unter den Volksgruppen gesorgt. Er besaß insgesamt 36 Ortschaften samt ihren Landwirtschaftsflächen, die er auf die Jesiden und andere Volksgruppen verteilte. Die christlichen Aramäer waren ohnehin die Ureinwohner dieser Region neben den Jesiden und hatten selbst Dörfer mit riesigen Anbauflächen.

Die uns nach mündlichen Überlieferungen bekannten Dörfer und Ortschaften, die er als Eigentum hatte, waren: Mezre (Mazre), Geliye Soran (Geliyesora), Kunar, Til Hassan, Girefsch, Binardikan, Sirujak, Pir Alikan, Tezkharab, Bahminme, Qalatsche Dassikan (diese hügelige Region hatte mehrere Dörfer und Ortschaften), Bir Gurriya, Efsche (Afsi) und Haskif. Er residierte in der Ortschaft Mezre, die heute noch existiert. Die anderen Dörfer sind weitgehend entleert, von Muslimen eingenommen oder zerstört, nachdem fast alle Jesiden diese Region im Zuge der Fluchtbewegung aus der Türkei ab 1978 nach Europa gezogen sind, weil sie von den Muslimen der Region mit ihren „Dorfschützern" und verstärkt ab 1980 nach dem Militärputsch von den türkischen Behörden und vor allem dem Militär drangsaliert wurden.

Dem Anschein nach kam Hassan Beg nicht allein in diese Region. Denn die Jesiden der Gegend sprechen von einem Bruder von ihm, der im Dorf Pir Alika residiert hatte. Sogar seine Schwester mit dem Namen Dalal lebte mit ihren Brüdern in der Region.

Nach seinem Sieg gegen den muslimischen Eindringling, den der syrisch-orthodoxe Patriarch beschrieb, haben ihn die Seltschuken zum Emir über diese Region gemacht. Denn sie fürchteten, dass er sonst noch mehr Macht gewinnen würde, und das lag nicht im Interesse dieser Herrscher. Ob diese Version, die aus mündlicher Überlieferung stammt, richtig ist, kann ich nicht mit Genauigkeit sagen. Vielleicht wird uns das osmanische Archiv, wenn es eines Tages der Öffentlichkeit zugänglich gemacht wird, wertvolle Informationen darüber liefern und uns Jesiden weiterhelfen, unsere Geschichte in richtiger Form und Abfolge schreiben zu können.

Hassan Beg war ein kluger Herrscher und liebte sein Volk sehr. Christen und Jesiden lebten friedlich neben- und miteinander. Die Viehzucht, der Ackerbau und der Weinanbau blühten während seiner Ära. Die Region blieb bis zur Flucht im vorigen Jahrhundert sehr berühmt, was Viehzucht und Landwirtschaft betrifft. Wann dieser Herrscher starb, ist uns nicht bekannt. Eine mündliche Überlieferung aber erzählt von seinem Tod so:

„Eines Tages, als Hassan Beg im Sterben lag, versammelten sich die Jesiden um ihn. Sie fragten ihn, wo er nach seinem Tod beerdigt werden soll. Vielleicht wollten sie ihn nicht auf einem normalen jesidischen Friedhof bestatten. Er erwiderte mit folgenden Worten: „Nach meinem Tod müsst ihr meinen Leichnam auf mein Pferd legen und ihm freien Lauf geben. Mein Pferd wird irgendwann und irgendwo eine Stelle mit seinem rechten Huf scharren. Es will euch damit ein Zeichen geben, dass dort mein Grab sein wird."

Die Jesiden haben ihm diesen letzten Wunsch erfüllt und ihn so bestattet.

Wie erwähnt, gibt es im Tur Abdin einen jesidischen Friedhof namens Quben Hassan Beg, auf dem mein Onkel väterlicherseits beerdigt wurde, der im arabisch-israelischen Krieg 1948 tödlich verletzt worden war. Seine Frau Naima Juma organisierte mit viel Mut die Überführung. Zwischen früheren Einwohnern der Orte Afsche, Birguriya, Kunar, Geliye Sora und Mezre fand auch Peschimam Ismail Deniz, der in Deutschland lebte, dort seine letzte Ruhe.

Pol Pascha und sein Sohn Shahab

Die kurdischen, arabischen, osmanischen, türkischen und zum Teil auch die europäischen Nahost-Historiker, Orientalisten, Religionswissenschaftler und Erzähler haben die Geschichte der Jesiden stets vernachlässigt – mit Ausnahme des unvergessenen Professors Gernot Wießner. Wenn sie irgendwo in ihren Büchern oder Memoiren die Jesiden erwähnten, waren die meisten ihrer Notizen oder Beschreibungen lückenhaft, wahrheitsfremd und von religiösen Vorurteilen geprägt. Die Jesiden haben zwar keine Geschichtsschreibung betrieben, aber in ihren Überlieferungen auch nicht-jesidische Herrscher, die dieses Volk in Schutz genommen haben, stets in ihren Gebeten, heiligen Büchern und mündlichen Überlieferungen erwähnt und gelobt. Die besten Beispiele dafür sind:

Der legendäre neubabylonische König Nebukadnezar II., der Jerusalem in den Jahren 586-538 vor Chr. erobert hat, wurde namentlich in den heiligen Büchern der Jesiden erwähnt und hochgelobt, obwohl er kein Jeside war oder zumindest nicht dem jesidischen Volk angehörte.

Der umayyadische Herrscher in Großsyrien, Yazid Ibn Ma`awiya, wurde in den Qawls, also den mündlich überlieferten Psalmen, Gebeten und Lobhymnen der Jesiden, als ein guter Herrscher erwähnt, weil er die Jesiden aufgrund ihres alten Glaubens nicht verfolgt hat. Ma`awiya lebte um das Jahr 637 n. Chr. In diesem Jahr übernahm sein Vater Muawiya die Macht in Bilad Al-Scham/ Großsyrien und gründete die umayyadische Dynastie.

Zor Temir Pascha Milli aus der Region Urfa, ein muslimisch-kurdischer Stammesfürst, der in den Jahren 1790/1793 über mehrere kurdische Stämme herrschte, darunter auch jesidische, wird heute noch bei den Jesiden als gemeinsamer Kurdenführer hochgeschätzt. Hajo Aga (Axa), der Gründer der Haverkan-Allianz im Tur Abdin um 1912 bis 1927, hat die Jesiden in Schutz genommen und mit ihnen gemeinsam gegen die Osmanen gekämpft. Auch er ist in guter Erinnerung

Ich bin der Ansicht, dass die meisten vernichtenden Kriege gegen das jesidische Volk auf die falschen Interpretationen des jesidischen Glaubens durch einige Historiker und Religionswissenschaftler und muslimische Theologen zurückzuführen sind. Sie haben die Jesiden als Sonnen- und Feueranbeter, als Bösenanbeter, Atheisten oder Gottesleugner und als „Unreine" dargestellt, und so wurden die Jesiden Opfer der muslimischen Führer, denen es – wie nicht selten in der Geschichte der Menschheit – meist gelang, die Massen zu fanatischem Hass anzustacheln.

Die für das Begriffsvermögen radikaler Muslime – zum Glück sind nicht alle Muslime fanatisch und radikal – sehr komplizierte jesidische Theologie führte zu großen Missverständnissen zwischen den Jesiden und Muslimen. Ich nenne hier ein Beispiel in der Hoffnung, dass es diesmal nicht wieder missverstanden wird:

In einem jesidischen Qawl heißt es unter anderem:

„Lange bevor Adam und Eva von Gott geschaffen wurden, lange bevor die Menschheit angefangen hat, mit einem Stift auf Lehmtafeln zu schreiben und lange bevor die heiligen Schriften der Religionen erschienen sind, war der jesidische Glaube vorhanden. …"

Im ersten Augenblick erscheint der Satz nicht nur unlogisch, sondern vor allem mit den Aussagen der Buchreligionen völlig unvereinbar. Doch dieser Psalm der Jesiden hat eine völlig andere Bedeutung und wird von den Jesiden auch anders interpretiert. Er meint, dass Tawisî-Melek, der erste Engel, der von Gott aus dem eigenen Licht geschaffen wurde, schon existierte, lange bevor Adam und Eva von Gott geschaffen wurde und lange bevor die Propheten der Buchreligionen erschienen sind. Da die Jesiden und nur die Jesiden Tawisî-Melek als Zentrum ihres Glaubens haben, sagen sie, dass ihr Glauben viel älter ist als die anderen Religionen und der Glaube an Adam und Eva. Denn er bezieht sich auf Tawisî-Melek, und dieser wurde als erster Engel von Gott geschaffen. Ein wesentlicher Glaubensinhalt war also schon sehr früh vorhanden.

Solche Aussagen und bestimmte Grundzüge dieser alten, aus vorchristlicher Zeit stammenden Religion wurden von einigen muslimischen Theologen und Gelehrten absichtlich falsch interpretiert, um die gnadenlose Verfolgung der Jesiden zu rechtfertigen. Selbst kurdische Herrscher wie der Emir von Botan, Badirkhan Beg und seine Vorfahren, und der Emir von Soran, Mir Mohammed Rwandouzi, haben die Jesiden als Heiden und Sonnenanbeter bezeichnet, die man mit Gewalt zum Islam bekehren oder umbringen müsse.

Die Jesiden erzählen zwar, dass die islamischen Herrscher 72 Kriege, besser gesagt, Pogrome, gegen sie geführt haben, um sie zum Islam zu zwingen. Tatsächlich haben allein die Osmanen etwa 72 Glaubenskriege gegen sie geführt. Araber, Perser, Assyrer – nicht die Babylonier – und selbst die Zarathustrier (Sassaniden) und schließlich die muslimischen Kurden haben ebenfalls vernichtende Kriege gegen das jesidische Volk geführt. Daher wäre es angemessen, wenn sich die heutigen Kurdenführer im Namen aller Kurden bei den Jesiden für die Untaten ihrer Vorväter entschuldigen würden.

Zwischen den Osmanen und den Herrschern von Botan

Die Geschichte um Pol Pascha, seinen Sohn Shahab und deren Auseinandersetzung mit den Herrschern von Botan ist deshalb von Bedeutung, weil die beiden Helden eine Wende in den Beziehungen der Kurden herbeigeführt haben. Vielleicht war es sogar das erste Mal, dass sich Kurden unabhängig von ihrer Religion annäherten und versuchten, einen gemeinsamen Pakt gegen die Osmanen zu gründen. Das Erfreuliche daran war, dass diese Verständigung ohne Massaker und nahezu ohne Blutvergießen zustande kam.

Die Herrscher von Botan behandelten die Jesiden unterschiedlich, meist jedoch nicht gerade rücksichtsvoll. Auch die Christen mussten zeitweise um ihr Leben fürchten. Den mündlichen Überlieferungen zufolge hat einer der Emire von Botan den Bischof von Tur Abdin eines Tages zu sich gerufen. In seiner Audienz zwang er den christlichen Bischof, ein Lied zu erfinden und vorzutragen, ohne eine weibliche Person im Lied zu erwähnen oder von der Liebe zweier Personen zu sprechen. Anderenfalls würde er ihn enthaupten – was der Bischof vermeiden konnte.

Dass der Emir von Botan die Jesiden während der Ära Shahab Pol Pascha in Ruhe gelassen hat, verdanken sie dem klugen Verhalten des jesidischen Stammesfürsten. In den letzten Jahren ihrer Herrschaft stand allerdings für die Kurden die nationale Frage im osmanischen Reich im Vordergrund. Sie versuchten sogar, die anderen Stammesfürsten dazu zu bewegen, sich gegen die Osmanen zu erheben und vereint gegen sie aufzutreten. Der Emir von Botan forderte sogar die restlichen Stammesfürsten auf, aus den paramilitärischen Hamidiya-Einheiten der Osmanen auszutreten.

Die Herrscher der Region Botan – heute als Cezîra Botan, die Insel des Stammes Botan, bezeichnet – sollen dort seit der Eroberung der Region durch die islamischen Armeen die Macht übernommen haben. Die Araber jedenfalls behaupten, dass diese Emire keineswegs Kurden seien, sondern die Nachfahren des muslimischen Feldherren Khalid Ibn Al-Walid, der im 6. und 7. Jahrhundert die Region mit Waffengewalt erobert und die Kurden zum Islam bekehrt habe. Zumindest die kurdischen Historiker und Orientalisten widersprechen dieser These. Sie gehen davon aus, dass die Dynastie der Emire von Botan erst mehrere Jahrhunderte später entstanden ist, dass alle Vorfahren dieser Familie kurdisch sprachen und dass es keinerlei Anzeichen von Stammesverwandtschaft mit den Arabern gab.

Wie dem auch sei – die Geschichte der Pol-Pascha-Familie hat sich in der Ära eines der Botan-Herrscher abgespielt.

Einige Jahrhunderte nach den islamischen Eroberungen in der Region Botan im 6. und 7. Jahrhundert wurde Abdulaziz Ibn Suleyman zum Emir der Region erhoben. Seitdem regierte dessen Familie mit zwei kurzen Unterbrechungen diese Region. Ihr Stamm wurde nach dem ersten Emir Abdulaziz „Aziziyan“ genannt. Den mündlichen Überlieferungen der Kurden zufolge regierten die Emire aus dieser Familie mehrere Jahrhunderte. Die arabisch-islamischen Eroberer, die im Jahr 636 n. Chr. unter der Führung Khalid Ibn Al-Walid die Region eroberten, nannten sie „Jazirat Omar“. Vielleicht geschah dies zu Ehren des zweiten rechtsgelehrten Kalifen des Islams, Omar Ibn Khatab.

Die Familie hat Botan offenbar über Jahrhunderte regiert. Im Buch „Autobiyografiya Ebdurrezaq Bedirxan“, das von dem jesidischen Professor Dr. Jalil Jalil 1999 in Wien aus dem Russischen ins Kurdische übersetzt wurde, findet man auf der Seite 11 folgende Angabe:

„Im Frühjahr 1847 hat der osmanische Feldherr Osman Pascha den kurdischen Emir von Botan, Badirkhan Beg, mit 1500 Soldaten angegriffen. Der Krieg dauerte etwa ein Jahr. Danach wurde Badirkhan Beg nach Konstantinopel (Istanbul) abgeführt. Von dort wurde er nach Kreta ins Exil geschickt.“

Vermutlich in dieser Zeit trug sich eine Geschichte mit der Hauptfigur Pol Pascha zu, die von Nachfahren mündlich überliefert wurde. Sie wird etwa so erzählt:

„Es war die Zeit des ausgehenden Frühlings, als unser Urahn Pol Pascha heiraten wollte. Am Tag der Hochzeit bei den Kurden wird der Bräutigam, so sieht es die kurdische Tradition vor, als ein Pascha oder Prinz angesehen. Er hat alle Freiheiten, eine beliebige reiche Person mit einer Geldstrafe zu belegen. Meistens wurden die Führer von zufällig vorbeiziehenden Karawanen, Händler oder reiche Großgrundbesitzer ausgesucht. Am Tag seiner Hochzeit kamen viele Soldaten mit ihren Offizieren vorbei. Sie waren auf dem Weg in den Osten. Anscheinend waren sie mehrere Tage unterwegs. Deshalb mussten sie in der Nähe unseres Ortes Bahnimin ihr Zeltlager aufschlagen. Der Bräutigam hatte die Idee, den Oberbefehlshaber der Truppen als zu strafende Person ins Visier zu nehmen, und ging mit seinen begeisterten Begleitern in das Lager der Osmanen. Er wollte das Hauptzelt des Oberbefehlshabers erreichen, was die Soldaten zunächst verhinderten. Als der Oberbefehlshaber von der Geschichte und von diesem uralten kurdischen Brauch hörte, befahl er seine Wachen, den Bräutigam und seinen Begleitern zu erlauben, zu ihm zu kommen. Er belohnte den Bräutigam mit mehreren Goldmünzen.

Die Kehrseite dieser Tradition besteht darin, dass diejenige Person, die vom Bräutigam bestraft wurde, dem Bräutigam auch die Erlaubnis erteilen muss, die Hochzeitsnacht mit der Braut zu begehen. Die beeindruckten Jesiden kehrten in ihr Dorf zurück und dachten, dass sie erst gegen Abend zum Befehlshaber gehen könnten, um ihn auf sein traditionelles Recht aufmerksam zu machen. Die Truppen waren aber weg. Nach etwa einem Jahr kehrte der osmanische Befehlshaber mit seinen Truppen zurück und wollten unbedingt seinen damaligen Schützling näher kennenlernen. Als Polo, so wurde der Stammesfürst auch genannt, im Lager der Osmanen ankam, wurde er von dem Befehlshaber herzlich empfangen und gefragt, ob er mit seinem Leben nach der Heirat zufrieden sei. Polo erwiderte, dass die Heirat noch nicht stattgefunden habe. Denn nur er – der Offizier – sei der Tradition zufolge befugt, ihm – dem Bräutigam – die Erlaubnis zu erteilen, die Hochzeitsnacht mit seiner Braut zu verbringen. Da aber die Truppen und der Oberbefehlshaber nicht mehr erreichbar waren, warte er, der Bräutigam, immer noch auf diese Erlaubnis. Alles andere wäre ein Bruch mit dieser sehr alten Tradition und zugleich eine Beleidigung der bestraften Person. Der Offizier umarmte den Jesiden und sagte ihm, dass er für seine Treue eine hohe Auszeichnung verdiene. Einige Monate später kamen osmanische Soldaten in Begleitung von Offizieren von niedrigerem Rang ins Dorf und fragten nach Polo. Sie erzählten dem Stammesfürsten, dass sie im Auftrag ihres Oberbefehlshabers gekommen sind, um ihn als Pascha auszuzeichnen. Und so wurde aus unserem Vorfahren Polo der Pol Pascha."

Zu den osmanischen Strafexpeditionen gegen die Emire von Botan berichtet Prof. Dr. Jalil Jalil auf den Seiten 13 und 14 seines Buches:

„Während der Ära des osmanischen Herrschers Sultan Salim I., der auch Yavuz genannt wurde und der erste osmanische Sultan war, der sich als Kalif des Islams bezeichnen ließ, konnten die osmanischen Truppen Ägypten und Mekka erobern. Der sunnitische Emir von Botan Scharif, der sich zur selben Zeit mit den persischen Safawiden (Ismail Al-Safawi) im Krieg befand, ergriff Partei zu Gunsten der Osmanen und unterwarf sich der Herrschaft des Sultans Salim I. Und so konnten sie gemeinsam die Perser aus Kurdistan vertreiben. Erst sein Nachfahre Badirkhan lehnte die Vorherrschaft der Osmanen ab und wollte seinen Machtbereich ausweiten. Die Osmanen schickten deshalb mehrfach ihre Truppen in die Region, um die Rebellion zu beenden."

Auch der Historiker Mohammad Amin Zaki bestätigt auf den Seiten 236 bis 244 seines Buches „Die Geschichte der Kurden und ihrer Heimat Kurdistan", erschienen im Jahre 1936 im Libanon, die Kämpfe zwischen dem Emir und den Osmanen:

„Im Jahre 1812 übernahm der damals 18-jährige Badirkhan Pascha die Macht in Botan. Er bemühte sich, seine und andere kurdische Regionen von den Osmanen zu säubern und strebte damit die Unabhängigkeit vom Osmanischen Reich an. Er fand Unterstützung bei allen Stammesfürsten der Kurden und den islamischen Gelehrten dort. Unerwartet weigerten sich die Christen in der Region Botan, Steuern an den Emir zu zahlen. Der Emir schickte Zehntausende Kämpfer in die christlichen Dörfer, um deren Rebellion zu beenden. Kurdische und auch einige europäische Historiker behaupten, dass die Osmanen selbst die Christen gegen den Emir angestachelt haben, um einen Vorwand zu finden, seine für sie gefährlich gewordene Macht zu brechen.

Zunächst versuchten die Osmanen vergeblich, durch die Entsendung von Vermittlern den Emir davon abzuhalten, die Kurden zu vereinen. Dann intervenierten die Europäer und baten die Osmanen, die Verfolgung der Christen durch den kurdischen Emir von Botan zu beenden. Der Bitte kamen die Osmanen sehr gern nach, weil der Emir ohnehin für sie eine große Gefahr darstellte. Zunächst wollte Hafiz Pascha, der Berater des osmanischen Sultans für Ostanatolien, durch die Entsendung eines Sonderbotschafters den Emir von Botan davon überzeugen, nach Istanbul zu kommen. Doch die Mission scheiterte, denn der Emir lehnte die Einladung strikt ab. Dann haben die Osmanen damit angefangen, Strafexpeditionen gegen den Emir durchzuführen. Zunächst konnte er diese Angriffe abwehren. Im Jahre 1842 wurden sogar Münzen zu seinen Ehren geprägt. Er konnte seinen Machtbereich auf die Regionen Wan, Sablakh, Rawandouz, Mosul, Sinjar, Sarad, Weranschar (Viransehir), Sewerek und Diyarbakir ausweiten. Dann schickten die Osmanen größere Truppen unter der Führung von Osman Pascha in die Region. Ein Verwandter des Badirkhan, der Emir Izeddin, hat die Osmanen im Kampf gegen seinen Verwandten unterstützt. Und so wurde der Emir besiegt und seine Macht beendet. Er und seine Familie wurden gefangen genommen und nach Istanbul geschickt."

Es könnte sich bei den Truppen, die in der Gegend des Dorfes Bahnimin kampiert haben, um Einheiten der osmanischen Armee handeln, die sich auf dem Weg in die Region Botan/Jazira befanden und deren Ziel jeweils die Strafexpedition waren.

Bei dem damaligen Herrscher von Botan kann es sich nur um Badirkhan Pascha gehandelt haben. Denn alle seinen Vorfahren haben die Vorherrschaft der Osmanen akzeptiert, solange sie wiederum von ihnen als Emire geduldet wurden. Nach dem Scheitern der ersten Strafexpeditionen der Osmanen versuchte der Emir Badirkhan, seinen Machtbereich auf die benachbarten Regionen wie

Diyarbakir auszuweiten. Dabei ging er gegen alle kurdischen Stämme und vor allem gegen nichtmuslimische Minderheiten wie Christen und Jesiden vor, die sich ihm nicht unterworfen hatten.

Wenn man den Stammbaum des Sohnes von Pol Pascha – Shahab – betrachtet, stellt man fest, dass sich die Ereignisse um diesen Jesiden ebenfalls im 19. Jahrhundert abgespielt haben.

Die Namensreihe im Stammbaum, angefangen mit dem jüngsten Mitglied: Hassan – Mouro – Hissen – Houti – Mouro – Homo – Shahab – Shahab – Polo – Houti. Meines Erachtens könnte diese Generationsabfolge insgesamt etwa 170 Jahre zurückliegen.

Für die Verfolgungsgeschichte der Jesiden sind die Heldentaten des Sohnes von Pol Pascha, Shahab, von großer Bedeutung.

Bevor ich über die Geschichte dieses Helden schreibe, möchte ich erwähnen, dass er dem Stamm der Kalikan angehörte. Es ergibt sich aus den Dokumenten der Aramäer, dass ein Teil der Jesiden bereits im 14. Jahrhundert aus der Region Sarhad vertrieben wurde und nach Tur Abdin einwanderte. Bis zur Flucht nach Westeuropa lebten dort die Stämme der Schamikan (Schemikan), Kalikan, Dassikan Schifqetiyan, Nemirdaniyan und Zeyniyan.

Den aramäischen Aufzeichnungen zufolge waren die Orte Kefnas, Bahnimin und Afsche, die ehemals von christlichen Aramäern besiedelt waren, menschenleer, als dort vertriebene Jesiden eintrafen. Denn in der Region hatte zuvor eine Pestepidemie gewütet, der Tausende Menschen zum Opfer fielen. Die jesidischen Neuankömmlinge, die vor den Muslimen geflüchtet waren, wurden von ihren christlichen Freunden in diesen Dörfern angesiedelt. Offenbar waren die Pesterreger nicht mehr aktiv. Auch der verstorbene Religionswissenschaftler Prof. G. Wießner hat diese Ereignisse in dem 1984 erschienenen Buch „Ein Volk auf dem Weg in den Untergang“ (herausgegeben von der Gesellschaft für bedrohte Völker, nur antiquarisch erhältlich) erwähnt, allerdings ohne das Jahr zu nennen.

Der Stamm der Kalikan besteht aus den Unterstämmen Bahniminyan, Afschiyan, Kiwakhiyan und Mihokiyan. Die ersten drei Stämme wurden nach den Orten Bahnimin, Afsche und Kivakh (Kivah, Kivag, Kiwex) benannt. Selbst der Emir Scharafkhan Bitlissi hat in seinem Buch „Scharafname“ über diesen alten jesidischen Stamm geschrieben.

Nach dem Tod von Pol Pascha übernahm sein Sohn Shahab die Stammesführung der Kalikan. Er schickte aus ungeklärten Gründen seine Verwandten in die umliegenden Dörfer der Region Tur Abdin. Sein Neffe Miho wurde in die Festung von Elin entsandt, Hassan Hassanik ging ins Dorf Kiwakh, Gharibo nach Geliye Soran und nur Sahde blieb bei ihm in Bahminim. Die Familie Mescho, die bis auf einen Sohn und einige Frauen alle ihre Angehörigen in den Massakern der Muslime verloren hatten, kam ebenfalls zu ihrem Onkel Shahab. Die Familie von Mousse Teher aus der Ortschaft Soussane hatte ihre Region an der Grenze zum Iran verlassen und wollte zunächst

Zuflucht bei dem Emir von Botan finden. Der schickte die Familie zu seinem Verbündeten Shahab Pol Pascha. Die Familie schloss sich dem Stamm der Kalikan an. Anscheinend herrschte bereits Frieden zwischen dem Emir von Botan und dem jesidischen Stammesfürsten Shahab.

Der Dolch im Kissen des Feindes brachte Frieden

Dass es diesen Frieden überhaupt gab, ist das Verdienst des Shahab Pol Pascha, der damit zu Ruhm und Ehre kam und von allen Bevölkerungsgruppen im Tur Abdin respektiert wurde.

Der Emir von Botan wollte nach seinen ersten Siegen über die osmanischen Truppen seinen Machtbereich erweitern, und dafür mobilisierte er Tausende kurdische Kämpfer. Mit diesen Truppen kam er in die Nähe der jesidischen Dörfer. Um seine Kämpfer bei Kräften zu halten und ihren Kampfeswillen zu stärken, ließ er zunächst die Truppen pausieren und in der Umgebung die Zelte aufschlagen.

Offensichtlich stand der Emir von Botan unter dem Einfluss der islamischen Geistlichen. Um seine Macht zu festigen, war er auf die Unterstützung dieser Geistlichen angewiesen. Denn nur sie konnten die Massen mobilisieren und fanatisieren. Wir haben zwar keine handfesten historischen Beweise dafür, dass die Geistlichen den Emir ermuntert haben, die Jesiden unter Druck zu setzen, damit sie den Islam annehmen. Die Jesiden hatten allerdings bereits schlechte Erfahrungen mit seinen Vorfahren gemacht, die in jedem jesidischen Dorf der Gegend eine Moschee bauen ließen. Sie erzielten damit auch Teilerfolge. Der größte Teil des Stammes Schamikan war unter dem Zwang dieser Emire zum Islam übergegangen, ebenso die Dalini bei Midyat.

Shahab wusste genau, dass das Leben der Jesiden in Tur Abdin von seinen Entscheidungen abhing. Um das Schlimmste zu verhindern, musste er schnell handeln. Andernfalls würden alle Jesiden, die sich dem Emir und seinem islamischen Glauben nicht unterwerfen, den sicheren Tod finden. Es gab kein Zurück mehr. Er versammelte die Stammesangehörigen um sich und beriet mit ihnen die Situation. Er soll sinngemäß folgendes gesagt haben:

„Die Jesiden haben nicht die geringste Chance, die gut gerüsteten Kämpfer des Emirs (Jinde Mir, Cindê Mîr) zu besiegen. Der Emir ist gekommen, um uns zum Islam zu zwingen. Jeder, der sich ihm in den Weg stellt, wird gnadenlos abgeschlachtet. Also müssen wir einen anderen, klügeren Weg gehen. Ich habe einen Plan. Diesen Plan werde ich allein ausführen. Ich werde niemandem von euch erzählen, was ich in dieser Nacht vorhabe. Wenn ich mit meinem Plan Erfolg habe, seid ihr gerettet und könnt leben, wie ihr wollt. Scheitert mein Plan, dann werden mich die Kämpfer des Emirs töten. Was danach passieren wird, ist ungewiss."

In der Nacht schlich er sich in das Lager der Kämpfer. Irgendwie schaffte er es, bis in das Zelt des Emirs vorzudringen, ohne von den Wachen entdeckt zu werden. Er schnitt das Zelt auf und sah, dass der Emir eine tiefe Schlafphase hatte. Er hätte den Emir töten und anschließend unbemerkt flüchten können, tat es aber nicht. Stattdessen legte er seinen Tabakbeutel unter das Kissen des schlafenden Emirs und steckte dessen Beutel in seine Tasche. Dann steckte er seinen Dolch in das Kissen des Emirs und nahm dessen Dolch an sich. Er konnte das Lager unbemerkt verlassen.

Bei Tagesanbruch schlugen die Kriegstrommeln, der Emir wachte in der Vorstellung auf, er werde mit seinen Kämpfern die nächsten Ortschaften einnehmen. Doch merkte er, dass etwas in seinem Zelt nicht stimmte. Er schrie die Wachen an: Ob sie denn nicht bemerkt hätten, dass sich ungebetene Gäste in seinem Zelt aufgehalten haben. Nach Überprüfung der Einzelheiten kamen sie zu dem Schluss, dass hinter dieser raffinierten Aktion ein besonders schlauer Kopf stecken musste. Der Emir rief seine Berater zusammen, um zu klären, wer dazu fähig sein könnte. Einer seiner Berater hatte schon die Bekanntschaft des Stammesfürsten Shahab Pol Pascha gemacht. Er sagte seinem Emir, dass Shahab der einzige sei, der solche riskanten Aktionen heil und unversehrt überstehen könne. Der Emir stoppte daraufhin alle Militäraktionen und entsandte einen Vermittler zu Shahab Pol Pascha mit der Bitte, zu ihm zu kommen.

Beim ersten Mal lehnte der jesidische Stammesfürst das Angebot des muslimisch-kurdischen Emirs ab. Er sagte dem Kurier, dass er nur unter der Bedingung der Bitte nachkommen werde, dass der Emir ihm freies Geleit garantiert, wenn er nach den Gesprächen zu seinem Stamm zurückkehren will. Der Emir gab sein Wort, und so ging Shahab Pol Pascha in Begleitung seines Neffen tatsächlich zu ihm. Nach dem üblichen kurdischen Empfang fragte der Emir den Gast, weshalb der die Gelegenheit nicht genutzt habe, ihn im Schlaf zu töten. Shahab Pol Pascha erwiderte diplomatisch, dass er die Möglichkeit wohl gehabt habe, doch wenn er es getan hätte, dann wäre es durchaus zu erwarten gewesen, dass die muslimischen Soldaten voller Hass gegen die Jesiden vorgegangen wären. Er sagte weiter: „Nun liegt das Schicksal dieser unschuldigen Menschen in deinen Händen, mein Emir. Du kannst mich und mein Volk als Verbündete gegen die Osmanen gewinnen oder uns als Gegner betrachten und gegen uns in den Krieg ziehen. Wählst du die zweite Variante, so werden wir uns mit aller Härte zur Wehr setzen."

Der Emir schaute den Jesiden an und sagte: „Shahab! Du bist schon jetzt ein Volksheld und ich brauche für unsere Ziele Helden wie dich. Ab heute sind wir Brüder, und wir werden gemeinsam gegen alle vorgehen, die die Osmanen unterstützen."

Er fragte seinen neuen Verbündeten, wem es in der Gegend zuzutrauen wäre, den Vormarsch in die anderen Regionen zu stoppen. Shahab Pol Pascha zeigte dem Emir eine Festung, die in ihrer Sichtweite lag, und sagte dem Emir: „Siehst Du die Festung dort? In dieser Burg lebt ein ganz schlechter Mensch. Wenn Du ihn besiegst und die Festung einnimmst, dann hast Du die ganze Region unter deiner Herrschaft." Der Emir befahl einer kleinen Truppe von Kämpfern, gegen den Mann in der Festung vorzugehen. Der jedoch konnte nicht nur den Angriff abwehren, sondern auch mehr als zehn Kämpfer töten oder verletzen. Der Emir fragte daraufhin den Jesiden, ob er etwas gegen diesen bösen Mann unternehmen könne. Der Stammesfürst erwiderte: „Ja, mein Emir. Der böse Mann ist mein Neffe." „Und warum hast du das nicht von Anfang an gesagt, sondern erst,

Jesidische und armenische Widerstandskämpfer unter dem Befehl von Jangir Aga. Die Spur des legendären Jangir Aga führt uns in die Zeit zwischen dem 19. und dem 20. Jahrhundert und in die Region Sarhad. In dieser Zeit gab es militärische Einheiten der Jesiden, die mit Verbündeten oder für sich allein kämpften, und das auch erfolgreich. Doch wesentlich für das Überleben war auch damals diplomatisches Geschick und die Fähigkeit, Kontrahenten und auch gute Freunde richtig einschätzen zu können. Jangir Aga, Stammesfürst des jesidischen Stammes Zuquriyan, verfügte über solche Fähigkeiten. Er hat in der Geschichte dieser Jesiden der Region Sarhad eine große Rolle gespielt.

nachdem er mehrere Kämpfer getötet hat?" „Ich wollte seinen Mut erproben und feststellen, ob er nach meinem Tod in der Lage sein würde, den Stamm zu führen. Nun kann ich mich auf ihn voll und ganz verlassen. Er ist wahrhaftig ein Held."

Trotz der Verluste seiner Truppen bei dem Versuch, die Burg zu erobern, hat der Emir sein Wort gehalten und die Jesiden verschont. Aus Feinden wurden Freunde.

Jangir Aga, ein Kämpfer und Diplomat

Von Pir Dima

Die Angehörigen des Zuquriyan-Stammes waren als tapfere Krieger bekannt. Ihr Siedlungsgebiet lag östlich des Wansees und bildete die Grenze zwischen dem Iran und dem Osmanischen Reich. In der Nachbarschaft, den Provinzen Bergiri, Avaresch und in der Region Wan lebten muslimische Stämme. Sieben Stammesnamen sind hier bekannt: die Schewi, Liyi, Schamsiki, Takori, Muquri, Milli und Haydari. Diese sunnitischen Muslime hatten die Jesiden sicher nicht ins Herz geschlossen. Dennoch haben sie in bestimmten Konflikten Hilfe geleistet. Solche Schulterschlüsse sind nicht selten in der Geschichte des gegenseitigen Verhältnisses.

Ein türkischer Beamter namens Mehmed Khurschid notierte Einzelheiten aus der Region Wan. Demnach „lebt der Stamm der Haydarli in Arjische (Ed-el-Cewaze), der Stamm der Schawili in den Dörfern von Wan, die Stämme Lidli und Miliyani leben in Bargiri. Der Stamm der Schikaki lebt in Abekhe. Die jesidischen Stämme sind in den öden Landstrichen der Region Qara-Suye beheimatet." Die Jesiden, die später aus der Region Wan flüchten mussten, haben die folgenden Dorf-Namen überliefert: Tschubukhli, Hajeli, Derjamada Jorin, Derjamada Jerin, Kanisark,

Tschirakh, Yarimqa, Qalajukh, Schamssadin, Walijan, Mutsch, Ute, Anzav, Simtatosch, Kurzot, Pischikkumbat, Hajiqijlakh, Beschbarmak und Schivakar. Zwischen diesen Dörfern lag die Gebirgskette Pir Raschid, die von den Jesiden als eine heilige Stätte angesehen wurde. Es gab auch Dörfer, in denen Jesiden und Muslime zusammenlebten. Die Namen Pschikkumbat, Schivakar, Kurzot, Simtatosch und Anzav sind überliefert. Alle liegen nordwestlich vom Wansee und standen unter der Herrschaft der Fürsten des Stammes Schawi.

Mele Mehmûd Bayazîdî, ein Schriftsteller aus der Region Bayezid in der heutigen Türkei, bezeichnete viele kurdische Stämme um den Wansee mit dem Sammelbegriff Schikakan. Es kann daher vermutet werden, dass vor der Islamisierungswelle durch die Osmanen ein Teil der Stämme von Schikakan Jesiden waren.

Jesiden-Dörfer in Russlands Archiven – ein Exkurs

Neben der mündlichen Überlieferung der Jesiden gibt es Quellen, die man eher nicht erwartet hätte: Aufzeichnungen russischer Beamter über die Siedlungsgebiete. Der russische Konsul in der Region Wan Mayevski lieferte in einem Buch, das im Jahre 1904 in Tiflis veröffentlicht wurde, wertvolle Informationen über die jesidischen Dörfer. Am Ende seines Buches, das er den Jesiden zum Geschenk gemacht hatte, finden sich Listen mit den Namen dieser Dörfer – eine wichtige Quelle für unsere Forschung. In den Listen des Diplomaten wird die geographische Lage der jesidischen Dörfer so beschrieben: „Das Dorf Schivakar lag in Timar, die Dörfer Schamssadin, Yarimqaya und Qelejukhe lagen in Artschake, die Dörfer Anzav, Ute, Beschbarmak, Kurzot, Guzek, Ketschik und Pischikkumbat lagen in Bergiri und die Dörfer Tschubukhli, Welijan, Saydi-Beg, Tschirakh, Hajali, Derjamada Jori und Derjamada Jeri lagen in der Region Ava Resch (Mahmoud Saraye)."

Die Dörfer waren vergleichsweise winzig:

Dörfer und Ortschaften der Region Wansee	Gesamtzahl der Anwohner	Armenier	Muslimische Kurden	Jesiden
Region Tamire				
Schivekar	56	4	34	18
Region Artschake				
Schamssadin	47	-	-	47
Yarim-Qaya	35	-	-	35

Dörfer und Ortschaften der Region Wansee	Gesamtzahl der Anwohner	Armenier	Muslimische Kurden	Jesiden
Qalajukh	38	-	-	38
Region Bergiri				
Anzav	45	2	35	8
Ute	28	-	-	28
Beschbarmak	35	-	32	3
Kurzot	106	94	7	5
Guzak	25	15	8	2
Ketschik	41	9	26	6
Pischikkumbat	43		9	34
Bazid-Axa	42	6	32	4
Region Erjische				
Arbizonk	27	7	20	8
Mehmoudi Saray				
Tschubukhli	90			90
Walijan	72			72
Sayid-Beg	54		26	28
Tschirakh	11		6	5
Hajali	42			42
Derjameda Jorin	8		8	?
Derjemada Jerin	38			38
Kanisarik (Yezidi)	5		5	?

Weitere wertvolle Informationen über die Dörfer der Jesiden in dieser Region lagern in den Archiven des russischen Geheimdienstes. Nach 1912 haben die Jesiden viele ihrer Dörfer in der Region Bergiri verlassen müssen.

In einem Archivdokument ist folgendes vermerkt: „Entsprechend den früheren Informationen lagen die jesidischen Dörfer in den Regionen Artschak und Timar. Vor etwa 15 Jahren lebten in der

Gegend von Saraye ca. 275 jesidische Familien. Heute leben dort mehr als 400 Familien. 60 bis 80 jesidische Familien lebten in den Dörfern Pischkkumat, Ute und Anzavae." Am Ende dieses Dokuments werden Listen mit Namen von jesidischen Dörfern aufgestellt. Diese Listen sind nach jesidischen Angaben unvollständig.

In früheren Jahrhunderten waren die Angehörigen der alten Aga-Familie Simoye Tschato (Ismail Aga) die Stammesfürsten der Region Wan. Diese Familie gehörte dem Stamm der Raschan an. Die Situation des Stammes verschlechterte sich während der Ära von Simoye Tschato sehr. Die Führung des Stammes übernahm im 18. Jahrhundert der reiche Jeside Khato. Er war der Vater von Jangir Aga und gehörte zum Stamm Mandikan.

Im russischen Archivdokument von 1912 heißt es: „Die Jesiden in der Region Wan, die man hochschätzen muss, sind die Angehörigen der Jimschid-Aga-Familie im Dorf Yarimqaya. Diese sind stolz auf ihre adlige Herkunft und ihren Stamm, und man kann sie als Stammesfürsten der Jesiden in der Region Wan ansehen..." Das lässt den Schluss zu, dass die Familie von Simoye Tschato nach 1912 praktisch keine Macht mehr hatte. Jangir Aga, der Sohn von Khato Aga, übernahm die Führung der Jesiden in der Region Wan. In dem oben erwähnten Archivdokument wird Jangir Aga allerdings nicht erwähnt. Vielleicht lag es daran, dass die Familie des Jimschid Aga noch großes Ansehen bei den Jesiden genoss.

Religionskampf mit Lügen und Gift

Die folgende Geschichte zeigt, dass muslimische Regenten und Statthalter auf vielfältige Weise versuchten, die Jesiden zum Abfall von ihrem Glauben zu bringen, und dabei keine Tricks, aber auch Mord nicht scheuten: Der Gouverneur der Region Wan, Firiq Pascha, schickte 1912 dem Stammesfürsten der Jesiden, Khato Aga, und seinem Bruder Qubet ein Schreiben, in dem er um ein Treffen bat. Der Brief wurde dem jesidischen Fürsten von dem muslimischen Stammesfürsten Derbas Khan überbracht. Es kam zu dem Treffen, und zur Überraschung der Jesiden behaupteten die muslimischen Teilnehmer, das Oberhaupt der Jesiden, der Emir, und alle Jesiden rings um das Heiligtum Lalisch und in der Region Sinjar hätten ihren jesidischen Glauben aufgegeben und den Islam angenommen. Die Jesiden in Lalisch und Sinjar hätten diesen Entschluss gefasst, weil sie zu der Überzeugung gekommen seien, dass der Islam die richtige Religion und der richtige Weg für alle Menschen sei.

Der Ältestenrat der Jesiden in Wan und Umgebung beschloss daraufhin, diese nicht gerade glaubhafte Nachricht vor Ort zu überprüfen, und sandte Kuriere nach Sinjar. Um dorthin reisen zu dürfen, mussten sie eine Einreiseerlaubnis vom Büro des militärischen Oberbefehlshabers in Sivas, eben jenem Armeegeneral Firiq Pascha, holen. Die drei Kuriere waren der jesidische Würdenträger Pir Haji aus der Pir-Familie Piren Bahran und zwei Muriden (Laien). General Firiq Pascha forderte sie auf, sich zum Islam zu bekennen. Zwei lehnten ab und wurden auf Befehl des Firiq Pascha auf der Stelle enthauptet. Den dritten ließ er gehen, doch wenig später vergifteten ihn

Soldaten mit Arsen. Als die Nachricht den Stammesfürsten Khato Aga erreichte, machte er sich zusammen mit seinem Bruder Qubat auf den Weg nach Sivas zu General Firiq Pascha.

Sie begaben sich direkt zum Privathaus des Generals. Dort trafen sie zunächst dessen Sohn an. Khato Aga rief den Sohn zu sich und nahm den Fes, die türkische Mütze, vom Kopf des Jungen, füllte sie mit Goldmünzen und schickte ihn mit den Worten zu seiner Mutter Jaze Khanim: „Du sagst jetzt deiner Mutter, dass du die Münzen von ihrem Bruder erhalten hast."

Das verhalf zum Einlass. Die First Lady Jaze Khanim fragte ihre jesidischen Gäste, weshalb sie wütend und unruhig seien. Sie berichteten, was den drei Jesiden passierte, als sie versucht hatten, eine Einreiseerlaubnis von ihrem Mann zu bekommen. Daraufhin versprach die Generals-Gattin, ihren Ehemann davon zu überzeugen, dass er die Jesiden der Region in Ruhe lassen sollte. Es gelang der Frau tatsächlich, ihren Mann von der Zwangsislamisierung der Jesiden in der Region abzubringen und sie vernünftig zu behandeln. So kehrte etwas Ruhe in das Leben der Jesiden der Region Wan ein. Und wie man unschwer errät, war die angebliche Bekehrung in Lalisch nichts weiter als eine plumpe Finte. Nach seinem heldenhaften Einsatz übernahm Khatib Aga die Führung der Jesiden in der Region Wan.

Es soll nicht vergessen werden, dass die alte adlige Familie von Simoye Tschato ein hohes Ansehen genoss, weil sie für die Jesiden der Region viel getan und sich um ihren Schutz bemüht hatte. An dem guten Ruf änderte sich auch nichts, nachdem Khatib (Khato) Aga aus dem Stamm der Mandikan die Führung übernommen hatte.

Die Familie des Khatib war in ihrem ursprünglichen Siedlungsraum weiter östlich bei den jesidischen und muslimischen Kurden einflussreich, bevor sie in die Region Wan umsiedeln musste. Der Urgroßvater von Khatib Aga, Bischar Pascha, war ein Nachfahre von Hamzo Beg, der von den persischen Machthabern hingerichtet worden war. Nach der Hinrichtung dieses Stammesfürsten flüchteten die Mandikan zu den Jesiden in die Region Ava Rasch (Wan und Umgebung). Das ist vermutlich um 1820 geschehen. Khatib Aga blieb der Stammesfürst aller Jesiden in der Region Wan bis zu seinem Tod. Ende des 19. Jahrhundert übernahm sein Sohn Jangir Aga die Führung der Jesiden. Ihm gelang es, Konflikte zu vermeiden oder zu lösen, doch die spätere Flucht nach Armenien und Georgien zu vermeiden, lag nicht in seiner Macht.

Khato Aga ist seinen religiösen Pflichten nachgekommen, und so hatte er auch einen „Bruder im Jenseits". Die jesidische Religion sieht vor, dass jeder eine Schwester oder einen Bruder „im Geiste" oder „im Jenseits" hat. Gemeint ist damit ein Mensch, zu dem keine Verwandtschaft besteht, der sich aber um den Betreffenden kümmert, ihm bis zum Tod beisteht und auch im Jenseits der Begleiter bleibt. Der Bruder im Jenseits des Khato Aga war Pir Qalandar. Er war bei allen Vorkommnissen und Unternehmungen stets dabei. Der Pir war so reich, dass er von den Jesiden „der Mann mit dem goldenen Vermögen" genannt wurde. Er hatte Handelsbeziehungen zu Großhändlern aus der Stadt Aleppo (heute Syrien). Sein Neffe, Schawesch Tschato, hatte diesen Handel geleitet.

Khato Aga hatte stets darauf geachtet, freundschaftliche Beziehungen zu den kurdischen Stämmen der Region zu pflegen. Zwischen ihm, den Stämmen Takori, Schawi und Muquri und anderen, herrschte gegenseitiges Vertrauen. Das änderte sich allerdings, als die beiden kurdischen Stämme Takori und Haydari in Konflikt miteinander gerieten. Khatib Aga unterstützte den Stammesfürsten Hussein Beg Takori gegen den Stammesfürsten Tahar Khan Haydari. Seine Kämpfer beteiligten sich sogar an den bewaffneten Auseindersetzungen. Tahar Khan Haydari war ein Mitglied der Scharro-Familie. Seine Einflussregion Qaraniye lag an der iranischen Grenze. Er und Hussein Beg Takori waren Todfeinde. Nachdem der Sohn von Tahar Khan umgebracht worden war und er das erfahren hatte, startete er einen Angriff gegen die Bewohner des Dorfes Akhurik-Sufliyaye. Ein Teil seiner Kämpfer unter der Führung von Qol Amo schickte er ins jesidische Dorf Tschubukhliye, um gegen die Jesiden zu kämpfen. Tahar Khan wurde im Laufe dieser Auseinandersetzungen getötet.

Über seinen Gegner Hussein Beg Takori geben die Archive des russischen Geheimdienstes Auskunft. Im Dokument Nr. 39 kann man folgendes nachlesen: „Hussein Beg Takori ist ein 40-jähriger Mann. Er ist ein moderner Mensch und hat sein Haus zeitgemäß und in europäischem Stil eingerichtet. Er lebt im Dorf Akhurik-Sufliye. Es herrscht zwischen ihm und dem Stammesfürsten des Stammes Schikaki, Scharif Beg, erbitterte Feindschaft. Auch Angehörige des Stamms der Haydari sind seine Feinde, denn er hatte Tahar Khan getötet. Er ist ein sehr gebildeter Stammesfürst…"

Auch Freunde überfällt man schon mal

Zwischen Khato Aga und Hussein Beg hat offenbar eine Art Freundschaft bestanden. Doch weit her kann es damit nicht gewesen sein. Nach dem Tod von Khato zwischen 1904 und 1906 versuchte der muslimische Stammesfürst, die Besitztümer des Jesiden zu plündern. Jangir Aga, der die Führung der Jesiden übernommen hatte, war noch jung. Als Geburtsjahr wird 1874 angegeben. Er wusste aber von den Absichten des muslimischen Stammesfürsten und bereitete sich dementsprechend vor. Er beschloss, seine Jesiden zu bewaffnen. Den Überfall der Bediensteten des Hussein Beg wehrte er ab und drohte ihm für seinen Verrat Strafen an. Hussein Beg verlor nach diesem Verrat seine Popularität.

Der Stammesfürst des muslimisch-kurdischen Stammes Schewi, Kamil Beg, hat mehrfach versucht, jesidische Dörfer in der Region des Jesiden Khatib Beg zu überfallen, obwohl er selbst jesidische Dörfer in seinem Einflussbereich hatte. So wird berichtet, dass er seine bewaffneten Anhänger ins jesidische Dorf Derjamade schickte, um das Eigentum der Bewohner zu plündern. Seine Leute stahlen Schafe und Rinder. Ein jesidischer Dorfbewohner namens Silo informierte Jangir Aga über diesen Überfall der muslimischen Kurden. Jangir Aga gelang es, mit seinen Anhängern die Viehherden zu ihren legitimen Eigentümern zurückzubringen und die muslimischen Räuber in die Flucht zu schlagen. Ein Versuch, sich zu rächen, scheiterte: Ein muslimischer Kurde namens Schawesch, der offenbar an der Spitze dieses Überfalls stand, wollte Jangir Aga umbringen, wurde aber im Verlauf der Kämpfe getötet.

Jangir Aga war stets bemüht, die Konflikte und Konfrontationen in allen Regionen einzudämmen, Frieden und Freundschaft mit allen kurdisch-muslimischen Stämmen sowie den Armeniern und anderen christlichen Bewohnern der verschiedenen Regionen zu schließen. Die muslimisch-kurdischen Stammesfürsten dagegen versuchten immer wieder, ihre Stämme gegen die Minderheiten der Jesiden und Christen zu vereinen. Nachdem aber Sadun Aga die Führung des muslimischen Stammes der Schamsikan übernommen hatte, entwickelten sich die Beziehungen zu den Jesiden und Christen positiv. Im Gegensatz zu seinen Vorgängern, die ständig die Jesiden unter Druck gesetzt hatten, verfolgte der neue Chef der Schamsikan eine gänzlich andere Politik. In Konflikten stand er sogar den Jesiden bei und schützte sie vor Übergriffen der benachbarten muslimisch-kurdischen Stämme. Er selbst gab an, dass seine Mutter eine Jesidin gewesen sei und er aufgrund dieser Beziehung die Jesiden in Schutz nehmen musste.

Grundsätzlich unternahmen die Jesiden keinerlei Annäherungsversuche gegenüber den Osmanen. Jangir Aga wich von dieser Linie ab. Er knüpfte Kontakte zu den muslimisch-kurdischen Stammesfürsten, die in den als Hamidiya bezeichneten paramilitärischen kurdischen Kavallerieregimentern organisiert waren. Die Folge war, dass die Jesiden unter dem Befehl von Jangir Aga in diese Verbände eingereiht wurden. Sie dienten in der Einheit, in der auch die Kämpfer des Sadun Aga Schamsiki, Hussein Beg Takori, Najib Aga Muquri und des Ozman Aga Milli gedient hatten. Der Grund war, dass alle einen gemeinsamen Feind hatten: den osmanischen Verwalter der Region Hakkari, Jawdet Beg. Er war der Sohn des Gouverneurs von Mosul, Tahir Pascha. Jawdet Beg war zu der Zeit (1908) als Stadtdirektor (Qaymaqam) eingestzt. Er hasste die Armenier ebenso wie die Kurden, die er mit osmanischen Einheiten regelmäßig überfiel.

Im Hintergrund die Weltpolitik

Die Kräfteverhältnisse in der Region zwischen Persien, dem heutigen Iran, und der Türkei beeinflussten das Verhalten der jesidischen Führung ebenso wie das der muslimischen Kurden. Eine große Rolle spielte der Umstand, dass die Russen einen starken Einfluss auf die Kurden in Persien hatten. Die osmanische Regierung versuchte daher ständig, die Kurden zu spalten. Sie versprach den muslimischen Stämmen materielle Unterstützung, wenn sie ihrerseits den Versuchen der Osmanen zum Erfolg verhelfen, die Kurden, die aus Persien stammten, gegen Persien zu mobilisieren. Insgeheim war es das Ziel der Osmanen, die russische Unterstützung für die Kurden in Persien zu unterbinden, indem die Kurden vom Erzfeind Russland abgeschnitten werden. Jawdet Beg hat hier sehr aktiv mitgewirkt. Der Plan der osmanischen Regierung sah vor, die Jesiden, Armenier und Nestorianer – das sind christliche Aramäer, Chaldäer und Assyrer – aus ihren Regionen zu vertreiben und die Kurden aus Persien dort anzusiedeln.

Im Jahr 1913 begann der Gouverneur der Region Wan damit, 130 Familien des Stammes Avdoyi, dessen Stammesfürst Hasso war (ein Verwandter von Ismail Aga Simko), in den jesidischen Dörfern Tschubukhlu und Ezdikhaneye anzusiedeln. Zunächst schlug er den Jesiden vor, ihre Dörfer an die iranischen Kurden zu verkaufen. Später drohte er ihnen, sie mit Waffengewalt aus den

Dörfern zu vertreiben, falls sie seinen Vorschlag nicht annehmen. Die Gefahr eines militärischen Angriffs der Osmanen wurde immer wahrscheinlicher. Den Armeniern und Jesiden blieb keine andere Wahl, als die Russen um Hilfe zu bitten. Daher nahmen sie Kontakt mit dem russischen Vize-Konsul in Wan, Akimovitsch, auf und baten um Schutz vor den Osmanen. Treibende Kraft war dabei Jangir Aga. Der russische Vize-Konsul hat sich tatsächlich in den Konflikt eingeschaltet und erreicht, dass die muslimischen Kurden aus dem Iran in anderen Regionen angesiedelt wurden. Danach hat der osmanische Verwalter Jawdet Beg aus diesem und aus vielen anderen Gründen den jesidischen Stammesfürsten verfolgt. Er stellte ihn unter Hausarrest. Doch die Freunde des tapferen Jesiden konnten ihn durch Zahlung von Bestechungsgeldern an korrupte osmanische Bedienstete aus seiner fast aussichtslosen Lage befreien.

Nicht alle kurdischen Stammesfürsten, die in den Hamidiya-Einheiten gedient hatten, unterwarfen sich der Politik der Osmanen in ihrem Gebiet. Deshalb versuchten sie, im Einflussbereich der Russen zu leben und gegen die Osmanen zu kämpfen. Der kurdische Emir von Botan, Abdulrazak Badirkhan Beg, kämpfte bereits im Krieg gegen die Osmanen auf der Seite der Russen. Ihm wollten sich im Februar 1913 die Stammesfürsten Hussein Beg Takori, Befehlshaber der 21. kurdischen Einheit in den paramilitärischen Hamidiya-Kavallerieregimentern, Osman Aga Milli, Befehlshaber der 18. Einheit, Najib Aga Muquri, Befehlshaber der 17. Einheit, und Sadun Beg Schamsiki, Befehlshaber der 19. Einheit, anschließen. Als die Osmanen davon hörten, befahlen sie die kurdischen Stammesfürsten zu sich. Unter dem Vorwand, dass er mit der Hochzeit seiner Tochter beschäftigt sei, begleitete Sadun Aga seine Freunde nicht. Die Osmanen drängten die kurdischen Stammesfürsten zu beschwören, dass sie mit Abdulrazak Badirkhan Beg nichts zu tun hätten und ihn niemals gegen sie unterstützten würden. Die kurdischen Stammesfürsten antworteten diplomatisch, ein solcher Eid würde ihre militärische Ehre verletzen, und lehnten ab.

Der kurdische Emir von Botan, Abdulrazak Badirkhan Beg, nannte als Stammesfürsten, die in den Hamidiya-Einheiten gedient haben und sich ihm anschließen wollten, die folgenden Namen: Serdar Beg, NajibAga, Hussein Beg und den Jesiden Jangir Aga. Er schreibt in seiner Autobiographie: „Als der russische General Nazarbekov mit seinen Armeeeinheiten in die Region Saray kam, konnte er die Einflussregionen der erwähnten kurdischen Stammesfürsten auch einnehmen. Diese haben mir auf Vermittlung durch Ismail Aga, Sohn des Osman Aga, einen Brief geschickt, in dem sie ihren Willen bekräftigten, gemeinsam mit mir und den Russen gegen die Osmanen vorzugehen. Ihren Solidaritätswunsch habe ich an den russischen Konsul in Makuye, den russischen Armeegeneral Tschernozubov und den Oberbefehlshaber in der russischen Armeekommandozentrale, Andrevski, weitergeleitet." (siehe auch das in kurdischer Sprache erschienene Buch „Autobiyografiya Ebdurrizaq Bedirxan" von Prof. Jalil Jalil, Berlin, 1999).

Mit russischen Freunden gegen die Osmanen

Abdulrazak Badirkhan bezeichnete den Jesiden Jangir Aga ausdrücklich als einen sehr ehrenwerten und lieben Menschen (kurdisch: „Ezîz"). Der Emir von Botan schrieb weiter: „Ich habe das russische Militär darum gebeten, mir und meinen Kämpfern zu erlauben, sich mit diesen kurdischen Stammesfürsten zu treffen. Ich möchte sie davon überzeugen, sich den russischen Einheiten anzuschließen, die unter dem Befehl des Generals Nazarbekov stehen, um gemeinsam gegen die Osmanen in der Region vorzugehen und sie aus dieser und anderen Regionen zu vertreiben." Dem Anschein nach konnte er die kurdischen Stammesfürsten von seinem Plan überzeugen. Denn sie haben ihn tatsächlich auf dem Weg zum russischen Befehlshaber Nazarbekov begleitet. Doch die Osmanen deckten den Plan der Kurden auf und machten ihn zunichte, indem sie die russischen Armeeeinheiten zum Rückzug aus der Region zwangen. Die gescheiterten kurdischen Stammesfürsten kehrten enttäuscht in ihre Dörfer zurück. Jawdet Beg lud diejenigen muslimischen Stammesfürsten zu sich, die er verdächtigte, am Plan der Russen und des Emirs Abdulrazak Badirkhan beteiligt gewesen zu sein. Sie mussten bei ihm einen religiösen Eid ablegen, dass sie mit der ganzen Sache nichts zu tun hätten. Nach dem Schwur kehrten sie in ihre Dörfer zurück (so beschreibt es auch das Dokument Nr. 40 des russischen Geheimdienstes von 1913 im Archiv in Tiflis).

Die Russen kannten die Jesiden sehr gut und gewährten ihnen aus humanitären Gründen Schutz. Zwei jesidische Stämme lebten bereits im zaristischen Russland: der Stamm des Tschoban Aga und der Stamm der Sipkan.

In den Dokumenten des Geheimdienstes, Nr 23 und 24 von 1912 im russischen Archiv von Tiflis, ist das nachzulesen: „In der Region Saraye gibt es 10 jesidische Dörfer, in denen 500 Familien leben. In den Häusern vieler von ihnen hängen die Porträts des russischen Zaren. Eine große Anzahl beherrscht die russische Sprache. Viele von ihnen kommen nach Tiflis, um zu arbeiten. Sie nennen den russischen Zaren liebevoll ihren Padischah (Oberhaupt). Unser Vize-Konsul hat zuletzt einige Tage bei ihnen verbracht. Die Jesiden stehen loyal zu Russland und können uns sehr helfen. Wir müssen aber zur Kenntnis nehmen, dass sie kurdisch sprechende Menschen sind und mit den andersgläubigen Kurden Beziehungen haben."

Jangir Aga mit seiner Familie.

Saraye war eine von Assyrern besiedelte Kleinstadt in der Region Wan. Sie wurde auch als Sara Makhina bezeichnet. In der Region lebten überwiegend christliche Assyrer, in geringerer Zahl auch Jesiden. Sie bezeichnen die Assyrer als Makhin. Selbst in einem jesidischen Qawl wurde diese Bezeichnung erwähnt. Im Qawl „Ji Schame tschuma madjlisse" steht Folgendes:

„Ich bin in die Ortschaft Alkosch der Makhina gekommen. Dieser Ort stiftet Frieden. In ihm treffen alle vier Religionen aufeinander." Mit den vier Religionen sind Jesidentum, Christentum, Judentum und der Islam gemeint.

Zwar wurden die Russen nach ihrer Oktoberrevolution aus der Region vertrieben. Aber auch das osmanische Reich stand Anfang des 20. Jahrhunderts vor dem Zerfall. Die Jungtürken schränkten die Machtbefugnisse des Sultans Abdulhamid II. zunächst ein ein und setzten ihn anschließend als Sultan ab. Für die religiösen und ethnischen Minderheiten war das kein Gewinn, im Gegenteil: Die Jungtürken verfolgten eine noch härtere Linie. Strafe für den Verrat stand auf dem Plan.

Sie verübelten es den Kurden, vor allem den Jesiden, dass sie sich mit den Russen verbündet hatten. Zugleich hatten auch die Jungtürken die Fähigkeit, die muslimischen Kurden gegen die Jesiden, Armenier und andere religiöse Minderheiten aufzustacheln. Jawdet Beg als Vorreiter hatte in der Vergangenheit diese Politik der Spaltung betrieben und den Jesiden gedroht, sie zu vernichten. Die Drohungen klangen immer noch in den Ohren der Jesiden nach.

Dabei war es eine Zwangsläufigkeit, dass die Jesiden den russischen Schutz vor Übergriffen der Osmanen gesucht hatten. Dieser Hilferuf an die Russen war für sie der letzte rettende Strohhalm vor dem Ertrinken (so sinngemäß im dem Dokument Nr. 57 des russischen Geheimdienstes von 1913 im Archiv von Tiflis).

Als die Jesiden von den Bestrafungs-Plänen der Jungtürken erfahren hatten, sannen sie nach Auswegen. Um seine Jesiden rechtzeitig in Sicherheit zu bringen, rief Jangir Aga im Jahre 1914 alle jesidischen Stammesfürsten in seiner Region zusammen. Mit dabei war auch sein Bruder im Geiste, Pir Zade. Bei diesem Treffen beschlossen sie, nach Norden in die Ebene von Tschukhure in der Region Bazid zu flüchten. Dort gab es noch jesidische Dörfer: Ramaquli, Tutek, Giyadin, Qerekand, Qizildiz, Saribakh und andere. Auch die Jesiden der Regionen Ava Rasch und Birgiri flüchteten in Richtung Bazid.

Die Stammesfürsten dort waren vom Stamm der Adami: Ali Beg, Sohn des Mirza Aga, und Mehmed Beg, Sohn des Emer Aga. Wie zu befürchten war, verfolgten die Truppen von Jawdet Beg die jesidischen Flüchtlinge, doch es gelang ihnen, dass an der russischen Grenze liegende Dorf Giyadin zu erreichen. Das ist dem Erfolg der Reitereinheit von Jangir Aga zu verdanken, der es gelungen war, die Türken zum Rückzug zu zwingen. Die Namen die Stammesfürsten und Reiter, die Jangir Aga folgten und an seiner Seite kämpften, sind überliefert: sein Bruder Raschid Aga (Escho), sein geistiger Bruder Pir Zade, Ali und Mame Babassi, Tale Jango, Teyfur Aga, Ayoub Dizo, Rascho Mandiki, Schawesch Tschato und die Stammesfürsten der Mandiki, Tschukhraschi, Raschi, Belekeri, Mandessori, Bar`avi, Butki, Korkiti und Kurtiki.

Jangir Aga wollte sich anfangs mit seinen loyalen Stammesfürsten – den Agas der kleineren Stämme, die zu ihm standen – aus dem Krieg zwischen den Russen und den Türken heraushalten. Zu

Beginn des osmanisch-russischen Krieges wollte er seine Jesiden vor den Kämpfen schützen. Er schloss sich jedoch 1914 den anderen kurdischen Stammesfürsten an, die sich auf die Seite der Russen geschlagen hatten. Die Jesiden des Stammes Zuquri gründeten aus Freiwilligen eine Einheit in der russischen Armee. Nach der Oktoberrevolution 1917 und der anschließenden Unterzeichnung des Abkommens von Brest-Litowsk zogen die Russen ihre Truppen aus den kurdischen Regionen ab und überließen den Türken die Herrschaft über das Gebiet. Die Jesiden kamen nicht zur Ruhe. Zunächst blieben sie drei Jahre lang in der Ortschaft Giyadin in der Region Tschukhure. Dort hatten sie die leerstehenden Dörfer der muslimischen Kurden besiedelt (siehe auch in „Die Ansiedlung der Jesiden in Georgien, Materialien für die Ethnographie von Georgien, Tiflis 2004.“).

Jangir Aga und seine Gefolgschaft besiedelten die Ortschaft Ulukande. Die Angehörigen des Stammes Raschi zogen in die Ort Pirkhalan, die Angehörigen des Stammes Mandessori ließen sich in Saribilakha und die Angehörigen des Stämme Bar`avi, Mandiki und Korkiti in Giyadin nieder.

Jangir Aga hat stets bewiesen, dass er die Jesiden zu schützen bereit ist. Das zeigte sich auch, als es in den Dörfern Tutek und Remequliye zu bewaffneten Auseinandersetzungen zwischen den jesidischen Bewohnern und den Muslimen kam. Achmed Schawesch schreibt in seinen Memoiren, dass der Khan von Makuye und einige andere muslimisch-kurdische Stämme der Region sich zusammenschlossen, um jesidische Dörfer zu plündern (Achmed Schawesch „Hayastan“, Rewan 1966). Die Jesiden leisten Widerstand gegen die Plünderer, verloren aber einige ihrer Männer. Die Namen Ibo Ozman, Uso Ose, Safar Miho und Rascho Marere sind überliefert. Um Hilfe zu holen, schickten sie den Kämpfer Huzni Haji Tschukhreschi zu Jangir Aga. Dieser reagierte sofort und brach mit seinen Kämpfern zum Ort des Geschehens auf. In diesem Kampf haben folgende Männer ihre Tapferkeit bewiesen: Pir Zade, Scheich Simo, Tat Os („der Armenier“), Jimschid Byo, Teymur Schawesch, Alo Zore, Qaymaze Kalasch Miho, Ozman Khisir, Hamziye Nab).

Jangir Aga (links) mit dem armenischen Befehlshaber Antranik Ozanyan.

Mit letzter Kraft für die Armenier

Den Memoiren des Achmed Schawesch ist zu entnehmen, dass die Jesiden der Ortschaft Diyadin im März 1918 nach Russland geflüchtet sind. Zunächst wollten die Flüchtlinge in der Ortschaft Surmali bleiben. Sie bekamen die Information, dass sich die Türken der Ortschaft näherten, und flüchteten weiter nach Cardarabad. Sie überquerten den Fluss Araz über die Brücke Qaraqel und machten in den Ortschaften Janfida und Tezkhirab Halt. Nach zwei Tagen erhielten sie die Information, dass die türkischen Truppen den Fluss Araz erreicht hatten. Jangir Aga versuchte, durch die Entsendung seiner Kämpfer die Türken so lange aufzuhalten, bis die Flüchtlinge in Sicherheit waren. Danach ritt er mit seinen Kämpfern in die Ortschaft Abaran. Dort hatten die Türken unter der armenischen Bevölkerung ein Massaker angerichtet. Mit den noch lebenden Armeniern und einigen jesidischen Männern aus dem Ort vertrieben die Kämpfer um Jangir Aga die türkischen Truppen. Auch Männer aus den Nachbarorten schlossen sich der Truppe an.

Bemerkenswert ist, dass Jangir Aga mit den armenischen Befehlshabern Antranik Ozanyan, Simbat, Serop Pascha und Kework Tschawsch befreundet war. Der Historiker A. Turschiyan schreibt in seinem Buch „Die Tapferkeit bei den kriegerischen Auseinandersetzungen in der Ortschaft Sarbarabad", dass von 5.000 beteiligten Kämpfern ca. 700 jesidische Reiter waren. Aus der Ortschaft Basch-Apaparan mussten sich die Türken unter hohen Verlusten zurückziehen.

Die Jesiden aber konnten in ihre angestammte Heimat nicht zurückkehren. Sie mussten in Armenien bleiben, einige gingen auch nach Georgien. Im Jahre 1922 wurden sowohl Armenien als auch Georgien Teilrepubliken der Sowjetunion. In dem neuen sozialistischen Staatenbund hatten die Jesiden alle Entfaltungsmöglichkeiten, besonders im Bereich der Kultur. Es gab Bücher, Zeitschriften und Radio. Die Tradition mit ihren Liedern und Tänzen wurde gepflegt. Als jedoch Stalin in Moskau die Macht übernahm, wurden zahlreiche jesidische Würdenträger und Angehörige der Oberschicht sowie Intellektuelle nach Sibirien und in andere Regionen deportiert. Jangir Aga wurde mit der armenisch-nationalistischen Organisation Taschnak in Verbindung gebracht und 1937 deportiert. Im Jahre 1943 verstarb er vermutlich in der russischen Stadt Saratow. 1959 wurde er postum rehabilitiert, seine Verurteilung wurde als Unrecht anerkannt.

Zu Ehren kam er erneut, als die Armenier am 29. Juli 2004 in ihrer Hauptstadt Rawan (Eriwan) Freunde ihres Volkes auszeichneten. Unter ihnen erhielt Jangir Aga einen Ehrenplatz. Er wird von den Jesiden, die im heutigen Russland leben, als Symbol des Kampfes gegen Ungerechtigkeit und Unterdrückung im osmanischen Reich gewürdigt. Viele Historiker und Schriftsteller haben über diesen unvergesslichen Helden geschrieben. Ich bin mir sicher, dass wir mehr Informationen über ihn erhalten werden, wenn eines Tages die osmanischen Archive geöffnet werden.

Scheich Adi II

Hier handelt es sich um den Sohn von Scheich Sakhr II. In Hakari geboren, wurde er berühmt, weil er sich um das Jesidentum, besonders die Sprache, Kultur und Tradition, verdient gemacht hatte. Seine Lebensdaten sind nicht bekannt. Es ist nur überliefert, dass er im Jahre 1223 Mossul besuchte. Im Buch Bahjat al-Asrar von Shattanaufi (gest. 1313) findet man den Hinweis, dass er in den Bergen von Hakari gelebt hat.

Scheich Hasan (Shekhisn) (1195 - 1254)

Er ist der bedeutendste Nachfahre der Adani-Kaste. Die Führung der Adani-Kaste übernahm er von seinem Vater, Scheich Adi II. Er zog nach Mossul, um den Machthabern der damaligen Zeit nahe zu sein. Man sagt ihm nach, dass er der Verfasser eines der beiden heiligen Bücher der Jesiden, des Kiteba Celwe (Das Buch der Offenbarung), sei. Um dieses Buch zu schreiben, zog er sich sechs Jahre lang aus allen religiösen Positionen und weltlichen Ämtern zurück.

Im Gegensatz zu seinen Vorfahren widmete sich Scheich Hasan nicht nur religiösen Themen. Vielmehr war es sein Anspruch, den Jesiden eine politische Organisation zu geben, um die Gemeinschaft zu stärken. Er verdrängte die Scheich-Gruppe der Shemsani von ihrer führenden Machtposition, gründete den religiösen Rat der Jesiden, regierte durch Erlasse (mishur), erhob Steuern und stellte ein Heer auf. Den Shemsani-Scheichs räumte er als Ausgleich das Amt des religiösen Oberhauptes (Baba Scheich) ein.

Zunächst fand er Bewunderung und Unterstützung beim Statthalter der Stadt Mossul, dem Wali Badr ad-Din Lulu, der von 1233 bis 1258 die Stadt regierte. Doch mit der Zeit wurde der Statthalter ihm gegenüber misstrauisch und fürchtete um seine Macht und Position. Badr ad-Din Lulu war christlicher Abstammung, vermutlich Armenier, trat aber später zum Islam über. Er erarbeitete Pläne, um den jesidischen Scheich, dessen Einfluss und Ansehen in der Region zunahm, zu beseitigen. Lulu stellte eine Forderung nach der anderen, um die Jesiden unter Druck zu setzen. So erhöhte er die Steuern in einem Maße, dass es den Jesiden unmöglich war, sie zu zahlen.

Da die Jesiden den Forderungen nicht nachkommen konnten, drohten sie dem Statthalter mit einem Krieg. Daraufhin lud der Wali Scheich Hasan zu Verhandlungen in seine Festung ein, ließ ihn festnehmen und in den Kerker werfen. Im Jahre 1254 wurde Scheich Hasan schließlich hingerichtet. Die Jesiden wurden anschließend verfolgt und Tausende von ihnen getötet. In seinem Hass auf die Jesiden hat Lulu auch vor der Schändung des Schreines von Scheich Adi in Lalisch nicht haltgemacht.

Sharfedin

Sharfedin, einer der Söhne Scheich Hasans, ist der Stammvater der Peschimame, die im System der Jesiden eine herausragende Funktion innehaben. Sharfedin musste aufgrund des Feldzuges von Badr ad-Din Lulu Lalisch verlassen und versammelte im Schingal-Gebiet ein jesidisches Heer um sich. Den Jesiden in Lalisch schickte er die folgende Botschaft, welche zur religiösen Hymne der Jesiden geworden ist. Hierin ruft er die Jesiden zur Bewahrung und Verteidigung ihres Glaubens auf:

„Şerfedîna, Şerfedîna
Şerfedîna dînê me ye

Jesidische Widerstandskämpfer vor der Sharfedin-Tempelanlage auf dem Schingal-Gebirge, 2015.

Şerfedîn Mîra li dîwanê
Ilim bidin Êzîdxanê
Qewîn bikin vê imanê“

Daraufhin führte Badr ad-Din Lulu einen erneuten vernichtenden Feldzug gegen die Jesiden, bei dem der Erzählung nach mehr als 100 jesidische Stammesführer in Mossul aufgehängt wurden. Sharfedin wurde beim Versuch, Unterstützung für seinen Kampf gegen Badr ad-Din Lulu zu erhalten, vom Mongolenführer Bato ermordet. Der Widerstand der Jesiden wurde gebrochen.

In dem Buch „Weltgeschichte in Daten“ (erschienen 1970-73) heißt es auf der Seite 347:

„Im Jahre 1265 nach Chr. Volksaufstand unter der Führung von Scharfeddin gegen mongolische Herrschaft.“

Er war der Sohn des legendären jesidischen Religionsoberhauptes Scheich Hassan (Shekhisn). Zahlreiche Qawls und Lobhymnen wurden zu seinen Ehren verfasst. Die Jesiden schöpfen Kraft, Zuversicht und Hoffnung, wenn sie heute den Namen Sharfedin erwähnen oder eine Hymne über ihn hören. Er gilt heute noch als Symbol des Widerstandes gegen Tyrannei und Unterdrückung.

Mir Ibrahim Derwesh Adam

Mir Ibrahim Derwesh Adam ist der Stammvater der Qatani und gleichzeitig der Familie der jesidischen Oberhäupter. Er war ein Zeitgenosse Scheich Adis. In dem jesidschen Qawl über Scheich

Ein Foto des Mir Ali Beg aus dem Jahr 1909, von Gertrude Bell.

Adi wird gesagt, Mir Ibrahim habe erfahren, dass Scheich Adi von Großsyrien nach Lalisch gezogen sei. Daraufhin habe er sich selbst nach Lalisch begeben, um Scheich Adi als religiösen Führer zu akzeptieren. Zu dieser Zeit war Mir Ibrahim Fürst im Gebiet Khurassan. Sein Hauptsitz befand sich in Kelha Cerehiye. Nachdem es zu Streitigkeiten zwischen der Familie der Shemsani und der Adani kam und sich der islamische Führer von Mossul, Badraddin Lulu, und Scheich Hasan bekämpften, übernahmen die Nachfahren von Mir Ibrahim die Führung der Scheich-Kaste und damit auch der Jesiden. Diese Position ist ihnen bis heute erhalten geblieben.

Mir Ali Beg

Mir Ali Beg war der Sohn von Mir Hussein Beg (Hisên Beg) und lebte im 19. Jahrhundert. Nach den Überlieferungen war Mir Ali Beg ein außerordentlich respektierter Führer der Jesiden, der sehr viel zur Verbesserung ihrer Situation beigetragen hat. Er hat sich gegen die Islamisierungsvorhaben des osmanischen Generals Feriq Pasha zur Wehr gesetzt und die Jesiden davor geschützt, für die Osmanen in den Krieg zu ziehen. Aufgrund seines Widerstandes gegen die Osmanen wurden er und seine Beraterin und Gattin Mayan Khatun für sieben Jahre nach Sivas verbannt.

Nachdem er aus der Verbannung zurückkehrte, ließ er sehr viele Burgen und Türme errichten. Durch hohe Stillhaltezahlungen an die Osmanen und Nuri Pascha, den neuen wohlgesinnten Herrscher von Mossul, konnte Mir Ali Beg die Jesiden für eine kurze Zeit vor Angriffen schützen. Aufgrund dieser Zahlungen wurde Mir Ali Beg von vielen arabischen Autoren als „Fürst der Schmiergeldzahlungen“ geschmäht.

Mir Tahsin Beg

Mir Tahsin Said Beg und Fakir Haci

Mir Tahsin Said Beg wurde 1931 in Ba´adre geboren. Nach dem Tod seines Vaters Mir Said Beg wurde er 1944 als 13-Jähriger zum Oberhaupt der Jesiden ernannt. Aufgrund seines jungen Alters wurde er von seiner Großmutter Mayan Khatun beraten. Mir Tahsin Said Beg genießt aufgrund seines Engagements für sein Volk uneingeschränktes Vertrauen und Respekt. Als Oberhaupt der Jesiden war er des öfteren Zielscheibe von Angriffen islamischer Fundamentalisten. Aufgrund seiner Kritik an der anti-jesidischen Politik der irakischen Regierung musste er im Jahre 1970 seine Heimat verlassen und ging ins Exil nach London. Der Irak befahl den Jesiden, den regierungstreuen Mir Bayazid als Oberhaupt anzuerkennen. Die Mehrheit der Jesiden widersetzte sich jedoch dieser Forderung und unterstützte weiterhin Mir Tahsin Beg, der sich von seinem Bruder Mir Khairy Beg vertreten ließ.

Nachdem sich die politische Lage im Irak gegenüber den Jesiden etwas entspannt hatte, kehrte Mir Tahsin 1982 in den Irak zuruück und residiert seitdem in Ba´adre. Seit dem Sturz des Regimes von Saddam Hussein bemühte sich Mir Tahsin, den Status der Jesiden über Kontakte zur amerikanischen Verwaltung, zu dem Politiker Jalal Talabani und dem Präsidenten der kurdischen Autonomie-Region, Masud Barzani, zu sichern und zu verbessern. Außerhalb des Irak wirbt Mir Tahsin für eine vereinte jesidische Gemeinschaft und setzt sich für die Interessen der Jesiden in der Diaspora ein. Nach ihm wird wohl sein Sohn Hazim das Amt des Mirs übernehmen. Hazim ist derzeit Abgeordneter im kurdischen Regionalparlament und übernimmt repräsentative Aufgaben für seinen Vater.

Die Verfolgungsgeschichte der Jesiden bis zum Ende des Osmanischen Reiches

Der irakische Autor Sadiq Damluji beschreibt in seinem Buch „Das Jesidentum“ (Mossul, 1949, S. 428) die Ursprünge der Verfolgung folgendermaßen:

„Wahrlich spielten Entscheidungen durch religiöse Gutachten (Fatwa), die eine Gruppe von Gelehrten des Islam verkündeten, eine wichtige und gefährliche Rolle im Leben dieser Leute. Dadurch wurden sie in zermürbende Kriege verwickelt, die über drei Perioden andauerten, dabei erlitten sie alle Arten des Schmerzes und der Qual, sie ergaben sich aber an keinem Tag. Würden wir diese Gelehrten nach den Gründen fragen, die sie zur Verkündung dieser Fatwa bewegten, die dieses Land während der ganzen Zeitspanne in Chaos und Lethargie versetzten, würden sie antworten: Es ist die Religion. Als ob die Religion in ihren Seitenteilen zerrissen und in ihren Stützpfeilern zerstört worden wäre.“

Die Jesiden wurden vor allem im 7. und 16. Jahrhundert immer wieder aufgrund ihres Glaubens verfolgt. Nach mündlichen Überlieferungen soll es 72 Pogrome allein durch die osmanischen Sultane in der Geschichte der Jesiden gegeben haben. Im Folgenden werden die wichtigsten genannt:

Der Auftakt im 7. Jahrhundert

Zwischen den Jahren 639 und 644 kämpften die damaligen Azdei-Shemsani auf der Seite der iranischen Zarathustrier, um Ahwaz und Daravgurd gegen die muslimischen Eroberer zu verteidigen. Der Überlegenheit der Muslime waren sie nicht gewachsen, die Verluste an Menschen waren sehr hoch. In der Festung Halwan, wo sich Perser und Kurden verschanzt hatten, kam es zur erbittertsten Belagerung in der Geschichte der Perser und Kurden, wobei die Festung am Ende in die Hände der Angreifer fiel und die Einwohner regelrecht niedergemetzelt wurden.

Der Kampf vor Mossul im 9. Jahrhundert

Im Jahre 840 während der Ära des Kalifen al-Mutassam Billah führten die Jesiden in der Gegend um die Stadt Mossul unter ihrem Führer Mir Hasen Djafer, einem Würdenträger der Pir-Kaste, einen harten Kampf gegen den Kalifen. Zunächst siegten die Jesiden. Daraufhin schickte der Kalif erneut eine stärkere Armee, die von dem gefürchteten Aytach geführt wurde. Er richtete unter den Jesiden unvorstellbare Massaker an. Der jesidische Emir kapitulierte jedoch nicht, kämpfte bis zum letzten Atemzug und nahm sich schließlich selbst das Leben durch Gift.

Die Verfolgung der Khaltan-Jesiden im 16. Jahrhundert

Auch der jesidische Stamm der Khaltan war im Laufe der Zeit schweren Verfolgungen ausgesetzt. Als Beispiel mögen die Ereignisse dienen, die sich im Gebiet von Siirt/Batman und Hakari ereigneten. Aufgrund des Vorwurfes der Ermordung eines muslimischen Sufis und der Schändung des Qurans kam es zu Auseinandersetzungen zwischen den jesidischen Stämmen und der osmanischen Lokalverwaltung. Obwohl zeitgenössische Quellen versicherten, dass die Osmanen selbst für den Mord verantwortlich waren, schob man wie so häufig den Jesiden die Schuld zu. Ziel der osmanischen Politik war es einzig, die kurdischen Stämme gegeneinander auszuspielen, was ihnen mit den muslimischen und jesidischen Stämmen auch immer wieder gut gelang. So griffen muslimische Kurden erbarmungslos die Dörfer der Jesiden in der Region an und mobilisierten dabei Tausende von Kämpfern. Einer der damaligen religiösen Führer der Muslime, Scheich Qassim, rief trotz der Unschuldsbeteuerungen der Jesiden zum heiligen Krieg gegen sie auf.

Der muslimische Stammesführer Hessaf Cibo kam mit seinen Kriegern aus der Festung Rimela, andere eilten aus Hin, Lice, Welate Serhedda, Alian, Abbassan und Kotscheran im Botangebiet herbei. Die Jesiden mussten sich zur Wehr setzen. Ihr Stammesführer war Mirzike Zaza. Andere bekannte Führer der Jesiden waren der Fürst Kelesche Celo und der geistliche Würdenträger Pir Igane Meyro. Sogar aus den Reihen der Muslime erhielten die Jesiden Unterstützung und verlässliche Verbündete wie den Großgrundbesitzer Khalil Osman aus der Festung Der Awe. Im Verlauf der Kämpfe bildeten die Jesiden zwei Verteidigungslinien, eine an der Festung Aranze, der Residenz des Stammesführers Mirzike Zaza, und eine zweite in Redwan durch den berühmten Fürsten Bado. Die Umgebung um Aranze verwandelten sie durch Umleitung von Bewässerungskanälen in eine Sumpflandschaft, um den berittenen muslimischen Kämpfern Schwierigkeiten zu bereiten. Frauen und Kinder hatte man vorher in die Orte Aranze und in das Qinisrin-Tal gebracht. Die Muslime stationierten ihre Kämpfer in Tata Ciar. Auf der Seite der Jesiden stand auch ein armenisch-christlicher Priester, der ihnen Ratschläge gab, wann und wo der Angriff erfolgen sollte. Die Schlachtordnung der verteidigenden Jesiden wurde wie folgt gebildet: Ganz vorn kämpfte der Stamm der Qizilan, es folgten die Berekan und die Khindeqiyan. Den Jesiden gelang es, die Angreifer zu besiegen und viele von ihnen zu töten. Die Niederlage der Muslime wurde mit dem Tod ihres Führers Hessafe Cibo eingeleitet. Er soll von dem oben genannten Pir Igane Meyro besiegt worden sein. Obwohl er in seiner Ritterrüstung schon viele Jesiden getötet hatte, gelang es dem Pir, ihn vom Pferd zu stoßen und zu enthaupten. An den damaligen Ereignissen beteiligten sich auch Jesiden aus dem Gebiet Tur Abdin. Die Schlacht zählt zu den wichtigsten Geschehnissen, die sich im 16. Jahrhundert hier ereigneten.

1640/41

Die Jesiden des Schingal wurden, nachdem sie einige Dörfer in der Gegend von Mossul geplündert hatten, durch Ahmad Pascha, den Gouverneur von Diyarbakir, mit Hilfe von 70.000 Soldaten und bewaffneten Hilfstruppen in ihre gebirgige Heimat zurückgedrängt.

1647/48

Mirza Beg, der Emir des Scheichan, erhob den Anspruch auf die Herrschaft über Mossul. Als sie ihm verweigert wurde, organisierte er einen Aufstand gegen die Osmanen. Shamsi Pascha, der Gouverneur von Van, mobilisierte seine Truppen gegen den Scheich, nahm ihn gefangen und ließ ihn hinrichten.

1715

Zur Bestrafung angeblicher Raubzüge der Jesiden griff der Wali (Statthalter) von Bagdad, Hasan Pascha, die Jesiden des Schingal an, die sich nach Khatuniye zurückziehen mussten, wo sie nur kurze Zeit Widerstand leisten konnten. Nach einem Massaker an den Jesiden übergab Hasan Pascha die Verwaltung des Schingal dem Scheich der Tayy-Beduinen. Eine ähnliche Politik betrieb auch die irakische Regierung unter Saddam. Bis vor kurzem wurde sie auch noch von der syrischen Regierung verfolgt. Auch hier werden die arabischen Schammar- und Tayy-Beduinen gegen die Jesiden des Schingal bzw. der syrischen Djazira ausgespielt.

1733-34

Ahmad Pascha verwüstet die Jesiden-Dörfer am Zab-Fluß.

Ermordung des Scheich Mirza Anqosan Mitte des 18. Jahrhunderts

Dieser Scheich gehörte zu den geistlichen Führern der Stämme Anqosan und Sipkan. Er übte jedoch nicht nur religiöse Pflichten aus, sondern war auch gleichzeitig der weltliche Führer dieser Stämme. In dieser Funktion strebte er eine Art Selbstverwaltung für die Jesiden im Gebiet von Diyarbakir an. Anfangs gelangen ihm einige militärische Erfolge über mehrere osmanischen Armee- Einheiten, doch dann schickte die lokale Regierung in Diyarbakir mehrere Tausend Soldaten, um den Aufstand zu beenden.

Mitte des 18. Jahrhunderts trafen die beiden Parteien in der Umgebung von Diyarbakir aufeinander. Im Verlauf der Schlacht wurden die Jesiden vertrieben und ihr Führer, Scheich Mirza, geriet in Gefangenschaft. Mit Hilfe seiner Frau gelang ihm jedoch die Flucht aus dem Gefängnis. Sie hatte einen Dolch ins Gefängnis geschmuggelt, mit dem er sich den Weg in die Freiheit bahnte. Der Scheich tötete mehrere Gefängniswärter und konnte fliehen. Während seiner Flucht traf er zufällig eine vorbeiziehende Karawane, die aus muslimischen Kurden bestand. Als er um Wasser bat, wurde er von einem der Muslime wiedererkannt, überwältigt und der Regierung in Diyarbakir übergeben. Daraufhin wurde er auf brutalste Weise hingerichtet. Seine Anhänger flüchteten nach Armenien, viele von ihnen wurden aber unterwegs gefangen und getötet, zahlreiche zwangsislamisiert. Die Taten dieses jesidischen Würdenträgers werden noch heute in einem traditionellen Lied besungen.

1752/53

Sulaiman Pascha greift die Jesiden im Schingal-Gebiet an und tötet zahllose Menschen.

1767/68

Amin Pascha, der Gouverneur von Mossul, entsendet seinen Sohn, um den Schingal zu plündern. Der junge Mann fordert 1.000 Stück Vieh von den Bewohnern. Als sie ihm nur 800 Stück gaben, tötet er zahlreiche Jesiden.

1770-71

Aufstand des Bedagh Begs, des Emirs von Scheichan.

1773/74

Plünderung des Schingals durch den Wali von Mossul.

1779

Der Wali von Mossul entsendet seinen Bruder, um den Schingal erneut zu plündern.

1785/86

Abdul-Baqi, der Wali von Mossul, unternimmt eine Strafexpedition in den Schingal, wird jedoch besiegt und mit der Mehrzahl seiner Leute getötet.

1786/87

Çol Beg, der Emir des Scheichan, interveniert in gewaltsamen Auseinandersetzungen zwischen dem Pascha von Amadiya und einigen seiner Verwandten. Im Verlauf der Auseinandersetzungen wird er jedoch besiegt.

1789/90

Çol Beg unterliegt den Tayy-Beduinen. Zwölf seiner Angehörigen sterben bei den Auseinandersetzungen. Um ihren Tod zu rächen, verstärkt er die Überfälle auf seine Gegner und tötet alle Tayy, derer er außerhalb ihres Stammesverbandes habhaft werden kann.

1790/91

Çol Beg wird von Ismail Pascha aus Amadiya ermordet. Als Nachfolger ernennt der Pascha einen seiner jesidischen Gefolgsmänner, den Khancar Beg.

1791/92

Überfall der Tayy auf den Schingal. Im Scheichan überwirft sich Ismail Pascha mit Khancar Beg, wirft diesen in den Kerker und setzt ihn zugunsten von Hasan Beg, Sohn von Çol Beg, ab. Der Prinz von Amadiya lässt Hasan Beg später hinrichten.

1792/93

Plünderung des Schingals durch Muhammad Pascha, Wali von Mossul. Mindestens acht Dörfer werden niedergebrannt.

1793/94

Strafexpedition desselben Gouverneurs gegen den Stamm der Miherkan im Schingal. Er gerät jedoch in einen Hinterhalt und wird geschlagen.

1794/95

Eine von Sulaiman Pascha aus Bagdad entsandte Truppe plündert den Schingal, entführt sechzig Frauen und stiehlt Vieh.

1799/1800

Unterstützt von Beduinen von den Stämmen der Ubaid, Hamdan und Tayy verwüstet Abd al-Aziz Beg von Bagdad den Scheichan und zerstört 25 Dörfer.

1802/03

Ali Pascha, der Wali von Mossul, beschließt, den Schingal endgültig zu unterwerfen. Er belagert mit seinen Leuten den Nordhang des Gebirges und lässt den Südhang von Beduinen bewachen. Die Kämpfe ziehen sich über mehrere Monate hin. Zahlreiche Siedlungen werden dem Erdboden gleichgemacht, die Bäume abgeholzt. Auch hier wird eine Parallele zur Politik der Saddam-Regierung im Schingal und im Scheichan deutlich, wo seit 1973 zunehmend Obst- und Weingärten gerodet, Brunnen zubetoniert, mehrere hundert Dörfer – darunter Dutzende von Jesiden bewohnte – mit Panzern und Bulldozern dem Erdboden gleichgemacht wurden. Ihre Bewohner wurden entweder in den Süden des Irak oder in die leichter kontrollierbaren Ebenen des Nordirak deportiert. Schließlich befolgten die Jesiden die Anordnungen ihrer Gegner und verpflichteten sich, ihre Dörfer in der Ebene neu zu errichten.

1809/10

Überfall auf den Schingal durch den Wali von Bagdad, Sulaiman Qatil. Er plündert die Städte Balad Schingal, Miherkan und einige Dörfer im Norden. Sulaiman Pascha tötet einem Bericht von Ismail Beg Çol zufolge eine große Zahl an Jesiden.

1832

kommt es zu einem der blutigsten Ereignisse in der Jesiden-Geschichte: Bedir Khan Beg, der Emir von Botan, dringt in den Scheichan ein. Trotz des heftigen Widerstandes der Jesiden gelingt es den Truppen des Emirs, das Gebiet einzunehmen. Mir Ali Beg wird gefangen genommen, nach Rawanduz gebracht und dort zu Tode gefoltert. Nach der Eroberung des Scheichan plündern die muslimischen Kurden die Dörfer der Jesiden und töten ihre Bewohner. Um wenigstens ihr Leben zu retten, versuchen die Einwohner des Scheichan, den Schingal zu erreichen, doch vor den Toren Mossuls halten sie die ansteigenden Fluten des Tigris auf. Einigen gelingt es, den Fluss schwimmend zu überqueren. Die am Ufer Zurückgebliebenen werden von ihren Verfolgern ermordet.

1838

Der Wali von Diyarbakir greift erneut den Schingal an.

1846

Der britische Archäologe und Diplomat Henry Layard wird selbst Zeuge einer Strafexpedition gegen den Jabal Schingal, die von Tayyar Pascha, dem Gouverneur von Mossul, organisiert wird. Da sich die meisten im Gebirge lebenden Jesiden seit langem über zu hohe Steuern beschweren, beschließt der Pascha, sich selbst vor Ort über die Verhältnisse zu informieren. So macht er sich an der Spitze einer recht großen Eskorte auf den Weg. Als Miherkan in Sichtweite vor ihm liegt, schickt er Unterhändler, um den Bewohnern seine Absichten zu erklären. Seine Botschafter werden jedoch mit Gewehrkugeln empfangen. Tayyar Pascha lässt das Dorf niederbrennen; die Jesiden, die in Höhlen des Gebirges Zuflucht gesucht haben, widerstehen drei Tage lang und töten zahlreiche Türken; im Schutze der Nacht gelingt ihnen schließlich die Flucht. Der Wali gibt seine Expedition auf und kehrt nach Mossul zurück.

1892

werden die Jesiden erneut angegriffen. In diesem Jahr übermittelt General Omar Wahbi Pascha, der nach Mesopotamien gesandt worden war, um rückständige Steuern und Abgaben einzutreiben, dem Emir von Scheichan ein Ultimatum, in dem er die Mitglieder der Religionsgemeinschaft auffordert, zwischen ihrer Vernichtung oder der Annahme einer vom Quran erlaubten Religion zu wählen. Der Mir lehnt ab. Unterstützt durch die arabischen Beduinen der Schammar und durch muslimische kurdische Banden, dringt Omar Wahbi in den Schingal und den Scheichan ein und droht, alle Jesiden zu töten. Es wird berichtet, dass 14.000 Jesiden zum „rechtmäßigen Glauben", dem Islam, übertraten, um dem Tod zu entgehen. Das Jahr 1892 ist im Schingal als das „Jahr des Generals" in Erinnerung geblieben. Der General lässt das Heiligtum Lalisch plündern, bemächtigt sich der allerheiligsten sancaqs, die nach Mossul geschickt werden, und installiert innerhalb des Heiligtums von Scheikh Adi eine muslimische madrasa, die dort 12 Jahre verbleibt. Sowohl die Christen als auch die ausländischen Konsuln in Mossul protestieren gegen diese Maßnahme. Omar Pascha wird 1893 aus Mesopotamien abberufen. Die Empörung über diese Strafexpedition war auch in Europa groß. Danach sind bis zum Ersten Weltkrieg keine weiteren Verfolgungen bekannt. In der Tat zeigt Nuri Pascha, der Nachfolger Omar Wahbis im Amt des Gouverneurs von Mossul, großes Wohlwollen gegenüber den Jesiden. Er ist sogar der Autor einer kleinen Studie über die Jesiden, die aus dem Türkischen übersetzt wurde. Nuri Pascha beseitigte auch die von Omar Wahbi errichtete madrasa in Scheich Adis Heiligtum.

Von 1914 bis 1918: Belagerung des Bagok-Klosters

Bagok ist der höchste Gipfel der Tauros-Gebirgskette in Türkisch-Kurdistan, die die Grenze zu Syrien bildet. Dieser Gipfel ist ca. 20 km von den kurdischen Städten Qamishli in Syrien und Nusaybin in der Türkei entfernt. Die mehrfache Belagerung des Klosters zu Beginn des 20. Jahrhunderts bis in die 30er Jahre wird von den meisten Geschichtsforschern nicht erwähnt. Zum besseren Verständnis der Ereignisse hier eine Beschreibung der Belagerungen:

Die Auseinandersetzungen ereigneten sich zwischen den Haverkan[(9)] und anderen kurdischen Stämmen, die mit den Osmanen zusammenarbeiteten. Anlass der blutigen Kämpfe war die Feindschaft zwischen dem Jesiden Shemdin Çoli vom Stamm der Dasikan[10] und dem muslimischen Kurden Ali Hasse, der als Großgrundbesitzer im Dorf Tell Segan ansässig war. Dieser Großgrundbesitzer wandte sich an die osmanische Regionalregierung mit einem weitgehenden Wunsch, nämlich der Ausrottung der Jesiden im Gebiet von Tur Abdin. Er erklärte sich bereit, Kämpfer zur Verfügung zu stellen, falls die Regierung grünes Licht dafür gibt.

[9] Der Begriff Haverkan stammt aus dem Kurdischen und bedeutet „Bergbewohner ". Ob Haverkan und die Hewer gleichbedeutend sind, ist nicht nachgewiesen.

[10] Die Dasikan bilden einen großen Jesiden-Stamm. Ihr Führer war Shemdin Çoli. Ihr angestamm tes Gebiet heißt Qelace Dasikan. Sie bilden auch einen Hauptzweig der Haverkan-Allianz, welche Jesiden, Christen und Muslime umfasst. Angeführt wird die Allianz von der Großgrundbesitzerfamilie Hajo Zaxurrani, weitere Zweige der Allianz der Haverkan sind der Stamm der Kelikan (Afshi, Mihokan, Kiwexan, Bahminman), der Bahcolan und der Yakuban (Christen, die vom legendären Fürsten Shamoun Hanne Heydo angeführt wurden).

Daraufhin versammelten sich die Führer der Haverkan mit Hajo und seinem ältesten Sohn Hasan an der Spitze. Sie entschlossen sich, die Kinder, Greise und Frauen nach Merbab[11] zu schicken und die Krieger an zwei Stellungen um den Berggipfel Bagok zu verteilen. Zunächst nahmen die Osmanen die Sache nicht ernst. Sie rechneten nicht mit einem nennenswerten Widerstand der Haverkan40 und schickten nur eine kleine militärische Einheit, um die Rebellion zu beenden. Als Warnung an die lokale militärische Verwaltung in Nusaibin töteten die Haverkan den Kommandanten der Truppe. Nach diesem Vorfall zwang die militärische Verwaltung die übrigen muslimischen Kurdenstämme, zusammen mit den regulären Armeeeinheiten die Haverkan zu bekämpfen. Die kurdisch-muslimischen Stämme, die sich auf die Seite der Türken geschlagen hatten, waren die Saliha, Domanah, Dourlah, Seyde Memolana und viele andere. Diejenigen, die auf Seiten der Familien Hajo und Sarukhan standen, waren die jesidischen Stämme Afshi, Bahminman, Mihokan, Dasikan und Kiwekhan. Nach Angaben einiger Zeitgenossen waren auch kurdische Frauen am Kampf maßgeblich beteiligt, so z.B. die beiden Frauen aus den Familien Hajo und Sarukhan, Halime und Adule, die ihren Kindern Mut zum Kampf gemacht hatten.

Die Schlacht begann bei Morgengrauen und dauerte den ganzen Tag. Dabei wurden etwa 100 türkische Soldaten getötet und einer gefangen genommen. Die Soldaten versuchten vergeblich, Kinder und Frauen in Merbab als Geiseln zu nehmen. Schließlich ergriffen sie die Flucht nach Nusaybin. Erst nach Intervention beim damaligen Statthalter Quddur-Beg in Nusaybin wurden der Soldat freigelassen und die Waffen abgegeben.

Einige Jahre später, im Jahre 1928, wurden die Jesiden erneut von den Türken und ihren Verbündeten angegriffen. Dieses Mal waren die Jesiden den Tyrannen weit unterlegen und ergaben sich nach Belagerung der Klosterfestung am Gipfel Bagok. Von ca. 250 Personen überlebten nur zwei Kinder das Massaker. Die Leichen der Erschossenen wurden verbrannt. Die Stammesführer Hajo und seine Söhne, Alike Bette, ein Neffe von Hajo, und einige Jesiden-Stammesführer, wie Shemdin Çoli, mein Großvater Meke Schemmo, Omar Khalid, Omar Cangir und andere konnten sich über die Grenze nach Syrien in die Ortschaft Tirbe Sipi retten und baten um Asyl bei der französischen Mandatsmacht.

Die Stämme der Haverkan sind damit die einzigen Kurdenstämme, die von Kilikien, d.i. Tur Abdin, nach Syrien ausgewandert sind. Alle anderen Kurden lebten dort schon seit hunderten von Jahren. Dass Syrien den meisten Kurden die Staatsbürgerschaft aberkannt hat, ist somit unverständlich. Das Gebiet Kilikien oder Tur Abdin und der ca. 380 km lange Grenzstreifen mit der Türkei wurden außerdem von Syrien beansprucht. Aus Sicht des früheren syrischen Staates stammten die Haverkan daher aus einem annektierten Gebiet und müssten als Syrer angesehen werden. Damit hätten sich die kurdischen Parteien und Organisationen zu befassen, weil es sich um eine nationale und nicht um eine religiöse Frage handelt.

[11] Der Zarathustrier Oshi (Schweiz) hat hierzu wertvolle Informationen geliefert.

Mit dem Ende des I. Weltkrieges und der willkürlichen Ziehung von Staatsgrenzen durch die Siedlungsgebiete der Jesiden erhielt die Verfolgungsgeschichte eine neue Dimension – die der staatlich geduldeten oder geförderten Unterdrückung: in der Türkei im Zusammenhang mit den kurdischen Aufständen, in Syrien durch eine mit religiöser Unterdrückung gepaarten staatlichen Diskriminierung, im Irak auch durch Anschläge von Islamisten, in Armenien und Georgien durch Diskriminierung durch Staat und Bevölkerung. Die für die Jesiden bedeutendste Entscheidung war die Flucht aus der Türkei, die nach dem Militärputsch 1980 ihren Höhepunkt hatte. Dass sie schließlich in Westeuropa und auch in Deutschland anerkannt wurden, zeigt, dass ihre Situation in der Türkei nahezu aussichtslos geworden war. Das galt ebenso für die Lage in Syrien. Doch blieben die Asylanträge bis zum innersyrischen Krieg ab 2011 erfolglos.

Viele Jesiden aus dem Stamm der Kelikan machen Hajo Aga für das Massaker an der jesidischen Großfamilie Mala Mesho verantwortlich. Bei der Großfamilie handelt es sich um Angehörige des jesidischen Stammes Kelikan, die aus der Region Serhed im Nordosten der Türkei in die heutige Region Tur Abdin im Distrikt Mardin auswanderten. Die wahre Geschichte über das Massaker kennt wohl niemand. Der Übergriff auf diese Familie, von unbekannten Mördern verübt, gibt Rätsel auf. Meiner Ansicht nach ist die Ermordung dieser geachteten jesidischen Familie auf die Rivalitäten zwischen Hajo Aga und seinem Schwiegervater Sarukhan zurück zu führen. Es kann sogar möglich sein, dass der Schwiegervater Mörder angeheuert hat um Hajo Aga den Mord anzulasten und ihm so die Anhängerschaft abspenstig zu machen. Denn Hajo Aga verdankt den Angehörigen dieser Familie sein Leben. Ein anderer Aga namens Jimo hat Hajos Vater ermordet. Den Jesiden ist es gelungen seine – mit ihm hochschwangere – Mutter Peyrouza zu retten. Ich kann mir nicht vorstellen, dass Hajo Aga als Gegenleistung seine Retter umbringt.

Zur Entwicklung in den Siedlungsgebieten

Irak – der Weg zum Massenmord

Von Sebastian Maisel

Die frühe Geschichte der Jesiden im Irak wurde bereits in den vorigen Kapiteln beschrieben. Es soll deshalb hier nur auf die Ereignisse seit der Grenzziehung nach dem Ersten Weltkrieg und der Schaffung des Staates eingegangen werden. Die Gemeinden im Schingal und Scheichan fanden sich nun unter der Herrschaft einer nationalistisch-islamischen Regierung, die ihre Ansprüche gleich in die Tat umsetzte, die Jesiden massiv unter Druck setzte und versuchte, sie zwangsweise zu assimilieren.

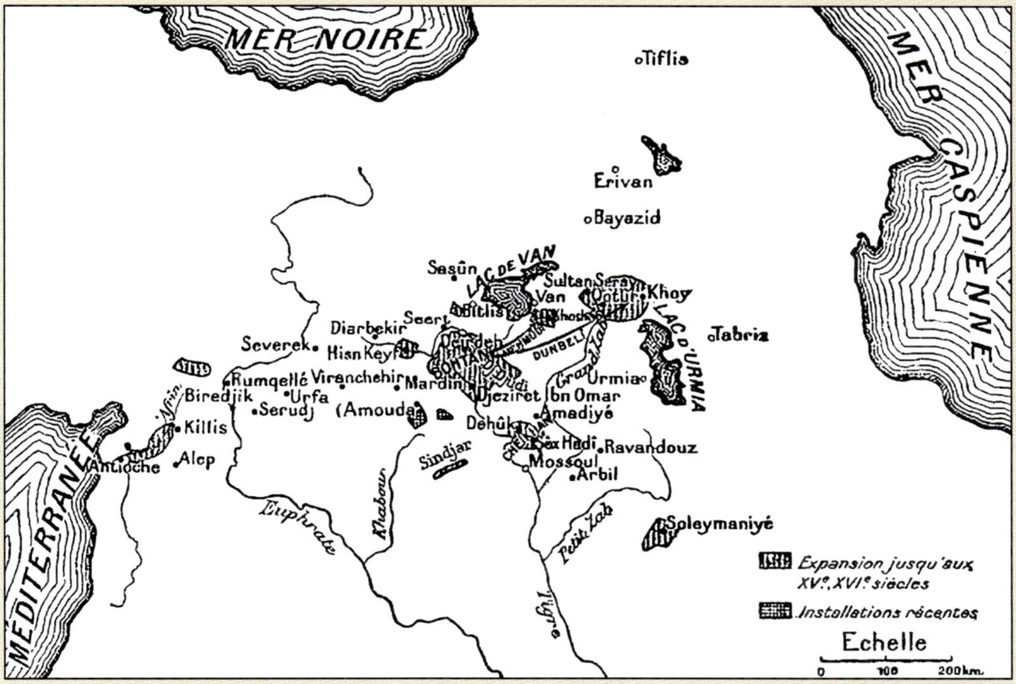

Ehemalige Siedlungsgebiete des jesidischen Volkes.

Mayan Khatun war die nominelle Führerin der Gemeinde, bis ihr Enkel Tahsin volljährig wurde. Ihren Bemühungen ist es zu verdanken, dass die jesidische Gemeinde im Irak nicht auseinanderbrach und sich in den folgenden Jahrzehnten konsolidieren konnte. Mit ihrem Tod 1957 und dem Ausbruch der Juli-Revolution 1958 begann eine erneute Welle der Auseinandersetzung mit den nationalistischen arabischen Kräften. Als Kurden war es für die Jesiden selbstverständlich, sich Mulla Mustafa Barzani's Rebellion anzuschließen. Besonders intensiv waren die Kämpfe in der Schingal-Region wo es des Einsatzes mehrerer irakischer Armee-Einheiten bedurfte, um die Lage wieder unter Kontrolle zu bringen. Danach schlug die Ba'th-Regierung zurück und begann mit der systematischen kollektiven Bestrafung der Jesiden. 1969 wurde Dokian im Scheichan, 1973 Cesivan im Schingal. ab 1975 ganze Dörfer und Landstriche entvölkert und die Bewohner in sogenannte Mujammas umgesiedelt. Diese Konzentrationslager lagen nicht mehr in den Bergen und Tälern, sondern in der unfruchtbaren Ninive-Ebene, wo sie viel leichter kontrolliert werden konnten. Die Bevölkerung war fast vollständig von Hilfsgütern abhängig und extrem in ihren Freiheiten eingeschränkt.

Die andere Form der Unterdrückung war von subtiler Art. Die irakische Regierung versuchte, die Jesiden zu arabisieren und sie somit von den Kurden abzuspalten. Sie wurden kurzerhand zu Nachfahren des ummayyadischen Kalifen Yazid bin Muawiya erklärt. Angesicht des unklaren historischen und religiösen Verhältnisses zu diesem Kalifen war es nicht schwer, auch Anhänger dieser These unter den Jesiden zu finden. Besonders unter den Nachfahren Ismail Beg's fiel die These auf offene Ohren, da sie ihnen im Kampf um die Position des Mir einen Vorteil verschaffte. Die Masse der Bevölkerung hatte jedoch kein Interesse an diesen politischen Ränkespielen. Für sie waren die Vertreibung und Diskriminierung von größerer Bedeutung. Und ihre Reaktion darauf bestand in einer immer größer werdenden Abwanderungswelle. Einige gingen nach Syrien in die Flüchtlingslager und viele andere, darunter Mitglieder der Familie des Mirs, gingen nach Deutschland.

Die Zeit zwischen 1975 und 1991 brachte tiefgreifende Veränderungen für die Gemeinden im Irak. Sie verloren nicht nur ihre Führung, sondern wurden gleichzeitig entwurzelt und vertrieben. Die ehemals weitestgehend ungebildete Gemeinschaft wurde nun neuen politischen, sozialen und religiösen Einflüssen ausgesetzt. Der unausweichliche interne Konflikt führte zu einer ideologischen Spaltung zwischen den Kräften, die sich mit der neuen Situation arrangierten, und denen, die sie bekämpften. Letztere waren mehrheitlich in der kommunistischen Bewegung oder dem kurdischen Freiheitskampf engagiert. Die religiöse Führung der Gemeinde war aufgrund des politischen Drucks und der Abwanderung weitgehend inaktiv. Der Mir ging ins Exil und die Bayazid-Familie riss die Macht per Regierungsdekret an sich.

Nach dem Golfkrieg brach ein groß angelegter kurdischer Aufstand aus, doch die Passivität des Westens erlaubte es Saddam Hussein, den Aufstand niederzuschlagen. Mehr als eine Million Kurden, unter ihnen viele Jesiden, flohen in die Türkei. Erst mit der Schaffung der Flugverbotszone und der kurdischen Schutzzone verbesserte sich die Lage für die Flüchtlinge. In der kurdischen Autonomiezone wurden nun Wahlen abgehalten. Die Zivilgesellschaft begann, sich zu entfalten, und mit ihr die religiösen Minderheiten. Einige Gebiete der Jesiden lagen innerhalb der Zone, z. B. Lalisch und Scheikhan, während der Schingal weiterhin unter irakischer Kontrolle verblieb. Zum ersten Mal in der Geschichte der Jesiden konnten sie nun ihre Religion frei ausüben und wurden von der Bevölkerungsmehrheit als Teil des Ganzen akzeptiert. Die Gemeinde konnte wieder ihre Feiertage begehen wie die jährlich Pilgerfahrt nach Lalisch oder den Tawaf der Qawals, sie konnte religiöse Schreine und Gebäude renovieren oder neu errichten. In Dohuk wurde das Lalisch Kultur-Zentrum gegründet mit Zweigstellen in allen größeren jesidischen Siedlungen.

Die Abtrennung und Isolation des Schingal blieb jedoch auch weiterhin ein Hindernis für das Gemeinschaftsgefühl. Dies änderte sich auch nicht mit dem Fall des Regimes von Saddam Hussein. Im neuen Irak verblieb die alte administrative Spaltung, die Schingal der Ninive-Provinz und nicht der kurdischen Region zuordnete.

Immerhin wurde erreicht, dass die Jesiden in der neuen irakischen Verfassung als Minderheit anerkannt wurden. Darüber hinaus wurden aber nur wenige andere politische Zugeständnisse gemacht. Dies wirkte sich besonders negativ bei den verschiedenen regionalen und nationalen Parlamentswahlen aus. Teilweise wurden jesidische Kandidaten ausgeschlossen und jesidische Stimmen nicht mitgezählt. Es fehlt den Jesiden eine eigene, einheitliche politische Vertretung. In den Wahlen zum nationalen irakischen und zum regionalen kurdischen Parlament stehen ihnen zwar einige Sitze zu, doch reicht dies bei Weitem nicht, um die Sorgen der Gemeinschaft zu verringern. Dies wurde vor allem bei den letzten Wahlen deutlich, als die Jesiden keinen einzigen Listenplatz im Parlament erhielten obwohl sie mindestens 10 Prozent der Wähler stellen. Jesidische Stimmen versickern zumeist in den politischen Scharmützeln der großen kurdischen Parteien. Im irakischen Parlament waren 8 Sitze für Angehörige der Minderheiten reserviert, davon einer für die Jesiden. Bei den ersten Wahlen 2006 errangen die Jesiden noch 8 Sitze, 2010 dann 7 Sitze und 2014 blieben noch 2 Sitze übrig. Im kurdischen Regionalparlament sah es sogar noch schlechter aus. Hier waren 11 Sitze für Minderheiten reserviert, aber keiner exklusiv für die Jesiden. 2005 errangen die Jesiden noch 3 Sitze, 2009 einen und 2013 keinen einzigen. Erst nach Protesten wurde ein Sitz den Jesiden zugesprochen, dieser wurde jedoch von der Frauenquote abgezogen.

In den Jahren nach dem Sturz des Saddam-Regimes zeichnete sich die Entwicklung ab, die ab 2014 zum Massenmord führten. Eine gewichtige Rolle spielte dabei die Haltung der arabisch-muslimischen Nachbarn. Der konfessionelle Bürgerkrieg erlaubte es al-Qaida und den Vorläufern des IS, im Irak Fuß zu fassen, und es dauerte nicht lange, bis die Terroristen gegen die Jesiden zuschlugen. Im Jahre 2007 gab es einige schreckliche Pogrome, angefangen mit Verwüstungen durch einen islamistisch-tribalistischen Mob in der Bezirksstadt Scheichan/Ain Sifni am 14. und 15. Februar. (tribalistisch = stammesgebunden). Ein von Familienangehörigen verübter Mord an einer jungen Jesidin am 7. April wurde noch Wochen und Monate danach von der internationalen Presse als Auslöser für das Massaker an 25 jesidischen Textilarbeitern am 22. April in Mosul beschrieben, obwohl Mir Tahsin Said Beg diese Tat eindeutig als Vergehen gegen jesidische Grundsätze verurteilt hatte und zudem auch nachgewiesen wurde, dass ein Zusammenhang beider Taten nur aus

Ein jesidischer Würdenträger - im Hintergrund die Bilder einiger Anschlagsopfer des 14. August 2007.

einer Verfolgungsabsicht gegen die jesidische Glaubensgemeinschaft hergeleitet werden kann.

In Mosul wurden Flugblätter verteilt, die Jesiden als Ungläubige und Freiwild bezeichnen, und die öffentliche Meinung wurde schrittweise auf das nächste große Massaker vorbereitet. Die Entwicklung kulminierte in dem Massenmord vom 14. August 2007 an den Bewohnern zweier dieser vom Saddam-Regime errichteten „Zentralsiedlungen" in der Nähe des Schingal. Beim bis dahin größten Anschlag des gesamten Irakkrieges starben mehr als 500 Jesiden, über 1000 wurden verwundet. Bei der Aufarbeitung dieses bis dato schlimmsten Massakers an Jesiden im neuen Irak wurden auch Demokratie-Defizite in der Reaktion der kurdischen Regionalregierung deutlich, die damit zu tun haben mögen, dass die Vertreter der religiösen und ethnischen Minderheiten selbst in dieser Region und ihren darüber hinaus reichenden Einflussgebieten noch längst nicht ausreichend an der staatlichen Entwicklung auf allen Verwaltungsebenen beteiligt werden, besonders in den Kommunen.

Nach dem Abzug der amerikanischen Truppen aus dem Irak blieb die Lage in der kurdischen Region erst einmal stabil. Die Attacken gegen die Jesiden setzten sich jedoch fort. Es kam vermehrt zu Anschlägen gegen jesidische Geschäfte und Personen. Am 14 Mai 2013 wurden 10 jesidische Angestellte bei einem bewaffneten Angriff auf Alkoholläden in Bagdad gezielt getötet. Es zeigte sich, dass die Gemeinde auch außerhalb ihres Siedlungsgebietes keine Akzeptanz oder Sicherheit finden würde. Doch auch die Illusion, es sei im Kurdengebiet anders, wurde ihnen bald genommen.

Wie ernst es die irakischen und kurdischen Politiker mit der Sicherheit der Jesiden meinen, sieht man auch bei den tragischen Ereignissen im Schingal. Am 3. August 2014 griffen die Mörder des Islamischen Staates überraschend die Schingal-Region an. Die Peschmergas, die zum Schutz der Region und der Jesiden abgestellt waren, zogen sich ebenso überraschend in der Nacht vor dem Angriff zurück und überließen die Jesiden ihrem Schicksal. Innerhalb weniger Tage eroberten die IS-Truppen alle jesidischen Dörfer und begannen damit, die „Ungläubigen" zu töten, zu versklaven und ihr Hab und Gut zu rauben. Tausende Jesiden versuchten, sich in die Berge zu retten, wo sie für Wochen abgeschnitten und ohne Versorgung ums Überleben kämpften. Diejenigen, die nicht fliehen konnten und in den Dörfern den IS-Truppen in die Hände fielen, waren dem Terror schutzlos ausgeliefert. Massenerschießungen, Vergewaltigungen, Zerstörung, Vertreibung, Raub und Versklavung waren an der Tagesordnung und wirken fort.

Die Schuldfrage bleibt weiterhin ungeklärt. Natürlich waren die Terroristen des IS militärisch stärker, aber sie kamen ja nicht aus dem Nichts. Viel früher hätten die Politiker die Region unterstützen müssen. Warum die Hilfe erst dann einsetzte, nachdem hunderte Jesiden, Kinder, Frauen, Alte, Männer, ermordet wurden und Tausende in die Berge geflohen waren, ist nicht nachvollziehbar. Oder es ist der Beweis dafür, dass man die Jesiden hier nicht mehr haben will.

Viele Jesiden aus dem Schingal klagen die kurdische Regionalregierung und besonders die Regierungspartei KDP an, sie verraten zu haben. Mit dem Beginn der amerikanischen Luftschläge und dem vereinten Einsatz kurdischer Kämpfer aus Syrien und der Türkei war es jedoch möglich, einen Fluchtkorridor für die Jesiden in den Bergen zu schaffen. Und als endlich im Dezember auch noch die Peschmerga eine Offensive gegen den IS begannen, wurden bald darauf viele jesidische Dörfer zurückerobert. Die Hoffnung darauf, dass die Kurden jetzt gemeinsam gegen die islamistischen Terroristen vorgehen, erfüllt sich allerdings wegen der politische Auseinandersetzungen nur begrenzt. Ein geringer Teil der jesidischen Flüchtlinge konnte die Türkei oder Europa erreichen, Tausende vegetieren in Flüchtlingslagern. Während des Schreibens dieser Zeilen ist der Kampf um Schingal jedoch noch nicht beendet. Andere jesidische Dörfer im Scheikhan wurden ebenfalls attackiert, und die unvorstellbar große Zahl von 7.000 jesidischen Frauen und Kindern wurden gefangen genommen, vergewaltigt, als Sklaven behandelt und verkauft. Das Trauma der Jesiden im Irak hält trotz internationaler Hilfe an, und eine friedliche Zukunft ist nicht in Sicht.

Als Lösung sehen einige die Autonomie für die jesidische Schingal-Region im Zusammenhang mit der Bewaffnung der jesidischen Einheiten an. Andere Stimmen rufen dazu auf, Schingal für immer zu verlassen und in eine sichere Gegend – im Blick ist Deutschland – auszuwandern. Ein friedliches Zusammenleben mit den arabisch-muslimischen Nachbarn, die sich teilweise an den Gräueltaten des IS beteiligt haben, ist für sie nicht mehr vorstellbar.

Jesiden in der Türkei

Von Telim Tolan und Sahap Dag

Es war und ist in einigen ehemals jesidischen Dörfern möglich, zu existieren und Flüchtlingen aus Syrien und dem Irak ein Notquartier zu bieten – noch. Es ist aber damit zu rechnen, dass der türkische Ministerpräsident Erdogan auch gegen die Jesiden gewaltsam vorgeht.

Erdogan hat die Verfolgung der Jesiden zur Regierungspolitik erhoben, als er bei einer Flughafen-Eröffnung am 21.10.2012 die Jesiden als „Terroristen", „Ungläubige" und „Gottlose" bezeichnete. Man müsse sie „blenden", so die übersetzte Fassung. Unter „blenden" versteht man das Ausstechen oder Ausbrennen der Augen. Anlass für die Äußerung war eine von Jesiden organisierte Konferenz in Diyarbakir.

Dass mächtige Grundbesitzer und ihre Hilfstruppen, die vom Staat finanzieren „Dorfschützer", dies als Aufforderung verstehen, die straffrei befolgt werden kann, ist jedenfalls zu erwarten. In einigen Dörfern wie Efse wurde aktuell von Übergriffen gegen einzelne deutsche Jesiden berichtet. Und inzwischen ist das ehemalige Siedlungsgebiet der Jesiden in der Türkei wieder Kriegsgebiet.

Die Zahl der Jesiden in der Türkei ist seit Jahrhunderten gesunken, eine Folge von Genozid und Zwangsislamisierung. Deswegen meinten auch einige deutsche Gerichte, diese Minderheit sei in der türkischen Gesellschaft weitgehend unbekannt und könne deshalb in anderen Teilen der Türkei unbehelligt leben – die sogenannte inländische Fluchtalternative war erfunden. Dass es Menschen gibt, die nicht in die Moschee gehen, und dass es sich um Christen oder Jesiden handelt, ist der türkischen Bevölkerung jedoch bekannt. Polizisten und Grenzbeamte in der gesamten Türkei zeigen bei Kontrollen keine Wissenslücken. Dabei hatte die Gesellschaft für bedrohte Völker, als sie um 1980 die Jesidendörfer auflistete und deren Einwohner überschlägig zählte, tatsächlich nur rund 20.000 Menschen ermittelt. Als 1984 die Zahl in dem Buch „Die kurdischen Yezidi – ein Volk auf dem Weg in den Untergang" veröffentlicht wurde, war ein Teil von ihnen bereits nach Westeuropa, vorwiegend nach Deutschland geflüchtet. 1990 hatten die Jesiden bis auf einige wenige die Türkei verlassen.

Heute sind etwas zwei Drittel eingebürgert. Dazwischen liegt jedoch eine Zeit, die für die meisten mit Entbehrungen, erzwungener Tatenlosigkeit und Angst vor Abschiebung verbunden war. Ein Teil wurde nach zähem Ringen von den Gerichten als Flüchtlinge anerkannt, ein anderer Teil erhielt Bleiberecht, das seit 1991 bundeseinheitlich gilt.

Seit 2003 gibt es gegen die Anerkennungen Widerrufsverfahren. Anlass ist die Auffassung des Bundesamtes für Migration und Flüchtlinge, inzwischen unterstützt von den meisten Oberverwaltungsgerichten, dass die Jesiden in der Türkei unbehelligt leben können. Das Amt hatte in seinen „Einzelentscheiderbriefen" 7/04 und 3/05 sogar erklärt, es finde eine „Rückkehr der Jesiden in die Türkei“ statt. Tatsächlich hat es Versuche gegeben, in den Dörfern Ackerbau zu treiben und Häuser zu Urlaubsdomizilen herzurichten. Auch wurde mit Anfangserfolgen versucht, sich Landbesitz verbriefen zu lassen. Die Folgen waren regelmäßig Auseinandersetzungen mit den Grundbesitzern und den Nutznießern der verlassenen Dörfer. Es gab Morde und Morddrohungen. Bis heute muss die Duldung von Beerdigungen oder Urlaubsdomizilen teuer erkauft werden. In zwei Dörfern konnten Neubauten realisiert werden, in anderen scheiterten die Versuche bis heute.

Gründe der bisherigen Rechtsprechung

Die Jesiden aus der Türkei wurden in der Rechtsprechung je nach Einstellung der Gerichte mal abgelehnt, mal anerkannt. Die Anerkennungen der niedersächsischen Verwaltungsgerichte wurden bis 1993 vom Oberverwaltungsgericht gekippt. Danach war die Rechtsprechung einheitlich bis 2003. Die Jesiden galten als Angehörige einer Minderheit, die einer „mittelbaren, dem Staat zuzurechnenden Gruppenverfolgung“ unterliegen. Das Oberverwaltungsgericht NRW in Münster hat diese Rechtsprechung zuletzt mit Urteil vom 23. Juli 2003 (8 A 2119/02.A) bestätigt. Besonders prägnant wurden die Gründe für die Anerkennung der im Urteil 8 A 902/96.A vom 24.11.2000 dargestellt. Auszug:

„Die Lage der Jesiden im Südosten der Türkei wird durch den auf sie von Seiten der moslemischen Bevölkerungsmehrheit ausgeübten, an Jahrhunderte zurückreichende Verhaltensweisen anknüpfenden extremen Vertreibungsdruck gekennzeichnet. Jesiden waren seit jeher in ihren angestammten Siedlungsgebieten nur in fest gefügten und weitgehend von der andersgläubigen Umgebung abgewandten Dorfgemeinschaften als religiös geprägte Gruppe überlebensfähig. Eine Vielzahl von mit häufig unerbittlicher Härte durchgeführten Übergriffen – von Eigentumsverletzungen, entschädigungsloser Landwegnahme und Viehdiebstahl bis hin zur Entführung, Vergewaltigung oder Zwangsverheiratung jesidischer Frauen sowie der Misshandlung und Tötung von Jesiden – führte jedoch bis in die jüngste Gegenwart dazu, dass die jesidischen Dorfgemeinschaften im Laufe weniger Jahrzehnte fast vollständig ausgelöscht wurden; diese Entwicklung ist durch zahlreiche Sachverständige und Institutionen für den Zeitraum bis in die Mitte der neunziger Jahre außerordentlich gut dokumentiert.“

Das Bundesamt hatte die Aktivitäten von Jesiden in den Dörfern aufmerksam verfolgt. Prompt änderte sich die Rechtsprechung. Wir dokumentierten die Entwicklung, berichteten über drei Morde und zahlreiche tätliche Angriffe und Drangsalierungen der letzten noch ansässigen Jesiden – ohne Erfolg. In den letzten Jahren wurden nahezu alle jesidischen Heiligtümer geschändet oder zerstört. Vom „religiösen Existenzminimum“ kann weiter keine Rede sein.

Der Begriff spielt in der gerichtlichen Auseinandersetzung um die Frage der Verfolgung eine Rolle. Er soll definieren, welches Maß an Einschränkungen in der Religionsausübung als hinnehmbar gilt. Wenn die Ausübung der Religion in der Öffentlichkeit vom Umfeld nicht toleriert wird, ist nach europäischem Recht dieses religiöse Existenzminimum nicht gewährleistet. Das Oberverwaltungsgericht Lüneburg hat diese Auffassung stets mit der Begründung ignoriert. die jesidische Religion sei ohnehin eine „Geheimreligion". Das Jesidische Forum hat daraufhin die Richter eingeladen, sich selbst religiöse Zeremonien in Oldenburg anzusehen. Sie sind nicht gekommen.

Zur religiösen Motivation der Verfolgung

Aus Schilderungen von Jesiden, die in den letzten Jahren in die türkischen Herkunftsgebiete reisten, ergibt sich, dass die Toleranz gegenüber dem jesidischen Glauben eher noch geringer geworden ist. Der Umgang mit Jesiden bleibt geprägt von religiöser Verachtung. Daher trifft zu, was das OVG NRW noch in dem genannten Urteil festgestellt hatte:

„Der wesentliche Grund für die den Jesiden zugefügten Gewalttaten ist in der Haltung der moslemischen Bevölkerungsmehrheit dem jesidischen Glauben gegenüber zu sehen. Ohne dass den moslemischen Gläubigen Einzelheiten zum Inhalt der jesidischen Religion – etwa der Anspruch der Jesiden, Monotheisten zu sein – bekannt wären, unterliegen Jesiden schon deshalb dem Hass und der Verachtung, weil sie in den Augen der Moslems durch ihre Verehrung des Melek Taus die Einzigartigkeit Gottes leugnen und damit die Todsünde der „Hinzugesellung" begehen, die sie außerhalb des islamischen Duldungsgebots stellt. Die etwa dem Christentum oder dem Judentum als geduldeten Buchreligionen grundsätzlich eingeräumte Möglichkeit, den Glauben öffentlich, wenn auch unter der Aufsicht des Islam, zu praktizieren, steht ihnen daher nicht offen; vielmehr unterliegen sie dem Gesetz des Heiligen Krieges, dass ihre Tötung nach einmaligem erfolglosem Bekehrungsversuch zumindest billigt. Zahlreiche – oft falsch verstandene – Besonderheiten des jesidischen Glaubens verstärken das von islamischer Seite als gerechtfertigt eingestufte Bestreben, die Anhänger des jesidischen Glaubens zu vertreiben oder zu vernichten."

Jede Arbeit, jeder Behördengang, auch die Überführung und Beerdigung von Verstorbenen sind in der Regel nicht ohne Geld- und Sachgeschenke an den Großgrundbesitzer, einflussreiche Moslems und ggf. das örtliche Militär möglich. Die Jesiden als verachtete Minderheit stehen auf der untersten Stufe der Hierarchie. In einigen Orten können Jesiden, die weiterhin dort gelebt haben, relative Sicherheit mit erheblichen Geldzahlungen erkaufen. Rückkehrer werden jedoch offen bekämpft. Die Diskriminierung aus religiösen Gründen verschließt den Jesiden auch den Zugang zu Lohnarbeit in der Türkei. Ein Dorfvorsteher formuliert den Zustand so:

„Wir Jesiden, die hier leben, können uns hier aufhalten, weil wir moslemischen Stämmen Erpressungsgelder geben. Dies gilt für alle Jesiden, die in Viransehir leben."

Die Situation heute in Zahlen

Offizielle Stellen in Deutschland sprechen unter Berufung auf unbekannte Informanten von 2000 Jesiden. Die letzte, von jesidischen Vereinen am 30. März 2006 abgeschlossene Bestandsaufnahme ergab 524 Jesiden, die zu dieser Zeit durchgängig in der Türkei lebten. Die Größenordnung macht deutlich, dass von einer „Rückkehr der Jesiden" keine Rede sein kann.

Die Zahl 2.000 ist ebenso falsch wie die Behauptung, die Jesiden würden in die Türkei zurückkehren wollen, weil sie fürchten, in Europa ihre kulturelle Identität zu verlieren. Den Jesiden aus der Türkei ist bewusst, dass sie der Bundesrepublik Deutschland den Fortbestand ihrer Existenz als Religionsgemeinschaft verdanken, die es zu bewahren gilt. Auch diejenigen, die Rückkehrversuche unternahmen, gingen und gehen nicht davon aus, die Zukunft der jesidischen Gemeinschaft liege ausgerechnet in der Türkei, in der es – anders als in Deutschland – keine Religionsfreiheit gibt.

Mit dem Begriff „Rückkehr" wird auch die Vorstellung verbreitet, die Jesiden wollten ihr Leben in Deutschland bzw. Westeuropa sozusagen frustriert aufgeben und in die früheren Verhältnisse zurückkehren. Davon kann überhaupt keine Rede sein, im Gegenteil. Für die mittlere Generation, die einen Atlas braucht, um sich zu vergegenwärtigen, wo die Eltern herkommen, ist es unvorstellbar, die Existenz und die Verwurzelung in Deutschland aufzugeben.

Im BAMF – früher Bundesamt für die Anerkennung ausländischer Flüchtlinge, heute: für Migration und Flüchtlinge – war die große Mehrheit seiner „Entscheider" stets gegen die Anerkennung der türkischen Jesiden. Es war für sie eine Niederlage, dass die Gerichte im Ergebnis gegen sie entschieden. Als sich die Gelegenheit bot, konnte das Bundesamt die Versuche einiger, vornehmlich älterer Jesiden aufbauschen, die in den Herkunftsdörfern ausloten wollten, ob dort eine Existenz – ständig oder im Sinne eines „Urlaubs" – und die Absicherung von Besitzrechten möglich sind. Zeitweise keimte unter den Jesiden die Hoffnung, die Lage werde sich insgesamt auch wegen der EU-Ambitionen der Türkei grundlegend ändern. Das hat sich nicht bestätigt – siehe Erdogan.

Jesiden in Syrien

Von Sebastian Maisel

Schon vor der Auflösung des syrischen Staates waren die Jesiden eine kleine Minderheit, deren Zahl unter 15.000 lag. Die schwache Position wurde durch die Aufsplitterung ihres Siedlungsraumes in mehrere Teilgebiete verfestigt. Jesiden lebten einerseits westlich von Aleppo um die Stadt Afrin und andererseits in drei Enklaven in der syrischen Jezira: in der Nähe von Ras al-Ayn, zwischen Amuda und Hassake und im Wadi al-Jarrah östlich von Qamishli. Zwischen den einzelnen Gruppen gab es keinen dauerhaften Kontakt und nur mangelhafte Kommunikation. Gründe dafür waren die unterschiedlichen wirtschaftlichen und gesellschaftlichen Voraussetzungen der einzelnen Gruppen.

Die Jesiden im Gebiet von Afrin sind grundsätzlich sozial in ihrem kurdischen Umfeld integriert. Während ihrer langen Siedlungsgeschichte haben sie sich einen festen Platz in der dortigen Bevölkerungsstruktur geschaffen. Zudem bot ihnen ihr Lebensraum gute natürliche Ausgangsbedingungen, die die Grundlage für hohen landwirtschaftlichen Ertrag bilden. Ökonomisch gesehen ist ihr Lebensunterhalt gesichert und sie leben auf einem vergleichsweise höheren Niveau als die ostsyrischen Jesiden.

Diese sahen sich wesentlich größeren Problemen gegenüber. In politischer Hinsicht war ihr Status meist nicht geklärt, da sie als Flüchtlinge oder Ausländer im eigenen Land galten und daher keine staatsbürgerlichen Rechte beanspruchen konnten. Die Fluchtbewegung hält seit 1980 an und führte zu einer weiteren Destabilisierung der dortigen Gemeinden und Sozialstrukturen. Nach einer Zählung, die das jesidische Forum mit Hilfe von Verwandten organisierte, lebten dort Ende 2008 noch 3.357 Jesiden. Zum besseren Verständnis: Eine solche Zählung ergibt eine Mindestzahl, doch dass es wesentlich mehr waren, ist auszuschließen.

Für die Jahrzehnte davor muss man von einer latenten Gruppenverfolgung der Jesiden durch die muslimischen Nachbarn und die syrischen Staatsorgane sprechen. Diese beruht in erster Linie auf religiösen Vorurteilen und äußert sich in materiellen Schädigungen, Gewaltanwendung und psychischer Einschüchterung.

Die Jesiden als schwächstes Glied der Bevölkerungskette konnten sich dagegen nicht wehren. Ihnen blieb als Ausweg die Abwanderung. Bevorzugtes Ziel war dabei Deutschland, weil sie hier Verwandte und intakte Gemeinden vorfinden, die sich aufgrund des hohen Anteils von Geistlichen unter den Emigranten herausbilden konnten. Von staatlicher Seite wurden keine Anstrengungen zum Schutz der Jesiden unternommen. Vielmehr wurden die Übergriffe durch Nichtahndung bzw. Nichtverfolgung toleriert. Für die syrisch-arabische Seite hatte sich damit ein Teil ihres „Kurdenproblems" gewissermaßen von selbst erledigt, da unter den Tätern auch muslimische Kurden zu finden sind.

Der Krieg, der als Folge der Revolution seit 2010 tobt, hat auf die jesidischen Gemeinden in den Siedlungsgebieten dramatische Auswirkungen. Mit dem Erstarken islamisch-fundamentalistischer Bewegungen und Milizen wurden jesidische Dörfer erneut Ziele von Angriffen. Einzig die bewaffneten kurdischen Abteilungen der YPG sind in der Lage, die syrischen Jesiden zu beschützen. Doch wird deren Kampfkraft von der Türkei wie auch von Russland geschwächt, und zudem besteht eine Rivalität mit der Führung der kurdischen Autonomieregierung im Irak. Als Folge müssen die jesidischen Familien ihre Dörfer verlassen und als Flüchtlinge Schutz im Irak, der Türkei oder Deutschland suchen. Die verbleibenden Jesiden in den kurdisch kontrollierten Gebieten versuchen derweil erstmals, ihre Gemeinden sowie einen Religions- und Sprachunterricht zu organisieren.

Jesiden in Georgien

Anfang der 1990er Jahre flohen Tausende Jesiden vor Verfolgung und Diskriminierung aus Georgien nach Deutschland. Die meisten von ihnen sind mittlerweile in andere Länder weitergewandert oder nach Georgien abgeschoben worden. Kein einziger wurde vom Bundesamt oder von Gerichten anerkannt.

Einige wenige Jesiden kamen schon im 18. Jahrhundert aus dem osmanischen Reich in den Transkaukasus. 1770 versuchte der georgische König Irakli II. die Jesiden in eine Koalition mit Armeniern und Assyrern gegen den türkischen Sultan einzubinden. Auch während des russisch-türkischen Krieges 1877-1878 kamen wieder Jesiden nach Armenien und Georgien. Ein Großteil der im 20. Jahrhundert in Armenien und Georgien lebenden Jesiden kamen jedoch um die Jahrhundertwende aus dem Osmanischen Reich, wo sie verfolgt wurden, in den Kaukasus. Die Jesiden waren vorwiegend Bauern und ließen sich in Armenien in den Dörfern nieder. In Georgien fanden sie jedoch Aufnahme in Tiflis und später in Telavi. Die Pire ließen sich mit den ihnen zugeordneten Muriden in Dörfern oder einzelnen Straßenzügen der größeren Städte nieder. Die kurdisch-jesidische Kultur in Georgien erlebte in den 1970er Jahren einen Aufschwung. Es entstanden Musikgruppen und das damals weltweit einzige kurdische Theater. Im staatlichen Radio waren wöchentlich 15 Minuten den Jesiden und ihrer Sprache gewidmet. In den russischen Schulen gab es fünf Klassen, in denen in Kurmanci, der jesidischen Muttersprache, unterrichtet wurde. Diese Regelung wurde 2002 abgeschafft. Unter Präsident Eduard Schewardnadse wurde das kurdische Theater geschlossen. In den Parlamenten, die nach dem Zusammenbruch der Sowjetunion gewählt wurden, gab es keine kurdischen oder jesidischen Vertreter.

Jesidische Pilgerstätte in Tiflis, Quba Siltan Êzîd. Seit 2015 das neue religiöse, kulturelle und wissenschaftliche Zentrum der Jesiden in Georgien.

Design eines neuen Tempels der Jesiden in Armenien (Artuk Ghulyan). Der neue Tempel wird mit der bisherigen kleinen Pilgerstätte verbunden sein (ÊzîdîPress).

Inzwischen hat sich die Situation verbessert. Ein Anzeichen dafür ist in Tiflis entstanden: das neue kulturelle Zentrum, das dem Baustil von Lalisch folgt. Es wurde am 16. Juni 2015 in Anwesenheit von den Vertretern der Geistlichen in Lalisch, der georgischen Regierung und religiösen Führern verschiedener Religionen eingeweiht. Die Anlage stellt für die rund 20.000 Jesiden in Georgien das religiöse, kulturelle und wissenschaftliche Zentrum dar. Der theologischen Akademie steht der Geistliche Pir Dima vor. Gäste aus Deutschland, Armenien, Russland, Frankreich, Belgien und Australien, der Religiöse Rat und der Kommandeur der jesidischen Einheiten im Irak, Haydar Shesho, waren angereist. Der Leiter des Ministeriums für religiöse Angelegenheiten überbrachte Glückwünsche des Ministerpräsidenten. Die georgische Regierung hatte das Grundstück zur Verfügung gestellt. Das alles lässt hoffen.

„Der Grundstein dieser Heiligenstätte wurde im Oktober 2012 von hochrangigen Geistlichen aus Lalisch gelegt, der Bau begann im Jahr 2013. Der Tempel wurde am 16. Juni 2015 in Anwesenheit von den Vertretern der Geistlichen in Lalisch, der georgischen Regierung und religiösen Führern verschiedener Religionen eingeweiht. Der Tempel wurde im klassischen Stil der Êzîden gebaut.

Der Geistliche Rat der Êzîden in Georgien hat entschieden, dass das „Tawafa Yezid“, also die jährlichen Festlichkeiten die an den Heiligstätten stattfinden, jedes Jahr am Sonntag vor dem Allerseelen-Fest stattfinden wird. Der Tempel bildet für die rund 20.000 Êzîden in Georgien das kulturelle und wissenschaftliche Zentrum, wo auch Forschungen zur êzîdîschen Religion betrieben werden sollen. Im Jahr 2016 wurde die weltweit erste theologische Akademie für êzîdîsche Lehren eröffnet. Der Hof des Tempels ist mit einem Garten und verschiedenen seltenen Pflanzen geschmückt.“

Auszug aus einem Artikel der Nachrichtenagentur *ÊzîdîPress*.

Jesiden in Armenien

Die Jesiden sind mit etwa 1,3 Prozent der Bevölkerung die größte religiöse Minderheit in Armenien. Viele Jesiden ließen sich während des russisch-türkischen Krieges im 19. Jahrhundert in Armenien nieder. Andere kamen mit den Armeniern, die in der Türkei den Massakern entgingen, die an den Christen 1915 von den Osmanen verübt wurden. Dieser Völkermord mit etwa 1,5 Millionen Opfern brachte die christlichen Minderheiten und die Jesiden zusammen, die vielfach die Verfolgten versteckten. Die Leidensgeschichte hat bis heute eine verbindende Wirkung. Da sie weder den Christen noch den Muslimen folgen, blieben die Jesiden während des Krieges um Nagorny Karabach 1988-90 im Lande. Azeris und muslimische Kurden hingegen verließen massenhaft das Land. Die Jesiden leben meist in ländlichen Regionen, oftmals als Rinder- oder Schafzüchter.

Nach der offiziellen Volkszählung im Jahre 2011 leben in Armenien mehr als 40.000 Jesiden. Während der Kampagne zur Landprivatisierung im Jahre 2002 verloren viele Jesiden ihre Weiden und Ländereien. Sie waren nicht in der Lage, ihre historischen Ansprüche zu belegen. Aber auch im Bereich der Bewässerung mussten sie viele Benachteiligungen in Kauf nehmen.

Denkmal zum Völkermord an den Armeniern und Jesiden.

Jesidische Pilgerstätte in Armenien.

Inzwischen scheint sich die Lage stabilisiert zu haben. Immerhin plant die jesidische Gemeinschaft eine Versammlungsstätte ganz im Stil von Lalisch, die als kulturelles Zentrum dienen soll. Ein jesidischer Unternehmer soll die Finanzierung regeln. Die Anlage ist in der Stadt Alknalich geplant und trägt den Namen „Quba mêrê dîwanê“. 2012 erkannte der armenische Staat die Êzîden als eigenständige Religionsgemeinschaft an. Ein Entwurf für eine neue Verfassung soll eine Quotenregelung einführen, die auch Minderheiten eine parlamentarische Vertretung sichern soll.

„Die Pilgerstätte der Êzîden in Armenien war die erste, die außerhalb der traditionellen Heimat gebaut wurde. Fertiggestellt wurde die Stätte im Jahr 2012. Die Architektur ist an den klassischen Stil der Heiligenstätte im Irak angelehnt. Der Tempel verfügt über einen Garten und Denkmäler für êzîdische Helden sowie eine Versammlungshalle für die lokale Gemeinschaft. Im Jahr 2015 wurde beschlossen, neben dieser Stätte einen großen Tempel (Qub) zu errichten. Die Grundsteinlegung fand am September 2015 statt.“

Auszug aus einem Artikel der Nachrichtenagentur *ÊzîdîPress*.

Jesiden in Deutschland – Willkommenskultur und Realität

Von Bernd Lehmann

Ende 2015: Die Mörder des IS setzen ihr Programm zur Menschenvernichtung in Syrien und im Irak fort, die Zahl der Opfer geht in die Tausende. Sie machen nicht einmal vor den eigenen sunnitischen Glaubensbrüdern halt. Doch am schlimmsten betroffen sind – wieder einmal in ihrer Geschichte – die Jesiden. Nicht nur, weil sie sich nicht unterwerfen wollen, sondern schon deswegen, weil sie Jesiden sind, vogelfrei wie seit Jahrhunderten. Die Mörder des „Kalifats", eine Gründung mit Hilfe ehemaliger Saddam-Offiziere, wie man inzwischen weiß, berufen sich auf die Scharia, das islamische Recht.

April 2015: In der ZDF-Sendung „Bericht aus Berlin" wird ein Politiker in Aktion gezeigt. Der Mann heißt Andreas Scheuer, ist immerhin Generalsekretär der CSU, dem bayerischen Ableger der CDU. Das Asylrecht, so doziert er unter Beifall im Bierzelt, sei kein Freifahrtschein für „Asyltouristen ins Sozialparadies", und: „Wir sind ein christliches Land, wo unsere bayerische Hausordnung gilt und nicht die Scharia."

Die „Asyltouristen" mit der Scharia im Gepäck – so wirr das scheint, es funktioniert. Hetzpropaganda zeichnet sich durch Reduzierung auf wenige Begriffe aus: „Die Juden sind unser Unglück", hieß die Parole der Nazis, als sie begannen, die Vernichtung der „jüdischen Rasse" vorzubereiten. Im Nachkriegsdeutschland etablierte unter anderem der Bayer Franz-Josef Strauß – Verteidigungsminister, Finanzminister und zum Schluss bayrischer Ministrerpräsident – die offene Hetze als Politik-Stil, als er Intellektuelle als „Ratten und Schmeißfliegen" bezeichnete. Ausländer kamen damals kaum nach Deutschland. Immerhin hatten die Gründer der Bundesrepublik 1949 – das Schicksal der vor den Nazis Geflüchteten vor Augen – das Asylrecht ins Grundgesetz geschrieben. Als tatsächlich Menschen dieses Grundrecht in wachsender Zahl in Anspruch nehmen wollten, wurde es lästig. „Das Boot ist voll", tönten Politiker und die BILD-Zeitung. Von „Scheinasylanten" und „Sozialschmarotzern" war die Rede.

Der Hetze mit Worten folgten Taten. Nach der Wiedervereinigung war es eine der ersten Amtshandlungen, die neuen, finanziell armen Bundesländer Mecklenburg-Vorpommern, Thüringen, Sachsen-Anhalt und Sachsen zur Einrichtung von Asyl-Lagern zu zwingen. Wer gehofft hatte, die Kohl-Regierung werde den Neonazis diesen Gefallen nicht tun, sah sich getäuscht. Bald brannten die Unterkünfte in Rostock und anderswo, dann auch im Westen.

Die Hetze, die mit dieser Entwicklung verbunden war, hat eine ausländerfeindliche Grundstimmung bei einer starken Minderheit der Bevölkerung befördert. Vorurteile und Schlagwörter wurden tief in den Gehirnen nicht nur dieser Minderheit verankert. Dass Ausländer eine andere „Mentalität" hätten, wurde zur Volksmeinung. Gern werden bis heute die Ressentiments hinter dem Begriff „Kulturkreis" versteckt. Verstanden wird darunter ein vermeintliches Anderssein, das den Fremden anhafte wie ein Gendefekt. Richtig ist, dass in den Herkunftsländern Verhaltensweisen verbreitet sind, die hier überwunden scheinen.

Inzwischen zeichnet sich eine Polarisierung ab: Auf der einen Seite zunehmend aggressive Fremdenfeindlichkeit, auf der anderen Seite eine beeindruckende Hilfsbereitschaft, die nicht zuletzt eine Folge der Bilder von realer Verfolgung in Syrien und im Irak ist. Es ist vor allem das Schicksal der Jesiden, das große Teile der hiesigen Bevölkerung bewegt hat. Die Jesiden profitieren jedoch kaum von der zurzeit vorhandenen Hilfsbereitschaft, weil sie nicht kommen können – mangels Geld für die Flucht aus den Elendslagern.

Die Willkommenskultur, die von den vielen Engagierten, den Flüchtlingsräten, Kirchengemeinden und auch Politikern praktiziert wird, stößt nicht nur bei rechtslastig Denkenden, sondern auch im Staat und seiner Bürokratie auf Widerstand. Die seit Ende 2015 geltenden Verschärfungen des Aufenthaltsgesetzes (früher: Ausländergesetz) erlauben es, jeden nicht anerkannten Flüchtling, der im Verdacht steht, einen Schlepper bezahlt zu haben – also ziemlich alle – ins Gefängnis zu stecken. Willkommen im Knast (§ 2 Abs. 14 Ziffer 4 in Verbindung mit § 62 Absatz 3 Satz 1 Nr. 5 Aufenthaltsgesetz, Stand 22. 12. 2016).

Es gibt auch Lichtblicke in der Politik wie die Initiative des Landes Baden-Württemberg, 1.000 traumatisierte jesidische Frauen und Mädchen aufzunehmen. Die Länderprogramme zur Aufnahme syrischer Flüchtlinge auf Antrag von hiesigen Verwandten boten einigen wenigen eine Chance.

Eine legale Einreise wird zunehmend erschwert. Botschaften und Behörden verzögern den Familiennachzug auch dann, wenn ihm rechtlich nichts entgegensteht. An die Stelle der Flüchtlingsanerkennung tritt der „subsidiäre Schutz" für zunächst ein Jahr und ohne das Recht auf Familiennachzug. Das Bundesamt für Migration und Flüchtlinge lehnt neuerdings Asylanträge irakischer Jesiden als unbegründet ab, fordert die Ausreise mit Fristsetzung und droht die Abschiebung an. Gerichtsverfahren mit zweifelhaftem Ausgang sind die Folge. Für viele, die fest mit der Möglichkeit gerechnet hatten, die Angehörigen nachzuholen, ist das ein Desaster: Soll man in Deutschland bleiben oder zurück zu den Angehörigen im Elend? Und nicht selten fühlen sich die Angehörigen in den Elendslagern allein gelassen vom Ehemann oder Sohn, der in Deutschland angekommen ist. Dass der gegen die Verschärfung der Gesetze und Vorgehensweisen nichts tun kann, ist erst einmal unverständlich

Mit dem Vorgehen von Behörden haben die Jesiden wie alle Flüchtlinge spezielle Erfahrungen, mit denen sich Bücher füllen ließen. Diese Erfahrungen fehlen Außenstehenden verständlicherweise, so dass sie entsprechende Schildungen häufig für unglaubhaft halten. Auch die zweite Generation der Flüchtlinge, die in Deutschland geboren oder seit ihrem Kindesalter hier aufgewachsen sind, hat diese Erfahrungen nicht. Diese Generation ist inzwischen erwachsen und meist eingebürgert. Von den Leidenszeiten ihrer Eltern und Großeltern in der Türkei, in Syrien und in Deutschland wissen sie oft nur wenig. Das hat mehrere Gründe. Einerseits erwacht das Interesse an der familiären Vergangenheit erst im Erwachsenenalter. Andererseits haben die Eltern die schlechten Zeiten in den Herkunftsländern und auch in Deutschland weitgehend hinter sich gelassen. Darüber redet man nicht gern.

Vor allem dann nicht, wenn man es weniger gut getroffen hat als andere. An einem Beispiel lässt sich das anschaulich darstellen: Eine Familie wird einem Ort zugewiesen – Asylbewerber dürfen sich nicht aussuchen, wo sie wohnen – und dort in einer verschimmelten Wohnung untergebracht. Eine weitere Familie, die danach kommt, erhält eine Wohnung in einem Neubau. Einziger Grund: Die Verwaltung hatte keine weitere Schimmel-Wohnung mehr zur Verfügung. Das weiß die Familie im Gammelhaus jedoch nicht. Ihr muss der Vorgang wie eine gezielte Benachteiligung erscheinen, und der Familienvater sieht sich dem Verdacht ausgesetzt, versagt zu haben. Man wird es ihm nicht verdenken können, wenn er darüber später nicht reden mag, und auch nicht über die Demütigungen, denen Asylbewerber häufig ausgesetzt sind.

Ausländerbehörden: Härte als Berufsqualifikation

Die Mitarbeiter/innen der Ausländerbehörden sind zweifellos nicht zu beneiden. Von ihnen wird Härte verlangt. Sie müssen nachts als Begleiter der Polizei dabei sein, wenn Familien mit weinenden Müttern und schreienden Kindern aus Wohnungen geholt und zwecks Abschiebung in Polizeiwagen verfrachtet werden. Das geht nicht ohne eine entsprechende Einstellung und – höflich ausgedrückt – den nötigen emotionalen Abstand zu den betroffenen Menschen. Mein Klassiker ist der Satz einer Sachbearbeiterin über Ausländer: „Die lügen doch alle." Betroffene berichten immer wieder, dass sie nicht gegrüßt würden, wohl aber geduzt, dass Sachbearbeiter sie gern warten lassen, aber auch, dass die Amtspersonen ihnen nur ungern direkt ins Auge blicken.

Bemerkenswert ist, dass die Tätigkeit in den Ausländerbehörden zunehmend Frauensache wurde, was allerdings keine Veränderungen im Arbeitsstil nach sich zog. Die Vorgesetzten sind zumeist Männer, doch treten die Frauen den Flüchtlingen nicht weniger engagiert entgegen. Ob die Willkommenskultur an der Einstellung grundsätzlich etwas ändert, muss sich erweisen.

Zu den Standard-Umgangsformen bei entsprechend motivierten Ausländerbehörden gehören nach hiesiger Erfahrung unter anderem diese Verfahrensweisen:

- Den Betroffenen wird erklärt, dass sie sowieso abgeschoben werden.
- Bei mündlich vorgetragenen Wünschen oder Anträgen wird erklärt, dass aus gesetzlichen Gründen keine Chance besteht.

- Schriftliche Anträge werden nicht entgegengenommen.
- Anwälte und Unterstützer werden ignoriert und umgangen.
- Aufenthaltsrechte werden durch Abnahme von Personaldokumenten oder durch falsche Einträge der Rechtsgrundlagen entzogen (s.u.).
- Es wird ein Text vorgelegt, den die Betroffenen unterschreiben sollen, obwohl sie ihn nicht lesen oder verstehen können.

Solchen Umgangsformen sind asylsuchende Ausländer generell ausgesetzt. Dahinter steckt auch die wohl unausrottbare Vorstellung, die Betroffenen würden wieder verschwinden, wenn man ihnen hier das Leben möglichst schwermacht.

Bei den Jesiden verlief die Asyl-Geschichte über Jahrzehnte zwischen Hoffnung und Verzweiflung. Am Anfang stand die Anwerbung von Gastarbeitern in der Türkei. Sie brachte Jesiden nach Deutschland. Zu ihrer Überraschung stellten sie fest, dass es keine Diskriminierung aus religiösen Gründen gab, jedenfalls nicht von deutscher Seite. Den Begriff Jesiden kannten nur wenige Deutsche. Das ist erst durch die IS-Morde anders geworden.

Als sich nach dem Militärputsch in der Türkei 1980 im türkischen Kurdistan die Kämpfe verschärften und die Jesiden dazwischen zerrieben wurden, schien ein Ausweg gefunden. Jetzt beantragte man Asyl, doch die Verfahren blieben zunächst erfolglos. 1984 verhängte die Regierung Kohl ein Arbeitsverbot für Asylbewerber, die häufig schon Arbeit gefunden hatten. Sie mussten untätig und abhängig von den Sozialämtern auf das Ende des Verfahrens warten. Der Wunsch, dem deutschen Staat als Gastgeber nicht auf der Tasche zu liegen, war plötzlich unerfüllbar. Eingeführt wurde stattdessen die diskriminierende „gemeinnützige Arbeit". Sie wurde mit einer Mark pro Stunde entlohnt und sollte definitionsgemäß „zusätzlich" sein, also keine Arbeit ersetzen, die regulär getan werden musste. Doch vielfach duldeten die Behörden, dass Firmen die Flüchtlinge als billige Arbeitskräfte einsetzten. Wie solche Einsätze aussehen können, zeigt das Beispiel eines Jesiden, der ohne Schutzkleidung in die Kanalisation geschickt wurde und anschließend wegen Verätzungen im Krankenhaus behandelt werden musste.

Die Unterbringung war häufig katastrophal. Ein erstes Beispiel lernte ich am 12. Februar 1983 kennen: „Schlichtbauten" mit dünnen Wänden, Plumpsklo über'n Hof. Bei minus 12 Grad vor allem für die Kinder ein Härtetest. Im Haus nur ein Waschbecken. Kohleöfen mit Abgasrohren, die neben der Tapete in die Wand gingen. Erstaunlich war, dass die Häuser nicht niederbrannten. Darin lebten jesidische Familien – die ersten, die ich kennenlernte. Der Schnee pfiff durch die vergammelten Rahmen der Ein-Schreiben-Fenster. Briketts wurden vor der Haustür einfach abgekippt. Die Sachbearbeiterin vom Sozialamt kam gelegentlich vorbei, um den Bestand an Kleidung und Socken aufzunehmen. Damals wurden Kleidung und Hausrat gesondert bewilligt – oder auch nicht. Und nicht zu vergessen: Auch damals gab es schon das „Asylbewerberleistungsgesetz", nach dem nur zwei Drittel des Sozialhilfesatzes zum Lebensunterhalt gewährt wurden, und das weitgehend in Form der diskriminierenden Gutscheine anstelle von Bargeld. Diese aufwendige und teure Form der Abschreckung stand übrigens 2015 schon vor dem Ende. Nach der Zunahme der Flüchtlingszahlen wurde sie wieder modern.

Die Vorstellung, man müsse es den Ausländern nur möglichst schwer machen, dann würden sie verschwinden, war damals die treibende Kraft. „Uns ging es nach dem Krieg auch schlecht", tönte ein CDU-Kommunalpolitiker zur Rechtfertigung. Im Unterschied zu den Betroffenen ging es den Inländern und dem Politiker allerdings recht gut. Außerdem haben die Flüchtlinge – anders als die Reichsdeutschen – keinen Krieg angefangen und verloren.

Als die Zahl der Asylbewerber um 1990 stark anwuchs, gab es unbestreitbar ein Unterbringungsproblem. Die Lösung hieß Privatisierung. Damit machten sich die Behörden erpressbar. Für eine Etagenwohnung in einem Einfamilienhaus zahlte Bremen zeitweise 3.000 Mark monatlich, also 360.000 Mark in zehn Jahren. Dafür hätte die Stadt das Haus selbst bauen können. Lagerbetreiber bereicherten sich zugleich auf Kosten der öffentlichen Hand und der Insassen. Aktuell hat das Abkassieren für Flüchtlingsunterkünfte wieder Zukunft.

Die Illusion der Jesiden aus der Gastarbeiter-Zeit von einer wenigstens einigermaßen erträglichen Existenz ohne Abhängigkeit von Almosen zerstob. Die Menschen durften nicht umziehen. Für die Zusammenführung von Familien musste die „Umverteilung" beantragt werden, die monatelang nicht bearbeitet oder abgelehnt wurde, weil jede der beteiligten Verwaltungen auf den jeweils anderen Ort verwies. Denn die Städte und Landkreise mussten einen Großteil der Kosten übernehmen. Am Arbeitsverbot für Asylbewerber und Geduldete wurde festgehalten. Erst 2008 gab es Lockerungen.

Ein Leben in oft erbärmlichen Umständen folgte. Um die materielle Existenz musste mit den Behörden täglich ein Kleinkrieg geführt werden, ähnlich dem der heutigen Hartz-IV-Empfänger – aber mit weit geringeren Rechten. Hinzu kam die stete Angst vor der Abschiebung. Mit den ersten Erfolgen vor Gericht stieg immerhin die Hoffnung.

Die 20.000 türkischen Jesiden – so viele gab es dort nach einer Schätzung der Gesellschaft für bedrohte Völker von 1982 – brachten die Hoffnung auf Freiheit und ein Grundvertrauen in die Demokratie und die Rechtsstaatlichkeit Deutschlands mit. Neben den geschilderten Problemen erlebten sie jedoch, dass ihre Asylverfahren je nach Bundesland mit Anerkennung oder der Drohung mit Abschiebung endeten. Das Asylrecht war damals weitgehend ein sogenanntes Richterrecht. Gesetzliche Vorgaben, wie ein bestimmter Asylantrag zu bewerten ist, gab es nicht. So konnte sich richterliche Fantasie oft an die Stelle der Realität setzen. Ein Beispiel war die „inländische Fluchtalternative": Jesiden könnten sich irgendwo in der Türkei niederlassen anstatt nach Deutschland zu kommen, weil sie als Minderheit in anderen Ecken des Landes nicht bekannt seien oder in Istanbul unter Kurden nicht auffallen würden – eine illusorische Vorstellung. Menschen mit einer Religion, die mit dem Islam nichts zu tun hat, können sich im Nahen Osten nicht verstecken.

Ein Lotteriespiel namens EASY

Je nach Einstellung der Gerichte gab es Ablehnungen oder Anerkennungen. Das Ergebnis des Verfahrens richtete sich also danach, in welches Bundesland man als Asylbewerber geraten war. Anders gesagt, wo die Flüchtlinge von dem Verteilungssystem namens EASY ausgesetzt wurden. EASY – „Erstverteilung von Asylbegehrenden" – ist ein computergestütztes System, das für eine gleichmäßige Verteilung der Asylbewerber auf Städte und Gemeinden sorgen soll. Es wird gnadenlos umgesetzt. Selbst Ehepaare, Eltern und Kinder bleiben oft lange getrennt, weil – wie erwähnt – eine Behörde die andere für zuständig erklärt und umgekehrt.

Auch die bis heute verhängten Wohnsitzbeschränkungen bei Bezug von öffentlichen Mitteln lassen nur zu, dass Ehepaare – aber nur mit Trauschein – sowie Eltern und minderjährige Kinder zusammenziehen dürfen, nicht aber Eltern zu erwachsenen Kindern oder Großeltern zu ihren Kindern und Enkeln. Bisher hat kein Politiker und keine Verwaltung für diese Schikane eine nachvollziehbare Begründung liefern können. Zwar wurde erklärt, der Zuzug in Ballungsgebiete müsse verhindert werden. Trotzdem wird auch nicht zugelassen, dass Betroffene aus Großstädten in kleine Orte ziehen.

Mit EASY wurde und wird auch heute noch das Asyl-Schicksal vorbestimmt. Beschränkt wird auch die Möglichkeit, Kontakt zu Verwandten zu halten. Es gilt für Asylbewerber die „Residenzpflicht": Das erste Verlassen der Stadt oder des Landkreises war eine Ordnungswidrigkeit, das zweite bereits eine Straftat. Das ist erst vor kurzem als verfassungswidrig erkannt worden.

Als Folge des Verteilsystems machten die Betroffenen völlig unterschiedliche Erfahrungen. Negativbeispiele könnten hier reichlich aufgeführt werden, so etwa die Einraum-Wohnung einer vierköpfigen Familie in Aystetten bei Augsburg mit Kakerlaken als Untermietern. Ebenfalls bei Augusburg: Ein mittels Vorhang geteiltes Zimmer für eine jesidische und eine moslemische Familie mit vier Erwachsenen und 16 Kindern, Plumpsklo im Hof, Waschen im Freien. Schlichtbauten mit Bölleröfen, aber ohne Duschen, Plumpsklo über`n Hof, und wenn schon Dusche, dann in einem verschimmelten Raum (Titel eines Berichts: „Geduscht wird im schwarzen Loch"). Dazu kommen die vielfach beschriebenen hygienischen Zustände in sogenannten Gemeinschaftsunterkünften.

Einen positiven Nebeneffekt hatte das System allerdings: In kleinen Orten waren die Kinder vielfach besser aufgehoben als in den städtischen Ghettos und erzählen heute von ihrer „schönen Kindheit im Dorf."

Es ist der Gesellschaft für bedrohte Völker und vor allem dem Religionswissenschaftler Prof. Dr. Gernot Wießner zu verdanken, dass die Gerichte zunehmend die Jesiden anerkannten. Wießner hatte die Siedlungsgebiete der Aramäer in der Türkei zu Forschungszwecken bereist und dabei die Lage der Jesiden kennengelernt. Seine Einschätzung, die er den Gerichten als Gutachter mit seiner einzigartigen Orts- und Sachkenntnis vermittelte, lief darauf hinaus, dass die Jesiden in der Türkei auf Dauer keine Chance haben. In Niedersachsen hatte das Verwaltungsgericht Stade aufgrund der Gutachten von Wießner schon 1982 für Recht erkannt, dass die Jesiden in der Türkei einer Gruppenverfolgung unterliegen, vor der sie der Staat nicht schützt. Es wurde nicht mehr über den Einzelfall verhandelt, sondern nur geprüft, ob der Antragsteller Jeside ist. Das ließ sich anhand des Herkunftsortes und der Verwandtschaft gut nachweisen. Die Heiratsregel erwies sich hier als hilfreich. Die Verwaltungsgerichte in anderen Bundesländern übernahmen diese Rechtsprechung allmählich. In Bremen gab es 1988 die erste rechtskräftige Anerkennung. In Bayern mussten einige Jesiden 1989 vor der Abschiebung flüchten, und sie fanden im Norden der Republik tatsächlich eine Fluchtalternative: Die Betroffenen wurden stillschweigend übernommen. In Niedersachsen fegte das Oberverwaltungsgericht (OVG) Lüneburg die Anerkennungen noch bis Anfang 1993 vom Tisch. Den Richtern reichte die „Verfolgungsdichte" nicht aus. Dabei hatte das Bundesverfassungsgericht bereits 1989 grundsätzlich festgestellt, dass Verfolgte nicht warten müssen, bis ein Großteil von ihnen erschlagen worden ist, um Asylrecht zu erhalten.

Ein Highlight der Rechtsprechung lieferte das Verwaltungsgericht Braunschweig mit einem Urteil, in dem es feststellte, der Antragsteller sei intellektuell nicht zu einer religiösen Überzeugung fähig – also im Klartext: zu blöd für einen religiösen Glauben – und daher kein Jeside im Sinne des Asylrechts. Er wurde mitsamt Frau und Kindern abgeschoben konnte aber nach einiger Zeit zurückkehren und wurde anerkannt. Er hat sechs Kinder erfolgreich großgezogen. Das jesidische Forum protestierte damals heftig in einem Offenen Brief an das Gericht und verglich die Haltung des Gerichts mit den Euthanasie-Vorstellungen der Nazis. Das hat das Gericht zu einem empörten, aber inhaltsleeren Protestbrief animiert.

Juristischen Scharfsinn bewiesen auch die Richter des Bayerischen Verwaltungsgerichts Ansbach, die in einem Urteil zu aramäischen Flüchtlingen feststellten, auf die vom Antragsteller vorgebrachte Zwangsbeschneidung beim Wehrdienst komme es nicht an, denn es bestehe keine Wiederholungsgefahr (AN 2 K 87.35707 vom 01.12.1987). Dasselbe Gericht, aber eine andere Kammer, lehnte mit Urteil vom 10.10.1988 (AN 22 K 88.32254) eine Asylklage eines Jesiden mit folgender Begründung ab: Weil der Bayerische Verwaltungsgerichtshof die Jesiden ablehnt, schließt sich das Gericht dieser Rechtsprechung *„trotz fortbestehender rechtlicher Auffassungsunterschiede"* an, und zwar *„aus Gründen der Rechtseinheitlichkeit und Prozeßökonomie"*.

Eine wesentliche Rolle in den Asylverfahren spielt bis heute das deutsche Außenministerium, das Auswärtige Amt, abgekürzt AA. Das gilt auch für die Asylverfahren der Jesiden. Zur Einstimmung hier ein Beispiel für die Qualität dieser Auskünfte aus dem Jahr 1988. Damals hatte sich die Türkei einen festen Ruf als Folterstaat erarbeitet. In einem Verfahren um die Abschiebung eines Kurden schickte die Stadt Delmenhorst als Beklagte dem Oberverwaltungsgericht Lüneburg den folgenden Text:

„Auf Anfrage der Beklagten vom 25.07.1988 teilte das Auswärtige Amt folgendes mit: In der Türkei ist die Folter offiziell verboten. Erst vor kurzem hat die Türkei die Europaratskonvention und die VN-Kon-

vention gegen Folter und unmenschliche Behandlung unterzeichnet und als erstes Unterzeichnerland auch ratifiziert.

Folterer werden, falls sie bekannt werden, mit aller Härte die geltenden Gesetze bestraft. Gleichwohl kann zumal im polizeilichen Vorermittlungsverfahren, nicht immer ausgeschlossen werden, daß es zu Verstößen gegen das Folterverbot kommt. Immer dürfte es sich allerdings um Einzelfälle handeln. Generell gilt, daß die Folter verboten ist und im Regelfall wohl auch nicht vorkommt.“

Das Bundesamt für die Anerkennung ausländischer Flüchtlinge sah das noch anders: In der Türkei seien Übergriffe gegenüber „politischen“ wie „gewöhnlichen“ Straftätern ein gängiges Mittel zur Erzwingung von Aussagen und Geständnissen. Aber dass bestimmte Gruppen bevorzugt gefoltert würden, sei nicht der Fall.

Die niedersächsischen Verwaltungsgerichte folgten der Idee der Prozessökonomie nicht, sondern blieben bei der Anerkennung, obwohl sie wussten, dass ihre Entscheidungen vom Oberverwaltungsgericht (OVG) Lüneburg prompt wieder aufgehoben wurden. In Niedersachsen und auch in Nordrhein-Westfalen ging es noch bis 1990 um die Abschiebung, als in Bremen schon die ersten blauen Flüchtlingspässe ausgegeben wurden. Ein unhaltbarer Zustand, der politisch gelöst wurde.

Wie das Auswärtige Amt den Jesiden half

Der Durchbruch zum Bleiberecht von 1990 und bundeseinheitlich ab 1991 ist dem Auswärtigen Amt zu verdanken.

Das kam so: Das Amt gibt nicht nur auf Nachfrage Auskünfte in Asylverfahren, sondern fertigt auch ständig „Lageberichte“ über die Herkunftsländer an. Diesen Lageberichten kommt nach Ansicht des OVG Lüneburg besondere Glaubwürdigkeit zu. Dieses Vertrauensverhältnis zwischen Amt und Gericht besteht seit Jahrzehnten weitgehend ungetrübt, denn das Amt sorgt für steten Nachschub bei den Ablehnungsgründen. Doch manchmal sind diese Gründe so absurd, dass es schon einer besonderen Komplizenschaft bedarf, um sie zu verwenden.

Es wäre nachvollziehbar, wenn das Amt diplomatische Zurückhaltung üben würde. Doch Ende 1988 wurden zwei Lageberichte bekannt, die über die übliche Rücksichtnahme weit hinausgingen und regelrecht Märchen enthielten: In Istanbul sollte es 40.000 und in der Südosttürkei 70.000 bis 80.000 Jesiden geben, die „fleißig und geschäftstüchtig“ seien und in Wohlstand lebten. Die Kreisstädte Midyat, Nusaybin und Sapur tauchten darin als „Jesidendörfer“ auf. Prof. Wießner, der oft vor Ort war, widersprach diesem Unsinn in einem Schreiben an den damaligen Außenminister Hans-Dietrich Genscher und den nordrhein-westfälischen Innenminister Herbert Schnoor, der vor der Frage stand, was er mit den teilweise „ausreisepflichtigen“ Jesiden tun sollte. Wießner: „*Die Angaben des AA enthalten kompletten Unsinn, der Sachverhalt kann leider nicht anders qualifiziert werden.*“

In einem Schreiben an Schnoor türmte das AA weiteren Unsinn auf den schon vorhandenen Haufen. Neben Midyat, Nusaybin und Sapur tauchten jetzt auch Viransehir und Antakya als Jesidendörfer auf. Wörtlich heißt es: „*Die Jesiden glauben an Gott, den Schöpfer der Welt. Sie glauben nicht, dass Jesus Christus Gottes Sohn ist. Für sie ist Jesus Christus ein Prophet. Sie glauben an die Macht des Teufels und fürchten ihn. Deshalb sprechen sie das Wort Teufel nicht aus und sprechen nie schlecht über ihn.*“

Das Schreiben Wießners an Schnoor hatte Erfolg: Es wurde eine Erkundungsfahrt in die Türkei verabredet, die Ende Mai 1989 stattfand. Teilnehmer: Irina und Gernot Wießner, der Minister mit zwei Ministerialräten und Alexander Sternberg von der GfbV. Die 70.000 Jesiden in der Südosttürkei wurden nie gefunden, nur die wenigen Jesiden, die damals noch in den Dörfern lebten. Im Juni folgte eine Fahrt nach Istanbul. Dort stellte sich bei der Nachfrage im Konsulat heraus, dass es auch die 40.000 Jesiden in Istanbul nicht gab. Schnoor, der erst die Möglichkeit erwogen hatte, in der Südosttürkei mit Geld zu helfen, damit die Jesiden bleiben, gab diese Idee auf und ordnete in NRW einen Abschiebestopp an.

In NRW wurden die Asylverfahren fortgesetzt und führten zu Anerkennungen. Als Gerhard Schröder (SPD) in Niedersachsen 1990 Ministerpräsident geworden war, beschloss er mit den Grünen ein Bleiberecht, das mit Zustimmung des Bundesinnenministers Dr. Wolfgang Schäuble (CDU) ab 1991 in allen Bundesländern eingeführt wurde. Es galt für Gruppen wie Jesiden und Christen aus der Türkei. Anders als bei den späteren Altfallregelungen war Sozialhilfe kein Hinderungsgrund. Die Asylverfahren mussten allerdings abgebrochen werden. Die Jesiden sollten also ihre Asylverfahren beenden, türkische Pässe holen und auch noch glauben, dass sie dann garantiert in Deutschland bleiben dürfen. Die Überzeugungsarbeit war schwierig, aber sie gelang. Als Beteiligter bin ich unverändert der Auffassung, dass dieser Schritt richtig war. Zwar wurde später in Einzelfällen versucht, dieses Bleiberecht juristisch zu knacken und damit vorzeitig zu beenden, allerdings erfolglos. Asylanerkennungen wurden dagegen in den letzten Jahren zahlreich widerrufen.

Das OVG Lüneburg hatte Anfang 1993 als letztes deutsches Gericht die Jesiden anerkannt, ohne allerdings Folgeanträge zuzulassen. Daraufhin verzichtete das Innenministerium auf türkische Pässe und ersetzte sie durch Reisedokumente. Die waren grau und weniger schön im Vergleich zu den blauen Flüchtlingspässen, aber – wie gesagt – haltbarer. Und sie waren eine Wohltat, weil es um die Pässe stets Auseinandersetzungen mit dem Konsulat in Hannover gab. Die anderen Bundesländer zogen jedoch nicht mit. Ab 1998 wurde der Erlass schrittweise zurückgenommen. Es wurden wieder türkische Pässe verlangt. Das macht Ärger bis heute, denn die Eltern ließen ihre hier geborenen Kinder in der Türkei nicht mehr registrieren – wozu auch.

Der Putsch des Bundesverwaltungsgerichts

Das niedersächsische Bleiberecht von 1990 hatte später einen Angriff mit schwerem Geschütz zu überstehen: Das Bundesverwaltungsgericht erklärte mit Urteil 1 C 40.07 vom 27. Januar 2009 dieses Bleiberecht für ungültig. Der Senat meinte erkannt zu haben, dass im Aufenthaltsgesetz, das 2005 das Ausländergesetz ablöste, Übergangsbestimmungen für das Bleiberecht fehlen. Deswegen sei es entfallen, und man könne dementsprechend die Betroffenen abschieben. Das ist schon deshalb Unsinn, weil der Gesetzgeber ein Bleiberecht nicht nachträglich abschaffen dürfte – Stichwort: Vertrauensschutz. Außerdem: Es gibt eindeutige Übergangsbestimmungen, aus denen hervorgeht, dass der Gesetzgeber das gewährte Aufenthaltsrecht keineswegs beseitigen wollte. Weshalb die Richter sie nicht finden konnten oder wollten, bietet Raum für Spekulationen. Im Ergebnis hat sich das Gericht die Kompetenz des Gesetzgebers angemaßt und dessen Absichten ins Gegenteil verkehrt – ein Putsch der Justiz gegen die Regierungen von Bund und Land. Dort hatten die Richter vorher auch nicht nachgefragt. Eine Analyse dieses Skandals wird auf Wunsch gern zur Verfügung gestellt.

Der Putsch misslang: Die Klagen gegen die Aberkennung des Bleiberechts führten dazu, dass die Verwaltungsgerichte zu dem Schluss kamen, die Kläger hätten das Bleiberecht auch 1991 oder 1992 erhalten, als es bundeseinheitlich und mit Zustimmung des Bundes galt.

Doch das OVG Lüneburg setzte noch eins drauf. Das Bleiberecht war damals mit dem Titel einer „Aufenthaltsbefugnis" verbunden. Ausdrücklich hatte das niedersächsische Innenministerium 1990 dem Peschimam Ismail Deniz schriftlich versichert, es gelte bis zur „unbefristeten Aufenthaltserlaubnis", also dem ohnehin lebenslang gültigen Titel. Einem Betroffenen, der zwischendurch eine befristete Aufenthaltserlaubnis erhalten hatte, sprach das OVG das Aufenthaltsrecht ab: Es hätte nur eine Kette von Aufenthaltsbefugnissen haben dürfen und daher sein Aufenthaltsrecht verwirkt. Also wieder ein Fall von bemerkenswerter richterlicher Kreativität. Die Betroffenen erhielten dennoch ein Aufenthaltsrecht.

Neben solchen fantasievollen Angriffen auf das Bleiberecht gab es auch Versuche von Ausländerbehörden, den Jesiden dieses Recht klammheimlich zu entziehen. Bei der Verlängerung der Aufenthaltsbefugnisse – ab 2005 Aufenthaltserlaubnisse – trugen sie unauffällig einen falschen Paragraphen im Pass ein. Statt auf dem Bleiberecht (§ 23 Aufenthaltsgesetz) beruhte dann der Aufenthalt beispielsweise auf dem „Familiennachzug" (§ 28), der erlaubt, dass Eltern und minderjährige Kinder zusammenbleiben dürfen. Wurden die Kinder volljährig, hieß es für die Eltern: Kofferpacken und ab in die Türkei. Der Betrug wurde in mehreren Fällen aufgedeckt und die Abschiebung auf dem Rechtsweg verhindert. Wer glaubt, dass deutsche Behörden so etwas nicht tun, kann die Unterlagen beim Verfasser anfordern.

Mit den schönen blauen Flüchtlingspässen schien es ab 2002 vorbei. Das Asyl kann nach der geltenden Gesetzgebung auch Jahre später widerrufen werden. Als Jesiden in den türkischen Dörfern versuchten, Landbesitz eintragen zu lassen, was anfangs auch zu gelingen schien, kippte die Rechtsprechung. Folgerichtig begann das Bundesamt für Migration und Flüchtlinge (BAMF), die alten Anerkennungen zu widerrufen, und verkündete 2004 die „Rückkehr der Jesiden in die Türkei". Der Widerruf traf auch die Nachkommen, die hier geboren wurden. Deren Aufenthaltsrecht hing von der Anerkennung der Eltern ab. So konnte man Jugendliche nach geringfügigen Straftaten, die für sich genommen eine Abschiebung nicht gerechtfertigt hätten, mit der Behauptung abschieben, sie könnten jetzt in der Türkei unbehelligt leben. Versuche in dieser Richtung gab es jedenfalls.

Ab 2005 war im Aufenthaltsgesetz ein Automatismus eingebaut worden: Wer die Einbürgerung beantragt, wird von der Ausländerbehörde dem BAMF gemeldet. Das Amt soll klären, ob die Anerkennung noch gilt. Denn nur dann wird nicht verlangt, dass der Betreffende die alte Staatsangehörigkeit ablegt. Das BAMF leitete jahrelang Verfahren ein, und statt der Einbürgerung flatterte den Betroffenen zunächst eine „Anhörung" ins Haus, in der mitgeteilt wurde, dass die Anerkennung widerrufen werden soll. Das geschah dann auch, und zahlreiche Gerichtsverfahren waren die Folge. Die „Arbeitsbeschaffungsmaßnahme" (Insider-Spott) für die Beschäftigten des BAMF, die damals wenig zu tun hatten, ist heute nicht mehr nötig, und auch die Überpüfungszeit nach Anerkennung wurde verkürzt.

Die Panik, in die Betroffene aufgrund dieses Vorgehens gerieten, war gerechtfertigt, denn nach einem Widerruf entscheidet die Ausländerbehörde über die Abschiebung nach „Ermessen". Es wird „geprüft", inwieweit die Betroffenen „integriert" sind. Wie stellt man das fest? Ganz einfach: Integriert ist, wer kein Geld kostet. So gilt ein Ehepaar, das sechs Kinder großgezogen hat, die alle eingebürgert sind und Berufe ausüben oder erlernen, der Behörde als nicht integriert.

Die Eltern hatten wie die meisten Jesiden in der Türkei bestenfalls einige Jahre Grundschule durchlaufen, in der Fremdsprache Türkisch und mit Nachhilfe in Form von Ohrfeigen und Schlägen mit dem Lineal auf die Finger. Eine Ausbildung gab es nicht. In Deutschland unterlagen die Eltern als Asylbewerber einem Arbeitsverbot. Deutschkurse waren unbezahlbar, die „Integrationskurse" gibt es erst seit 2005. Also hatten sie auf dem Arbeitsmarkt keine Chance. Sie haben aber dafür gesorgt, dass die meisten Kinder eine gute Schulbildung erhielten, studieren oder Berufe erlernen. Sie haben den Kindern unter den schwierigen Bedingungen, wie sie hier geschildert sind, inneren Halt und Sicherheit geboten. Dies ist die Integrationsleistung dieser Elterngeneration, die Anerkennung verdient.

Der Trick mit der Türkifizierung

Weit schlimmer und dramatischer verlief die Entwicklung bei den Jesiden aus Syrien. Bis 1997 gab es noch Anerkennungen. Prof. Wießner hatte auch Syrien bereist und in Asylverfahren über die Verhältnisse dort berichtet. Doch nach seinem Tod 1999 gab es nur noch Ablehnungen. Daraufhin wurde versucht, die Jesiden nach Syrien abzuschieben. Die dazu nötigen Pässe verweigerte die syrische Botschaft, sobald deutlich wurde, dass es um Abschiebung ging. Zudem hatte Syrien den meisten Kurden die Staatsbürgerschaft aberkannt, sie hatten Flüchtlingsausweise oder „Bürgermeister-Bescheinigungen". Natürlich wusste jeder Sachbearbeiter, dass Abgeschobene im Flughafen Damaskus und anschließend in Gefängnissen unter Folter verhört wurden. Denn schon das unerlaubte Verlassen des Landes war in Syrien wie in der früheren DDR eine Straftat. Man hätte daher annehmen können, dass die Behörden wegen absehbarer Unmöglichkeit der Abschiebungen Aufenthaltserlaubnisse erteilen. Es kam anders.

Das Auswärtige Amt fertigte auch für Syrien seine „Lageberichte". Die Machthaber, Assad Vater und Sohn, wurden darin als tolerant in religiöser Hinsicht geschildert, zumal sie selbst Alawiten seien (bitte nicht mit Alewiten, Alewi, verwechseln). Das Amt bestätigte zwar, dass in Syrien die Folter üblich ist, machte aber eine Ausnahme: Wer sich nicht politisch gegen das Regime hervorgetan habe, dem drohe nach einer Abschiebung keinerlei Folter. Das OVG Lüneburg griff das wie selbstverständlich auf, weil eben Angaben des Auswärtigen Amtes wesentlich mehr wert sind als alle anderen Aussagen und Berichte zusammen. Das ist zwar völlig falsch, aber praktisch, weil man so alle ernsthaften Argumente vom Tisch wischen kann. Es gab in der Folge nur wenige Abschiebungen nach Syrien – die aber führten zu schweren Folterungen.

Dass die Lüneburger Richter die jesidische Religion, die auch in diesem Buch öffentlich beschrieben wird, zur „Geheimreligion" erklären, hat einen Grund: Es gibt eine EU-Richtlinie zum Asylrecht. Danach gehört es zu den Menschenrechten, dass man seine Religion öffentlich ausüben kann, was für Jesiden in Syrien ausgeschlossen war. Das wäre ein Asylgrund. Aber nach Ansicht des Gerichts wollen die Jesiden ihre Religion ohnehin nur im Hinterzimmer praktizieren, also geheim. Mit dieser Begründung wurde die EU-Richtlinie ausgehebelt. Das jesidische Forum hat die Richter eingeladen, die angeblich geheimen religiösen Zeremonien im Oldenburger Haus selbst mitzuerleben. Natürlich haben sie nicht reagiert.

Eine weitere Begründung war, dass die Zahl der „Verfolgungsschläge" zu gering sei. Das Forum sammelte Namen und Orte von Morden und Übergriffen, doch dem Gericht reichte das nicht: Zu wenig Tote in den Dörfern.

Die syrischen Jesiden, deren Asylverfahren 1998 oder später entschieden wurde, waren seitdem „vollziehbar ausreisepflichtig". Damit sich daran nichts ändert, wurden mehrere Verfahrensweisen entwickelt. Zunächst wurden die Betroffenen ständig aufgefordert, in der syrischen Botschaft Pässe zu beantragen, natürlich auf eigene Kosten, also von ihrem Taschengeld. Sie sollten das „mit Nachdruck" tun, also gewissermaßen in der Botschaft auf den Tisch hauen. Wenn das nicht klappte, wurde ihnen „mangelnde Mitwirkung" unterstellt. Dann wurde als Strafe ein absolutes Arbeitsverbot verhängt, das Taschengeld entzogen und/oder ein Strafverfahren wegen Verstoßes gegen die „ausländerrechtlichen Mitwirkungspflichten" angestrengt, meist ergebnislos, weil die Betroffenen die syrische Botschaft nachweislich aufgesucht hatten.

In Niedersachsen gibt es einen Erlass über die „ausländerrechtliche Behandlung abgelehnter Asylbewerber aus Syrien" vom 20.02.2003, Aktenzeichen 45-11-12235/12-8. Darin steht, dass die Ausländerbehörden allen eine „Identitätstäuschung" unterstellen müssen, die sich als staatenlos bezeichnen oder das nach Ansicht der Gerichte auch sind. Auch sollen die Behörden annehmen, dass die Betroffenen die syrische, die türkische oder irakische Staatsangehörigkeit haben. Das Gegenteil müssten sie beweisen – eine unerfüllbare Forderung. Meist hatten die syrischen Jesiden nur rote Flüchtlingsausweise oder Bürgermeisterbescheinigungen. Die sind laut Erlass allesamt Fälschungen.

Wie weit der Erlass geht, zeigt dieses Zitat:
„Leben weitere Angehörige in Syrien, kann von den Betroffenen die Vorlage eines Auszuges aus dem Ausländerregister in Syrien gefordert werden. Nach Erkenntnissen des Bundesamtes erhält die deutsche Auslandsvertretung diese Auszüge zwar nicht, weil aus dem Ausländerregister im Regelfall keine Auskünfte an ausländische Behörden erteilt werden; gleichwohl bleibt den Betroffenen die Möglichkeit, über in Syrien lebende Verwandte oder Bekannte entsprechende Auszüge aus dem Ausländerregister zu erbitten, **ohne erkennen zu lassen, dass sie für eine Verwendung im Ausland bestimmt sind.**“ (Herv. v. Verf.)

Der Grund für den warnenden Hinweis wird nicht angegeben, ist aber bekannt: Die Ausfuhr von Personaldokumenten ohne staatliche Erlaubnis ist in Syrien eine Straftat. Die hier lebenden Flüchtlinge sollten also ihre Verwandten zu einer Straftat anstiften, um den Ausländerbehörden Papiere vorlegen zu können. Es fragt sich, für wie blöd die Verfasser dieses Erlasses den syrischen Geheimdienst halten.

Die zweite Regel-Unterstellung: Die syrischen Jesiden hätten eine ererbte türkische Staatsangehörigkeit, weil die Vorfahren häufig aus der Türkei stammten. Also könnten sie sich ohne weiteres in der Türkei nachregistrieren lassen, damit sie dorthin abgeschoben werden können. Wenn die türkischen Konsulate sie hinauswarfen statt ihnen Pässe zu geben, wurde den Betroffenen „mangelnde Mitwirkung“ vorgeworfen – wieder ein Grund für Strafen. Eine weitere Idee: Die Eltern oder Großeltern sollten über die „grüne Grenze“ von Syrien in die Türkei laufen und dort ihre erwachsenen Kinder registrieren lassen, die in Deutschland wohnen. Im Kern ging es darum, Zeit zu gewinnen und die Betroffenen im Duldungsstatus zu halten, weil seit Jahren über ein „Rückübernahmeabkommen“ mit Syrien verhandelt wurde. Dieses Abkommen trat Anfang 2008 in Kraft.

Verfahren um die Türkifizierung gibt es immer noch. Die zweite Kammer des OVG Lüneburg verweigerte einem Jesiden aus Syrien, der inzwischen Abschiebeschutz hat, eine Niederlassungserlaubnis unter anderem deswegen, weil er eine türkische Großmutter verschwiegen habe (Urteil vom 25.03.2014, 2 LB 92/13). Sein Bruder hatte dagegen beim 13. Senat dieses Gerichts das Recht auf eine Niederlassungserlaubnis zugesprochen bekommen (Beschluss vom 1. Oktober 2012, 13 LA 210/10). Tatsächlich registriert die Türkei Erwachsene mit türkischen Eltern nur, wenn diese Eltern das persönlich beantragen und selbst registriert sind.

Das OVG nutzte die Gelegenheit, um ganz nebenbei die Sippenhaft wieder einzuführen: Es verlangte von einem hier lebenden Erwachsenen, sein in Syrien lebender Vater, der in der Türkei als tot verzeichnet ist, sollte dort über einen Rechtsanwalt seinen Eintrag in „lebend“ ändern. Dann könne der Sohn einen türkischen Pass erhalten und in die Türkei abgeschoben werden. Wenn der Vater nicht mitmacht, – egal, ob er kann – gilt: Der Sohn hat sich „das Verhalten des Vaters zurechnen zu lassen“. Der schwer kranke Vater starb kurz danach (2 LA 441/07, Beschluss vom 10.12.2007). Das Urteil wurde in einem neuen Verfahren aufgehoben.

In Niedersachsen zu Zeiten des CDU-Innenministers Schünemann wurde besonders hart gekämpft. So griff die Ausländerabteilung des Ministeirums auch direkt ein. Beispielsweise wurde von einem Sozialamt verlangt, schleunigst ein Verfahren wegen Sozialhilfebetrugs gegen syrische Jesiden zu betreiben, damit ihr Antrag bei der Härtefallkommission scheitert.

Manche Ausländerbehörden setzten für eine Ausreise nach Syrien oder in die Türkei bestimmte Fristen, etwa einen Monat. Wer dieser „Pflicht zur freiwilligen Ausreise“ nicht nachkam, obwohl er dazu überhaupt keine Möglichkeit hatte, lieferte wieder einen Anlass für den Vorwurf mangelnder Mitwirkung und damit für die Fortsetzung der Repressalien. Die Drangsalierung, die mit den beschriebenen Irrsinns-Ideen begründet wurde, hat gereicht, um die Zeit bis zum Inkrafttreten des Rückübernahme-Abkommens mit dem syrischen Folter-Regime zu überbrücken.

Die syrischen Behörden arbeiteten langsam, so dass es nur zu wenigen Abschiebungen kam. Eine Familie aus NRW verbrachte einen Monat im syrischen Folterknast. Die tägliche Prügel wurde meist mit schweren Stromkabeln verabreicht. Später schaffte die Familie die Rückkehr. Die Söhne, die in Deutschland aufgewachsen sind, haben die Verhöre und Folterungen eindrucksvoll geschildert. Noch zum Beginn des Aufstandes in Syrien wurden in Hildesheim am 1. Februar 2011 Jesiden abgeschoben. Der 15jährige Anuar Naso war 32 Tage, sein kranker Vater Bedir Naso 13 Tage unter Folter in syrischer Haft. Ohne Geldzahlungen wäre die Haft nicht beendet worden. In diesem Fall sollte die Mutter ebenfalls abgeschoben werden, sie war jedoch auf dem Weg zum Flugzeug kollabiert. Die erwachsene Tochter durfte wegen guter Schulnoten bleiben. Für sie blieb die Folter also auf die Psyche beschränkt. Vater und Sohn landeten nach einer erneuten Flucht im bulgarischen Knast. Im Juni 2013 durften sie zur Familie zurückkehren. Als die Entwicklung in Syrien Mitte 2011 nicht mehr ignoriert werden konnte, erhielten die Jesiden schließlich Abschiebeschutz.

Die besondere jesidische Integration

Der Großteil der Jesiden aus der Türkei ist eingebürgert, während die syrischen Flüchtlinge jahrelang am Abgrund standen. Als Geduldete durften die Jüngeren keine Ausbildung machen, nicht studieren, sogar der Führerschein war verboten. Trotz dieser wenig förderlichen Umstände haben sich die Jesiden aus der Türkei und aus Syrien in der Gesellschaft etabliert. Jesiden sind heute in einem breiten Spektrum von Berufen vertreten, darunter Ärzte, Anwälte, Soziologen, Geologen,

Ingenieure, Wirtschaftsfachleute, Politiker. Zugleich warfen sie Ballast aus den Herkunftsländern ab. So wird nur noch auf eigenen Wunsch geheiratet, weshalb das Heiratsalter von durchschnittlich 17 auf jetzt über 20 Jahre stieg.

Die Heiratsregel, ursprünglich ein Abwehrmechanismus gegen die Islamisierung, hat zum Zusammenhalt der Gemeinschaft beigetragen, besaß aber auch Sprengkraft. Dass nicht mehr arrangiert und nicht mehr unbedingt innerhalb der Verwandtschaft geheiratet wird, vor allem aber nur auf gemeinsamen Wunsch, hat der Regel ihre Härte genommen. Die Funktion, den Zusammenhalt zu stärken, bleibt.

Die Religion ist – wie Chaukeddin Issa es in diesem Buch eindringlich schildert – äußerst tolerant und enthält keine Verhaltensvorschriften für das tägliche Leben. Das stärkt die Entscheidungsfreiheit und das Selbstbewusstsein.

Es mag auch eine Rolle spielen, dass die Situation im Herkunftsland, der man entronnen ist, nicht dazu angetan ist, dort übliche Verhaltensweisen zu pflegen. Aber davon abgesehen. Unbestreitbar sind Jesiden grundsätzlich und überall von großer Toleranz und Offenheit geprägt. Aggressivität gegen die eigenen Frauen und Kinder oder gar gegen Außenstehende ist mit sehr seltenen Ausnahmen nicht zu finden. Dergleichen ist mit dem jesidischen Selbstverständnis schlicht unvereinbar. Die Töchter und Söhne erscheinen im Auftreten ebenso wie die Eltern selbstbewusst, offen für Informationen, selbstkritisch und humorbegabt. Manchem Ethno-Deutschen wären solche Integrations-Voraussetzungen zu wünschen.

Ein Hinweis noch: Die Kopftücher, die ältere Frauen gelegentlich tragen, sind keine Verschleierung, sondern Gewohnheit aus den Zeiten der Feldarbeit – wie bei deutschen Bauersfrauen.

Besondere Gefahren und Risiken

In den letzten Jahrzehnten sind mehrfach Kampagnen gegen die Jesiden losgetreten worden, wobei gern die Zwangsehe zum Anlass genommen wurde. So ließen sich der MDR, das ZDF und der sonst eher seriöse „Spiegel" von der Celler Polizei erzählen, die jesidischen „Clans" würden abtrünnige Mädchen mit Hilfe der PKK quer durch Europa verfolgen und seien überhaupt „atavistisch" , was man mit steinzeitlich übersetzen könnte („Jagd auf Sükrüya", Spiegel 2/2003, 6. Januar 2003).

Ein Beispiel für üble Nachrede lieferte 2012 die damalige Familienministerin Christina Schröder, als sie auf den Webseiten ihres Ministeriums die Erkenntnis verbreitete: „9,5 Prozent aller Mädchen", die sich 2008 wegen einer Zwangsehe an Beratungsstellen gewandt haben, seien Jesiden. Sie bezog sich auf eine Untersuchung, die das Ministerium selbst veranlasst hatte. Der Autor Dr. Thomas Mirbach von der Lawaetz-Stiftung gab auf Nachfrage folgende Auskunft dazu: Weil nur ein geringer Teil der Ratsuchenden überhaupt nach der Religion befragt wurden, seien *„Aussagen,* *wie 9,5 % der in 2008 von Zwangsverheiratung bedrohten oder betroffenen Fälle gehören zur Gruppe der Jesiden, unter Berufung auf unsere Studie nicht zulässig."*

Unangenehme Erfahrungen gibt es nicht nur mit Behörden und Gerichten, sondern auch mit Medizinern. Zur Warnung und zur Demonstration, dass in diesem Land Dinge geschehen, die kaum für möglich gehalten werden, zwei Beispiele:

1. Eine alleinerziehende jesidische Frau aus dem Irak erzählt dem Kinderarzt von ihren Befürchtungen, abgeschoben zu werden. Wenig später stellt der Arzt einen „dramatischen Gewichtsverlust" der acht Monate alten Tochter und eine „gestörte Mutter-Kind-Beziehung" fest. Die Ärztin vom sozialpsychiatrischen Dienst der Kreisverwaltung erklärt die Mutter für geistesgestört, das Kind wird ihr weggenommen. Die Niederschrift der Ärztin ist dermaßen unqualifiziert, dass der Fall relativ schnell gerichtlich geklärt werden kann. Die Jesidin ist nicht schizophren, und den Gewichtsverlust hat es nicht gegeben. Ungeklärt ist, was der Kinderarzt und das beteiligte Jugendamt mit dem Kind wollten. Dem Hinweis auf mögliche Adoptions-Interessenten wurde im Gerichtsverfahren nicht widersprochen.

2. Der Leiter der geschlossenen Jugendpsychiatrie des Klinikums Lippe in Bad Salzuflen sperrt ein achtjähriges jesidisches Mädchen ein, das ihm von einem anderen Arzt überwiesen wurde. Er diagnostizierte bei dem Kind eine Schizophrenie. Den Eltern, die ihre Empörung beim Amtsgerichtstermin nicht zurückhielten, also „uneinsichtig" waren, wurde das Sorgerecht entzogen. Das Kind wurde mit dem Psychopharmakon Risperdal (Risperidon) traktiert, bei dem der Hersteller selbst im Beipackzettel schrieb, es gebe noch keine Erfahrungen an Kindern unter 12 Jahren. Nebenwirkungen: Starke Gewichtszunahme und Antriebslosigkeit. In einem Gutachten der Klinik hieß es, das Kind müsse lebenslang stationär behandelt werden.

Nach einigen Wochen wurden die Eltern einbestellt und aufgefordert, per Unterschrift ihr Einverständnis zur Gabe weiterer Medikamente zu erklären. Und das, obwohl ihnen das Sorgerecht komplett entzogen worden war. Das Jugendamt war vorher gefragt worden, hatte aber den Amtsrichter um Rat gebeten. Er soll abgeraten haben. Dass es wieder um Medikamente ging, für die laut Hersteller keine Erfahrungen mit Kindern vorlagen, hat den Richter offenbar verunsichert. Er fragte bei der Klinik nach. Ergebnis: Von heute auf morgen war das Kind gesund und wurde entlassen. Der Arzt war im Mindener Klinikverbund als Pharma-Spezialist ausgewiesen. Er trat kürzlich in den Ruhestand.

Weitere Beispiele: Fünf Ärzte erkannten einen ausgewachsenen Hirntumor nicht, der Betroffene erhängte sich wegen seiner Kopfschmerzen. Eine akute Leukämie wurde bei einem Kind trotz unübersehbarer Symptome erst kurz vor dem Tod erkannt. Nach einer offensichtlich verpfuschten Gallenoperation lag ein Patient acht Wochen mit lebensbedrohlichen Folgen im Krankenhaus.

Die älteren Jesiden bewahren sich dennoch meist einen Rest von Vertrauen in die Obrigkeit. Außerdem neigen sie zur Zurückhaltung, sie wollen „keinen Ärger". Der Grund dürfte eine im Herkunftsland erlernte Haltung gegenüber den Mächtigen sein, aber auch in der Tradition der Toleranz liegen. Viele äußern auch heute noch Dankbarkeit dafür, dass sie in Deutschland und in Europa – in Belgien und Dänemark gibt es einige tausend Jesiden – aufgenommen wurden.

Wie geschildert, geschah in Deutschland diese Aufnahme mit viel Gegenwehr und Auseinandersetzungen. Ohne das Engagement vieler Einzelner, örtlicher Initiativen, auch zahlreicher Politiker, der Organisationen wie Flüchtlingsräten, der kirchlichen Verbände und nicht zuletzt der Kirchengemeinden hätte es auch bei den Jesiden massenhaft Abschiebungen geben können. Diese Hilfe geschah häufig ohne öffentliches Aufsehen. Ende 2010 galt Syrien dem BAMF und den niedersächsischen Behörden noch als Staat, in den abgeschoben werden kann. Dass die evangelische Kirchengemeinde in Hamburg es besser wusste und eine jesidische Familie aufnahm, ist eine dieser grandiosen Taten, die nicht öffentlich werden. Acht Monate dauerte das Kirchenasyl. Dann war Abschiebung nicht mehr möglich.

Unvergessen ist auch das Engagement einer Lehrerin im Jahr 2012, die es gegen hinhaltenden Widerstand der beteiligten Botschaften erreichte, dass eine jesidische Familie aus Syrien ihren 15-jährigen Sohn aus Griechenland holen konnte. Er war unterwegs abhanden gekommen. Das ist nicht selten bei den oft abenteuerlichen Flucht-Abläufen. Die Pädagogin sah täglich die traurigen Gesichter der Angehörigen und entschloss sich spontan zum Handeln: Sie mobilisierte Politiker, sie bekam sogar Unterstützung von der Ausländerbehörde, überwand Widerstände im Auswärtigen Amt und in der Botschaft in Athen – und erreichte es schließlich, dass der Sohn im Januar 2013 wohlbehalten in Dinklage ankam.

Das Dublin-Abkommen

Für Deutschland hätte es bedeuten können, künftig alle Probleme mit der Zahl von Flüchtlingen zu hinter sich zu lassen: Das Abkommen der europäischen Länder, das 1990 in der irischen Hauptstadt Dublin geschlossen wurde, inzwischen in der Version „Dublin III". Es sieht vor, dass derjenige Mitgliedsstaat für ein Asylverfahren zuständig ist, den ein Antragsteller zuerst betreten hat. Das beschert Deutschland eine Sonderstellung, weil es genau in der Mitte liegt. Wer nach Deutschland kommt, hat zwangsläufig eines der Dublin-Länder durchquert. Wurden ihm dort Fingerabdrücke abgenommen, landen sie in der Fingerabdruck-Datei „Eurodac". Das BAMF nimmt dann hier ebenfalls Fingerabdrücke, und bei Übereinstimmung holt das Amt die Zustimmung des betreffenden Landes zur „Rückführung" ein und ordnet die Abschiebung dorthin an.

Die Grundidee des Vertrages ist, dass alle beteiligten Länder regelrechte Asylverfahren durchführen und die Antragsteller human behandeln. Weil das so sein soll, unterstellte die Bundesregierung, dass es auch so ist. Diese Leugnung der Realität wird in der Rechtsprechung „normative Vergewisserung" genannt. Einige Gerichte halten sich daran, wenn es in Eilverfahren um die Abschiebung geht, andere sind mittlerweile sehr kritisch. Der Europäische Gerichtshof für Menschenrechte hat inzwischen formuliert, dass Rückführungen nicht zulässig sind, wenn bekannt ist, dass der „Zielstaat“ die Betroffenen erniedrigend oder unmenschlich behandelt.

Das ist in vielen Ländern die Regel. In Griechenland sind die Verhältnisse so katastrophal, dass sich das Bundesverfassungsgericht bereits 2009 in einem Eilverfahren entschloss, die Abschiebung dorthin zu untersagen. Dabei ist es bis heute geblieben. In der Slowakei ist es zu Folterungen gekommen. Bulgarien bringt Asylsuchende in Gefängnissen und geschlossenen Lagern unter. Daher ist umstritten, ob sogenannte Rückführungen dorthin noch zulässig sind. Polen, Rumänien und neuerdings Spanien stehen mittlerweile ebenfalls in der Kritik von Menschenrechts-Organisationen wie Pro Asyl. Die Tschechei und die Slowakei verkaufen Visa im Irak, lassen die Käufer einreisen und schieben sie dann wieder in den Irak ab 10.000 Dollar kann eine solche Rundreise kosten. Die Ukraine, die nicht zu den Dublin-Ländern gehört, hat von der EU 40 Millionen Euro erhalten und damit Asylknäste gebaut, in denen die Insassen regelmäßig gefoltert werden (Spiegel 8/2015). Italien ist völlig überlastet. Dort wurden aber auch schon früher Asylsuchende schlicht auf die Straße gesetzt, selbst nach der Anerkennung. Es gibt zu Italien noch keine einheitliche Rechtsprechung.

Eine besondere Entwicklung gibt es in Ungarn. Dort wurden Asylsuchende stets ins Gefängnis gesteckt, bis die EU intervenierte. Daraufhin wurden Auffanglager eingerichtet, doch ab 2013 wurden Asylsuchende wieder in die Knäste gesteckt. Anfang 2015 hatte der Ministerpräsident Victor Orbán angekündigt, dass er die Regeln der Europäischen Union für Flüchtlinge und Asylverfahren nicht mehr beachten wird. Entsprechend wurden die Gesetze geändert. Künftig kann jeder illegal Eingereiste inhaftiert werden, bei Zwangsarbeit ohne Lohn. Die Gerichte müssen jetzt entscheiden, ob Menschen weiterhin aus Deutschland dorthin deportiert werden dürfen.

Das Dublin-Abkommen sieht immerhin vor, dass eine Behörde Asylbewerber dann nicht zurückschieben soll, wenn in ihrem Land Verwandte im weiteren Sinne leben. Darüber setzt sich das BAMF in hier bekannten Fällen hinweg. Das Amt hat kein Problem damit, einen Jesiden, der nicht lesen und schreiben kann, nach Ungarn oder eine jesidische Frau aus dem Irak, ebenfalls Analphabetin, in die Slowakei abzuschieben, obwohl beide Verwandte in Deutschland haben. Das Dublin-Abkommen wird also gnadenloser gehandhabt als der Text vorschreibt. Zwar hatte die Kanzlerin das Dublin-Abkommen schon im Herbst 2015 für tot erklärt, doch ihr Innenminister ist dabei, es wiederzubeleben – Ausgang offen.

Die Chancen der Jesiden im Irak, die noch hoffen, dem Elend in Richtung Deutschland oder Europa entfliehen zu können, sinken stetig. Die Aufnahmeprogramme sind ausgelaufen, und der illegale Weg, so will es die EU, wird immer gefährlicher. Es ist offen, wie und wo auf Dauer das Überleben der Jesiden im Nahen Osten gesichert werden kann. Der UN geht das Geld aus. Die jesidische Gemeinschaft verhält sich in dieser Situation bemerkenswert solidarisch, indem sie die Betroffenen mit dem Nötigsten zu versorgen versucht. Das ist nicht ungefährlich. Zugleich verschlimmert die Perspektivlosigkeit die Situation in den Flüchtlingslagern. Und auch dort gehören Angriffe aus dem Umfeld zum Alltag. Die Jesiden und ihre Organisationen versuchen, die Regierung zu veranlassen, ihre politischen Einflussmöglichkeiten auch gegenüber der kurdischen Regierung zu nutzen. Ausgang auch hier: offen.

Nachtrag zum Thema Bundesamt für Migration und Flüchtlinge

Asylanträge werden vom Bundesamt für Migration und Flüchtlinge, abgekürzt BAMF, geprüft, Man hatte es 2005 umbenannt. Denn „Bundesamt für die Anerkennung ausländischer Flüchtlinge" hatte noch nie gepasst. Zu oft hatte das Amt deutlich gemacht, dass es sich vor allem für die Ablehnung zuständig fühlt. Als zusätzliche Sicherung gegen Anerkennungen war bis 2005 der „Bundesbeauftragte für die Anerkennung ausländischer Flüchtlinge" installiert. Er legte Einspruch ein, wenn das Bundesamt doch jemand anerkannte, und erzwang damit zahllose Gerichtsverfahren. Beim Termin glänzte der Bundesbeauftragte dann regelmäßig durch Abwesenheit. Dass der Bundesbeauftragte gegen eine Ablehnung intervenierte, ist nicht belegt. Ab 2005 ist das BAMF auch offiziell weisungsgebunden, der Bundesbeauftragte wurde abgeschafft.

Wäre es allein nach dem Bundesamt gegangen, hätte es Anerkennungen von Jesiden nicht gegeben. Wie das Amt dachte, lässt sich in den Entscheidungen aus der Zeit um 1985 nachlesen. Den „Entscheidern" wurden auch damals schon Textbausteine vorgegeben. Hier ein schönes Beispiel:

„Das Zurückbleiben fremder Rechtssysteme – wie z.B. Behinderung des Verkehrs der Beschuldigten mit seinem Verteidiger, Beschneidung der Verteidigungsrechte – hinter den Anforderungen der von den Garantien des Bonner Grundgesetzes beherrschten Deutschen Rechtsordnung an die Gerichtsverfassung und die prozessualen Rechte der Strafverteidigung vermag als solche ohne das Hinzutreten weiterer Umstände die Annahme einer politischen Verfolgung nicht zu rechtfertigen. Solche Umstände sind hier nicht ersichtlich."

Soll heißen: Wenn es in einem Staat wilder zugeht als in der „Deutschen Rechtsordnung", ist das noch lange keine politische Verfolgung. Da muss es schon dicker kommen. Weiter im Text:

„Die demnach gebotene Verneinung des politischen Charakters einer zu erwartenden Bestrafung schließt nicht aus, daß es in deren Vorfeld zu politisch motivierten Verfolgungsmaßnahmen durch unrechtmäßig handelnde Ermittlungsbeamte kommen kann. Ein Asylgrund wird jedoch nur dann begründet, wenn ihnen die Betroffenen gerade wegen ihrer durch das Asylrecht geschützten persönlichen Merkmale oder Überzeugungen ausgesetzt sind. Somit ist nicht jede Mißachtung der Menschenwürde und damit staatlichen Exzessen jeder Art asylbegründende Wirkung beizumessen, sondern es müssen politische Motive des seine Macht mißbrauchenden Staatsapparats hinzutreten [...] In der Türkei sind die Übergriffe während des Polizeigewahrsams weit verbreitet und gegenüber „politischen" wie „gewöhnlichen" Straftätern ein gängiges Mittel zur Erzwingung von Aussagen und Geständnissen. Asylbegründend wäre ein solches Vorgehen nur, wenn die Folter systematisch gegen bestimmte Volkszugehörige oder Träger einer bestimmten Gesinnung eingesetzt würde; dies läßt sich für die Türkei aber nicht feststellen."

Kurzfassung: Wenn alle gefoltert werden, weil das so üblich ist, kann sich nicht ein Einzelner darauf berufen, es sei denn, die Gründe für die Folter seien bei ihm ganz besondere. Das ist aber in der Türkei nicht so, meint das Amt. Angehörige von Minderheiten und politische Kurden sind nicht schlechter dran – weil eben alle gefoltert werden. Wie schon der Kabarettist Dieter Hildebrandt spottete: In der Türkei ist die Folter eine Art Folklore. Fragt sich nur, wie der folgende Hinweis dazu passt, der einen Rat gibt, wie man der Folter doch noch entgeht:

Originaltext:

„Es ist davon auszugehen, daß er (der Antragsteller) in der Türkei unbehelligt leben kann, falls er sich diejenige politische Zurückhaltung auferlegt, die dort derzeit geboten ist, um das Risiko einer Strafverfolgung zu vermeiden." Sollte dem Antragsteller trotzdem etwas zustoßen, dann hilft ihm der türkische Staat: „Auch führt das weitere Vorbringen des Antragstellers, sein Besitz sei von Moslems bzw. vom Aga weggenommen oder zerstört worden, zu keiner positiveren Bewertung seines Asylbegehrens. Die allgemeine Sicherheitslage in der Türkei hat sich seit der Machtübergreifung durch das Militär im September 1980 entscheidend gebessert. Es bestehen strikte Anordnungen an die Ordnungsorgane, jedem Verdacht auf strafbare Handlungen und jeder Strafanzeige nachzugehen. Dies ergibt sich aus einer Vielzahl von dem Bundesamt vorliegenden und allgemein zugänglichen verläßlichen Informationen. Im übrigen ist kein Staat in der Lage, allen seinen Bürgern zu jeder Zeit einen umfassenden Schutz zu gewähren."

Tatsächlich wurden nach der „Machtübergreifung" – das ist die türkische Variante der Machtergreifung – Tausende kurdischer Dörfer systematisch zerstört, tausende Menschen inhaftiert und gefoltert. Dafür gab es in der Tat auch strikte Anordnungen der Staats- und Militärführung. Die Agas weiteten ihre Macht mit Hilfe von Polizei und Militär und nicht zuletzt der vom Staat bezahlten Dorfschützer aus. Die Schwächsten in diesem Spiel waren die Jesiden.

Doch ginge es nach dem Bundesamt, hätte der Antragsteller einfach nur seine „Behörden" um Schutz bitten sollen: *„Mit seiner Bitte um Schutzgewährung vor rechtswidrigem bzw. strafbarem Verhalten von Moslems und vom Aga müßte sich der Antragsteller an die Behörden seines Heimatstaates wenden, die ihn auch im Rahmen der vorhandenden Möglichkeiten schützen würden. Im übrigen hat der Antragsteller auch nicht dargelegt, ob und inwieweit er gegen die Bedrohungen den Schutz staatlicher Stellen hätte in Anspruch nehmen können."*

Anstatt hier Asyl zu beantragen, hätte er also einfach zur Polizei gehen können. Andererseits: Die Bedrohungen – die gibt es überhaupt nicht:

„Dem Antragsteller droht auch aufgrund seines jezidischen Glaubens in absehbarer Zeit keine politische Verfolgung mit beachtlicher Wahrscheinlichkeit. Die Jeziden in der Türkei waren weder vor, noch zum Zeitpunkt der Ausreise der Antragsteller Maßnahmen ausgesetzt, die als unmittelbare staatliche Verfolgung oder als mittelbare dem Staat zuzurechnende Verfolgung gewertet werden könnten; hieran wird sich auch in absehbarer Zukunft nichts ändern."

Das Amt hat allerdings registriert, dass die Jesiden in der Türkei Probleme haben. Aber daran sind sie selbst schuld:

„Unbeschadet der Tatsache, daß die Türkei ein laizistischer Staat ohne Staatsreligion ist, ist der sunnitische Islam de facto die Religion der Türken. Aufgrund ihrer religiösen Bräuche und ihrer sonstigen Lebensgewohnheiten stehen die Jeziden bei der moslemischen Bevölkerungsmehrheit in einem geringen Ansehen. Ihre Religion gehört nicht zu den sogenannten Buchreligionen, wie etwa das Juden- oder Christentum, und daher werden Jeziden als „Ungläubige" betrachtet, die nicht unter das Duldungsgebot des Islam fallen und die dem Gesetz des „Heiligen Krieges" unterstehen. Als „Teufelsanbeter" machen sie sich in den Augen der Moslems der größten Sünde schuldig; ihr Kult ist, weil er nicht öffentlich ist, als im Grunde illegales Heidentum nicht zu dulden."

Es wäre also nach Ansicht des Amtes normal und verständlich, wenn die Moslems dem Treiben der Jesiden ein Ende setzen. Aber: So hart, wie man jetzt denken könnte, sind die Moslems gar nicht:

„Vor diesem Hintergrund mag es zu vereinzelten Übergriffen der moslemischen Bevölkerung gegenüber Jeziden gekommen sein und auch heute noch kommen. Erst wenn ein Staat keinen Schutz vor solchen (gewalttätigen) Übergriffen anderer Bevölkerungsteile gewähren kann oder will, wäre dies asylrechtlich einer staatlichen Verfolgung gleichzusetzen; für die Türkei ergeben sich keine Anhaltspunkte dafür, daß der türkische Staat seine Schutzpflicht gegenüber den Jeziden in asylbegründender Weise vernachlässigt."

Auch mangels eigener Kenntnis haben Gerichte häufig ein Problem damit, solche Texte und die Auskünfte des Auswärtigen Amtes als das einzustufen, was sie sind: grober Unfug. Es wäre aber falsch, die Bediensteten des Amtes verantwortlich zu machen. Das Amt stellte damals wie auch derzeit laufend neue „Entscheider" ein. Die Ausbildung ist kurz – für die Türkei etwa eine Stunde. Das genügt gerade, um die Textbausteine zu lesen – mehr nicht.

Die „Geheimreligion" oder: Ein Märchen aus Lüneburg

Nicht alle Märchen sind einfach zu verstehen. Zu dem folgenden muss man wissen: Es gibt eine europäische Richtlinie, die beschlossen wurde, um einheitliche Standards in den Asylverfahren zu schaffen. Diese „Qualifikationsrichtlinie" besagt, dass es zum unveräußerlichen Menschenrecht gehört, sich öffentlich zu seiner Religion zu bekennen. Das können die Jesiden in den Herkunftsländern nicht. Folgerichtig müsste ihnen das Recht auf Asyl zugesprochen werden. Genau das aber wollte das Oberverwaltungsgericht von Niedersachsen, genannt OVG Lüneburg, vermeiden.

2006 forderte der zuständige Senat dieses Gerichts eine Stellungnahme vom jesidischen Forum zur Situation in Syrien an. In den folgenden Urteilen wurde diese Stellungnahme dann in völlig unsachlicher Weise abqualifiziert. In dem Text von Juli 2009 sind zunächst die nachweisbaren Gewaltakte gegen Jesiden in Syrien aufgelistet. Das beeindruckte die Richter nicht. Es waren ihnen zu wenig Tote. Zudem erklärte das Gericht die jesidische Religion zur „Geheimreligion“. Die folgenden Zitate stammen aus einem Urteil dieses Oberverwaltungsgerichts, Aktenzeichen 2 LB 643/07, vom 24.03.2009:

„Nach der Rechtsprechung des Senats liegen weiter keine schwerwiegenden Eingriffe in die nach Art. 10 Abs. 1 b Qualifikationsrichtlinie vom Schutzbereich der Religionsfreiheit nunmehr auch erfasste öffentliche Glaubensbetätigung vor. Davon ist schon deswegen nicht auszugehen, weil sich die wesentliche Glaubensbetätigung der Jesiden nur im häuslich-privaten Bereich abspielt. Die Jesiden haben – abgesehen vom zentralen Heiligtum am Grabe des Scheichs Adi in Lalisch (Nordirak) – keine Gotteshäuser. Nach weitgehend übereinstimmenden wissenschaftlichen Erkenntnissen handelt es sich bei der Religion der Jesiden wenigstens überwiegend um eine sog. Geheimreligion, da viele Riten unter Ausschluss anderer Glaubenszugehöriger nicht öffentlich praktiziert werden. So finden zwar öffentliche Gebete im Freien statt, aber nicht im Beisein von Angehörigen anderer Religionen. Der geheime Charakter der Religion äußert sich auch in dem Gebot der „taquyie“, dem Verstellen aus Frömmigkeit.“

In der Stellungnahme war noch versucht worden, die Richter mit freundlichen Worten auf die Realität hinzuweisen. In dieser Realität – in Syrien, dem Irak und der Türkei – können sich Jesiden nicht verstecken. Jeder Nachbar, die Behörden, die Polizei, die Geheimdienste und die IS-Mörder wissen, wer zu den „Unreinen“ gehört.

Die These von der Geheimreligion erweist sich aber als nützliches Vehikel bei der Ablehnung:

„Der Umstand, dass nach den Angaben in einigen Erkenntnismitteln heiratswillige Jesiden gezwungen werden, den islamischen Eheritus zu vollziehen, d.h. ein Bekenntnis zum Islam abzulegen, stellt ebenfalls keinen asylrechtlich relevanten Eingriff in das religiöse Existenzminimum der Jesiden dar. Denn die Jesiden werden auch durch derartige Praktiken der syrischen Behörden nicht daran gehindert, ihre Religion im häuslich-privaten Bereich oder gemeinsam mit anderen Gläubigen auszuüben. Die Eheschließung nach dem islamischen Eheritus hat auch nicht zur Folge, dass die Jesiden ihren eigenen Glauben verlieren.“

Man stelle sich vor, die Kinder der Richter müssten erleben, dass ihre Töchter und Söhne ihre Hochzeiten nach islamischem Ritus vollziehen müssten, dass ihre Kinder beim Schulbeginn den Propheten lobpreisen und das islamische Glaubensbekenntnis rezitieren müssten – mittlerweile ein Schreckbild für verwirrte Menschen in Deutschland. Für die Richter wäre das wohl kein Problem:

„Schließlich stellt auch der Umstand, dass schulpflichtige jesidische Kinder am Koranunterricht teilnehmen müssen […], keinen asylrechtlich relevanten Eingriff in das religiöse Existenzminimum der Jesiden dar. Denn die schulpflichtigen Jesiden werden auch durch die Teilnahme am Koranunterricht nicht daran gehindert, ihre Religion im häuslich-privaten Bereich oder gemeinsam mit anderen Gläubigen auszuüben.“

Chaukeddin Issa hat die Eingriffe selbst erlebt: „Eines Tages während des Religionsunterrichts forderte mich der Lehrer – ein streng religiöser Araber – in der Reihenfolge der Schüler zum Lesen des Korans auf. Ich musste eine Sure vorlesen, die meinen Glauben zutiefst beleidigt und gegen unsere Religionsgebote verstößt. Ich habe mich zunächst schweigsam geweigert zu lesen. Der Lehrer fing an, mich mit seinen Handflächen zu schlagen. Zeitgleich fingen die Mitschüler verdeckt und heimlich an zu lachen. Sie wussten, dass ich kein Moslem bin. Er forderte mich erneut auf, richtig zu lesen. Ich weigerte mich erneut. Er fing an, mich erneut zu schlagen. Beim dritten Mal habe ich ihm gesagt, dass ich Jeside bin und habe dadurch gehofft, dass er mit den Schlägen aufhört. Erst nach Intervention des Schulrektors hat er mit seinen Strafmaßnahmen aufgehört. Mit diesem Schicksal stand ich nicht allein da. Viele jesidische Schüler mussten die Schikane der Lehrer erdulden oder über sich ergehen lassen."

Auf Einwände des jesidischen Forums in einer früheren Stellungnahme geht das Gericht sogar direkt ein. Dabei wird die Geheimreligion immer geheimer:

„Allerdings sieht das jesidische Forum (Stellungnahme v. 4.7.2006) eine Verfolgung wegen Religionszugehörigkeit im Sinne des Art. 10 Abs. 1 b der Qualifikationsrichtlinie darin, dass eine gemeinschaftliche und öffentlich sichtbare Ausübung der jesidischen Religion in der Türkei nicht möglich sei. Zwar dehnt diese Vorschrift den Schutz vor religiöser Verfolgung auf die öffentliche Glaubensbetätigung aus. Um die Glaubensausübung im öffentlichen Bereich geht es aber bei den Jesiden gerade nicht. Denn die religiösen Rituale der Jesiden dürfen nicht vor den Augen Ungläubiger praktiziert werden."

Und weiter: *„Kulthandlungen üben die Jesiden mit Ausnahme des privaten Gebets zusammen mit der ihnen kraft Geburt zugeordneten Priester-(Scheich-) Familie aus, der die religiöse Unterweisung und Betreuung der Laien (Munden) obliegt. Gottesdienste werden in den Wohnungen abgehalten, da Kultbauten mit Ausnahme der Bauten am Grabe des Scheichs Adi, der als Inkarnation des Melek Taus gilt, unbekannt sind. Öffentliche Gebete finden im Freien und nur in Anwesenheit anderer Jesiden statt; dies geschieht bei Sonnenaufgang, während bestimmter Festperioden aber auch zu anderen Tageszeiten. Glaubensinhalte, Kulthandlungen und Festriten halten Jesiden vor Andersgläubigen möglichst geheim. Sie schließen sich als Glaubensgemeinschaft bewusst gegen Andersgläubige ab. Gotteshäuser gibt es also ebenso wenig wie eigenständige Gebetsräume in anderen Baulichkeiten. Mithin handelt es sich bei der jesidischen Religion von ihrem Wesen her um eine Art „Geheimreligion."*

Das jesidische Forum hat daraufhin mit der Stellungnahme eine Reihe von Fotos der heiligen Stätten – der Ziyarets – beigefügt und die Richter eingeladen, nach eigener Wahl an Zeremonien in Oldenburg teilzunehmen. Sie kamen nicht. Die Gründe lesen sich so:

„Zwar mag es sein, dass die Geheimhaltung von wesentlichen Ritualen und Bräuchen der jesidischen Religion auf die jahrhundertelange Verfolgung dieser Glaubensgemeinschaft in den Herkunftsländern zurückzuführen ist. Auch erscheint es plausibel, dass sich die in Deutschland lebenden Jesiden unter den Bedingungen eines freiheitlichen Rechtsstaates bis zu einem gewissen Grad an die hiesigen Verhältnisse anpassen und ihren Glauben zumindest teilweise öffentlich leben. Allerdings ist dem Vorbringen der Beigeladenen zu 2) - 4) und den von ihnen zitierten Erkenntnismitteln in dieser Hinsicht lediglich zu entnehmen, dass die

Jesiden in Deutschland Kulturvereine gegründet haben, die sich nicht nur in der Öffentlichkeit artikulieren, sondern auch über Räume verfügen, in denen Versammlungen, religiöse Unterweisungen und Feiern stattfinden. Zu bestimmten Veranstaltungen würden auch Deutsche eingeladen. Aus diesen Ausführungen der Beigeladenen zu 2) - 4) ist aber nicht hinreichend deutlich, welche religiösen Riten in Deutschland nach wie vor unter Ausschluss der Öffentlichkeit stattfinden und an welchen auch Andersgläubige teilnehmen dürfen. Es hat den Anschein, als ob nichtjesidische Besucher lediglich an bestimmten religiösen Festen und Feiern teilnehmen dürfen, nicht aber an Ritualen, die der eigentlichen religiösen Lebensführung dienen, wie gemeinsames Beten und/oder Fasten, religiöse Unterweisung u. ä.. Dies könnte dafürsprechen, dass sich die wesentliche Glaubensbetätigung der Jesiden auch in Deutschland nicht vorwiegend in der Öffentlichkeit abspielt.“

Zusammengefasst: Diese Jesiden wollen uns doch nur etwas vormachen. Öffentlich veranstalten sie Ringelreihen und heimlich ihre grauslichen Rituale. Das religiöse Leben der Jesiden ist seit Jahren von Fernseh-Berichterstattern in Lalisch, Sharfedin und anderswo festgehalten worden. Es gibt eine Fülle von Filmen bei YouTube – und es gibt nicht zuletzt auch dieses Buch schon in zweiter Auflage.

Wie die Richter darauf kommen, Scheich Adi sei „die Inkarnation des Melek Taus“, hätte man gern gewusst. Auch die „Gottesdienste“ finden „häuslich-privat“ nur in den Köpfen der Richter statt. Gottesdienste im christlichen Sinne gibt es nicht.

Die Herausgeber dieses Buches haben das Problem schließlich einem nichtjesidischen Fachmann unterbreitet. Prof. Dr. Philip Kreyenbroek, Direktor des Seminars für Iranistik der Universität Göttingen, ist Religionshistoriker, spricht kurdisch und hat sich als Wissenschaftler mit der jesidischen Religion befasst. Aus seiner Stellungnahme:

„Der Begriff „Geheimreligion“ kommt als Fachbegriff für einen abgrenzbaren Religionstypus in der Vergleichenden Religionswissenschaft nicht vor. Anders formuliert: Eine Religion, die aus wissenschaftlicher Sicht so bezeichnet werden könnte, gibt es nicht […] Die Auffassung, die Religionsausübung sei nicht im Sinne der europäischen Rechtsnormen beeinträchtigt, weil es bei den Jesiden nicht um Glaubensausübung im öffentlichen Bereich gehe, ist schlicht falsch.

Die religiösen Feste der Jesiden wurden in den Ländern, in denen Jesiden noch leben, öffentlich begangen. Heutzutage ist dies kaum irgendwo möglich. In Orten mit Angehörigen anderer Religionen nahmen auch Nicht-Jesiden, insbesondere Christen, daran teil.

Ich habe alle Zeremonien gesehen, ebenso wie andere Europäer und ortsansässige Christen auch. Wenn das gegenseitige Verhältnis vor Ort es zuließ, wurden auch Moslems eingeladen. So haben Moslems an Beschneidungsfesten teilgenommen und sogar Patenschaften für das Kind übernommen. Das ist heutzutage – bezogen auf die nahöstlichen Länder – die Ausnahme. […]

Es trifft auch nicht zu, dass sich die Jesiden als Glaubensgemeinschaft bewusst gegen Andersgläubige abschlössen. Vielmehr mussten sie sich abschließen, wenn die Lage für sie als Minderheit besonders gefährlich war oder ist. In Deutschland findet sich die vermeintliche Abschottung bei den Jesiden in keiner Weise.

Da die Jesiden ihre Religion hauptsächlich in Form von Festen und Ritualen leben und gestalten, sind es gerade diese – meist öffentlichen – Veranstaltungen, die es der jüngeren Generation ermöglichen, ihre religiöse Tradition verstehen zu lernen und sie später an die nächste Generation vermitteln zu können [...]

Vielfach geht man davon aus, dass der Charakter der Jesidenreligion dem Charakter des westlichen Christentums weitgehend entspricht, was nicht der Fall ist. Der Yezidismus ist, wie ausgeführt, eine orthopraktische Religion, in dem gemeinsame Feiern den Kern des religiösen Lebens darstellen. Diese mit bestimmten Formen verbundenen Feste können die jesidischen Gemeinden in einem moslemischen Umfeld nicht begehen, weil die Nachbarn ihnen dies unmöglich machen, wobei sie sich für gewöhnlich auf das stillschweigende oder explizite Einverständnis der lokalen Behörden verlassen können [...].

Der Yezidismus hat sich über Jahrhunderte in Opposition zum Islam definiert. Das Rezitieren islamischer Texte ist so streng verboten, dass die Jesiden im osmanischen Reich für lange Zeit vom Wehrdienst befreit waren, weil es ihnen verboten war, gewisse Texte auch nur anzuhören, geschweige denn, sie selbst rezitieren zu müssen. Der Zwang, solch streng verbotene Texte auszusprechen, um ein moralisches Leben führen zu können (d. h. zu heiraten), muss als eine schwere Beeinträchtigung der religiösen Freiheit der Jesiden betrachtet werden.

Regelrecht verharmlosend erscheint die Auffassung, die Teilnahme von Jesiden am Koranunterricht habe nur Ausbildungszwecke wie etwa der Lateinunterricht und ziele nicht auf Bekehrung oder Bekämpfung der jesidischen Religion. Zum Vergleich müsste man sich vorstellen, dass muslimische Kinder in Israel gezwungen würden, dem Talmud-Unterricht zu folgen, um klassisches Hebräisch zu lernen. Der Vergleich mit Lateinunterricht an deutschen Gymnasien lässt sich im Anbetracht der religiösen Gefühle von Jesiden und Muslimen im Mittleren Osten nicht aufrechterhalten. Eine solche Maßnahme, wie sie aus Syrien und der Türkei bekannt ist, stellt ohne Zweifel eine bewusst als öffentliche Demütigung gemeinte, tiefe Beleidigung der Jesiden dar, zumal sie das Glaubensbekenntnis des Islam und in diesem Zusammenhang die Vokabel im Klartext aussprechen müssen, die den Jesiden als Verleugnung des Melek Taus untersagt ist und von ihnen stets nur mit dem Begriff des „Bösen" umschrieben wird. Einen Menschen aufgrund seiner Religion zu zwingen, sich einer solchen Maßnahme zu unterwerfen, ist unzumutbar und als menschenrechtswidrige Beeinträchtigung der Religionsfreiheit zu qualifizieren.

Göttingen, den 13.06.2009, Prof. Dr. Philip G. Kreyenbroek, Direktor, Seminar für Iranistik, Georg-August Universität"

Zum Schluss sei daran erinnert, dass die hochbezahlten Verwaltungsrichter, die ihre Erkenntnisfähigkeit im Fall der Jesiden so eindrucksvoll unter Beweis stellen, tagtäglich über Menschenschicksale entscheiden.

Zu Person und Wirken von Prof. Dr. Dr. Gernot Wießner

Ein unbestechlicher Fürsprecher der Jesiden

Von Bernd Lehmann

Er hat es als persönliches Glück empfunden, dass er das Schicksal der Jesiden aus der Türkei in Deutschland zu Guten wenden konnte. Darauf – so hat er es selbst formuliert – sei er weit mehr stolz als auf die Ergebnisse seiner umfangreichen Forschungsarbeiten, die eher eine Sache für Spezialisten seien. Diese Lebensleistung, die sich aus den Forschungsarbeiten ergab, ist fraglos einzigartig. Professor Wießner konnte sie nicht zu Ende führen, er starb im Februar 1999 mit 66 Jahren. Danach, ohne ihn, war ein Teil der Jesiden in Deutschland wieder bedroht, vor allem diejenigen, die aus Syrien kamen. Erst die Kämpfe ab 2011 und die Massaker des IS haben dazu geführt, dass die Jesiden in der deutschen Öffentlichkeit und von den Behörden als verfolgte Minderheit wahrgenommen wurden.

Prof. Dr. Dr. Gernot Wießner zusammen mit Mir Tahsin Said Beg .

Es war anfangs die besondere Gastfreundschaft der Jesiden, die den Wissenschaftler bei seinen Exkursionen im Tur Abdin, einem Gebirge im Südosten der Türkei, beeindruckte. Dabei ist mit dem Wort Gastfreundschaft zu wenig gesagt: Es gehört zu „unserer Kultur", wie die Jesiden gern sagen, auch das letzte Hemd zu geben. Gernot Wießner, Religionswissenschaftler und Historiker, hatte vor mehr als drei Jahrzehnten im Tur Abdin begonnen, Reisen zur Erforschung der alten christlichen Religionen zu unternehmen, und begegnete den Jesiden in ihren Dörfern noch vor der großen Flucht. Aus dieser Begegnung entwickelten sich auch in Deutschland Kontakte mit Jesiden, die als Gastarbeiter in Celle lebten. Für Wießner erschloss sich nicht nur ein neues Forschungsgebiet. Er sah sehr bald, dass diese sympathische Minderheit in der Türkei keine Überlebenschance hat. Das führte zur Zusammenarbeit mit der Gesellschaft für bedrohte Völker. Mit seiner Ehefrau Irina ging Wießner den Lebensumständen der Jesiden systematisch nach und stellte fest, dass es nur noch 20.000 von ihnen in der Türkei gab. Er schätzte, dass insgesamt etwa 100.000 Angehörige dieser Religionsgemeinschaft, die früher einige Millionen zählte, die Verfolgungen überlebt haben, die mit den islamischen Eroberungen begann. Zunächst für die Türkei konstatierte er, dass es dort für sie keine Perspektive gebe.

Diesen Schluss hat er gezogen, nachdem er seine Erkenntnisse gewissermaßen Dorf für Dorf gewonnen hatte. Aufgrund dieses umfassenden Wissens wurde Professor Wießner bei den Asylverfahren türkischer Jesiden der wichtigste und prominenteste Gutachter. Er ist von nahezu allen Gerichten gehört worden, die sich mit den Asylverfahren befassten.

Dass der Exodus kommen würde, hatte er bei den Forschungen über die alte christliche Kultur bereits erkannt: Zuerst gingen die Aramäer, darunter vorneweg auch viele aramäische Geistliche. Die Christendörfer rings um die Jesidendörfer leerten sich, das muslimische Umfeld rückte näher. Das türkische Militär putschte 1980, die Kämpfe mit der PKK erreichten das Gebiet und die örtlichen Feudalherren erhielten mit den Dorfschützern zusätzliche Macht. Die Lage der Jesiden verschlechterte sich von einer Erkundungsfahrt zur nächsten. Es zeichnete sich ab, dass sie in der Türkei nicht unbehelligt existieren können, weil sie überall als „Ungläubige" und „Unreine" erkannt werden. Damit erledigte sich die Theorie der „inländischen Fluchtalternative", eine von deutschen Gerichten entwickelte Vorstellung, wonach Minderheiten in den Großstädten „untertauchen" und deshalb kein Asyl beanspruchen könnten.

Das besondere Verdienst von Prof. Wießner besteht nicht nur darin, dass er für ein Asylrecht der Jesiden eintrat, sondern wie er dies tat: stets fundiert, stets mit Wahrung der wissenschaftlichen Distanz, stets emotionsfrei und überzeugend. Er setzte sich damit weit von dem oft abgrundtiefem Niveau ab, auf dem – häufig gezielt und mit unlauteren Methoden – gegen die Anerkennung der türkischen Jesiden argumentiert wurde. Mit diesen Argumenten, Scheinargumenten und Falschangaben hatte er direkt zu tun.

Man muss wissen, dass von den deutschen Botschaften im Ausland über das Auswärtige Amt ein steter Strom von Stellungnahmen in die Asylverfahren einfließt. Diesen „Lageberichten" messen einige Gerichte höchste Glaubwürdigkeit zu. Dabei legt das Amt in der Regel nicht einmal seine Quellen offen.

Mit Datum von 28. Oktober 1988 lieferte das Auswärtige Amt einen Bericht über die Situation der Jesiden in der Türkei ab, der schlicht und einfach grotesk war: Es gebe in Istanbul 40.000 Jesiden, die dort in relativem Wohlstand lebten, darunter auch studierte Leute. Offenbar sollte damit die Theorie der Fluchtalternative untermauert werden. Am 22. Dezember 1988, also knapp zwei Monate später, folgte die nächste Lachnummer: In der Türkei insgesamt – so der Lagebericht – lebten „laut Auskunft eines Oberhauptes der Jesiden in der Nähe von Besiri" 70.000 bis 80.000 Jesiden. Denen gehe es gut, sie seien „fleißig und geschäftstüchtig". Sie würden „durch ihren Wohlstand in der Umgebung Neid erwecken". Noch ein schönes Zitat: „Jesiden und Aramäer sind in ihren Gebieten die wohlhabendsten Stämme. Wohlstand ist ohne Ansehen nicht zu erwerben. Sie haben das Ansehen einer klugen und geschäftstüchtigen Minderheit, die sich durch ihre meist weiße Kleidung und besondere Tracht von der muslimischen Umwelt abhebt." Midyat, Nusaybin, Bismil, Viransehir und andere Städte wurde in dem Text als „Jesidendörfer" genannt.

Diese nicht öffentlichen, aber nicht unerreichbaren Lageberichte mussten natürlich dem Fachmann vorgelegt werden. Dessen Reaktion war deutlich: „Die Angaben des Auswärtigen Amtes enthalten kompletten Unsinn, der Sachverhalt kann leider nicht anders qualifiziert werden."

Professor Wießner schrieb das am 12. Februar 1989 einem Staatsekretär im niedersächsischen Innenministerium namens Dr. Diekwisch, der die Jesiden abschieben wollte. Eine Kopie ging an den damaligen Außenminister Hans-Dietrich Genscher, eine weitere an Dr. Herbert Schnoor, Innenminister von Nordrhein-Westfalen. Schnoor war das Schicksal der Jesiden, die in seinem Bundesland lebten, nicht gleichgültig. Damals waren türkische Jesiden in anderen Bundesländern – in Bremen rechtskräftig ab Ende 1988 – anerkannt. Die erste Anerkennung hatte es bereits 1982 gegeben. Wießner hatte dem Verwaltungsgericht Stade die Situation der Jesiden geschildert. Das Gericht erkannte die Antragsteller prompt als Flüchtlinge an, die anderen Verwaltungsgerichte folgten. In Niedersachsen wischte das Oberverwaltungsgericht allerdings die Anerkennungen der Verwaltungsgerichte jedes Mal vom Tisch – bis 1993.

Das Schreiben führte zu zwei sogenannten Delegationsreisen mit dem Ziel, die 40.000 Jesiden in Istanbul und die 70.000 oder 80.000 in der Türkei aufzuspüren. Im Mai 1989 reisten Professor Wießner mit Gattin Irina, Dr. Herbert Schnoor mit zwei Fachleuten aus seinem Ministerium, Hans Engel und Wolfgang Düren, sowie Alexander Sternberg-Spohr, langjähriger Mitarbeiter der Gesellschaft für bedrohte Völker, in die Südosttürkei und im Juni nach Istanbul zum Generalkonsulat. Jesiden fanden sie nur noch in einigen Dörfern vor. Dort erlebte der Minister mit, wie der Professor von den Bewohnern herzlich und teilweise auf Deutsch begrüßt wurde. Der Besuch in Istanbul blieb ergebnislos. Das Generalkonsulat hatte keine Jesiden finden können. Herbert Schnoor hat anschließend verfügt, dass die Jesiden in seinem Bundesland ein Bleiberecht erhalten. Sie durften ihr Asylverfahren weiterführen und wurden zumeist auch anerkannt. In Niedersachsen gab es erst ein Bleiberecht, nachdem im Frühjahr 1990 die rot-grüne Regierung unter Gerhard Schröder die CDU in Hannover abgelöst hatte.

Die Reiseberichte der Delegation haben auch die Rechtsprechung beeinflusst: Das Bundesverfassungsgericht stellte in einem Grundsatzurteil zur Frage der Gruppenverfolgung fest, dass die Angehörigen einer verfolgten Gruppe nicht erst dann Asyl beanspruchen können, wenn ein gewisser Prozentsatz von ihnen alljährlich erschlagen wird. Vielmehr müsse man ihnen zugestehen, dass sie rechtzeitig aus der Gefahrensituation die Konsequenzen ziehen und flüchten. Das ist inzwischen bei den Gerichten wieder vergessen. Die Oberverwaltungsgerichte in Niedersachsen, Nordrhein-Westfalen und Sachsen verlangen eine nicht klar definierte Zahl von „Verfolgungsschlägen" pro Jahr. Näheres ist auf den Seiten des jesidischen Forums nachzulesen: Unter www.Jesiden.de → Menschenrechte → Türkei oder → Syrien finden sich dazu ausführliche und verständliche Stellungnahmen.

Wer übrigens glaubt, das Auswärtige Amt oder das Generalkonsulat hätten aus der doppelten Blamage Konsequenzen gezogen, der irrt: In einem Schreiben der deutschen Botschaft in Ankara heißt es noch im Juni 1989, es gebe 20.000 bis 25.000 Jesiden in Istanbul.

Prof. Wießner hat sich auch mit der Lage der Jesiden in anderen Ländern befasst, vor allem in Syrien, soweit es seine Krankheit zuließ. Er konnte das Oberverwaltungsgericht Lüneburg davon überzeugen, dass die Jesiden auch in Syrien auf Dauer keine Überlebensmöglichkeit haben. Doch 1998 gab es einen Wechsel bei der Zuständigkeit von Richtern – ein häufiger Vorgang in Gerichten und vielleicht nicht immer ganz zufällig. Die neuen Richter lehnten die Jesiden aus Syrien ab. Nachdem Deutschland 2009 mit Syrien ein „Rückübernahmeabkommen" abgeschlossen hatte, arbeiteten die Behörden – wie geschildert – daran, Jesiden nach Syrien abzuschieben. Betroffene, denen die Rückkehr gelang, berichteten von regelrechten Folterungen nach Abschiebungen. Der Krieg in Syrien ließ ab Mitte 2011 Abschiebungen nicht mehr zu.

Wießner hat im Lauf der Jahre eine besondere Sympathie für die Jesiden entwickelt, ohne die sachliche Distanz dabei zu verlieren. In einem Interview vom 19. November 1994 in der Zeitschrift *Dengê Êzîdiyan* schilderte er dieses Verhältnis. Auf die Frage, weshalb er sich so intensiv für die Jesiden eingesetzt habe, gab er die folgende Antwort: „Das ist Zufall und Absicht. Die Jesiden sind die erste kleine Religion und erste kleine Gemeinschaft gewesen, mit der ich zusammengekommen bin und bei der ich selber erlebt habe, dass es sich um eine unterdrückte Gemeinschaft handelt. Aus dieser Liebe für diese ersten Unterdrückten, die mir begegnet sind, hat sich eine Dauerliebe entwickelt. Warum das so war, kann man nicht erklären. Man kann die Liebe zu den Jesiden nicht erklären, sie ist ein Teil meines Lebens, das sind 25 Jahre meines Lebens. Ich kann nicht erklären, warum ich meine Frau liebe."

Deutliche Worte fand Wießner zum Verhältnis der Jesiden und der muslimischen Kurden, deren politischer Flügel gern mit dem Vorwurf der Spaltung operiert. Wießner in dem Interview: „Ich spalte nicht die Jesiden von den muslimischen Kurden; die muslimischen Kurden haben die Jesiden aus dem Kurdentum ausgeschlossen. So ist die Geschichte." Neben den türkischen Paschas seien es die muslimischen Fürsten der Kurden gewesen, die jahrhundertelang die Jesiden unterdrückten. Und wer den Spalter-Vorwurf gegen ihn erhebe, müsse wissen, was er – aber weit mehr noch seine Frau Irina – für die Kurden in den türkischen Lagern in Diyarbakir und Kiziltepe während des Golfkrieges getan hätten. „1992 versorgte sie die Insassen des Konzentrationslagers Sumud an der irakischen Grenze, in das sich die Hilfsorganisationen und die kurdische Regierung aufgrund der Nähe zur irakischen Grenze nicht trauten."

Das Ansehen, das Professor Wießner unter den Jesiden genoss, war so hoch, dass er mehrfach gebeten wurde, bei Konflikten als Schlichter zu fungieren, also eine Rolle einzunehmen, die traditionell den Scheichs zukommt. Das lag nicht zuletzt daran, dass er bei Problemen, denen die Jesiden in der neuen Lebenswelt ausgesetzt waren, konkrete und praktische Hilfe leistete. Er hat auch früh erkannt, dass die Jesiden in Deutschland einen organisatorischen Halt brauchten, und den Anstoß dazu gegeben, dass sie sich in Vereinen organisierten.

Mehmet Tolan, der Vater des Vorsitzenden des Zentralrates der Jesiden in Deutschland, Telim Tolan, war bereits seit 1969 als Gastarbeiter in Celle. Er erinnert sich: Im Jahr 1973 sei es gewesen, als Professor Wießner die Jesiden, die seinerzeit überwiegend in Celle lebten, zu einer Versammlung einlud. Es kamen zwischen 80 und 100 Jesiden im Hof der Familie Iskender Ekinci in Celle zusammen. Mitgebracht hatte er eine Übersetzung des „schwarzen Buches“, *Meshafa Resh*, das neben *Kitaba Celwa*, dem Buch der Offenbarung, die einzigen schriftlichen Überlieferungen der Jesiden enthält. Diese Bücher enthalten Mythen über die Weltschöpfung, die Entstehung der Engel und Menschen sowie Tabu-Regeln. Nur eine Abschrift, verfasst in einer aus dem arabisch-persischen Alphabet abgeleiteten Geheimschrift, ist erhalten und befindet sich in der ehemaligen Kaiserlichen Bibliothek in Wien. Maximilian Bittner, ein früherer Orientalist, hatte den Text des Schwarzen Buches übersetzt. Die Jesiden kannten die Inhalte nur aus Erzählungen.

Mehmet Tolan

Den Anwesenden erläuterte Wießner dann seinen Vorschlag: Es sollte einer aus ihren Reihen bestimmt werden, der als Sprecher und Schlichter fungieren sollte. Dieser sollte darüber hinaus den anderen die Richtung weisen, also die weltlichen Aufgaben des Mir – des Ranghöchsten innerhalb des jesidischen Kastensystems – gewissermaßen stellvertretend übernehmen, weil der Mir unerreichbar fern war. Der Vorschlag stieß auf Zustimmung. Wießner bat dann die Jesiden, je einen Vertreter der anwesenden Familienverbände zu benennen. Es wurden ihm neun Namen genannt. Zudem bat er, für sich selbst einen zehnten Vertreter benennen zu dürfen, und begründete dies mit seinem besonderen Verhältnis zur jesidischen Gemeinschaft. Das wurde auch akzeptiert, woraufhin er Mehmet Tolan benannte. Man hätte nun eine Wahl veranstalten können, doch an Vorstandswahlen waren die Jesiden zu dieser Zeit eher nicht gewöhnt. Fraglich wäre auch gewesen, nach welchen Gesichtspunkten sich die zehn Anwesenden gegenseitig hätten einschätzen können.

Wießner schlug ein anderes Verfahren vor: Die Anwesenden sollten eine beliebige deutsche Frau bitten, kurz an der Versammlung teilzunehmen. Mehmet Tolan: „Wir haben eine Passantin von der Straße geholt.“ Diese Frau, die vom Zweck der Veranstaltung keine Ahnung hatte, musste zehn Zettel aus einem Korb an die Anwesenden verteilen. Nur auf einem Zettel stand, dass derjenige, der ihn erhält, die Führungsrolle übernehmen wird. Diesen Zettel erhielt Mehmet Tolan.

Er war damals 25 Jahre alt. Er weigerte sich, die Aufgabe zu übernehmen mit der Begründung, dass er den Älteren gegenüber nicht das große Wort führen könne – das verbiete der Respekt. Wießner blieb nichts anderes übrig, als die Prozedur zu wiederholen. Erneut verteilte die Dame die Zettel. Ergebnis: Wieder war es Mehmet Tolan, auf den die Bestimmung fiel. Daraufhin nahm er gewissermaßen die Wahl an. Er schlug vor, dass die anderen neun als seine Berater zur anzusehen sind – aus heutiger Sicht also Vorstandsmitglieder.

Wießner ließ die zehn Männer in die Mitte des Raumes treten. Drei Schritte in Richtung Sonne mussten sie tun und dann schwören, dass sie das Wahlergebnis akzeptieren und ihr Amt stets mit

Aufrichtigkeit und in Solidarität mit allen Jesiden ausüben würden. Der so gegründete Verein existierte etwa vier Jahre.

Der Professor, ein Intellektueller im besten Wortsinn, hatte ein hoch differenziertes Verständnis für die Jesiden, ihr Wertesystem und ihre Verhaltensregeln entwickelt. Es lag ihm fern, sie mit sogenannten westlichen Vorstellungen zu konfrontieren. So hat er die Menschen auch dann unterstützt, wenn sie durch ihr eigenes Verhalten in Schwierigkeiten gerieten. Legendär ist, dass er junge Jesiden in einem Gefängnis taufte und damit die Riege der Wachmänner verblüffte. Und noch wenige Monate vor seinem Tod besuchte er einen jugendlichen Straftäter, der einsaß und dessen Abschiebung drohte. Die Behörden hatten eine Theorie erfunden, die bisher leider nur auf Angehörige der jesidischen Religion angewandt wurde: Weil die Religion vorschreibt, nichts Unrechtes zu tun, kann ein Straftäter kein gläubiger Jeside sein. Daher sollten für seine Abschiebung weit geringere Hürden gelten als sonst. Es galt also, zur Glaubensbindung des Delinquenten Stellung zu nehmen und sich – wieder einmal – mit den doch sehr schlichten Argumenten der staatlichen Seite auseinanderzusetzen.

Intensiv hat sich Gernot Wießner mit der Frage befasst, welche Zukunft die Jesiden mit ihrer Kultur und ihrer Religion in Deutschland haben. In dem bereits erwähnten Buch „Die kurdischen Yezidi. Ein Volk auf dem Weg in den Untergang“, herausgegeben von der Gesellschaft für bedrohte Völker, hatte er die Gefahren mit dem Begriff vom „tötenden Licht einer fremden Welt“ umschrieben. In dem zitierten Interview, das zehn Jahre später stattfand, sah er die Zukunft eher positiv. Eine wichtige Rolle spielten dabei für ihn die jesidischen Vereine, die sich nach schwierigen Aufbaujahren und viel politischem Streit schließlich entwickelt haben.

Professor Wießner hat als Forscher die Religion, die Geschichte und die Strukturen der jesidischen Gemeinschaft beschrieben und dabei wichtige Klarstellungen formuliert. Die eine ist gewissermaßen interner Natur. Kurz gesagt: Mit Zarathustra hat die jesidische Religion nichts zu tun. Die andere Klarstellung ging an die Adresse der Gerichte, die sich – bei zunehmender Schlichtheit in der Urteilsfindung – teilweise wieder gegen die Jesiden wandten. Einige Gerichte, darunter das Oberverwaltungsgericht (OVG) Lüneburg, beharren bis heute darauf, die jesidische Religion sei eine „Geheimreligion“. Es gibt für die Asyl-Rechtsprechung eine EU-Richtlinie, wonach die Verletzung des Rechts auf öffentliche Religionsausübung ein Asylgrund sein kann. Das OVG meint, auf Jesiden in der Türkei und Syrien sei diese Richtlinie nicht anzuwenden – wegen der angeblichen Geheimreligion. Wer nur heimlich betet, braucht keinen Schutz für seine Religion, so die Logik. Also keine Anerkennung. Die Richter ließen sich – wie berichtet – auch nicht umstimmen, nachdem sie persönlich zur Teilnahme an öffentlichen religiösen Veranstaltungen der Jesiden eingeladen wurden.

Die Vokabel „Geheimreligion“ hatten die Richter in dem erwähnten Buch der GfbV gefunden. Was es damit auf sich hat, präzisierte Wießner in den Stellungnahmen an die Gerichte: Die „taqîa“ sei „das Verbergen der Religionszugehörigkeit oder wesentlicher Elemente des religiösen Glaubens und der religiösen Praxis vor dem Außenstehenden, wenn es der Sicherung körperlicher Unversehrtheit dient und dem Gebot, den [jesidischen] Gott Chodê und seinen Ersten Engel Tausi Melek in keiner Lebenslage zu verleugnen, nicht widerspricht" (Stellungnahme an das OVG Bremen, OVG 2 BA 31/89). Wießner hat auch stets betont, dass die jesidische Religion nichts Sektenhaftes an sich hat, dafür aber eine lange und noch unzureichend erforschte Geschichte. Er wusste auch, dass sich die Jesiden in den Herkunftsländern nicht verstecken können und ein Überleben im Nahen Osten nur unter schweren Opfern möglich sein würde.

Wenn Menschen erwachsen werden, beginnen sie, sich in der Gesellschaft zu orientieren. Für die Generation der Jesiden, die hier geboren und aufgewachsen sind, gehört dazu vor allem die Frage, wie es möglich wurde, dass sie hier weitgehend normal leben und sich in einer Weise entwickeln können, von der nahezu alle anderen Mitglieder der Gemeinschaft im Nahen Osten nicht einmal träumen können. Die Antwort: Ohne diesen Wissenschaftler, der sich entschlossen hatte, seine Kenntnisse für das Recht auf Leben und Überleben der Jesiden einzusetzen, wäre diese Entwicklung nicht denkbar gewesen.

Jesidische Jungen genießen die Aussicht von der Großen Kuppel in Lalisch aus, auf die Talebene.

Zusammenfassung und Ausblick

Von Telim Tolan

Die jesidische Religion ist eine monotheistische Religion, deren Wurzeln 2.000 Jahre vor dem Christentum liegen. Die Jesiden sind von der Volkszugehörigkeit Kurden. Sie sprechen das nordkurdische Kurmanji (Kurmanci) als Muttersprache. Weltweit gibt es ca. 1.000.000 Jesiden. Ihre Siedlungsgebiete befinden sich innerhalb der Verbreitungsgebiete der Kurden: Irak, Syrien, Türkei und Iran. Das Hauptsiedlungsgebiet der Jesiden ist der Nordirak. Hier leben ca. 750.000 Jesiden. Dort befindet sich auch in der Nähe von Mossul Lalisch, das religiöse Zentrum der Jesiden.

Aufgrund früherer Fluchtbewegungen leben viele Jesiden in Armenien, Georgien und Russland. Fast alle türkischen und die Mehrheit der syrischen Jesiden leben schon seit der Zeit vor dem IS-Terror in Westeuropa, überwiegend in Deutschland. Nach unserer Kenntnis gibt es im Afrin-Gebiet eine noch intakte Gemeinschaft, die in sich abgeschlossen und in einem kurdischen Umfeld lebt. Ihre Zahl kann einige tausend betragen. Im Gebiet um Hasake lebten früher Jesiden, die aus der Türkei kamen, weil die Männer dem Militärdienst entgehen wollten, der sehr gefürchtet war und bis zu einem Jahrzehnt dauern konnte. Die Flucht dieser Gruppe hatte ihren Höhepunkt um 1990, sie wurden – wie geschildert – durchweg nicht anerkannt. Tatsächlich waren sie einem arabischen Umfeld weitgehend schutzlos ausgeliefert, wie in der Stellungnahme des jesidischen Forums an das OVG Lüneburg von Juli 2009 beschrieben. Verwandte hatten Übergriffe aufgelistet und die Verbliebenen gezählt:

„Unsere Zählung ergab 3.357 Jesiden zum Jahresende 2008, die angesichts der staatlichen Unterdrückung und der Verfolgung im Umfeld seit langem nicht mehr die Möglichkeit eines dauerhaften Überlebens in Syrien sehen. Die aus dem Irak zugewanderten Jesiden nutzen Syrien nur als Durchgangsland für die Weiterflucht nach Europa."

Die Zahl der in Deutschland lebenden Jesiden wird auf über 180.000 geschätzt. Ehemals Ursprungsreligion der Kurden, stellen die Jesiden eine religiöse Minderheit unter den mehrheitlich muslimischen Kurden dar. Aufgrund ihrer Ursprünglichkeit werden die Jesiden als das lebende Gedächtnis und Gewissen der Kurden betrachtet. Die kurdische Sprache ist auch die der jesidischen Gebete.

Das Jesidentum geht von der Allmacht Gottes aus, weshalb es einen Widersacher gegenüber dem göttlichen Willen nicht geben kann. Nach jesidischer Vorstellung wäre Gott nicht allmächtig, wenn eine Gegenkraft ohne sein Dazutun überhaupt etwas – und dann auch noch Unheil – verrichten könnte. Die namentliche Nennung des Bösen ist gleichbedeutend mit der Anerkennung der Existenz dieser Kraft und daher eine Gotteslästerung. Der Begriff wird von Jesiden daher nicht ausgesprochen, er fehlt auch in dieser Darstellung.

Eine zentrale Bedeutung in den jesidischen Glaubensvorstellungen hat Tausi-Melek. Nach der Schöpfungsgeschichte hat Gott Tausi-Melek mit sechs weiteren Engeln aus seinem Licht erschaffen. Gott befahl den sieben Engeln, den ersten Menschen Adam anzubeten. Während die sechs Engel sich vor Adam niederknieten, verweigerte sich Tausi-Melek. Er ist überzeugt, dass niemand außer Gott würdig ist, angebetet zu werden. Damit steht er für die konsequente Anerkennung der Allmacht Gottes. Gott erkor Tausi-Melek ob seiner Standhaftigkeit und seines Mutes zum obersten Engel. So wird deutlich, dass Tausi-Melek in der jesidischen Theologie nichts Negatives an sich hat. Er ist auch kein in Ungnade gefallener Engel, sondern der stärkste Beweis für die Einzigartigkeit Gottes.

Eine weitere Besonderheit: Als Jeside wird man geboren. Es gibt keine Möglichkeit, zum Jesidentum zu konvertieren. Dies schließt aus, dass Jesiden missionarisch tätig werden und Angehörige anderer Religionen bekehren wollen. Es gibt keinen religiösen Fanatismus, der von der Überlegenheit der Religion über andere Glaubensvorstellungen ausgeht. Der jesidischen Religion fehlt somit die aggressive Komponente des Bekehrens mit Feuer und Schwert.

Im Jesidentum gilt das Gebot der Eheschließung innerhalb der eigenen Religionsgemeinde. Diese Heiratsregel – wissenschaftlich: Endogamie – ist Ergebnis einer historischen Entwicklung. Es war der Versuch, die eigene Identität zu schützen, und zweifellos hat die Endogamie in der Verfolgungssituation den Zusammenhalt und die Solidarität der Jesiden gestärkt. Die Heiratsregel ist in der Gemeinschaft fest verankert, in Europa allerdings anderen gesellschaftlichen Bedingungen ausgesetzt.

Spätestens seit dem 12. Jahrhundert gibt es innerhalb der jesidischen Gemeinschaft mehrere Kasten, die auf den Reformator Scheich Adi zurückgehen. Die jesidische Gesellschaft gliedert sich in die Kaste der Laien (Muriden) und in zwei Kasten von Geistlichen, in die der Scheichs und die der Pire. Die Zugehörigkeit zu einer Kaste ist erblich. Die Geistlichen haben die Aufgabe, die Laien religiös zu unterweisen und zu betreuen. Darüber hinaus nehmen sie wichtige soziale Funktionen wahr. Im Gegensatz zum Kastenwesen im Hinduismus trennt das Kastensystem bei den Jesiden nicht die Gesellschaft, sondern es schuf ein komplexes System, das durch die Abhängigkeit der einzelnen Glieder voneinander einen engen Zusammenhalt aller Schichten garantierte. Nur durch die Verbindung zwischen den einzelnen Kasten war es den Jesiden möglich, ihre Religion zu bewahren.

Der Begriff „Kaste“ ist unglücklich, denn im Gegensatz zum indischen Kastenwesen ist es kein System der Unterordnung oder unterschiedlicher Rechte. Grundsätzlich sind dem Jesidentum solche Strukturen fremd. Es gibt durchaus Personen, die besonders respektiert werden, aber keine „Clanchefs“, die anderen Befehle erteilen könnten.

Nach dem jesidischen Menschenbild ist der Mensch in erster Linie selbst verantwortlich für sein Handeln. Gott hat dem Menschen die Möglichkeit gegeben, zu sehen, zu hören und zu denken. Er hat ihm den Verstand gegeben und damit die Möglichkeit, sich für den richtigen Weg zu entscheiden. Im Jesidentum herrscht die Auffassung, dass ein Jeside ein guter Mensch sein kann, aber um ein guter Mensch zu sein, muss man nicht Jeside sein. Das Jesidentum ist von vornherein tolerant gegenüber anderen Religionen. In einem Gebet der Jesiden heißt es: „Gott, schütze erst die anderen 72 Völker und dann uns.“ Die Jesiden haben keine Berührungsängste gegenüber anderen Religionsgemeinschaften. So ist z. B. das Verhältnis zwischen Jesiden und Christen sehr gut. Dies basiert auch auf der über lange Zeiten gemeinsamen Leidensgeschichte der Jesiden und Christen in den kurdischen Gebieten. So haben z.B. die Jesiden während der Zeit der Armenierverfolgung 1914 bis 1917 im Osmanischen Reich viele Armenier bei sich aufgenommen und vor Deportation und Vernichtung gerettet.

In ihren Heimatgebieten im Vorderen Orient waren und sind die Jesiden einer doppelten Verfolgung ausgesetzt: Einmal ethnisch, weil sie Kurden sind, und zum anderen religiös, weil sie in den Augen fanatischer Muslime als „Ungläubige“, als „vom wahren Glauben Abgefallene“ gelten, die es entweder zu bekehren oder umzubringen gilt und deren Frauen als „Kriegsbeute“ behandelt werden dürfen. Nach den Vorstellungen radikaler Muslime öffnet sich für denjenigen, der einen Ungläubigen tötet, der Weg ins Paradies.

Dass diese Verfolgung in der Gegenwart das Ausmaß eines Völkermordes annehmen würde, hatte sich spätestens ab 2007 im Irak mit verheerenden Sprengstoffanschlägen angedeutet. Dennoch war die Welt überrascht, als am 3. August 2014 die Terrorbanden des sogenannten Islamischen

Staates in der Schingal-Region einfielen und die zum Schutz der Jesiden stationierten kurdischen Peshmerga sich zurückzogen, ohne Gegenwehr zu leisten. Vorläufiges Ergebnis des Genozides: Mehr als 10.000 Jesiden – Männer und Frauen jeden Alters, auch Kinder – wurden erschossen oder massakriert, 5.800 Frauen und Mädchen wurden vergewaltigt und versklavt, 3.200 Personen befinden sich immer noch in den Händen des IS. Über 400.000 Jesiden mussten aus ihren Siedlungen flüchten und existieren seit mehr als zwei Jahren entwurzelt, traumatisiert und ohne jede Lebensperspektive in Flüchtlingslagern oder unter noch erbärmlicheren Verhältnissen in der Autonomen Region Kurdistan, einige Tausend in der Türkei und in Griechenland.

Jesiden aus Schingal flüchten vor dem „Islamischen Staat" im Irak.

Verfolgungen und Pogrome von vergleichbarer Brutalität hat es mehrfach in der Geschichte der Jesiden gegeben. Auch in Ländern mit intakter staatlicher Organisation wurden und werden fanatische Muslime, die jesidische Dörfer verwüsten oder die Einwohner vertreiben, Menschen ermorden, Frauen entführen und vergewaltigen, von den Behörden nicht zur Verantwortung gezogen, sei es, weil es in ein politisches Konzept passt oder weil die Vertreter des Staates den Ansichten der Radikalen nahestehen. In ihren Heimatgebieten können Jesiden meist nur öffentlich in Erscheinung treten, wenn es ihnen gelingt, ihre Identität zu verleugnen. Das ist auf Dauer jedoch unmöglich (siehe auch den Bericht „Die Geheimreligion oder ein Märchen aus Lüneburg").

Die Solidarität der jesidischen Organisationen in Deutschland und anderen Ländern gilt zurzeit den Verfolgten in Syrien und im Irak. Das Leiden und die Not der Verfolgten überschattet alles andere. So kommt auch aus Armenien, Georgien und Russland, wo die Jesiden immer noch Benachteiligungen ausgesetzt sind, inzwischen Hilfe für die Menschen in den Flüchtlingslagern.

Etwa 50.000 Jesiden sind seit August 2014 nach Deutschland gekommen. Ihnen zu helfen ist für die Jesiden, die hier integriert sind, eine zweite, vordringliche Aufgabe. Anfangs wurden die Flüchtlinge anerkannt, so dass sie die Möglichkeit hatten, Familiennachzug zu beantragen. Dieser Weg wurde zunehmend erschwert. Ab 2016 hat das Bundesamt für Migration und Flüchtlinge auch Ablehnungen verschickt, in denen die Abschiebung in den Irak angedroht wird. Jetzt geht es auch um Hilfestellung bei den entsprechenden Gerichtsverfahren.

Neben der Hilfe bei der Wohnungssuche und beim Umgang mit den Behörden ist vor allem die Anteilnahme und Unterstützung bei seelischer Not vordringlich. Die Einschränkungen des Familiennachzuges bedeuten eine nicht absehbar lange Trennung von Ehepaaren, Eltern und Kindern. Viele sind hochgradig traumatisiert. Unsere Organisationen wollen und können helfen, stoßen aber an die Grenzen ihrer finanziellen Möglichkeiten. Wir werden auf öffentliche Förderung angewiesen sein, doch sie zu erhalten, ist ein schwieriger Weg. Dass Baden-Württemberg rund 1.000 traumatisierte Frauen aufgenommen hat, ist ein hoffnungsvoller Anfang.

Integration und Selbstorganisation in Deutschland

Integration war und ist der Schlüssel zur gesellschaftlichen Teilhabe und zum Erfolg. Die Integration verläuft nicht immer reibungslos, sie ist aber gerade bei der zweiten Generation sehr weit fortgeschritten. Mittlerweile gibt es eine gute Zahl von Hochschulabsolventen und Personen in hoch qualifizierten Arbeitsbereichen sowie Unternehmern – Männer wie Frauen gleichermaßen. Jesiden fühlen sich als Bürger Deutschlands und als Mitglieder der deutschen Gesellschaft. Sie sind Deutschland dankbar, dass sie ein Leben in Freiheit führen können. Viele besitzen bereits die deutsche Staatsangehörigkeit. Sie wollen mit ihrer Arbeit auch zum Wohl des Landes beitragen. Ihre kulturelle und religiöse Eigenheit sollte als eine Bereicherung und Chance für die deutsche Gesellschaft verstanden werden. Integration gelingt nur, wenn beide Seiten ernsthaft daran interessiert sind.

Die Jesiden in Deutschland haben in den letzten 20 Jahren Vereine gegründet. Zentrale Aufgaben sind die Organisation des religiösen und kulturellen Lebens, die Vertretung jesidischer Interessen, Integrationsarbeit und Menschenrechtsarbeit. Viele Vereine verfügen über eigene Gemeindehäuser.

Als die heutige Elterngeneration der Jesiden nach Deutschland kam, musste sie sich mit völlig neuen Bedingungen zurechtfinden. Die meisten Jesiden hatten in ihren Heimatgebieten von der Landwirtschaft gelebt. Das Bildungsniveau war sehr niedrig. Wenn es in den Dörfern überhaupt Schulen gab, wurde ausschließlich in den Fremdsprachen Türkisch oder Arabisch unterrichtet, und das ohne jede Pädagogik, aber mit Prügel. Viele haben erst in Deutschland ihre Erfahrungen mit der so genannten „modernen Gesellschaft" gemacht. Die Überlebenstechniken, die in den Jahrhunderten der Unterdrückung entwickelt wurden, passten nicht in die neue Umwelt. Ängste und Sorgen sind geblieben: Die Sorge, dass Kultur und Religion, die in der Heimat unter schwersten Bedingungen bewahrt werden konnten, untergehen. Prof. Wießner hat das Problem 1984 mit der Formulierung vom „tötenden Licht einer fremden Welt" beschrieben. Er hat später die organisatorischen Ansätze zur Überwindung dieser Gefahr noch erlebt.

Frühzeitig hat Wießner aber auch die Erkenntnis gewonnen, die sich heute mehr denn je als richtig erweist: Eine dauerhafte Überlebensmöglichkeit in Ländern wie der Türkei oder Syrien haben Jesiden nicht. Im Irak ist die Frage ungelöst, ob es gelingt, Schutzzonen einzurichten, in denen Jesiden selbstbestimmt leben können.

In Deutschland prägte lange Jahre die Angst vor Abschiebung das Leben. Ab 1990 gab es neben Anerkennungen auch ein Bleiberecht, und vor allem die Jüngeren wurden deutsche Staatsbürger, und sie fühlen sich auch als solche. Ihre kulturelle Eigenheit sollte als eine Bereicherung und

Chance für die deutsche Gesellschaft verstanden werden. Hochkulturen entwickeln sich immer dann, wenn unterschiedliche Kulturen und Religionsgemeinschaften friedlich und unter gegenseitiger Wertschätzung zusammenleben, anstatt sich gegenseitig abzuschotten.

Bei aller Vorsicht, die angebracht ist, wenn zwischen Migranten Unterschiede gemacht werden, ist ein Unterschied von vornherein gegeben: Für diejenigen, die ihre Herkunftsländer zwangsweise verlassen mussten, ist die „Heimat" das Land der Verfolgung und vieler schrecklicher Erlebnisse. Auch wenn Ältere – wie die meisten Menschen auf der Welt – das Bedürfnis haben, das Dorf ihrer Kindheit noch einmal zu sehen: Dort dauerhaft wieder zu leben ist kaum vorstellbar. Eine Rückkoppelung oder gar ein organisatorischer Rückgriff auf die Herkunftsländer (Stichwort Zwangsehe) entfällt damit.

Ein wesentliches Ziel der Jesiden ist die Einbürgerung, und denen, die aus der Türkei stammen, ist dies auch in großen Umfang gelungen. Den Jesiden aus anderen Ländern, die oftmals jahrelang mit Duldungen existierten, war dieser Weg rein rechtlich meist versperrt. Nach Beginn des Krieges in Syrien erhielten viele nachträglich den Flüchtlingsstatus. Doch ab 2016 bekamen syrische Flüchtlinge überwiegend nur „subsidiären Schutz" für zunächst ein Jahr. Gerichtsverfahren gegen solche Entscheidungen waren nur teilweise erfolgreich.

Integrationsfördernd ist der Umstand, dass der Exodus aus der Türkei abgeschlossen ist: Nahezu alle Jesiden aus der Türkei leben in Europa, vorwiegend in Deutschland, aber auch in Holland, Belgien und Dänemark. Inzwischen konnten größere Gemeinden entstehen, so in den Orten und Regionen Leer, Oldenburg, Bremen, Osterholz-Scharmbeck, Walsrode, Celle, Hannover, Berlin, Bielefeld, Herford, Emmerich, Gießen, Pforzheim, Offenburg, Augsburg und München. „Parallelgesellschaften", die eine integrationsferne Eigendynamik entwickeln, entstehen jedoch nicht, was sicher auch mit dem Fehlen jeglicher Missionierung zu tun hat.

Die ständige Gefahr von Übergriffen bis hin zu Pogromen und die allgegenwärtige Diskriminierung machten einen Existenzaufbau und eine politische und religiöse Selbstverwirklichung in den Herkunftsländern unmöglich. In Deutschland sieht die jesidische Gemeinschaft endlich eine Chance, sich selbst zu verwirklichen. Von Bedeutung für die Integration ist die Vorbildfunktion, die von den Jesiden ausgeht, die schon zu Zeiten der Gastarbeiter-Anwerbung ab 1960 als Arbeitsimmigranten nach Deutschland kamen und in ihrer gesellschaftlichen Lebensführung frühzeitig integriert waren. An ihren Lebenserfahrungen orientieren sich Jesiden mit kürzerem Aufenthalt in Deutschland. Verwandte und Bekannte stehen ihnen als direkte Ansprechpartner zur Verfügung, was ihnen die Eingliederung in die deutsche Gesellschaft erleichtert. Insbesondere bei der jesidischen Jugend lässt sich dieser Lerneffekt feststellen. Der Anspruch auf eine qualifizierte (Aus-)Bildung wächst zusehends, immer selbstverständlicher nimmt die Jugend Bildungsangebote wahr, und in steigendem Maße entschließen sich junge Jesiden zu einem Studium, wodurch sie wiederum eine Vorbildfunktion für weiter nachfolgende Generationen einnehmen.

Auf Grund der Jahrhunderte langen Verfolgung und Unterdrückung als Minderheit in ihren Herkunftsländern ist das jesidische Volk gewohnt, sich neuen Lebensumständen rasch anzupassen, was eine Integration fördert. Aber auch in der neuen Heimat sind sich die Jesiden der Tatsache bewusst, dass sie eine Minderheit unter den Migranten sind. Eine völlige Sicherheit gibt es auch hier nicht.

Stichwort Zwangsehe

In der jesidischen Religion gibt es keine Inhalte, mit denen sich eine von den Eltern bestimmte Eheschließung rechtfertigen lässt. Die Partner sollen sich aus freiem Willen zusammenfinden. Daher gehört es zur Zeremonie der Eheschließung, dass der Peschimam oder Scheich dreimal das Einverständnis der Partner abfragt.

Die Zwangsehe ist kein spezifisches Problem der Jesiden, sondern ein Problem der Herkunftsregion. Dort ist es Tradition, innerhalb der Familienverbände zu heiraten, so wie es in früheren Zeiten und teilweise bis heute in bestimmten Schichten der europäischen Bevölkerung üblich war und ist. Der Zwang kann mehr oder weniger stark ausgeprägt sein. Im zweiten Fall spricht man auch von der arrangierten Ehe. Gern werden Cousin und Cousine verheiratet. An dieser Stelle ist anzumerken, dass die Vorstellung, die Heirat unter Verwandten führe zur Degeneration, offensichtlich falsch ist. Wäre sie richtig, dürfte es ganze Ethnien nicht mehr geben. Die These wird auch von der Forschung mittlerweile verworfen. Der „Schwesterntausch" hat sich im Gegenteil als überwiegend positiv für die Erhaltung des genetischen Potentials erwiesen, wie Genetiker der Universitäten Kiel und Oxford nach einem Bericht des „Spiegel" vom 3. Oktober 2010 festgestellt haben. Ein Argument für die Zwangsehe ist das natürlich nicht, aber ein wichtiges Argument gegen rassistische Vorstellungen.

Die Religion kennt keine Regeln für die Vorbedingung einer Eheschließung. Es gibt beispielsweise keine Vorgabe zu der Frage, in welchem Alter eine Frau als heiratsfähig anzusehen ist. Ein Vorrang für Verwandte ist ebenfalls weder schriftlich noch mündlich formuliert.

Die Tradition der frühen, oft erzwungenen oder arrangierten Ehe haben die Jesiden nicht nur in Deutschland innerhalb von anderthalb Jahrzehnten über Bord geworfen. Auch im Irak und Syrien gehören Zwangsehen der Vergangenheit an. Das durchschnittliche Heiratsalter ist inzwischen auf über 20 Jahre gestiegen. Das erste Kind ist immer seltener „das erste Stück in der Wirtschaft". Auch die Zahl der Kinder pro Ehepaar sinkt.

Dass nur die Partner über eine Eheschließung entscheiden, und dies besser nicht in früher Jugend, sondern in einem Alter, in dem sie sich der Tragweite dieser Entscheidung bewusst sind, ist inzwischen Konsens. Religiös geschlossene Ehen mit Beteiligung von Minderjährigen sind nach unserer Kenntnis die absolute Ausnahme. Auch das Brautgeld, das in Deutschland zeitweise in die Höhe geschnellt war, ist inzwischen weitgehend abgeschafft (s. auch Seite 95 „Die Tradition der Mitgilft").

Stellung der Frau im Jesidentum

Die Religion enthält keine Elemente, die eine Benachteiligung oder Diskriminierung der Frau rechtfertigen. Bei der älteren Generation besteht häufig noch ein traditionelles patriarchalisches Rollenverständnis, das aus dem kulturellen Umfeld ihrer Herkunftsregionen stammt, aber nur sehr selten gewaltsam durchgesetzt wird. Gewalt in der Ehe ist verpönt. Auch „unter Männern" sind keine anderen Töne zu hören. Die jüngere Generation unterscheidet sich im Hinblick auf die Geschlechterrollen nicht mehr von ihrem gesellschaftlichen Umfeld in Deutschland.

Ein jesidisches Ehepaar aus Schingal.

Stichwort Ehrenmord

Wenn man unter Ehrenmord eine Tat versteht, bei der ein naher Angehöriger – Schwester oder Tochter – umgebracht wird, weil sie unabhängig leben oder eine Beziehung zu einem Angehörigen einer anderen Religion eingehen will, dann ist zu berichten, dass es in den letzten Jahren zwei Taten dieser Kategorie gab. Ein junges Mädchen wurde von seinen Brüdern wegen einer regelwidrigen Beziehung mit einem Nicht-Jesiden umgebracht. Der zweite Fall betraf eine 13-jährige, die nicht bei der aus dem Irak stammenden Familie mit ihrem despotischen Vater leben wollte.

Zahlreiche jesidische Organisationen haben zu beiden Morden öffentlich Stellung genommen. Der Zentralrat der Jesiden in Deutschland schrieb:

„Wir verurteilen als Jesiden jede Form von Gewalt und Zwang gegen unsere Töchter und Söhne. Unsere Religion ist tolerant, einer der wichtigsten Grundsätze ist die persönliche Freiheit. Das gilt auch dann, wenn unsere interne „Heiratsregel" verletzt wird. Niemand darf deswegen unter Druck gesetzt, misshandelt oder gar umgebracht werden. Für eine solche Tat gibt es keine Beschönigung oder Rechtfertigung.

Wir bitten zugleich darum, uns nicht aufgrund eines solchen Falles pauschal als Religionsgemeinschaft zu diskriminieren. Niemandem fiele es ein, aufgrund von Einzelfällen alle Deutschen oder Christen als Triebtäter, Mörder, Diebe und Betrüger zu diffamieren. Bei Minderheiten mit Migrationshintergrund sind die Hemmschwellen jedoch oftmals gering. Da wird aus einer Religionsgemeinschaft schnell eine finstere Sekte. Die jesidische Religionsgemeinschaft ist nicht „archaisch". Wir bekennen uns zu einem allmächtigen Gott und zu den moralischen Werten, die in Deutschland gelten, denn wir haben keine anderen moralischen Werte."

Das Vorurteil, selbst nach einer Vergewaltigung würden jesidische Eltern ihre Töchter verstoßen, ist eindrucksvoll widerlegt worden, als Frauen und Mädchen, die vom IS versklavt worden waren, nach der Befreiung in Lalisch vom Oberhaupt der Jesiden, gesegnet wurden.

Stichwort Blutrache

Die oft Jahrzehnte währenden Fehden zwischen Familienverbänden, die jeweils eine Ehrverletzung oder einen Mord der Gegenseite rächen, sind von Sizilien bis in den Fernen Osten verbreitet. In der jesidischen Religion ist die Blutrache gänzlich unbekannt. Es gibt nicht einmal die alttestamentarische Vorstellung von „Auge um Auge, Zahn um Zahn" (unter anderem 3. Moses 24, 20). Dennoch sind unter den Jesiden in Deutschland bis in jüngste Zeit hinein Fälle von Blutrache vorgekommen. Die überwältigende Mehrheit der Jesiden verurteilt solche Taten. Die gelegentlich in den Medien verbreitete Vorstellung, die Jesiden seien in Sippen oder Stämme mit straffer Organisation und einem „Clanchef" mit Befehlsgewalt organisiert, hat mit der Wirklichkeit nichts zu tun. Vielfach wird in diesem Zusammenhang der Begriff „archaisch" gebraucht, was so viel heißen soll wie „steinzeitlich" oder „vorsintflutlich". Das ist üble Nachrede.

Aufbau neuer Organisationsstrukturen

Die Jesiden haben verstanden, dass sie sich auch religiös organisieren müssen, um ihre Identität und ihre Religion bewahren zu können, denn Jesidentum ist weitaus mehr als nur die Zugehörigkeit zu einer Religion. Man ist sich einig, dass es eine neue Form geben muss, diese Religion zu vermitteln. Mittlerweile gibt es im gesamten Bundesgebiet jesidische Vereine. Fast alle Vereine in der Bundesrepublik sind heute in der Lage, der jesidischen Bevölkerung vor Ort Räume für Versammlungen zur Verfügung zu stellen. So wurde in Oldenburg im Jahre 1999 das erste jesidische Gemeindehaus (Mala Ezîdiyan) in Deutschland gebaut. Zu den wichtigsten Aufgaben der Vereine gehört es, Kinder, Jugendliche und junge Erwachsene anzusprechen, sie in ihrer Identität zu stärken, aber auch, ihnen beratend zur Seite zu stehen. Ein zentrales Thema ist die religiöse Unterweisung, die vermittelt, was Jesidentum und die Tradition jesidischer Bräuche und Mythen beinhalten. Jesidische Eltern sind in den meisten Fällen mit einer religionsspezifischen Vermittlung religiöser Inhalte überfordert.

Zentralrat der Jesiden in Deutschland

Am 29. September 2007 wurde in Oldenburg der Zentralrat der Jesiden in Deutschland gegründet. Er geht hervor aus Mitgliedern der Allianz der Jesiden in Deutschland sowie weiteren jesidischen Organisationen. Der Zentralrat ist den ethischen Aussagen des Jesidentums und seiner Lehre verpflichtet. Religion und Ethik der Jesiden stehen im völligen Einklang mit dem deutschen Grundgesetz und dem tragenden Prinzip, dass die Demokratie die Voraussetzung für eine friedliche gemeinsame Zukunft ist.

Jede jesidische Organisation kann auf der Basis gegenseitigen Vertrauens und Achtung und mit beiderseitigem Willen zur partnerschaftlichen Zusammenarbeit sowie der Anerkennung der Satzung Mitglied im Zentralrat werden.

Schwerpunkte sind:

- Förderung und Pflege religiöser und kultureller Aufgaben der jesidischen Gemeinden

- Vertretung jesidischer Interessen in kultureller, religiöser und politischer Hinsicht auf Landes- und Bundesebene

- Unterstützung bei der Professionalisierung der jesidischen Gemeinden

- Mitwirkung bei der Anerkennung der Jesiden als Religionsgemeinschaft und später als Körperschaft des öffentlichen Rechts.

- Durchführung eines Religionsunterrichtes und Etablierung eines Konzeptes zur besonderen Betreuung der jesidischen Jugend.

- Unterstützung bei der Integration und Transformation der Jesiden bei Wahrung des besonderen Charakters und der Grundprinzipien des Jesidentums.

- Förderung des Austauschs und der Solidarisierung der Jesiden auf nationaler und internationaler Ebene und insbesondere mit den Hauptsiedlungsgebieten.

- Schutz der Jesiden gegen Benachteiligung und Verfolgung.

Mitgliedsgemeinden: Oldenburg, Leer, Osterholz, Offenburg, Delmenhorst, Münster und Berlin.

Zentralrat der Jesiden in Deutschland – Navenda Şêwirdariya Êzîdiyan li Elmanya, Eidechsenstraße 19, 26133 Oldenburg – www.Jesiden.de, zentralrat@Jesiden.de – Telefon: 0049 (0) 441 4850555, Fax: 0049 (0) 441 4850557.

Zentralrat der Yeziden
in Deutschland

Gebete

Die Jesiden kennen fünf Hauptgebete im Verlauf eines Tages, um mit Gott in Kontakt zu treten. Im Gegensatz zum Islam besteht jedoch keine rituelle Pflicht zum Beten.

1. Das Gebet zum Sonnenaufgang, *Du'a Rojhilate*

Das Gebet soll mit Beginn des Sonnenaufgangs gesprochen werden. Es wird stehend, das Gesicht der Sonne zugewandt, mit aufeinander gelegten Händen gesprochen.

2. Das Morgengebet, *Du'a Sibe*

Dieses Gebet wird im Laufe des frühen Vormittages verrichtet.

3. Das Mittagsgebet, *Du'a Oxire*

Dieses Gebet wird als drittes Gebet nach dem Sonnenaufgangsgebet und dem Morgengebet um die Mittagszeit sowie unmittelbar vor Beginn einer Arbeit oder Reise gesprochen.

4. Das Abend- oder Sonnenuntergangsgebet, *Du'a Evare*

Es wird während des Sonnenunterganges gesprochen. Das Gesicht ist gen Westen zur untergehenden Sonne gewandt, und wie bei den Morgengebeten steht der Gläubige aufrecht und hat die Hände aufeinandergelegt.

5. Das Gebet unmittelbar vor dem Schlafengehen, *Du'a beri Razane*

Dieses Gebet ist gleichzeitig die Bezeugung des Glaubens und das Bekenntnis zum Jesidentum. Trotz seiner herausragenden Stellung gibt es keine besonderen Vorschriften zum Ablauf dieses Gebetes.

Gebetsanfang

Die folgenden Zeilen sollte jeder Jeside vor dem eigentlichen Gebet sprechen:

„O Herr, Du bist der Allmächtige,
Du bist mein Schöpfer, Du bist des Lobes und Preises würdig, Du bist rein und fehlerfrei,
Du hast tausend und einen Namen;
Der Name „Khodê" ist der lieblichste und schönste dieser Namen.
O Herr, Du bist ewig und immerwährend.
Du bist ohne Anfang, Du hast die Zeit geschaffen, Du bist der Schöpfer der Erde und des Himmels, Du bist Balsam für alle Schmerzen und Leiden.
O mein Gott, Du bist barmherzig und gütig, Du bist der Herrscher über Erde und Himmel,
Du bist das Heilmittel und Balsam aller Krankheiten.
O mein Herr, vergib und verzeih uns im Andenken von Scheschims. Und den Heiligen Sheikhisin und Adam, von Sheikhubekir und Qatan."

Das Morgengebet

1. Amen, Amen, Gesegnet sei unsere Religion, Gott ist der beste Schöpfer. Durch die wundersame Macht von Shemsedin, Fakhreddin, Sidjadin Nasirdin und Babadin, Scheschims ist die Kraft des Glaubens.
Sultan Scheich Adi ist die Krone, vom Anfang der Schöpfung bis zum Jüngsten Gericht, Wahrheit, Preis sei Gott, Herr der Welten,
Gib uns Wohltaten und wende Schaden ab. Wir sehnen uns nach einem Moment deiner Gegenwart.

2. Durch die Barmherzigkeit Scheich Adis, die Zustimmung von Melek Schekhisin und die Gnade Scheschims.

3. Das Licht der Sonne ist sichtbar geworden, Gepriesen sei dir, oh mein Schöpfer
Der Engel wendet sich zu uns.

4. Von Haus zu Haus,
Scheschims ist derjenige, der das Licht spendet, Unseren Gedanken gelten Scheschims.

5. Von Stufe zu Stufe,
Scheschims ist der Herr der Morgendämmerung.
Wir sollten zu Scheschims pilgern und ihn anbeten.

6. Von Säule zu Säule,
Scheschims ist der Herr des mystischen Wissens, der Säulen des Glaubens und der Einsicht

7. Von den Augen zum Mund,
Die Taufe von Scheschims legt sich auf dir nieder
Die großen Herrscher erlauben nicht, dass du ruhst.

8. Vom Kopf zum Fuß,
Du hast uns geschaffen und auf den rechten Weg gebracht. Wir werden niemals unsere Hoffnung von Scheschims abwenden.

Di'a Sibê

1. Amîn, amîn
Tebarek el-dîn Ellah ehsen el-xaliqîn Bi hîmeta Şemsedîn Fexredîn, Secadîn Nasirdîn, Babadîn Şêşims qeweta dîn
Siltan Şîxadî tac el-ewelîn heta axirîn. Heqq hemd-illah ya rebb el-alemîn Xêra bike, Şerran wergerîn Mehderekê dixwazîn.

2. Bi rehma Şîxadî Rezay Melek Şêxsin Kerema Şêşims.

3. Nûr ji nûrê şifiqî Sibhane ji te xaliqî! Melekan li ber tifqî.

4. Ji malê heta malê
Şêşims Xudanê sîqalê
Em li Şêşims nabirrîn xiyalê.

5. Ji derecê heta deracê
Şêşims Xudanê ferecê
Em dê dest û damanêd Şêşims Tawaf keyn
Şûna Ke`betullahê û hecê.

6. Ji sitûnê heta sitûnê
Şêşims Xudanê me`rîfet û erkan û nasînê.

7. Ji çavî heta devî Mora Şêşims lê dikevî
Meydana mezna germe nahêlin binivî.

8. Ji serî heta piyan
Ya Şêşims, te neqşandin danayne serêd rêyan
Em ji Şêşims nabirrîn hîviyan.

9. Oh, Scheschims, du hast die Türen der Gnade für uns geöffnet, Du hast uns auf den rechten Weg gebracht.

10. Ein Yezidi, das sind die Jesiden, schwach und erschöpft.
Wir setzen unsere Hoffnung auf Scheschims.

11. Ein Yezidi, das sind die Jesiden, Schwach und zerbrechlich.
Wir hoffen auf Scheschims.

12. Die Gebete, die die Oberhäupter des Heiligtums verrichten, Die Armeen von Melek Fakhredin, die Qawals von Sheikhadi, Die Pire Libnan, deren Gebete erhört werden,
Die Gebete, die sie verrichten, sind die Gebete, die wir verrichten.

9. Ya Şêşims tu li me vekî dergehê rehmetê Te em îna bûyine ser vê xilmetê

10. Sunîk ku sinîn e Zebûn in di-mandîn e Em ji Şêşims bi hêvî ne.

11. Sinetik û sinet e Zebûn e kêm-taqet e Me bi Şêşims eynet e.

12. Çi du'aya extiyarê Mirgehhê kirî Cêşê Melek Fexredîn, qewalê Şîxadî Du'a-qebûl Pîrê Libna Wan çî Du'a kirî Me ew du'a kirî.

Das Abendgebet

1. Oh du, der den Sonnenauf- und untergang befiehlst. Sei uns gnädig um der Tochter und der Mutter willen.
Befreie uns von der Zerstörung, von Desastern und den Zeiten der Wucherpreise, um der Weißen Quelle willen.
Oh Scheschims, schaue auf den Zustand unseres Hauses und auch auf uns.

2. Sei uns gnädig um des Thrones willen, des Stieres und des Fisches,
des Lebens und des Throns.
Scheschims, schaue auf den Zustand unseres Hauses und auf uns.

3. Sei uns gnädig im Gedenken an die Tafel und den Stift, im Gedenken an Eva und Adam, an Jesus, den Sohn von Maria.
O Scheschims, schaue auf den Zustand unseres

Di'a Êvarê

1. Ya siwarê roj-hilatê, roj-avayê
Hûn bidene xatira dotê û dayê
Hûn me xilas bikin ji qedayê ji belayê gelayê
Hûn bidene xatira Kaniya Sipî `eyn el-beyzayê
Ya Şêşims tu li halê mala xwe bipirsî û me ji vê carê.

2. Hûn bidene xatira `erş û kursî
Gay û Masî Heyat El-Kursî
Ya Şêşims tu li halê mala xwe û me ji bipirsî.

3. Hûn bidene xatira lewh û qeleman
Hawa û Ademe
Isa bin Miryeme
Ya Şêşims tu li halê mala xwe û me jî bipirsî li

Hauses und auf uns.

4. Sei uns gnädig im Gedenken an das Rad des Schicksals, Im Gedenken an die Huris und Engel, Im Gedenken an das Geheimnis von Tawsi-Melek und der vierzehn Sphären.
O Scheschims, bitte frage uns nach unserem Haus und auch nach uns.

5. Sei uns gnädig im Gedenken an das Paradies und den Baum, an die heiligen Höhlen,
Das Mysterium von Ezid und Beit Far,
Oh Scheschims, bitte frage uns nach unserem Haus und auch nach uns.

6. Im Gedenken an die Perle, den Becher,
den weisen Mann, in dem das Mysterium verborgen ist, und die Selat Brücke.
Oh, Scheschims, frage uns nach unserem Haus und auch nach uns.

7. Sei uns gnädig im Gedenken an die weiße Perle, an die ewigen Engel,
das Mysterium von Ezid.
Oh Scheschims, im Diwan von Sultan Scheich Adi, gib Hoffnung für unser Haus und für uns auch.

8. Sei uns gnädig um der roten Perle und des Êzdîna Mîr willen der Richtung des Vollmondes,
Oh, Scheschims, mögen unsere Rufe nach Hilfe die Engel in der Höhe erreichen.

9. Sei uns gnädig um der gelben Perle willen, und der Erde, des Wassers, und des Feuers, und der Erde, des Himmels und der Steine, Ezdina Mirs und aller vier Mysterien.
Oh, Scheschims, antworte auf die Hilferufe unseres Hauses und von uns.

10. Sei uns gnädig um des Suka merifete willen,
Des guten Mannes, der seinen Dienst verrichtet,

hemû deman.

4. Hûn bidene xatira çerxan û felekan
Horiyan û Melekan
Surra Tawsi Melek û çardeh tebeqan
Ya Şêşims, tu Pirsiyareke xêrê li mala xwe û me jî bike.

5. Hûn bidene xatira behiştê û darê
Kafê û mexarê
Surra Ezî û Beytil-Farê
Ya Şêşims tu Pirsiyareke xêrê li mala xwe û me jî bikî vê carê.

6. Hûn bi xatira durrê kin
Kasê kin
Extiyarê surr mixfi pê pira selatê kin
Ya Şêşims hûn pirsekê li mala xwe û me jî bikin.

7. Hûn bidene xatira durra sipî ye
Melekê bêrî ye
Surra Êzî ye
Ya Şêşims, li dîwana Siltan Şîxadî Tu bo mala xwe û me jî bikî hêviyan.

8. Hûn bidene xatira durra sore
Êzdînê Mîre
Qublet el-bidore
Ya Şêşims, bang û hawerên me bigihin melekên jore.

9. Hûn bidene xatira durra zere
Ax û av û ba û agire
Erd û `ezman û bere
Êzdîne Mîr û her çar surra(n)
Ya Şêşims tu li bangîna mala xwe û me jî were.

10. Hûn bidene xatira Suka Me`rîfetê
Mêrê li ber bedîlê diket xilmetê

wenn es soweit ist, des Derwishes, der dich Tag und Nacht anbetet.
Alle fünf Pflichten des Glaubens:
Scheich und Pir, Hosta und Murabi, Jenseitsschwester und -bruder.
Oh, Scheschims, bereite einen sicheren Ort für unser Haus und auch für uns.

Derwêşê şev û roj diket `ibadetê
Her pênc ferzên heqiqetê
Şêx û Pîr, Hosta û Mirebbi, Yar û Birayêd Axiretê
Ya Şêşims, tu meferekê li mala xwe û li me jî bikey vê carê.

11. Sei uns gnädig um der gehaltvollen Gebete willen, der Mönche in den Klöstern.
Oh, Scheschims, gib uns eine Lösung für unser Haus und für uns.

11. Hûn bidene xatira du`ayêd fêran
Rebenên binê dêran
Ya Şêşims, tu li mala xwe û me jî bikî sexbêran.

12. Sei uns gnädig um des Thrones des Barmherzigen willen, der geliebten Engel,
des geliebten heiligen Ozeans.
Oh, Scheschims, wir sehnen uns nach deiner Religion und deinem Glauben.

12. Hûn bidene xatira kursiya rehmane
Melekî cana
Behra qudsi cana
Ya Şêşims me ji te divêt dîn û îmane.

13. Sei uns gnädig um Izrail, Jibrail, Mikail, Shifqail, Derdail, Izrafil und Ezazil willen;
Allen sieben großen Engeln, die die Schlüssel besitzen. Sie sind in der Gegenwart des Glorreichen Engels.

13. Hûn bidene xatira Izraîl, Cibraîl, Mikaîl
Sifqaîl, Derdaîl, Izrafîl, Azazîl
Her heft melekên kibîr, di destên wan de mifte û kelîl
Ew jî li ber hezreta Melekê Celîl.

Das Tauf-Gebet

1. Eines Tages musste die Taufe kommen
Die Taufe des Scheschims
Diese existiert seitdem Kaniya Sipi vorhanden ist
Dort wurden Sed und Hed geschmiedet und die Grundlagen der Religion gelegt
Die Taufe soll im Namen Sheikhadi und im Namen der Heiligen vollzogen werden.

2. Sie wurde am Tage und an der Weißen Quelle vollzogen Die Berge bewegten sich wie zwei kämpfende Schafböcke Darin waren Sheikhisn, Scheschims, der Scheich aller Scheichs Sheikhubekir, Scheschims und die Heiligen Melek Fakhredin Und die Heiligen Melek Sicadin, Amadin, Babadin

3. Die Taufe ist eine Höhle geworden und stieg dem Himmel empor
Was wird der Höhepunkt und die Freude dieser Taufe, ein Lamm oder ein Schafbock sein?

4. Der Abend der Wünsche offenbarte sich wie die Gestalt meines Schöpfers
Er erstreckte sich von der Erde bis zum Himmel
Der Scheich und der Pir, der Murid, der Qawal und Fakir Der Meister, der Erzieher und der Bruder im Jenseits Für alle diese Würdenträger und Menschen ist die Taufe ein religiöses Symbol geworden.

5. Oh, Herr! Mache aus dieser Taufe vierzig Taufen Oh, Allmächtiger, wir nehmen unsere Hand zur Hilfe, aber Du Herr verfügst über das Heilmittel
Wir sind unvollkommen, während Gott, Tausi-Melek und Sheikhadi vollkommen sind.

Di'a Biskê

1. Rojekê ji rojane
Biska biskan e Biska Şêxê Şemsan e Roja Kaniya Sipî dane
Lê danîn Sed û Hed, ol û erkane. Bisk dibe bi şade Şixadî û Mêrane.

2. Bi Rojê li ser Kaniya Sipî dane
Çiya li hev ketin weke berana(n) Di nav de Şêxisn, Şêxê Şêxan e
Şêxûbekir, Şêşims, Melik Ferxedîn
Melik Sicadîn Amadîn û Babadîn pê girtibûne Nîşane.

3. Bisk bûye Kaffirriya Ezmana(n)
Şahiya vê Biskê berx e yan beran e?

4. Li me diyar bû êvara miradan bi rengê Ezda ne
Ji erdê dirêj bû ezmana(n)
Şêx û Pîr, Mirîd û Qewal û Feqîr Hosta û Merebî,
Yar û Birayê Exretê Bi vê Biskê girtine Nîşane.

5. Ya Xwedê tu ji vê Biskê bikî çil Biskane
Ya Xwedê ji me deste ji te derman e
Eme kêm in Xwedê û Tausî-Melek û Şêxadî temam in.

Qawls – die religiösen Texte der Jesiden und deren Bedeutung in der jesidischen Religion

Wann genau die Jesiden oder deren Theologen und Philosophen damit angefangen haben, die Qawls (heilige Texte), Gebete (Di`a û Niza) und Beyt (Lobeshymnen) zu verfassen und zu verbreiten, ist ungewiss. Den Texten nach weisen einige auf die Ära vor dem berühmten jesidischen Reformator Scheich Adi hin. Andere Texte weisen auf die Lebzeiten des Reformators hin, wieder andere sind eindeutig nach ihm entstanden.

Die Jesiden betonen immer wieder, dass die Qawls das Fundament ihres Glaubens bilden. Diese Texte enthalten im Grunde genommen alle Werte dieser Religion und spiegeln die jesidische Theologie wider. Die Jesiden sagen: „Me îman ji Qawl e“, sinngemäß: „Wir beziehen unseren Glauben aus den religiösen Texten (Qawls).“ Auch wenn die Wurzeln der jesidischen Religion in der vorchristlichen Zeit liegen, wurden die Qawls erst nach der Entstehung des Islams verfasst. Die Gründe dafür könnten mit der massiven Verfolgung zusammenhängen, denen die Jesiden als Anhänger einer Glaubensrichtung, die kein heiliges Buch kennt, ausgesetzt waren und sind. Die Theologen der Jesiden wollten mit ihren beiden heiligen Büchern und den vielen Qawls der islamischen Welt zeigen, dass sie sehr wohl Anhänger einer monotheistischen Buch-Religion sind.

Qawals heißen diejenigen, die Qawls auswendig beherrschen. Sie waren oft das bevorzugte Ziel einer erbarmungslosen Verfolgung. Manche von ihnen, die mehrere moslemische Regionen durchqueren mussten, um zu den jesidischen Gebieten zu gelangen, wurden während ihrer Wanderung von fanatischen Moslems gefangen genommen und getötet. Oft wurden ihnen die Zungen abgeschnitten, damit sie nicht mehr in der Lage waren, die Qawls mündlich zu überliefern und den Gläubigen vorzutragen. Nach den islamischen Eroberungen waren die jesidischen Gebiete voneinander isoliert. Hinzu kamen die künstlichen Grenzen zwischen den verschiedenen Staaten des Nahen Ostens in der Kolonialzeit ab 1918. Daher wurde der Kontakt unter den jesidischen Gemeinden weiterhin erschwert.

Ebenso trug das Unverständnis des Islams für die komplizierte jesidische Theologie bei, die sich dem Begriffsvermögen radikaler Muslime völlig entzieht. Manche Qawls wurden von diesen falsch verstanden oder bewusst falsch interpretiert, um die fortschreitende Zwangsislamisierung der Jesiden zu rechtfertigen. Die jesidische Theologie wird von den Muslimen vor allem deswegen nicht verstanden, weil die Jesiden nicht an die Existenz zweier gegensätzlicher übermenschlicher Mächte glauben, die das Gute bzw. Böse verkörpern. Vielmehr liegt die Entscheidung über Gut und Böse im Menschen selbst. Der Allmächtige hat den Menschen alles Notwendige gegeben, um Entscheidungen zu treffen und um sich korrekt zu verhalten. Der Mensch muss selbst bestimmen, welchen

Weg er einschlägt. Das wird von Angehörigen anderer Religionen, in denen das duale Prinzip tief verankert ist, nicht akzeptiert.

Es sei noch einmal dieser Text in einem jesidischen Qawl zitiert: *„Lange bevor Adam und Eva von Gott geschaffen wurden, lange bevor die Menschheit angefangen hat, mit einem Stift auf Lehmtafeln zu schreiben (in Anspielung auf die zehn Gebote, die Moses von Gott erhalten hat) und lange bevor die Schriften der Religionen erschienen sind, war der jesidische Glaube vorhanden....“*

Das ist – wie schon gesagt – keine Überheblichkeit, sondern die Vorstellung, dass Tausî-Melek langevor Adam und Eva existierte und vor den Propheten der Buchreligionen. Ein wesentlicher Glaubensinhalt ist also sehr früh vorhanden gewesen. Im Gebet (Di`a) des Glaubens heißt es unter anderem:

„Wer seinen Glauben, der mit einem See mit vielen Mündungen und Quellen vergleichbar ist, im Herzen bewahrt und trägt, muss seine Bezeugung im Namen Tausî-Melek vollenden.

Mit dem starken und unerschöpflichen Glauben gewann selbst Tausî-Melek die Nähe zum Allmächtigen.

Und die Gläubigen stehen Schleife (Schlange) und warten auf die Gnade.

Oh Herr! Lehre uns Akzeptanz und zeige uns den wahren Weg. Den Weg des Glaubens zu beschreiten, ist eine religiöse Pflicht.

Lange bevor die Propheten in Erscheinung getreten sind,gab es die Existenz von Tausî-Melek, so glauben wir. Der wahre Glaube wird durch gute Taten gezeigt.

Lange bevor das Universum (Himmel und Erde) von Gott geschaffen wurde, war Tausî-Melek überall. Der Glaube an Tausî-Melek ist für Jesiden Pflichtund ein Muss. Wir haben wahrhaftig den richtigen Glauben. ....“

Im Qawl Padshay (der Allmächtige) heißt es unter anderem:

„Mein Herr schuf das Dasein (Himmel; Erde; Kosmos) aus der Perle und überließ es den sieben Geheimnissen, den sieben Erzengeln, und krönte Tausî-Melek zu ihrem Führer (Fürsprecher)...“

In diesem Qawl werden Begriffe wie Ga û Masî oder Durr erwähnt. Alle drei Begriffe stammen aus dem Kurdischen und bedeuten der Reihe nach Stier, Fisch und Perle. Um zu erklären, was die Qawls damit meinen, müssen wir andere Qawls heranziehen.

Im Qawl „Ga û Masî“; zu Deutsch: „Der Stier und der Fisch“ heißt es unter anderem:

„Fakhro, du bist ein Heiliger, sag es mir beim Willen des Allmächtigen und bei der Heiligkeit deiner Tracht: Wer ist größer, der Stier oder der Fisch?“

Hier symbolisiert der Stier den Festlandanteil und der Fisch den Wasseranteil auf der Erde. Schon damals beschäftigten sich die jesidischen Religionsführer und Philosophen mit solchen Vorstellungen. An einer anderen Stelle des Qawls ist folgendes zu erfahren:

„Der Anteil der mit Wasser bedeckten Erdoberfläche ist siebenmal größer als der Festlandanteil.“

In der jesidischen Mythologie spricht man von einer Urperle, aus der der Allmächtige und Allwissende das Universum – die Erde, die Sonne, den Mond und den gesamten Kosmos – schuf. Diese Grundvorstellung in den Qawls erinnert an die Theorie, wonach am Anfang des Universums eine einheitliche Masse unvorstellbarer Dichte explodierte.

Der Qawl „Himmel und Erde“ wird als Dialog oder Auseinandersetzung zwischen dem Himmel und der Erde dargestellt. Jeder von den beiden versucht, sich als besserer Teil der Welt zu präsentieren. Es heißt unter anderem:

„Die Erde sagt zum Himmel: Wir beide haben den gleichen Ursprung und wurden von der gleichen Perle geformt und werden von dem gleichen Gott in Gnade aufgenommen...“

Das ist ein weiterer Beleg dafür, dass die Vorstellung einer Art Urknall in der Mythologie der Jesiden existiert.

Im Qawl „Zabûnî Maksur“ heißt es unter anderem:

„Als Gott die Schöpfung vollendete und das Universum zur Ruhe kam, haben sich vier lebenswichtige Glücksbringer auf der Erde etabliert, das sind Luft, Wasser, Erde und Feuer.“

Das Feuer symbolisiert die Sonne. Auch die Sonne wird verherrlicht. In den Psalmen und Gebeten der Jesiden wird die Bedeutung der vier Lebenselemente immer wieder hervorgehoben. Das zeigt einmal mehr, dass die jesidische Religion wahrscheinlich eine der ältesten Religionen der Welt ist.

Die Entwicklung dieser vermutlich 4.000 Jahre alten Religion kann man dank der heiligen Texte, der Gebete und Hymnen einigermaßen rekonstruieren und zurückverfolgen. Die Entwicklung von der Verherrlichung der vier Lebenselemente über die Anbetung der Sonne als Gottheit (Schemesch) bis hin zur Ein-Gott-Religion wird in den Qawls (Psalmen und Gebeten) festgehalten. Im „Morgendämmerungsgebet“ heißt es unter anderem:

„Gott ist die Krone von Anfang an und bis zum Tag des Jüngsten Gerichts.
Und du Mensch tue nur Gutes und vermeide böse Taten.
Ich bezeuge, dass es nur einen Schöpfer gibt.“

Bedauerlicherweise machten viele muslimische, aber auch westliche Religionswissenschaftler denselben fatalen Fehler. Sie gingen davon aus, dass die Jesiden ähnlich wie die Zarathustrier an die Existenz zweier Götter glauben, nämlich den guten und den bösen Gott. Das führte zu großen Missverständnissen und in der Folge zu massiven Verfolgungen und Zwangsbekehrungen.

Die Qawls weisen durchaus auch auf die Nähe zum Sufismus hin. Der Qawl über den muslimischen Sufi Hussein Hallaj, der die Theologie von Tausî-Melek in der islamischen Welt verteidigte und dies mit dem Leben bezahlte, beweist, dass einige jesidische Qawls-Verfasser dem Sufismus sehr nahe waren. Es gibt sogar einen eigenen Qawl al-Hallaj, der die Jesiden als Anbeter des allmächtigen und allwissenden Gottes und nicht als Anbeter einer bösen Macht eingestuft hat. Er hat die Theorie, die eine böse Macht als Widersacher des Allmächtigen darstellt, als falsch und haltlos bezeichnet. Die Richtigkeit seiner Darstellung hat er bis zuletzt verteidigt. Er lehnte das Begnadigungsangebot der damaligen moslemischen Scharia-Richter, sich von dieser Idee zu distanzieren, strikt ab und hat Tausî-Melek als Herr aller Heiligen und Engel bezeichnet.

Die Qawls berichten aber auch über historische Ereignisse und Begegnungen zwischen jesidischen Heiligen und ihren muslimischen Widersachern. Ein Beispiel ist die Geschichte von Scheich Adi und Schekhisn sowie Sultan Zang und Badredin Lulu. Nach mündlichen Überlieferungen wollte der Statthalter von Mosul, Sultan Zang, einen vernichtenden Krieg gegen Scheich Adi und die Jesiden in Lalisch führen und mobilisierte Hunderttausende freiwillige Kämpfer. Scheich Adi setzte auf Dialog und die Möglichkeit, den Gegner zu überzeugen, dass der Krieg keinen Sinn hat. So konnte er den Krieg abwenden.

Der Sohn des Sultans, der spätere Statthalter von Mosul, Badredin Lulu, blieb als Jugendlicher bei dem Jesiden Schekhisn. Irgendwann kehrte er zurück nach Mosul und übernahm die Macht. Ausgerechnet er hat Schekhisn unter dem Deckmantel, Gespräche über die Jesiden führen zu wollen, nach Mosul gelockt und im Kerker hingerichtet. Die Geschichte hat sich in der Gegenwart wiederholt. Im Jahre 2008 haben Al-Qaida-Kämpfer mehrere Selbstmordattentate gegen die Jesiden verübt. Diejenigen, die sich in die Luft sprengten und Hunderte Jesiden mit in den Tod rissen, waren Angehörige eines arabischen Stammes, der von den eigenen Verwandten verfolgt wurde und Zuflucht bei den Jesiden gefunden hatte.

Manche Qawls wurden zu Ehren von Propheten verfasst. Sie handeln von Adam und Eva, von Noah, von Abraham und seinem Sohn Isaak (Ismail), von Salomon und David, Moses und Jesus, und sogar der ummayadische Kalif von Großsyrien, Yazid Ibn Muawiya, wird in einem Text gewürdigt. Dieser Kalif hat die Jesiden weitgehend vor der Verfolgung geschützt und sogar ihre Gewohnheiten angenommen.

Die Qawls liefern indirekt Beweise darfür, dass die Jesiden keineswegs die Nachfahren der Zarathustrier sind, wie von manchen Kurden behauptet wird. Denn mit keinem einzigen Wort berichten die Qawls von dem Propheten Zarathustra oder seinen Offenbarungen.

Das Gebet „Terqîn û Nasîn", das nach Beerdigungen gesprochen wird, bestätigt die Überzeugung der Jesiden, dass die Seele eines Menschen nach seinem physischen Ende weiterlebt. Das Gebet beschreibt übrigens den Lebensablauf eines Menschen seit seiner Entwicklung im Mutterleib und bis zu seinem Tod und der anschließenden Beerdigung. Das Gebet schreibt sogar den Jesiden vor, wie die Bestattung und die damit verbundenen Rituale vonstattengehen. In dem Gebet heißt es unter anderem:

„...Oh Herr, Herrscher des Throns!
Sie legen Steinplatten auf meinen Brustkorb,
Jeder Stein ist zu nichts nütze.
Sie versiegeln das Grab mit Lehm,
Eilig werfen sie Erde über mich,
Sie richten zwei Grabsteine auf und sagen:
„So ist es vorgeschrieben (So sieht es die Tradition vor)."

Mit der dritten Zeile ist gemeint, dass die Steinplatten auf dem weiteren Weg der Seele eher beschwerlich sind..

Wer waren diese Heiligen und Philosophen, die diese Qawls verfasst haben? Manche Autoren haben in den von ihnen verfassten Texten ihren eigenen Namen erwähnt. Ich nenne hier einige Beispiele: Pir Resche Heyran, Khidire Zênde, Hesedê al-Tewrî, Pisê Cem und viele andere.

Der wohl berühmteste jesidische Philosoph und Begründer der heiligen Qawls ist zweifelsfrei Scheich Fakhre Adiyan. Er ist ein Weggefährte des berühmten Scheich Hassan (Schekhisn). Der Qawl „Ein Gruß und tausend Grüße; Silav û Sed Silav", bestätigt die Annahme, dass die beiden Heiligen der Jesiden zur gleichen Zeit gelebt haben. Weiter berichtet der Qawl davon, dass Scheich Fakhir, der zur Schemsani-Kaste gehörte, die Führung der jesidischen Gesellschaft durch Schekhisn voll und ganz akzeptiert hatte. Übrigens wurde der Qawl von Scheich Fakhir deshalb verfasst, um Schekhisn zu besänftigen. Dieser fühlte sich sehr benachteiligt, als die Jesiden in Großsyrien die beiden empfingen. Der Empfang von Scheich Fakhir durch die Jesiden war sehr herzlich. Dabei vernachlässigten sie aber Shekhisn, was Scheich Fakhir bemerkte. Um aber den Führungsanspruch Schekhisns in der jesidischen Gesellschaft noch einmal zu unterstreichen, verfasste er diesen Qawl.

Die meisten Qawls von Scheich Fakhir haben mehr oder weniger philosophischen Charakter. Nach mündlichen Überlieferungen soll er gesagt haben, dass die von ihm verfassten Qawls eine Gabe des Allmächtigen sind. Er erhielt sie von der Leuchte und meint damit das Licht des Allmächtigen als Quelle der Erkenntnis und des Wissens. An einer anderen Stelle soll dieser Heilige, dem wir Jesiden viel zu verdanken haben, Folgendes gesagt haben:

„Ich habe mir nahezu alles erdenkliche weltliche Wissen angeeignet. Doch nun werde ich mir die Geheimnisse des Himmels aneignen." Er wanderte und wanderte... Irgendwann hat der Allmächtige seinen Erzengel Gabriel zu ihm geschickt, um ihn von seinem Vorhaben abzubringen. Der Engel trat als Derwisch auf. Er fragte Scheich Fakhir: „Wohin geht deine Wanderung, Fakhro?" Darauf antwortete Scheich Fakhir: „Ich gehe, um mir die Geheimnisse des Himmels (das verborgene Wissen) anzueignen. Daraufhin sagte der Erzengel folgenden Satz: „Hast du eben die Rauchschwalbe gesehen, wie sie im Flug von der Oberfläche des Sees Wasser getrunken hat?" Der Scheich erwiderte: „Ja, Derwisch". Daraufhin fragte ihn der Erzengel Gabriel: „Was glaubst du, wie groß die Wassermenge war, die dieser Vogel mit seinem Schnabel aufgefangen hat?" Der Scheich erwiderte: „Vielleicht nur einige Tropfen." Der Erzengel Gabriel sagte schließlich zu ihm: „Fakhro! So ist es auch mit deinem Wissen von der irdischen Welt. Es ist soviel wie die Wassertropfen aus dem See, die diese Schwalbe hinwegtragen konnte." Der Scheich besann sich und verstand, dass die Erde, auf der er lebte, unzählige Geheimnisse birgt, die noch auf die Entdeckung warten. Er kehrte zu seinen Jesiden in Lalisch zurück und verfasste viele philosophische und religiöse Texte.

In einem der Qawls wirft er sogar die Frage auf, ob der Allmächtige selbst aus der Urperle stammt oder er, der Schöpfer, die Perle und damit das Universums geschaffen hat. Es heißt unter anderem:

„Was weiß der sterbliche Mensch über die Geheimnisse dieser Welt,
wir sind auf der Suche nach Aufklärung der Frage,
ob die Urperle vor Gott existierte oder Gott vor der Urperle?
Ich sage denjenigen, die sich als klug und weise bezeichnen:
Kommt und offenbart den Mitmenschen, dass die Urperle ein Herrschersitz
(Thron) war, und Gott saß auf ihm."

Die jesidische Religion geht davon aus, dass der Allmächtige den Menschen nicht zwingt, sondern ihm alles Notwendige gegeben hat, um selbst Entscheidungen zu treffen und sich korrekt zu verhalten. Der Mensch muss selbst bestimmen, welchen Weg er einschlägt.

Diese Philosophie wird im nachstehenden Psalm deutlich, der hier in voller Länge wiedergegeben wird. Es handelt sich um eine Kontroverse zwischen Auge, Herz, Zunge und Seele. Diese vier Bestandteile des menschlichen Körpers stehen vor dem Allmächtigen, um sich für ihre Taten zu rechtfertigen, wobei am Ende die Seele als Schuldige und Quelle der bösen Taten entlarvt wird:

Die Merkmale des Glaubens

1. Wer seine Zunge im Zaum hält, dem vergibt der Barmherzige seine Schuld, als hätte er vierzigmal die Fastentage eingehalten und fromm gelebt.

2. Wer seine Zunge beherrscht und ausgewogen spricht, braucht weder die Frömmigkeit noch vierzig Fastentage.

3. Oh du kämpferische Zunge! Ein gutes Wort ist die
Grundlage des Lebens. Was nützen böse Worte?

4. Oh du Zunge, die es verdient hat, verbrannt zu werden. Es gibt ein Wort, das der Mensch nicht in den Mund nehmen darf. Warum hast du es also in die Welt gesetzt?

5. Das Auge ist der Falke des Kopfes.
Das Herz ist der Prüfer.
Das Auge sieht, das Herz verlangt.
Die Zunge sagt: „Her damit."
Oh, Zunge! Hätte ich dich in Stücke zerlegen sollen.

6. Das Auge ist der hoch fliegende Falke. Das Herz ist ein Schüler, der ihm folgt. Das Auge sieht, das Herz verlangt.
Und die Zunge sagt: „Her damit, gebt es mir!" Oh, du Zunge! Hätte ich dich entwurzeln sollen.

7. Die Zunge sagt: „Oh Herz! Ich bin schön. Solange von dir nichts kommt, denke ich nicht einmal daran. Ich bin wie ein taubstummes Geschöpf."

8. Sei gepriesen, Oh Schöpfer! Du hast mir Vernunft und Verstand gegeben und mich vom Osten bis nach Großsyrien gebracht.

9. Oh du gemeine und verwirrte Seele! In den dunklen und finsteren Nächten suchst du Verrat und Betrug.

10. In den finsteren schweren Nächten suchst du Verrat und mehr. Bleib ruhig daheim. Was willst du? Willst du uns etwa das Licht der Leuchten auslöschen?

11. Was willst du? Du löschst das brennende, glühende Licht der Leuchten aus. Als der Adler seine Runden geflogen hat, verließen uns die Freunde und der Bruder im Jenseits.

12. Oh, du Seele! Trotz deiner Klagen und Beschwerden kannst du dich vom Verrat und der
Trübsal nicht befreien. Worauf zielst du ab? Willst du etwa deinen Besitzer ohne Glauben lassen?

13. Oh du Seele, wie oft strengst du dich an, während der Richter hinter der Brücke des Jüngsten Gerichts steht? Beabsichtigst du etwa, lautlos zurückzuweichen?

14. Du hast uns das Obdach zerstört, oh du Gottlose! Du hast uns um den Sieg und Triumph gebracht.
Und von den Früchten des Scheichs Abrous gegessen
Und von der heiligen Nacht geträumt.

15. „Oh du Verstand! Dein Sinn reicht weit und tief.
Die Welt ist voller Unglück. Die Welt ist wie ein Lamm. Nimm es aus und iss von ihm."

16. Der Verstand antwortet: „Nicht so, oh Seele! Wer nur einen Bissen unehrlich zu sich nimmt, dem wird dies am Tag des jüngsten Gerichts zum Verhängnis."

17. (Die Seele antwortet:) „Die frommen Fakire erfüllen ihre Pflicht und entsagen den Annehmlichkeiten dieser Welt. Sie verließen diese Welt und wenden sich zum Tag des jüngsten Gerichts."

---

19. Wenn deine Seele undankbar wird und sie sich selbst von Zügeln und Halfter befreit, dann verschafft sie sich Zugang zu allen Wiesen und lässt so das Gesicht des Besitzers erbleichen.

20. Wenn du deine Seele nicht kontrollierst und alle Zügel aus der Hand gibst, dann wird sie hinaus in die Wiesen und Felder ziehen. Dies ist eine Untat der Seele, weshalb sich die Gesichtsfarbe ihres Besitzers veränderte.

21. Wenn Scham die Schönheit verblassen lässt, wird diese wie ein Garten ohne Früchte, jedochvoller Ochsen und Esel sein. Am Tag des Jüngsten Gerichts wird der Besitzer dann schwach sein.

22. Wenn Scham die Schönheit verblassen lässt, wird sie wie ein Garten ohne Zaun und voller Ochsen und Esel sein. Die Scham, die Schönheit, die Vernunft und der Verstand sind Eigenschaften eines würdigen Menschen.

23. Seid nicht ohne Prinzipien! Der wahre Weg wird nur durch die Wahrheit gefunden. Scham, Schönheit, Erziehung und Disziplin können die Eigenschaften eines guten Geschöpfes sein.

Der Qawl von Shekhoubekir „Teil 5“ (Qewlê Şêxûbekir „axa 5“)

„Ich spreche unter Euch diejenigen an, die die Liebe auf ihren Fahnen groß geschrieben haben, und suche zugleich einen vertrauenswürdigen Verbündeten, der der folgenden Frage auf den Grund gehen kann und eine Antwort darüber liefert, ob der Allmächtige (Gott) die Perle (das Ur-Universum) geschaffen hat oder er selber aus der Perle (aus dem Ur-Universum) stammt.

Wir bezeichnen denjenigen Menschen als klug und weise, der genau weiß, dass wir immer noch auf der Suche nach einer Antwort auf die Frage sind, ob der Allmächtige die Perle geschaffen hat oder selbst aus der Perle stammt.

Hört her, Ihr lieben und klugen Menschen! Kommt und macht mir klar, dass die Perle wie ein Bett ist und der Herr (der Allmächtige) darin einen Platz eingenommen hat.

Mein Herr hat die Perle (das Universum) aus sich geschaffen und spaziert darin, und er hat sie für seine Geschöpfe bewohnbar gemacht.
Mein Herr hat die Perle so gestaltet, dass sie eine reichhaltige Leuchte wurde.
Sie bietet den Geschöpfen Licht, Wärme und Schutz.

Die Perle entstand durch den Willen und das Wort des Allmächtigen
Das heilige Symbol Kherqe ging aus ihr hervor
Die Heiligen verehren es immer und ewig.

Shekhubekir sagte: „Mein Liebster!
Ich brauche diese Buchstaben seit langem.
Dafür werde ich viel Gold und Reichtum opfern
Alles werde ich dem heiligen Symbol Kherqe

Qewlê Şêxûbekir „şaxa 5“

Aşiq û maşûqên kurî
Me yarek divê li vê herfê yî mukurê
Ka durr ji Padşê ye yan Pedşa ji durrê.

Aşiqê êrif yî çê y e
Teftêşa me ji wê cewabê ye
Ka durr ji Padşê ye, yan Padşa ji durrê ye.

Aşiqê êrif yî zane
Werin ji min re bidin beyane
Durr text e û Padşa lê girt mekane.

Padşê min durr ji xwe çêkir
Seyirî seyran lê kir
Sêwirî û ber pê kir.

Padşê min durr ji xwe vavare
Durr qendîleke maldar e
Qendîlê nûr sitar e.

Durr ji kilîma padşê ye
Xerqe derketî jêye
Dayîm mêra(n) silav lê ye.

Şêxubekir got: „Ezîzê min,
ji mêj ve li vê herfê hewce me
Çiqas zêr û malê pirr pê dibeme
Hemû li oxira xerqey neder didime“.

Ezîzê min, ji mêj ve li vê herfê guhdêr im
Çiqas zêr û malê pirr pê dibîr im
Hemu li oxira xerqey neder disepêr im.

Li pê neqlan dibû Feqîr e
Hincî yê terk kir xirabe fêniya wîr e
Dê xelat kin bi miftan û kilîla(n).

opfern.
Mein Liebster! Ich folge diesen Buchstaben seit langem
Dafür werde ich viel Gold und Reichtum opfern.
Alles werde ich gegen das Symbol Kherqe tauschen“

Er wurde in den Rang Fakir erhoben
Wer dieses Symbol und diese Würde vernachlässigt und nicht mehr ernst nimmt, wird nur Böses und Vernichtung erleben.
Wer aber diese verehrt und würdigt, dem wird der Schlüssel zum Himmelreich gereicht.

Diese Schlüssel gelangen nur in die Hände derjenigen Menschen, die ins Himmelreich kommen
Die fünf Säulen des Glaubens (Scheich, Pir, der Meister und Erzieher und der Bruder oder die Schwester im Jenseits.) werden seine Zeugen sein.

Mein Herr, der am Anfang der Emir (der Herrscher) war
Er war der Gott über eine große Armee
Er plante seine sieben Geheimnisse.

Mein Herr ist der wahre Herrscher
Er ist der Gestalter der Welt
Er (Siltan Ezi) kennt die Zukunft und die Vergangenheit (er weiß, was die Menschen tun.).

Mein Herr ist der alleinige Gott
Er ist der Freund meines Herzens
Er will wirkliche Verehrung für ihn, wie er es sich wünscht.

Mein Herr ist das Geheimnis des Himmels
Er existierte lange bevor die Menschen einen Stift und eine Tafel zum Schreiben hatten
Oh Herr, du kannst die Zeit überwinden und das Unmögliche möglich machen.

Ew kilîl û ew mifte ne
Bi destê(n) wan cinetiya(n) vedibine
Her pênc ferzên heqîqetê roja axiretê jêre şehde ne.

Padşê min ewil ku mîr bû
Xwedanê cêşê kibîr bû
Bi heft surên Siltan Êzî re yî xebîr bû

Padşê min yî Padş e
Nexşê çendî nexş e
Siltan Êzî dizane kî li bere kî li paş e.

Padşê min yî wehdanî ye
Dostê dilê min pê di`elimiye
Xilmeta bi sidiq ye, weye, wekî Padşê min pê diviye.

Padşê min sur (sirr) li sema
Berê ne lewih hebû ne qelem e
Ya Siltan Êzî, li ba te ew se`at e ew dem e.

Berê ne qelem hebû ne lewhe
Me yarek divê vê herfê şiro bike, ye li kû ye?
Melek yek bû, bûne du ye.

Li ber firwara Padşê ye
Teftêşa me li wê cewabê ye
Melek dû (dido) bûn, bûne sisê ye.

Padşê min yî cebar e
Ji ba hetibûn firware
Melek sisê bûn, bûne çare.

Padşê min yî mizênc e
Melek çar bûn, bûne pênce
Her pênc bûne şifetê her rêk û rênca(n)

Dilê min bi vê yekê yî xweş e
Melek pênc bûn, bûne şeşe
Her şeş bûne melekên erşe.

Am Anfang gab es weder einen Stift noch eine Tafel
Wir wollen einen lieben Menschen finden, der uns erklären kann, wo diese Buchstaben geblieben sind.
Am Anfang gab es nur einen Engel. Nun sind sie zwei geworden.

Alles geschieht mit dem Willen des Allmächtigen
Wir sind immer noch auf der Suche nach einer Antwort
Die Engel waren zwei und sind nun drei geworden.

Mein Herr ist allmächtig
Von ihm kam ein Befehl (eine Entscheidung)
Die Engel waren drei und nun sind sie vier geworden.

Mein Herr tut, was er will
Die Engel waren vier und nun sind sie fünf geworden.
Alle fünf Engel wurden Beschützer aller Wege.

Mein Herz freut sich darüber
Die Engel waren fünf und nun sind sie sechs geworden
Alle sechs Engel wurden Himmelsboten.

Mein Herr segnete die Freundschaft unter den Menschen
Die Menschen kamen zusammen und liebten sich gegenseitig
Die Engel waren sechs und nun sind sie sieben geworden.

Nachdem Gott die sieben Engel schuf,
wurden die Treue und die Wahrheit zu ihren Eigenschaften
Sie wurden unsterblich und die Liebe war alles, was sie brauchten.

Padşê min xweşkir suhbete
Lêk rûniştin muhbete
Melek şeş bûn, bûne hefte.

Her heft ku die`firîn
Bi rastiyê lêk di`êwirîn
Bi muhbetê bi nedera yek didebirîn.

Padşê min we kire raye
Feqîrek şand hûr hûr av înaye
Nav lêkir Kaniya Sipî ye.

Feqîra(n) we jê xeberda(n)
Ji ezman heta bi erda(n)
Ava Kaniya Sipî şifeta çiqas derda(n).

Pedşê min cebar e
Ji durrê erfan dibûn çare
Ax e, av e, ba ye û agir e.

Her çar ku difaxir in
Bi kê di`înan û bi kê dibirin
Bi kê mersûmê ji durrê fariq kirin?

Her çarên diruste
Ne dixwarin ne dinifiste
Bi kê mersûmê ji durrê vediguhest e?

Mein Herr hat es möglich gemacht
Er schickte einen Faqir, um Wasser zu holen
Dieses Wasser nannte er liebevoll „die Weiße Quelle; Kaniya Sipî".

Der Faqir sprach zu der Menschenmenge
Man hörte ihn sowohl auf Erden als auch im Himmel, als er sagte, dass
das Wasser der Weißen Quelle Balsam für alle leiden der Menschen ist.

Mein Herr ist allmächtig
Er schuf aus der Perle die vier Lebenselemente
Erde, Wasser, Luft und Feuer.

Die Geschöpfe waren auf die vier Elemente sehr stolz
Sie müssen aber wissen, wer der Schöpfer der vier Elemente ist
Und wer sie von der Urperle getrennt hat.

Die vier Elemente wurden fehlerlos geschaffen
Sie werden für immer vorhanden sein
Alles geschah mit der Entscheidung des Allmächtigen."

Der Psalm zur Totenmesse (Qewlê Terqîn û Nasînê)

„An einem jener Tage
Kommt Ihr, die wissenden und weisen Leute,
Und redet über die Geheimnisse des Todes!
Kommt Ihr, die klugen und wissenden Menschen,
Und denkt über diese Geheimnisse nach,
Und enthüllt die Geheimnisse des Todes.
Das Geheimnis (Mysterium), das mir momentan den Tod bringt,
War das gleiche Geheimnis, das mir einen Kopf, Hände und einen Leib verlieh,
Und sprach zu mir: „ Oh du Adams Nachfahre, steh auf und lebe!"
Das aus dem Himmel stammende und niedergekommene Geheimnis,
Erschuf mir ein Schicksal (ein Geschick),
Wir sind damit zufrieden, gleich, ob dieses Schicksal geringfügig oder viel ist.
Der Ozean der Wahrhaftigkeit ist meine Heimat
Ich harrte dort neun Monate aus (Anspielung auf die Schwangerschaftsdauer) Durch seine Allmacht war dies möglich.
Durch diese Allmacht wurde dieses Mysterium vollständig
Welch ein trüber Ozean es doch ist,
Ich, der Wehrlose, bin dein Knecht.
Ich sann nach, über die Gedanken,
Über die Entscheidung (über den Beschluss; über die Vollmacht),
Die mich von diesem Ozean mit aller Macht trennte.
Ich wurde von meiner Mutter getrennt
Und wurde zur Öffnung gebracht
Mit dem Gesicht voran kam ich in den engen Durchgang,
Ich wurde dann neben meiner Mutter gelegt.
Meine Angehörigen, Verwandte und Nachbarn versammelten sich um mich herum

Qewlê Seremergê

Rojekê ji rojane
Werin Xelkên êrifî zane
Ji mirinê bidin beyane!
Xelkê êrifî zane werin
Li van beyanan bifikirin
Sitrekê ji mirinê bigrin.
(Sinetekê ji mirinê hilgirin).
Ew sirra min dikujî
Dest û ser û pê û qalib dinijî
Miskîno bin Ademo! Hilû bijî!
Ji bana nizil bû ew sirre
Nesîbek afirand bo bi min re (ji min re)
Em razî ne, heke hindik e, heke pirr e.
Behra heq wetenî
Neh meha tê sekinî
Ji qudretê mekinî.
Ji qudretê kiribû temame
Çi behreke bi xumam e
Bin miskîn te ez bûm xulam e
(Bin miskîn dibim bi xulam e).
Fikirîm li wê fikarê
Li mersûmê, li firwarê
Qariqê kirim ji behrê
(Min zor ferîqe kiribûn ji wê behrê).
Min zor fariqe kiribûn ji makê
Wezna didim Şibakê
Bi rû ve çûme zikakê.
Avêtim ber bedena makê
Li min cema dibûn xizim û lêzim û cînara(n)
Bav yî minêkar e ji mêrê mîra.
Bi şa (yi)ya dîwanên Feqîran
Bi şa (yi)ya day û bav e
Qewal distirên bi Def û Şibaba(n)
Xwedêyo! Te em xinê kirîn dû ava.
Îlahîyo! Te em xinê kirin
Berî roja em bimirin
Te bi zarokekî em şah kirin.

Mein Vater war dem Herrn (der Herrscher über alle Heiligen) sehr dankbar
Und das geschah zur Freude der Versammlung der Faqire.
Zur Freude meiner Mutter und meines Vaters,
singen die Qawals und betätigen die religiösen Toninstrumente Def und Shibab,
Oh Gott, Du hast uns Glück und Reichtum geschenkt.
Oh Herr, Du hast uns vor unserem Tod gesegnet und bereichert,
Und uns mit der Geburt eines Kindes glücklich gemacht.
Was für ein armseliger Neugeborener
Er wurde in einen hölzernen Sarg gelegt
Und die Angehörigen weinten und trauerten um ihn Tag und Nacht.
Oh Herr, Du bist gnädig
Segne mit deiner Gnade alle Menschen
Du hast uns auf die Beine gebracht (uns das Leben geschenkt.)
Ich machte gerade die ersten Schritte (Ich lief gerade auf meinen Füßen)
Die Hände und Beine bewegten sich
Oh Herr, ich bin dir sehr dankbar.
Ich laufe auf meinen Füßen
Und beeile mich, um das Geheimnis meines Herrn zu erfahren
Ich bin der Stolz meines Vaters.

Er ist ein unwissender Junge
Und mit dem Geheimnis seines Herrschers sehr zurückhaltend
Sein Vater suchte eine Frau für ihn.
Welch weise und adlige Familie sie ist
Die frommen Faqire suchen sie auf
Denn sie trägt das Symbol und Zeichen des Allmächtigen.
Sie trug das heilige Symbol des Herrschers
Nach solchen Bemühungen
Oh Gott, hast Du uns zu Familienoberhäuptern

Çi zarokekî miskîn e

Danîne nav tabûteke darîne
Bi şevê û rojê şîn û girîn e.

Xwedê yî pirr kerem e
Şefeqeta te hebe bi bin Adem re
Te em rakirine ser qedema(n).

Li ser lingan digeriyam
Rih hate dest û piyam (dest û piyên min)
Xwedêyo! Bi te firiyam.

Li ser lingan dibezim
Li sirra Mîrê xwe bilez im
Pisporê babê xwe ez im.

Çi lawekî sermest e
Bi sirra Mîrê xwe bi west e
Babê malek jêre dixweste.

Çi maleke bi ray û tekbîr
Lê di`êwirîn coqetên Feqîr
Pêre hebû nîşana Mîr.

Pêre hebû nîşana Mîr, ey Xweda
Piştî wan hewla(n)
Xwedêyo! Te em kirin malxoyê mala(n).

Xwedêyo! Nema bisebirim
Te bi zêr û mal kirim
Demekê bidim, yekê bixum
Heta roja ez bimirim.

Meke em derwêş
Li rêya heq bikin teftêş
Li ber nav û dikrêd Te bibin hawêş.

Talan kirin bi carek
Rast e nema dîndarek
Nema li min bipirse bira û yarek.

gemacht.
Oh Herr, wir können uns nicht mehr gedulden
Du hast uns Gold und Reichümer gegeben
Manchmal haben wir gegeben und manchmal genommen
Dieser Zustand hat bis zum Tag des Todes angehalten.

Lass uns bescheidene Geschöpfe
Nach der Wahreit suchen
Und uns vor der Erwähnung deines Namens verneigen.
Wir standen plötzlich vor dem Nichts
Und es gab wahrhaftig keine frommen Leute
Weder der eigene Bruder noch die Freunde fragten nach uns.

Der Glücksvogel drehte seine Runden
Du hast uns die hellen Leuchten verdunkelt
Und uns von den Freunden und dem Bruder im Jenseits getrennt.

Du hast uns von den Freunden und von dem Bruder im Jenseits getrennt
Wir haben unter diesem Zustand sehr gelitten
Manchmal lebten wir in Elend und manchmal wie Ritter.

Ich bin dein bescheidener Knecht
Du hast mich aus einer nie da gewesenen Erde geschaffen
Das Gute und Böse waren in deiner Hand.
Sowohl das Gute als auch das Böse geschehen mit deinen Willen
Wenn du uns deine Wunder wirkende Kraft verleihst
Werden wir Derwische für deinen Namen sein.
Wir erwähnen stets deinen Namen
Und denken an dein Wesen und deine Allmacht (Furcht)
Wir müssen eines Tages sterben (die Zeit ist ge-

Teyrê dewletê difirî
Te li me hesa kir çirên gurrî
(Te li me hêsayî kir çirayêd gurrî)
Suxûmet, Te yar û birên axiretê nasîn ji me birrî.

Suxûmet, Te yar û birên axiretê ji me birrî nasî
Sotin li bin vî kirasî
Hind bi zebûnî hind bi mêrxasî.

Bendekî te me yî zebûn
Te ez dam ji erdekî nebûn
Xêr û şerr bi destê te bûn.

Bi Te dibin xêr û şerre
Himeta Te hebe bi me re
Em derwêş in ji navê te re.

Navê te yî dikirin
Saf û heybeta te difikirin
We`de hatiye rojekê em dê bimirin.

Rojekê ez nehiş bûm
Ketime nav nivînê û nexweş bûm
Bendeyê Melekê èrş bûm.

Nexweş bûm ketime nev nivînê
Hatine ser min lêzimên xwînê
Bi zêr û mal nayême kirrînê.

Ne bi zêra(n) ne bi male
Bab yî pîremêr e, yî kal e
Got:"Ezîzê min, ji heft weleda(n),
ev welede min heye li bale".
(Weledê weled yî lale).

Ne bi zêra(n) ne bi malê dinê
Babî pîremêr yî kal e, yî finê
Got: „Ezîzê min, ji heft weleda(n), min wê ev heye bitinê".

Bab dibêjit: „Ez çî bikim çî çar kim

kommen um zu sterben.)
Eines Tages wurde ich ohnmächtig
Und war krank und musste das Bett hüten
Und wartete auf den König des Himmels.
Ich war krank und lag im Bett
Die Blutsverwandten besuchten mich
Sie konnten mich mit Gold und Reichtümer nicht freikaufen.
Mich konnten sie weder mit Gold noch mit Besitztümern freikaufen
Mein alter und gebrechlicher Vater
Sagte: „Mein Hochgeschätzter! Von meinen sieben Kindern habe ich diesen Sohn.

Mich konnten sie weder mit Gold noch mit Besitztümern freikaufen
Mein alter und gebrechlicher Vater, dessen Tod sehr nahe ist
Sagte: „Mein Hochgeschätzter! Von meinen sieben Kindern habe ich diesen Sohn.
Der Vater sprach: „Was soll ich tun und unternehmen und wie kann ich ihn retten?
Soll ich für seine Rettung zehn Schafe opfern
Soll ich mein Haupt als Dankopfer anbieten
Und meine Bitten und Appelle an Gott und den Erzengel Gabriel richten?

Meinen Appell richte ich an den Erzengel Gabriel (Mein Appell richte ich an den Propheten Ismail (Isaak)
Mein greiser und gebrechlicher Vater, der schlichtet, sprach: „Oh Herr! Ich habe Ehrfurcht vor dem Erscheinungsbild des Todesengels Ezrael."

Ezrael, der Todesengel kommt an jeden Fleck der Erde und in alle Erdteile
Sprach: „Ich bin gekommen, um den Körper des Nichtwiederkehrenden von seinen Fähigkeiten zu trennen."

Ezrael, der der Todesengel und der Engel der

Deh peza(n) bi qurban kim
Serê xwe bi şikran kim
Banga Xwedê û Emîn Cebraîl kim".
(Banga min nebî Simayile ku bankim).

Banga min li Emîn Cebraîl e
(Nebî Simayil e)
Babî pîremêr yî kal e, yî sefîl e
Got: „Tirsa min ji saf û heybetên Ezrayîl e".

Ezrayîl melekê mewtê
Li hemû dera(n), li hemû èrda ew tê
Got: „Ez hatime zor bibirrim ji hewtê".

Îzrayîl Melkê mêra(n)
Yî bi deliq û tancên Feqîra(n)
Got: „Xwedêyo! Te em razandin wekî êxsîra(n)".

Ezrayîlê perr bikir im (perr-kurr im)
Hawîrî şara difirim
Ne hatime nobê li kesî bigrim
Hatime bab û pisa jêk bibirrim.

Ezrayîlê per kesk im
Hawîrî şara(n) diçirisk im
Ne hatîme nobê li kesî kim
Hatime vî qalibî ji nefes kim.

Ya min ji wê bû
Rih çavnêriyê sirrê bû
Rih ji dest û piya(n) cihê bû.

Sirrê û rihê li gel hev naskir
Xwe nerim ji dest û piya(n) xilaskir
Xwedê di qendîlê de kir û hevraz kir.

Ewê Xwedayê xwe li wê derê naskir
Rih çû ma qendîl û qalib
Hate ser min destekî kotekî zorî qalind
Ji wê kasê vexwar dinya alem.

Heiligen ist,
trägt die Tracht und die Krone der Faqire
Er sprach: „Oh Herr! Du hast uns wie Geiseln zum Schlafenden gebracht (gemeint damit ist der Sohn der Familie, der regungslos im Sterbebett liegt.)

„Ich bin Ezrael, der Engel mit den kurzen Flügeln, fliege um Ortschaften herum
Ich bin nicht gekommen, um über jemanden Wache zu halten, sondern den Vater und den Sohn von einander zu trennen.

Ich bin Ezrael, der Erzengel mit den grünen Flügeln, erscheine rund um die Ortschaften wie ein Feuerfunke
ich bin gekommen, nicht um über jemanden Wache zu halten, sondern um diesem Körper den Atemzug wegzunehmen.

Unser Anliegen war so:
Da die Seele auf das heilige Geheimnis (Mysterium) wartete, musste sie sich von den Händen und Füßen trennen.
Da die Seele das Mysterium erkannte, konnte sie sich sanft und leicht von den Händen und Füssen trennen

Der Allmächtige hat den Körper mit der Seele zurechtgemacht und in die Leuchte getan
Dort hat die Seele ihren Gott erkannt.
Die Seele ging fort, der Körper und Leuchte blieben zurück
Eine starke und dicke Hand stand über mir
Alle Geschöpfe müssen einmal aus diesem Kelch trinken (jeder muss irgendwann sterben).

Frauen und Männer weinen um mich
Und sagen, während sie weinen, dass ich ein Löwe war und von einem Löwen stammte (in Anspielung auf den guten und sehr frommen und

Li ser min digrîn jin û mêre
Giriyekî dikin ji şêran şêr e
Eve bû kasa inzil jêre.

Tazî kirim û hiştim
Ser pûşekî danam û şûştim
Bi ava gerim biriştim.
Kefenê min dipîve
Qerqer e, dû gaz û nîv e
Miskîno, bin Ademo dinya hîv e.

Kefenê min hijde gaz e
Danabû ser cinaze
Wê li ser min digrîn wêlî û biraze.

Kerem bikin dû daran bînin
Werîsekî tê werînin
Cinazê min li ser deynin.

Ew bû dara leylûn sedr e
Hilgirtibû yar û bira(n)
Min ji mala mezin xwest xatira.

Kirime der ji mala mezim
Piçûk û mezin li pey min dibezin
Zênara li xilmeta xerîba(n) çî bi lez in
(Birano bi xizmeta xerîba(n) bi lez bin).

Birme aliyê goristanî
Li ser axa tirbê danî
Digrîn bo vî ciwanî
Axir ji ruyê dinê dibû fanî.

Dema dikolin tirbe
Ji şeriq heya bi xerbe
Kes nema venexwarbû ji vê şerbe.

Tirba min temam kir
Serê min dinav kir
Min li mala Qedîm silav kir.

humanen Vater.)
Und dass mir der Kelch des Sterbens überreicht wurde.
Sie zogen mich aus, legten mich auf einen kleinen Strohhaufen und fingen damit an, mich mit warmem Wasser zu waschen.
Sie nehmen Maß für mein Totentuch (Totengewand)
Die Platten, die auf den Sarg gelegt werden, messen zweieinhalb Armlängen (Gaz ist ein kurdischer Maßbegriff und ca. 75 cm lang.).
Oh du Adams Nachfahre, musst wissen, dass das Leben so kurz wie der Mondrythmus ist.
Mein 18 gaz (18 x 75cm) langes Totentuch legten sie auf meine Überreste
Verwandte (Neffen) und Freunde weinen um mich.

Bitte bringt zwei tragende Baumäste
Und befestigt sie mit einem Seil miteinander
Und legt meine Überreste darauf.
Die Äste stammten aus dem Leylun-Sedir-Baum
Freunde und Verwandte trugen mich hoch
Ich verabschiedete mich von der hochangesehene Familie.

Ich wurde von meinem Haus weggetragen
Jung und Alt rannten hinter meinem Leichnam her
Es ist erstaunlich, wie sie sich beeilen, um fremde Trauergäste zu bedienen.
Sie brachten mich zum Friedhof
Und legten meine Überreste auf die aus dem Grab ausgehobene Erde
Und weinten um diesen Jungen, der diese Welt verlassen musste.

Als sie mein Grab aushuben, mit dem sie von Ost nach West angefangen haben
Sagten sie: „ Es wird niemand verschont. Alle müssen irgendwann aus dem Kelch des Todes

Silavên min li mala qedîm
Birme nav xelkekî zorî zavî ezîm
Banga min Melekê kerîm.

Min divê birakî bi taqet e
Girêya (Girêka) serê min vekete
Biratiya xwe li min fihêl bikete.

Banga min Melikê erş e
Ser sînga min radixin ferşe
Her ferşek weke xerş e.

Herrî danîn li derze
Axê tînin ser min bileze
Dû kêl danîn got: „Eve ferz e“

Kêla serî sitirî
Xelkê layîq hat û êwirî
Cayiz e xelik qedrê xerîba(n) bigirî.

Kerem bikin û deng hilînin
Terqînê û nasînê li ser min bixwînin
Navê Xwedê û Tausî-Melek li ser min bînin.

Ew bû kêla serê sedrî
Wê li xelkê nazikî letîfî hedirî
Ceyiz e li xerîba(n) bigrî qedrî.

Birim xaniyê bê derî
Dû li ser min dixûnin bi keserî
Mîna heft dolabên aşa(n) li serî.

Dû li ser min dikin qîr û qale
Yek yî kerr e, yek yî lal e
Wê ji min dipirsin hal û hewale.

Tirsa min ji yê kerr e
Heftê batman dermûs (dembûz) li ber e
Çiqas sibe li ser rihê min qal û şerr e.

Tirsa min ji yê lal e

trinken.
Mein Grab wurde fertiggestellt
Und wurden meine Überreste beginnend mit der Kopfseite hineingelegt
Danach habe ich mich von meiner alten Heimat verabschiedet.

Meine Grüße gelten der alten Heimat
Sie brachten mich zu einer ganz großen Menschenmenge
Ich rief: „Oh Herr, Du bist der gnädige und barmherzige Herrscher!
Ich möchte einen frommen Jenseits-Bruder haben, der die Knoten meines Totentuches, die kopfseits liegen, auflöst
Und mir für alles, was er zu Lebzeiten für mich getan hat, verzeiht und erlässt. (mich von einer Gegenleistung für seine guten Taten, die er für mich getan hatte, zu befreien.)

Meine letzte Schutzsuche liegt in den Händen des Allmächtigen
Sie legten Steinplatten auf meine Brust
Jede Platte war in Form von Brotlaiben.
Sie dichteten die Spalten mit Lehm ab,
hastig warfen sie Erde auf mich
und haben zwei Grabsteine aufgerichtet und sagten:
„Das ist so als Pflicht vorgeschrieben."
Die Knoten des Kopfes blieben davon verschont
Die netten Trauergäste kamen und verabschiedeten sich von mir
Sich um die fremden Trauergäste zu sorgen, ist Pflicht.

Bitte erhebt euch von euren Plätzen
Und betet das Beerdigungsgebet Terqin und Nassin (Terqî û Nasîn) für meine Seele
Und sprecht den Namen des Allmächtigen und des Tausi.Melek für mich aus.
Der Stein, den sie an der Kopfseite gelegt hatten

Heftê batman dermûs heye li bal e
Ew li ser rihê min buye hewal e.

Ku li min dihilînit dermûsî
Wê jê diçin birq û birûsî
Dil û hinavên min bi hevre dinûsî.

Gava min diweste
Heftê batman dermûs bi deste
Ji tirsa(n) zimanê min şikeste.

Bin Ademo! Hûn li kû ne
Her roj sibe radibin şerrên we dinûn e
Me çû xêrên we nedîne.

Bin Ademo! Em bixwe xêr in
Em razdarên cebêr in
Em xwedanên xêra(n) nazêr in.

Xwedanxêr ji ber xwe ve werin
Hûn razdarên cebêr in
Xwedanên xêra(n) nazêr in.

Dû hatine ser min çav dimezin in weke tas
Tiliyên wan weke misas
Neynûkên wan weke das
Min got: "Sed xweziya me bi wî rihî be,
ye bê sûc, bê binas.

Dû hatine ser min sehte îsixûm
Yî bilind in sehtek mezin
Ji tirsa(n) dil û hinavên min têk dilerzin.

Dû hatine ser min yî direşin weke Feqîr
Bisk yî nerm in weke herîr
Pêre heye nîşana Mîr.

Dû hatine ser min, ji min dipirsîn
Äqmaqê wan weke kursî
Miskîno! Bin Ademo, tu çî ins î, tu çî cins î?

Wurde für den jungen und schönen Mann ein Grabstein
Ihr müsst euch zum Bedienen der Fremden beeilen.
Ich wurde in eine Bleibe ohne Türen gebracht
Zwei Wesen trugen Klagelieder über mich vor
Auf den Köpfen der beiden sind Gegenstände angebracht, die wie Mühlsteine groß waren.

Zwei Wesen, die sich lärmend über mich unterhalten
Der eine ist taub, der andere ist stumm
Beide fragten mich über die Umstände zu meinen Lebzeiten.
Ich fürchte mich vor dem Tauben
Sein Stab ist mit siebzig Nadeln bestückt
Jeden Morgen erscheinen sie und debattieren heftig über meine Seele.
Ich fürchte mich vor dem Stummen
Sein Stab ist ebenfalls mit siebzig Nadeln ausgestattet
Er entscheidet über das Schicksal meiner Seele.
Wenn er seinen Stab über mich erhebt
Erscheinen daraus Blitze und Donnern
Meine inneren Organe zittern und verknoten sich aus Angst vor ihnen.
Wenn er sich mit seinem mit siebzig Nadeln bestückten Stab in meiner Nähe aufhält
Meine Zunge versagt aus Angst davor etwas zu sagen.

Zwei Wesen erschienen mir und befragten mich
Ihre feurigen Gestalten sind so groß wie ein Thron
Armer Adams Nachfahre, was für ein Mensch und von welcher Natur bist du?
Oh, du Adams Nachfahre! Wo bist du?
Du stehst jeden Morgen auf und begehst neue Sünden
Wir haben nichts Gutes von dir gesehen.

Oh, du Adams Nachfahre! Wir verkörpern im

Gava dihatin û diqedimîn
Çêrekê dikêlimîn
Bi îlmekî di`êlimîn.

Ew bû ilimê qatê
Zebêniya(n) ez birime ser pira siratê
Ew bû ciyê Xwedê lê di ket şifetê

Ew şifet ye we ye:
Pira siratê,aliyek behişt e,
yek tarî ye,yek doje ye.

Haweke yar û birên axiretê,
Sergunehkarên bira heye
Em kêm in Xwedê temam e. Amîn.

Grunde genommen nur das Gute
Und sind dem Allmächtigen bedingungslos ergeben
Menschen guter Taten brauchen keine Angst vor uns zu haben.
Ihr, die gütigen Menschen kommt; es wird euch nichts Böses passieren
Ihr seid auch treue Diener des Allmächtigen
Die großzügigen und barmherzigen Menschen brauchen sich ohnehin vor nichts zu fürchten.
Zwei Wesen sind mir erschienen
Ihre Augen waren groß wie Schalen (Teller; Tassen)
Ihre Finger waren wie die Treibstöcke der Pflugtiere
Ihre Fingernägel waren wie Sicheln
Ich sprach: „Ich gönne derjenigen Seele Glück, die sündenfrei und ohne Schuld ist."

Zwei Wesen sind mir erschienen
Ihre Augen leuchteten wie Sterne
Ihre Finger waren wie Schaufeln
Ihre Fingernägel waren wie Messer
Ich sprach: „Ich gönne derjenigen Seele, die gut ist, ewiges Glück; hundertmal wird die Seele unglücklich sein, die den allmächtigen Gott leugnet.
Zwei furchterregende Wesen sind mir erschienen
Sie sind hoch gewachsen und die Angst vor ihnen war auch unermesslich
Vor Angst und Schrecken zitterten meine inneren Organe.
Zwei Wesen sind mir erschienen
Sie waren wie Faqire schwarz verkleidet
Ihre Schläfenlocken waren weich wie Seide
Sie trugen die heiligen Symbole des Allmächtigen (Emir).

Zwei Wesen sind mir erschienen
Ihre Extremitäten waren wie Stühle
Sie kamen auf mich zu und fragten mich:
„Du armes Menschenkind! Was für ein Mensch

bist du?“
Als sie mir sehr nahekamen,
haben sie etwas Unverständliches gesprochen
Sie waren sehr kenntnisreich.
Das war das entscheidende Wissen
Diese Himmelswesen brachten mich auf die Serat-Brücke
Das war der Ort, an dem Gott Fürsprache (Gnade) hält.

Diese Fürsprache (Gnade; Urteil) ist wie folgt:
Auf der einen Seite der Serat-Brücke ist das Paradies
Auf der anderen Seite sind die Hölle und das Verdammnis
Es gibt Beistand durch den Bruder im Jenseits für seinen sündigen Bruder.
Wir sind fehlerhaft und unzulänglich; Gott ist vollkommen.
Amen

Der Qawl „Tausend und ein Name“ (Qewlê hezar û yek nav)

Mein Herr trägt Tausend und einen Namen
Er ist überall präsent (er hat die Zeit geschaffen)
Er weiß wie viel Wasser in den Meeren steckt
Wieviel Geröll und Steine in den Tälern und Schluchten sind.

Mein Herr ist vollkommen und fehlerfrei
Ich wünschte, gewusst zu haben,
ob der Wasser- oder der Festlandanteil der größere ist.

Mein Anliegen war die Suche nach der folgenden Antwort:
Der Wasseranteil ist sieben Mal größer als der Festlandanteil.
(Der Fisch - Symbol des Wassers - ist sieben Mal größer als der Stier - Symbol der Erde -)

Ich wurde zu dem Meister (Gestalter; Gott) gebracht
Sieben Engel hielten Wache über die Erde
Das sind die sieben Erzengel des Allmächtigen.

Mein Herr ist vollkommen und fehlerfrei
Diese Heiligen (die Engel) brachten den Fürsprecher (den Emir; das Oberhaupt)

Der Fürsprecher der sieben Engel war der Engel von Scheich Adi (Tausi-Melek).
Das große Meer, das „Nisibin“ heißt, teilte sich in mehrere Teile
Die Sieben wurden die Engel für die Ewigkeit.
Alle sieben tranken aus diesem Meer
Die Perle war wie Wellen unruhig.
Aus ihr ist ein Meer entstanden
Auch dafür schickte Gott einen Gesandten
Das Festland mit ihren Wesen (Menschen, Tiere,

Qewlê hezar û yek nav

Padşê min bi hezar û yek nav e (bi hezar û yek navî ye)
Ev dinya li ba wî seat û gav e
Ew dizane li behra(n) çend keşkûl av e
Li besta(n) çend kevir di nav e (di nav de ye)
Ewî Hewa kire bûk Adem kire zave.

Çendî panî ye, çendî pesar e
Çendî berî ye û çendî behr e
Hemû li ser kefa Siltan Êzî ye.

Padşê min yî bêrî ye
Xwezî min bizaniye
Ka gay mezintir e an masî ye.

Şirûsta min ji vê ye
Tefteş li vê cewabê ye
Masî heft car mezintir e ji gê ye.

Birime ber destê wî hostay
Heft Melek sekinîne li ber wî gay
Her heft xas û qelenderên Padşay.

Padşê min yî bêrî ye
Ewan Xasan Mîr aniye
Serwerê her hefta(n) Melekê Adî ye

Ew behra bi nav nisêbîn e
Birayê wan şeqîn e
Kesek ji wan re di`îne
Her heft bûne Melekên zemîne.

Her hefta jê vedxiware
Durr mewicî bû behre
Kasek ji wan re dihinare.
Gay û masî jê vedxiware
Lew ser pişta xwe qebûl kirin,

Pflanzen) tranken ebenfalls aus diesem Meer.
Die beiden Teile der Welt nahmen Wesen, Ebenen, Schluchten, Wüsten und Meere auf.

Sie kamen zu dem Allmächtigen des Kelches
Der Allmächtige sagte: „So muss das Fundament stark sein."
Sultan Ezi (Gott) ist der Allmächtige und Allwissende.

Der Allmächtige übergab den Kelch dem Heiligen Sheikhoubekir
Oh du Herrscher! Auf dich kann man stolz sein
Du hast das Mysterium (das Geheimnis) des Allmächtigen erhalten, für immer und ewig.
Er übergab den Kelch dem Scheich Barakat.
Und zeichnete ihn mit sieben heiligen Symbolen aus.
Und flog in den Himmel empor.

Er übergab den Kelch (das Geheimnis) dem Ezdine Mir
Er hat sich alle Wissen und Geheimnisse des Lebens und des Jüngsten Gericht angeeignet
Die Welt ist dank der Sonne (der heilige Shemsedin symbolisiert die Sonne) und dem Mond (der Heilige Fakhradin symbolisiert den Mond) lebensfähig geworden.

Der Allmächtige gab den Kelch (das Geheimnis) dem Shekhubekir
„Oh du Heiliger, bist wie Zucker
Der Allmächtige hat dich als Wundervollbringer ausgestattet."

Der Allmächtige übergab den Kelch (das Geheimnis) an Shemse Ezdine
Er hat auch die Schlüssel der unbegrenzten Wunderfähigkeiten
Sowohl der Himmel als auch die Erde können ohne die Sonne nicht leben.

Deşt, banî, berî û behre.

Hate ba surra xwedanê kasê
Hey rikno ji esasê
Siltan Êzî bixwe Xwedanê Kasê.

Ew Kas da Şêx Misafir
Hey weliyo! Çendî faxir
Lew surra Padşê hate ba te ji ewil heta bi axir.

Ew Kas Şêx Beraket e
Xelat kir bi heft xelat(n)
Lew ji érda(n) firî çû semawate.

Ew Kas da Êzdîne Mîre
Ew li dinê û axretê xebîr e
Li dinê û axretê sekinîn,
ser milê Şemsedîn û Melik Fexredîn e.

Ew Kas da Şêxûbekir
Hey şirîno yî weke şekir
Padşay keremek bi te kir
Lew ciyê xwe li ba te kir.

Ew Kas da Şemsê Êzdîne
Mifte û kilîlên qudretê bi destê wî ne
Li erda(n) û ezmana(n) girtin û berdan bêyî Şêşim nîne.

Ew Kas da Şêxê sunetê
Kerem ji Xwedê wê Kasê bore tê

Sîhîd Pêxember bi wê kasê di bû meste
Ewî ne pê hebû ne deste
Lew Siltan Êzî ronahî li ber xiste.

Sêsed û şêst û şeş Nebî yî mursil in
Hemû ji wê Kasê dixemilin
Hemû li ber hikmeta Siltan Êzîd in.

Ya Siltan Êzî, tu yê li erda(n) yê li ezmana(n)

Der Allmächtige übergab das Geheimnis an Shekhisn
Gott hat die Allmacht.

Der Prophet Shehid ist durch dieses Geheimnis lebensfähig geworden
Am Anfang hatte er weder Hände noch Beine gehabt
Sultan Ezi (Gott) schenkte ihm das Licht der Welt.
Dreihundertsechsundsechzig Propheten kamen auf diese Welt
Alle wurden von Gott geschickt
Alle haben Sultan Ezi zu danken.

Oh Sultan Ezi! Du bist auf Erden und im Himmel
Du bist in den Meeren und weißt, was in den Tiefen passiert
Du bist in den Wüstenlandschaften und im Himmel
Du bist in den Bergen und in den Ortschaften
Alles was wir von dir erbitten, oh Herr, ist der Glaube und die Religion.

Tu yê li behra(n), tu yê li binyana(n)
Tu yê li zara(n), tu yê li zimana(n)
Tu yê li çiya(n), tu yê li sikana(n)
Miraza em ji te dixwazîn dîn e û îman e.
Qewlê Erd û Esman
Bi qudreta êkî bêrune
Bipirsin ji xelkê hûne
Ka çawa ev esmana rawestabû bê sitûne?

Bi qudreta Padşê min yê heq e
Nişyarkir çarde tebeqe
Ka ev esman çawa rawestabû maliqe

Bi qudreta rehmanî
Meleka deng hilanî
Ev esman rawestabû maliq li banî

Melek cewab da ye
Şehde bi xwe Padşa ye
Stûna erd û esman rawestabû bi wan duwa ye

Ev qewle qewlekî xas e
Esman bi erdê re dikete behs e :
"Erdê, Tu eşkerî ez xas e".

"Erdê, tu eşkerî ez çak im
Ez ne ji jengim û ne ji xak im
Ez ji cewherekî pak im".

Erd di bêjtê:"Esmano, eslê min û te ji derekî
Em nijarkirîn ji cewherekî
Şefeqe li me dikete derekî".

"Şefeqe li me dikete cebêr e
Em xuliqîn li hêr e
Ser min peydabûn naz û ne´met û xêre".

"Naz û ne´met dibînî
Xwedê bendekî giran ser min datînî
Çiqas muxliq xêr ji me dibînî".

Erd dibêjtê:“Esmano, tu birayê min li serî
Bêteke û bê berî
Ser min peyda dibit naz û numet û terî“.

“Gul û sosin û beybûn
Sêv û bîh û zeytûn
Ew jî li ser min hasil dibûn“.

“Bi qudreta rehman e
Ser min hatin her çar navêt giran e
Tewrat û Incîl û zebûn û quran e
Hatin ji ba melekê rehman e“.

“Her çar navêt meşûr e
Hatin ji ba melekê xefûr e
Tewrat û incîl û zebûr û quran e“.

Erdê we dikire hedêde:
“Naz û numet ser min têne
Çiqas muxlêqetêt bi giyan bo xwe lê diçêrine”.

”Naz û numet dibînî
Xwedê bendek ser min datînî
Çiqas muxliq bi giyan bo xwe lê diçêrînî“.

Ev Qewle Qewlekî xas e
Esman bi erdan re dikete behse
Fêris û miliyaket min xweşhawas e.

Erd dibêjte Esmîne:
“Ser te hene miliyaket û fêrisîne
Ew çû nefes û şubhet li ba wan nîne”.

Erd dibêjte esmanî:
“Xwedê bendek li ser min danî
Ser min hene du nefesêt giranî
Ew jî bendêt îmanî”.

“Ew jî bendêt Xwedê ne
Du nefesêt giran hene li wê ne
Ewan xwe ji gunehan vedikişêne“.

Esman deng diket biçêran:
“Erdê ez paqijtir im ji zîv û zêra(n)
Min ji jor ve li kul û emelêt te dinêre”.

Esman dibêjtê:“Ez bi xwe deng neker im
Ji zêr û zîva(n) paqijtir im
Ez ji jor ve li kul û emelêt te difikirim”.

Esman dibêjtê:“Erdê, ez yî pak im û bê êb
Ser te hene derew û qetil û zina û xêb
Ew jî ser te digerê ruyê vê dinê bê ecêb“.

Esman bi erdê tê gotinê:
“Ser te heye qetil û derew û xêb û zinê
Ew jî bi ecêb ser te digerên ruyê vê dinê”.

Erd dibêjtê:“Esmano, ez im erdê derwêş
Ser min digerên coq û cumlet û cêş
Kesek bi kubarî naçite pêş“.

Erd dibêjtê:“Esmano, ez im erdê Feqîr
Ser min digerên coq û cumlet û cêşêt kibîr
Kesek bi kubarî naçite pêş Mîr“.

Safî derî mizgeft e
Yarî runişt li xewleda(n)
Heft surrêt fêris û miliyaketa(n).

Safî derê xezê ye
Yarî runişt li xewleye
Heft surrêt miliyakete.

Şar li min cema dibûn qut be
Çar kinar sekinîn xut be
Melik Şêx Sin li serî xitm e.

Şevêt tênî alim dixunin
Diçine ser menberê û deng hiltînin
Navê Şîxadî û Melek Şêx Sin serde ditînin.

Elah û Ekber e
Alim diçine ser menbere
Ji firqan didin xebere

Bi qudreta Melikê celîl
Ser min hene nur û qendîl
Izraîl-Israfîl-Ezazîl-Cibraîl-Şimxaîl-Mîkaîl-Dardaîl.
Her heft melekêt kebîr
Li destên wan heye mifte û kilîl
Berî xasan çendî bedîl
Wê li hizreta Melikê celîl.

Ezman deng diket bi nûr e
Erdê lewhek heye ji min û berûjor e
Qelema wî ji heqîqetê ye surr e.

Erdê, we dikire hikiyate
Esmano heke Melik Şêxisin ji ba te hate
Esman dê maba bi mate.

Erd wê diket gotine:
„Esmano, bes li me bike golgefêt mezine
Lalişa Nûranî, Qudis û Xelîl
Meke û Medîne ew li ser min e."

Bi qudreta Melikê celîl
Lalişa Nûranî, Qudis û Xelîl , Meke û Medîn
Ew jî li ser min digerên ruyê vê dinê bi sebîl

Erd di bêjtê:"Esmano, ez medeha ji xwe nadim
Ser min nijyar kirin Adem
Ji surra Melik Şêxsin li xatim".
Esman dibêjtê:"Erdê, Ser min hene Roj û heyv
Ez paqijtir im ji zêr û zîv".

Erd dibêjtê:" Ser min hene xelkê nazik, letîf, ciwan û kamil
Mîr û hakimêt adil
Ew jî ser min dibûn hasil".

Esmanî we cewab da ye:
“Erdê, heke ji min nehatiba tav û baye
Ev meclise dê bi çî bit ava ye?”

Esmanî we cewab da ye:
“Heke ji ba min nehatiba bay û tave
Ev diniya dê bi çî bite ava?”

Esman deng diket bixwe ye:
“Erdê, Xwedê ser şehde ye
Ji heyfa te îwele ye”

Bi qudreta Rehman e
Erd û Esman pêk hatin weke xûşik û birane
Temametiya vî Qewlî xudan e
Li Melik Meut û Gavanê Zerzan e
Û her çar biran e.

Der Psalm Qerefirqan von Scheich Fakhrê Adîyan

1. Was für ein schwarzer Morgen es ist,
mein Zustand verschlechterte sich, der Allmächtige ist mir von Anfang bis Ende erschienen.

2. Was für ein wunderschöner Morgen es ist,
sie haben mir eine schwarze Botschaft übermittelt und sagten mir: „Darwish, bitte, der Allmächtige verlangt nach dir."

3. Was für ein roter Morgen es ist,
sie haben mir eine besiegelte Botschaft übermittelt, und sagten mir: „Darwisch, bitte, der Allmächtige möchte, dass du in den Himmel empor steigst."

4. Was für ein erhabener Morgen es ist,
mein Herr brachte die Erkenntnis herab, den Berat und den rechten Weg und sagte mir: „Darwish, der Allmächtige wünscht, dass du in den Himmel empor steigst."

5. Was für ein wertvoller Morgen es ist,
der Herr hat auf uns die Erkenntnis, den Berat, den rechten Weg und die Schrift herab gebrach. Der Heilige Fakhredin kniete vor dem Allmächtigen nieder und stellte ihm eine Frage.

6. Der Heilige Fakhredin kniete vor dem Allmächtigen nieder, und fragte ihn: „Oh Gott, Du bist der alleinige Herrscher und Allmächtige. Bevor Du die Erde, den Himmel und die Felsen geschaffen hast, drang die Barmherzigkeit des Herrn in dich und du wurdest geformt.

7. Der Herr sprach: „ Fakhro! Ja, es ist so gewesen. Der Himmel und der Thron sind unser Sitz. Lan-

Qewlê Qerefirqan

1. Çi sibeke sewda bû
Hal li min peyda bû
Ji awil heya axir,
Padşa li min xuya bû

2. Çi sibeke xweş e
Dane destê min xeteke reş e
Gote min: „Ya Derwêş, Keremke Padşa te dixûnet li qerşe".

3. Çi sibeke sor e
Dane destê min xeteke bi more
Gote min: „Ya Derwêş, keremke Padşa te dixûnet li jore".

4. Çi sibeke jê êt -jê tê – xirûre
Padşê min bo me nazil kiribû ilm û Berat û xet û mişûre
Gote min: „Ya derwêş, keremke, Padşa te dixûnet li jore".

5. Çi sibeke jê êt - jê tê - Qîmete
Padşa bo me nazil kiribû ilm û Berat, mişûr û xete
Melik Fexredîn li pêş Padşê xwe vediweste,
Pirsiyarek jê dikete

6. Melik Fexredîn li pêş Padşê xwe vediweste
Pirsiyarek jê kirî:
„Îlahiyo tu wahid el qadir î
Ji berî binyana erd û ezman û berî
Meheba Padşê min bi te re çê bû te jê çêkirî"

7. Padşa dibêjte: „Fexro we ye
Erş û kursî, kaf e meyî ye

ge vor der Schöpfung der Erde und des Himmels, waren der Kherqe, die Liebe, das Fundament des Glaubens."

Ji berî binyana erd û ezman e
Mehbeta pê diperestin Xerqe ye"

8. Der Heilige Fakhredin kniete vor seinem Herrn nieder. Und er legte einen Fuß auf den anderen und die eine Hand auf die andere und sprach: „Ich war mir sicher, dass die Antwort meines Herrn die richtige ist, und dass ich aus seiner Barmherzigkeit geschaffen wurde."

8. Melik Fexredîn li pêş Padşê xwe vediweste
Ewî pêdane ser pê -pîdane ser pî - û dest dane ser deste
Min got esihî ciwaba baxoyê min ye dirist e
Mehbeta Padşê min jê dipereste

9. Der Herr sprach mit Menschenstimme: „Aus der Perle und der Welle entstand das Meer. Dann wurde der Kherqe geformt und nach neunzigtausend Jahren erschienen die vier Heiligen."

9. Padşa deng dike bi zare
Durr (Dir) mewcî bû behre
Nicara wan çî bû Xerqe dikir nicare
Piştî not hezar sal dahir kirin her çar yaran.

10. Die vier wunderbaren Heiligen, Sheikhadi, Sheikhisn, Sicadin und Nasirdin haben die Schöpfung vollendet.

10. Her çar yarên zergûn e
Esilzade Şîxadî û Melik Şêxisn Sicadîn û Nasirdîn e Ewan ev dinya bikar êna.

11. Nachdem sie die Schöpfung vollendeten, bestiegen der Allmächtige und die vier Heiligen die Arche und wanderten zu allen vier Ecken der Erde, und machten in Lalisch Halt. Der Allmächtige sprach: „Das ist wahrhaftig der richtige und heilige Ort."

11. Ewan ev dinya ênabû bikare
Padşa ye û her çar yaran
Li merkebê dibûn siware
Seyîrîn li çar kinaran
Li Lalişê sekinî û got: „Ev heq war e."

12. Der Allmächtige machte halt und sagte, dass dieser der heilige Ort ist. Er warf Hefe ins Meer und das Meer reifte, es stieg Rauch aus dem Meer in den Himmel, dadurch wurden alle sieben Himmel mit Fruchtbarkeit versorgt.

12. Heq ware û sekinî
Padşê min hêvên -havên- avête behrê û behir meyînî
Duxanek jê dixinî
Her heft ezman pê nicinî.

13. Der Heilige Fakhredin fragte seinen Herrn: „Mein Herr, sag mir, wie ist die Weiße Quelle entstanden?"

13. Melik Fexredîn pirsiyarek ji Padşê xwe dikeye: „Ezîzê min dê bo min bêye -bêje- Ka havênê Kaniya Sipî çi ye!

14. Gott sprach zu ihm: „Mein stolzer Fakhro! Deine Frage ist einer angemessenen Antwort würdig; die Weiße Quelle stammt aus der Ewigkeit.."

14. Padşa dibêjte Fexrê min yê faxir e
Cewaba te lêzim û fer e
Havênê Kaniya Sipî ji her û her e.

15. Fakhro steht weit entfernt, er ist ein Gelehrter der guten Lehre, die Weiße Quelle entstand durch die Hände von Siltan Ezi.

15. Fexro yî be`îd e Ilmdaro, ji ilmê cîde
Havênê Kaniya Sipî ji ba Siltan Êzîd e".

16. Der Heilige Fakhredin sprach: „Es ist Nacht und finster und es gibt nur einen allmächtigen und allwissenden Gott, aber sage mir mein Herr: „Mit welchem Schlüssel wurde der Kherqe des Sheikhadi geöffnet?"

16. Melik Fexredîn dibêjte:
„Şev e û tarî ye
Wahid el qehar îlahî ye
Kilîla Xerqê Şîxadî pê vedibe çi ye?"

17. Der Allmächtige sprach: „Es ist richtig, dass es nachts und finster ist. Ich bin die Allmacht und die Wahrheit. Der Schlüssel, mit dem der Kherqe Sheikhadis geöffnet wurde, ist die Weiße Quelle und diese wurde zur heiligen Stätte für die Heiligen und die Engel."

17. Padşa dibêjte: „Fexro tarî ye û zelamet e
Wahid el qehar heqîqet e
Kilîla Xerqê Şîxadî pê vedibe
Kaniya Sipî ji bo mêran dikire qublete".

18. Der Heilige Fakhredin fragte seinen Herrn: „O Herr, Du bist mein ewiger Schöpfer. Lange bevor die Erde, der Himmel, die Heiligen und die Engel da waren; sage mir, welchem Heiligen hast Du die Anfertigung des Kherqe überlassen?"

18. Melik Fexredî pirsiyarek ji Padşê xwe kire:
„Tu Xaliqê min yî her û her î
Ji berî binyana erdan, ji berî ezmanan, ji berî mêran- Ji berî melekan
Te Xerqa bi destê kî mêrî çê dikire.?"

19. Der Allmächtige sprach: „O, du mein stolzer Fakhro! Deine Frage ist berechtigt und verdient eine entsprechende Antwort. Lange bevor die Erde, der Himmel, die Heiligen und die Engel geschaffen wurden, ließ ich den Kherqe durch die Hände des Siltan Ezi machen."

19. Padşa dibêjte: „Fexrê min yî faxir e
Cewaba te lêzim û fer e
Ji berî binyana erdan û ji berî binyana ezmanan, ji berî mêranû ji berî melekan Min Xerqa bi destê Siltan Êzî çêdikire".

20. Der Heilige Fakhredin fragte seinen Herrn: „Mein liebster, ewiger Schöpfer! Lange bevor Du die Erde, den Himmel, die Heiligen und die Engel geschaffen hast. Welchem Heiligen hast Du den Kherqe anvertraut?"

20. Melek Fexredîn pirsiyarek ji Padşê xwe dikire:
Got: „Ezîzê min tu Xaliqê min yî her û her î
Ji berî binyana erdan, ji berî binyana ezmanan û ji berî mêran û melekan
Te Xerqe bi kî mêrî dikire bere.?"

21. Der Herr sprach zu ihm: „Mein stolzer Fakhro! Deine Frage ist berechtigt und verdient eine angemessene Antwort. Lange bevor die Erde, die Atmosphäre, die Heiligen und die Engel geschaffen wurden, hatte ich den Kherqe durch die Hän-

21. Padşa dibêje: „Fexrê mino yî faxir e
Cewaba te lêzim û fer e
Ji berî binyana erdan û ji berî binyana ezmanan, ji berî mêr û ji berî melekan
Min Xerqe bi destê Siltan Êzî dikire bere".

de des Siltan Ezi aushändigen lassen.

22. Siltan Ezi ist der Pir meines Kherqe. Er ist das Licht meiner beiden Augen. Er ist mein und der Glaube aller Gläubigen.

22. Siltan Êzî Pîrê Xirqê min e
Binyana herdu çavên min e
Etqata min û çendî momina(n).

23. Der Pir meines Kherqe ist Siltan Ezi. Das hat eine besondere Bedeutung. Er ist mein und der Glaube aller Laien."

23. Pîrê Xirqê min Siltan Êzîd e
Maneyeke pir be'îd e
Etqata min û çendî mirîda(n).

24. Siltan Ezi griff mit der Hand in die Schatzkammer der Allmacht, und holte eine Perle heraus. Scheich Adi hat aus der Perle die Krone, die heilige Tracht und den heiligen Kherqe angefertigt. Und er hat diese mit Hilfe der heiligen Männer getragen.

24. Siltan Êzîd dest avête xizîna qudretê Durrek(-Durek; Dirrek; Direk) jê deranî
Şîxadî jê çêkir Tanc û Hile û Xerqê Nûranî
Bi destên Xasêt Xwedê li ber xwe kir weke tu dizanî.

25. Er trug das Geheimnis und den Kherqe. Ihr sollt eure religiöse Bezeugung im Namen Siltan Ezi ableisten. Durch sein Licht kam der Morgen und es wurde hell.

25. Li ber xwe kir ew sir(sirr) û ew Xerqeye
Bi Siltan Êzî bidin şehdeye
Ji nûra wî keşifî berê sibê ye.

26. Durch sein Licht kam die Morgenröte und es wurde hell. Die Erde und der Himmel bebten. Die heiligen Männer versammelten sich und sprachen zu einander: „Der Weg, den Scheich Adi und Sheikhisn eingeschlagen haben, ist wahrhaftig der rechte Weg."

26. Berê sibê ji nûra wî keşifî
Erd û ezman têk ricifîn
Mêr li wehdanê rûniştin heq rêya Şîxadî û Melik Şêxisn bi hev re di`axifîn.

27. Die heiligen Männer versammelten sich und sprachen: „Der von Sheikhadi und Melik Sheikhisn eingeschlagene Weg, ist der rechte Weg. Es ist wahr mein Herr, Du bist der Balsam aller Leiden. Du wirst die Erde vom Himmel trennen."

27. Mêr li wehdanê rûniştin heq rêya Şîxadî û Melik Şêxisn bi hevre xeberdan
Belê Ezîzê min, tu mef'etê ser çiqasî derdan
Dê biçî erkan jê vekirî ezman û erdan.

28. Der Herr sprach zu Fakhro: „Ich habe die Erde und den Himmel voneinander getrennt, und die Sonne und den Mond entstehen lassen, und diesen religiösen Rat im Namen von Sheikhadi und Melik Sheikhisn ins Leben gerufen."

28. Padşa dibêjtê : „Fexro !, min erd û ezman jê vekire
Min roj û hîv di nav de kire û ev meclis bi navê Şîxadî û Melik Şêxisn ava dikire".

29. Der Herr sprach zu Fakhro: „Ich bin der Schöpfer des Tages und der Nacht, und ich ließ das Paradies und die Hölle entstehen, und ich habe Melik Fakhredin zum Mond gekrönt, und Melik Shemsedin zur Sonne."

29. Padşa dibêjtê : „Fexro min xuluqandibûn şev û roje
Û min li nav dahir kiribûn bihişt û doje
Min Melik Fexredîn dikire hîv û Melik Şemsedîn dikire roj e".

30. Melik Fakhredin fragte seinen Herrn: „Mein liebster Schöpfer in aller Ewigkeit. Du hast das schöne Paradies entstehen lassen. Warum hast Du auf der Gegenseite die Hölle entstehen lassen?"

30. Melik Fexredîn Pirsiyarek ji Padşê xwe dikire:
„Ezîzê min Xaliqê min yî her î her î
Ev bihişta xweş te ava kire
Ev çi doje ye miqabilî wê te di'êwire?"

31. Der Allmächtige sprach: „Mein stolzer Fakhro! Deine Frage ist berechtigt. Ich habe die Hölle entstehen lassen, für diejenigen, die dreimal täglich den Namen Tausi-Melek verfluchen."

31. Padşa dibêje: „Fexrê mino yî faxir e
Cewaba te lêzim û fer e
Min ev doj ji wî re ava dikire
Yê rojê sê caran bi navê Tausî-Melek bikufure".

32. Der Heilige Fakhredin fragte seinen Herrn: „Du hast das schöne Paradies entstehen lassen, aber wozu hast Du Adam darin wohnen lassen?"

32. Melik Fexredîn pirsiyarek ji Padşê xwe dikire:
„Ev bihişta xweş te ava kire
Ev çi Adem bû te di nav de werkire?"

33. Der Herr sprach zu ihm: „Mein Fakhro, der jede Beschreibung übertrifft! Ich will, dass Adam zweiundsiebzig Völker und achtzig Geschöpfe zeugt. Adam hinterließ Gruppen und Scharen von Menschen."

33. Padşê dibêjtê: „Fexrê mino yî bi pir wesfet e
Min ji Adem vavêtin heftê û du milete
Heştê hezar xulyaqete
Lew ji Adem virê kiribûn cewqete".

34. Der Heilige Fakhro sagte: „O, Gott! Du bist der Schöpfer des Lebens." Der Herr erwiderte: „Ja, Fakhro, ich werde die heiligen Qawl und den heiligen Kherqe auf die Erde schicken. Diejenigen Menschen, die zum rechten Weg halten, werden diese Psalmen und den Kherqe zu den Grundlagen ihres Glaubens machen."

34. Wê dibêjet: „Padşê min Xwedanê erkan e
Erê Fexro: „Dê şînbe erdane
Qewl û Xerqane Sunet xan e
Dê pê bê bawer û îmane".

35. Melik Fakhredin sprach zu seinem Herrn: „Es ist wahr, dass Du jedes Leiden verhindern kannst. Du wirst zu den Fundamenten des Glaubens gehen, und daraus die Qawls und den Kherqe auf die Erde herablassen."

35. Melik Fexredîn li gel Padşê xwe xeber da (dida)
Belê Ezîzê min tu men'ayê ser çiqas derda(n)
Dê biçî erkan Qewl û Xirqa nazil kêye erdan".

36. Mein Herr, der das Licht der Welt ist, sprach zu Fakhredin und Siltan Ezi (Tausi-Melek): „Ich werde drei unschätzbare Dinge schöpfen: die Fliege, den Baum Zerguz und das Schaf. Die Weiße Quelle ist die Grundlage für die drei Genannten."

36. Wî dibêjtê Padşê min yî nûranî ye
Fexro û Siltan Êzî ye
Dê bi xuluqînim sê tiştên qîmetî ye
Meyş e û zergûz û mî ye
Havênê hersêkan Kaniya Sipî ye.

37. Aus dem Baum und dem Schaf werde ich den Kherqe anfertigen und die Fakire werden ihn tragen. Dieses wird zum Glauben und zur Bezeugung des rechten Weges werden.

37. Ji nava miyê û zergûzê
Dê çê bikim Xerqeye
Feqîr dê bikine ber xweye
Sunet xan e dê pêt bawer û şehde ye.

38. Mein Herr hat den Kherqe maßgeschneidert, auf die Erde niedergelassen, und Melik Fakhredin übergeben. Die Gemeinschaft des rechten Weges wird das als Glaubensgrundlage und Bezeugung annehmen.

38. Padşê min Xerqe difesil kire
Nazilî erdan tesmîlî Melik Fexredîn dikire
Melik Fexredîn tesmîlî Feqîran dikire
Sunet xane pê bê şehda û bawere.

39. Mein Herr hat den Baum Zerguz passend geschnitten, zur Erde geschickt und dem Melik Fakhredin übergeben. Melik Fakhredin übergab ihn seinerseits den Fakiren. Diese haben damit ihren Kherqe gefärbt. Die Gemeinschaft des rechten Weges wird ihn zu ihrem Glauben und ihrem Bekenntnis krönen.

39. Padşê min zergûz tefsîl dikire
Nazilî erdan tesmîlî Melik Fexredîn dikire
Melik Fexredîn tesmîlî Feqîran dikire
Feqîran Xerqê xwe pê reş dikire
Sunet xane pê bê şehda û bawere.

40. Mein Herr ist sehr geduldig. Er hauchte den Heiligen den Atem ein. Er überließ den Piren die Gaben der Gläubigen; und den Scheichs die Bisk und die Schere.

40. Padşê min pir bi hewes e
Dane Mêran ew nefese
Da destên Pîran fitir û zekaye
Da destên Şêxan bisk û meqese.

41. Mein Herr ist gnädig. Von ihm kam die Erlaubnis, den Scheichs die Bisk und die Schere zu überlassen, und den Pire die Gaben der Gläubigen und den Rat.

41. Padşê min li hikmê xwe yî xefûr e
Ji ba wî hatibû destûre
Da destê Şêxan bisk û meqese
Da destê Pîran zekat û mişûre.

42. Mein Herr ist gerecht in seiner Herrschaft. Von ihm kamen die heiligen Qawls. Er übergab den Scheichs die Bisk und die Schere, und den Piren die Gaben der Gläubigen. Doch der Kherqe fühlte sich dadurch benachteiligt.

42. Padşê min li hikmê xwe yî rewa ye
Ji ba wî hatibû Du'a ye
Da destên Şêxan bisk û meqese
Da destên Pîran fitir û zekaye
Hinek dilê Xerqe maye.

43. Der Kherqe sagte: „So soll es sein und ich habe darin keinen Anteil. Lass die Gemeinschaft des rechten Weges und die vier Glaubenspfeiler deine Rettung sein."

43. Xerqeyo bila wa be
Û ji kinarên min tê nebe
Sunet xan e û her çar terîqetan
Dest û damana te be.

44. Die heiligen Männer sagten im Diwan von Siltan Ezi, dass der Kherqe das Symbol des Glaubens ist. Wer daran zweifelt, wird den Ungläubigen zugerechnet. Sein Platz am Jüngsten Tag wird in der dunklen, finsteren, engen und mit glühendem Teer gefüllten Hölle für immer und ewig sein

44. Mêran di Dîwana Siltan Êzî gotin Xerqe libasê Îman e
Henciyê lê bi şik û guman e
Dê bi çengilên wan bigrin bavêjine sefa kafirane
Cciyê li axretê bor e vejiwartî teng e tûng e, qîr e û qetran e
Heya abidil abedî her ew e ciyê wan e.

45. Die heiligen Männer starrten den Kherqe an. Im Diwan von Siltan Ezi sind glitzernde goldene Blitze. Der Krug wanderte von Hand zu Hand.

45. Ewan Xasan lê dinêrîn
Li Dîwana Siltan Êzî bû bişûş û birqên zêrîn
Ew Kas şerab tehûl ger bi ger lê digerî.

46. Der Herr sprach zu Fakhro: „Eines Tages werde ich im Namen Siltan Ezis den Glauben krönen, und den Glauben in die Hände der Abweichler und Ungläubigen legen. Diese können das nicht ertragen und werden die Ferne suchen."

46. Padşa dibêjtê: „Fexro rojekê bi navê Siltan Êzî ênim bawere
Dê tesmîlî wan babgoyan wan kafira(n)
Dê li destê debar nekin çû misafire".

47. Der Herr sprach zu Fakhro: „Eines Tages werde ich den Glauben im Namen Siltan Ezis vollenden und in die Hände der Abweichler legen; und sie werden den Kopf verlieren."

47. Padşê dibêjtê: „Fexro, rojek bi navê Siltan Êzî ênim temame
Dê tesmîl bikim wan babgoyan wan nemama(n)
Dê serî lê bikin temame".

48. Der Herr sprach zu Fakhro: „Eines Tages werde ich selbst auf die Erde kommen und jede Wunde heilen und jedes Leiden balsamieren. Ich werde jede Wunde heilen, und wer an diesem Qawl zweifelt, wird in die Reihe derjenigen Menschen kommen, die für immer und ewig in der glühenden Hölle schmoren werden.

48. Padşê dibêjtê Fexro: „Ez bixwe dê rojekê bême rûyê erdê Û dê derman bikim birînan û derdan
Dê derman bikim birînan û kovanan
Heçiyê li vî Qewlî bi şik û guman e
Dê bi çengilê wan bigrin û bavêjne nav havênan, nav sefa wana(n)
Dê li axretê bor e vejiwartî teng e, tûnge, qîr e û qitran e Heya abed il ebedî her ew e ciyê wan e".

49. Dieser Qawl heißt Qawlê Qerefirqan. Die Vollendung dieses Qawls kommt von Gott, dem Todesengel, dem Hüter von Zerzan und den vier Brüdern. Wir sind fehlerhaft und unvollkommen. Nur Gott ist fehlerfrei und vollkommen.

49. Ev Qewl, Qewlê Qerefirqan e
Temametiya vî Qewlî ji Xwedê û Melikê Mewtê
Gavanê zerzane û her çar biran e
Em kêm in, Xwedê temam e.

Qewlê Îmanê bi çî nîşan e

1. Hençiyê hukim kir li zimanî
Wek boriyê li ber rehmanî
Wek çil çile û micade hilanî.

2. Hençiyê hukim bike li zimanê xwe ye
Bizanê bi wezin deng bike ye
Ne hewceyî çile û micade ye

3. „Ey zimano yê xebat e
Xebera xoş nebat e
Xebera nexwes çî menféte?
Dê dilê însanî pê bikî rehet e.

4. Hey zimano yê sotinê
Xeberek ya hey neya gotinê
Dê bo çî dahir bikî ruyê dinê?“

5. Çav baziyê serî
Dil xundkar e wê li wî berî

6. Çav dibîne, dil dixwaze, ziman dibêje: „Bîne û bi min bide!“
„Zimano! Xwezî min ti birrî bayî ji bind e (ji bin ve).“

7. Ziman dibêjê: „Dilo ez delal im
Heta ji ba te nexuliqe nayê bal im
Ez perçûmekî ker û lal im.“

8. Subhan e ji te subhan e
Te dane min aqil û fame
Te ez ji Şerqê birme Şamê.
9. „Hey nefsê, ye bê marîfetê, ye bê rê ye
Şevên giran te dawe li xedirê ye
Tê xeyalan li me hisakey çirên xedirê ye.“

10. Tê xeyalan li me hisakey Çirên gurrî
Gava teyrê dewletê difirî
Yar û birên axiretê nasbûnî ji me birî.

11. „Nefsê çendî tu dikî gumanê
Tu xalî nabî ji xedirê û duxanê
Te xeyalên Xudanê xwe xilas bikî ji îmanê.“

12. „Nefsê çendî dikî xebatê
Wek qazî di sekine li pê pira silatê
Tu wa li hêviya me bihêlî likis û matê.“

13. Te mal li me xirab kir hey kifirê Te em xilas kirîn ji nesirê
Ji leyimûn Şê Ebrus ji Leyiletil Qedirê

14. „Aqilo xeberên te dê kur in
Qeda û qutkên dinyayê dê pirr in
Dinya dung e lêxin û bibirin.“

15. Aqil dibêje: „Nnefsê newata
Çî kesê bixwe luqmeke bê reda
Roja axretê dê li pêşiyê bibe qeda.“

16. Nefse kebîr e
Behir e û ne bîr e
Ya li ser destê alemê re
Ya li bin destê feqîr e
Yê nefsa xwe kirî êxsîr e.

17. Feqîran yeke çê kir
Xwe ji xweşî û levzeta dinê kir
Li vê dinyayê ber bi axretê kir.

18. Wekî te bor be rû
Lixav û hevsar li serî ker bi ker bû
Borê te li hemû mêrgan wer bû
Ew solê nefsê bû, rengê xwedanî ji ber şikest bû.
19. Wek heya ji hizin derdibî
Wek rezekî bê ber dibî
Tijî gay û ker dibî
Xwedan li axretê vêra bê mefer dibî.

20. Heya ji hizin dûr dibî
Wek rezekî bê sûr dibî
Tijî gay û ker dibî

Bi kêr meryan tê, heya û edeb û aqilî.

21. Ji wan nebin misemir mebdeya
Rê bi rastiyê dibe xuya
Bi kêr meryan tê hizin û edeb û hehya.

Das Glaubensbekenntnis

1. Ich bekenne, es gibt nur einen Gott. Melek Sheikhisn ist die Wahrheit, ein Freund Gottes; Gelobt seien Meqlub und Mirgeh.

2. Wir verbeugen uns vor den Heiligen, nach Lalisch und Meqlub. Wir richten uns nach den beiden Kuppeln. Die Jesiden wenden sich zu Scheich Adi, um ihn zu ehren.

3. Sultan Scheich Adi ist mein König, Scheich Obekr ist mein Herr, Sultan Ezid ist mein König.

4. [Hier wird die zuständige Pir-Filiation genannt] ist mein Pir, [Hier wird der zuständige Murebi genannt] ist mein Murebi, Tawsi-Melek ist mein Bekenntnis und mein Glaube.

5. Die Weiße Quelle ist der Ort meiner Taufe, die Höhlen und der Zimzim-Brunnen das Ziel meiner Pilgerfahrt. Die Kuppel ist meine Gebetsrichtung.

6. Melek Scheich Hesen ist mein Vorfahre, Scheich [Hier wird die zuständige Scheich-Filiation genannt] ist mein Herr, Scheschims ist meine Religion, das Licht meiner Augen.

7. Preis sei Gott für das Haus von Adi, Wir blieben von den Häretikern getrennt und wurden auf den rechten Weg gebracht.

8. Wir sind den Heiligen dankbar, dass wir getrennt blieben von den Häretikern, den Schweinen. Wir wurden von den Scheichs und Pire auf den rechten Weg gebracht.

9. Wir sind dankbar und gehorsam. Wir halten

Şehda dîn

1. Şehda dînê min yek Ellah
Melek Şêxisn heq hebîb Ellah
Meqlûb û Mirgehh sella.

2. Silavêd mêran li Lalişê meqlûbî
Berî meye cotêd qûban li wî erdî
Erdê Êzîdxane ser dikêşîne ber Şêxadî ibadetê sûcûdehê.

3. Siltan Şîxadî pedşê min e
Şêxûbekir mewlayê min e
Siltan Êzî Pedşê min e.

4. [Li vir pîrê mala xwe bibêje] pîrê min e
[Li vir mirebbiyê mala xwe bibêje] mirebbiyê min e Tawusî Melek şehde û îmana min e.

5. Kaniya Sipî mora min e
Kaf û mixar û Zimzim heca min e
Qublet el-bidor qubleta min e.

6. Melek Şêxsin baxoyê min e
Şêx [Li vir şêxê mala xwe bibêje] Xudanê min e
Şêşims mesebê min e
Bînaya çavêd min e.

7. El-hemd lillah ji Adiyan
Vavartin ji kafira rafidiyan
Em havêtine ser pişka suniyan (Sun Xudanê hîvê ye).

8. Minetkar in ji mêran
Vavartîn ji kafiran ji xenziran
Em havêtîne ser pişka Şêx û pîran.

9. Minetkarî ji minetê

uns fern von den Häretikern, von der Sharia. Wir wurden von den Scheichs der Tradition auf den rechten Weg gebracht.

Vavartîn ji kafiran ji Şer`etê
Havêtîne ser pişka Şêxê sunetê (Xudanê hîvê, weke Şêşims Xudanê Rojê).

10. Wenn Gott will, sind wir Jesiden. Anhänger des Namens von Sultan Ezid. Gelobt sei Gott, wir sind zufrieden mit unserer Religion und unserem Weg.

10. Heke Xwedê kir em Êzdî ne
Ser navê Siltan Êzî ne
El-Hemd lillah em bi ol û terîqêd xwe dirazî ne.

Der religiöse Text Zebuni Meksur

Qewlê Zebûnê Meksûr

1. Oh ich Niedriger des gebrochenen Herzens, wenn der Ruf des geliebten Melek Fakhredin erschallt, sollten wir den tiefen Ozean, wo das tiefe Wissen verborgen liegt, loben.

1. Zebûnekî min yî dil-meksûr e
Heke ji ba `ezîz Melek Fexredîn bêtin destûre
Em dê medhan bidin ji behrên kûre.

2. Oh ich schwacher, unwürdiger Mensch, wenn der geliebte Melek Fakhredin es gestattet, sollten wir Beschreibungen vom tiefen Meer, vom tiefen Wissen geben.

2. Zebûnekî min yî kêm-taqet e
Heke ji ba `ezîz Melek Fexriedîn bêtin îcazete
Em dê ji behrên kûr bidin wesfete.

3. Ehrbare Menschen haben sich um mich versammelt, wir sollten ihnen über dieses Meer, dieses Wissen, erzählen. In ihm sind Perlen und Juwelen.

3. Li min cema dibûn babzeran
Dê ji wê behrê didin xebere
Têde hene durrên cewahere.

4. Ehrbare Menschen haben sich um mich versammelt, wir sollten ihnen einen vollständigen Bericht über dieses Meer liefern. Es ist ein Meer, das die Hölle und Pech beinhaltet.

4. Li min cema dibûn zerbabe
Dê ji wê behrê bidin tebabe
Behre û doje û qîr di nave de.

5. Lobe den Allwissenden, Zuerst war da nur der Thron, dann herrschte der Mir. Er ist der Wissende und der Allsehende.

5. Medha biden ji kitîr
Textê tenê dibû emîr
Huwa al-alîm wa huwa al-basîr.

6. Mein König kam aus der Perle. Andere gute Dinge entwickelten sich aus ihr. So kam der Zweig der Liebe aus ihr.

6. Pedşê min ji durrê bû
Hisnatek jê çêbû
Şaxa mehbetê lê bû.

7. Der Zweig der Liebe war in ihr. Siltan Ezid hält den Stab der Macht in seiner Hand. Wir sollten Gott loben und danken, der Tradition treu geblieben zu sein.

7. Lê bû şaxa mehbetê
Li destê Sultan Êzî heye qelêma qudretê
El-Hemdulillah û şikir ez havêtime ser pişka sunetê. (Xudanê hîvê)

8. Die Liebenden sahen den Mir und kamen, ihn kennenzulernen. Liebe und Becher wurden geteilt. Er legte den Grundstein für viele Dinge.

8. Aşiqan ew mîr dîtin û kirin nase
Jêk vavartin muhebete û kase
Kire riknê çendî esasa(n).

9. Er errichtete die Fundamente und stützte die Erde. Die Perle zersprang vor Ehrfurcht. Sie konnte sich selbst nicht aufhalten und stieg empor.

9. Kire rikin û rikinî
Durr ji heybetê hincinî
Taqet nema hilgerî.

10. Sie hatte nicht die Stärke, geduldig zu bleiben. Die Perle wurde mit Farben geschmückt. Sie wurde rot, weiß und gelb.

10. Taqet nema li bet bisebrî
Durr bi rengan xemilî
Sor bû, sipî bû, zerî.

11. Jetzt strahlte sie in all den Farben. Vorher gab es weder Erde, noch Himmel, noch einen Thron. Lasst jemanden erzählen, wen mein König liebte.

11. Durr bi rengan geş bû
Berî ne `erd hebû
ne `ezman hebû ne `erş bû
Ka bêje min Pedşê min bi kê re xoş bû?

12. Mein König beherrscht alle Sprachen. Liebe und Becher wurden zusammengesetzt. Zu diesem Zeitpunkt führte mein König Regeln und Gesetze ein.

12. Pedşê min xweş-suhbet e
Lêk rûniştibûn muhbete
Pedşê min li wê derecê kir Hedd-û-Sede.

13. Mein König erliess Regeln und Gesetze. Er trennte die Shari´a und die Wahrheit voneinander. Die Tradition wurde verborgen, dann wurde sie offenbart.

13. Pedşê min Hedd-û-Sedd li wê çêkirin
Şerî`et û heqîqet jêk cihê kirin
Sunete mixfî bû, hingî dehr kirin.

14. Erst war die Tradition verborgen, dann wurde sie offenbart. Mein König schickte die Wahrheit auf die Erde. Er sagte, „Meine Lieben, wo war die Tradition, wo hatte sie sich etabliert? "

14. Sunete mixfî bû hingî dehir kirin
Pedşê min heqîqet di nav de dihinare
Gotê: „Êzîze min, sunet li kû bû, li kû girtibû ware?"

15. Welcher Befehl, O mein König, wurde vom Himmel herabgesandt? Durch die Kraft, das Geheimnis der Tradition hing in der Luft.

15. Çî melayekî min yî hukm-rewa
Mersûm nazil bû ji cewa
Bi qudretê surra sunetê mi`aliq westa bû li hewa.

16. Durch die Macht war die Tradition gebunden. Sie erlangte Berechtigung ihres Königs. Er sagte: „Meine Lieben, euer Dasein ist ein Akt der Liebe."

16. Bi qudretê mi`aliq westa bû sunete
Û bir jiber Pedşê xwe îcazete
Gotê: „Êzîzê min, mehzeret mehibete".

17. Was für eine schwere Herrschaft hat mein König. Er hat viele Fundamente unter ihnen errichtet. Er gab die Liebe und die Richtung des Lichts als Zeichen für sie.

17. Çî mewlayekî min yî hukm-giran e
Li nav van dana zor erkane
Muhebet û gerzê nûrî dana wan bi nîşane.

18. Die Richtung des Lichts ist wie eine Türöffnung. Zwei Juwelen wurden erschaffen, die die Augen symbolisieren.

18. Gerzê nûrî bab e
Du cewher keftine nave
Êk ey ne êk çav e.

19. Eines ist das Auge und das andere der Anblick. Mein König wollte, dass die Perle sichtbar wird. Der König kennt den Aufenthalt aller Menschen.

19. Êk `ey ne êk beser e
Pedşê min da durrê bi nedere
Pedşa dizanet kî li sere kî li bere.

20. Der Leuchter kam herab, Liebe kam in die Welt. Mein König ergriff sie, sie wurde ein Auge. Sage mir, was er zur Perle sagte. Wasser kam aus ihr.

20. Qendîl jî nizilî, muhbet kefte nave
Pedşê min pê hilanîbû çave
Ka bêje min, çî gote durrê jê weriviyabû ave?

21. Wasser kam aus der Perle. Ein See entstand, Wasser sammelte sich darin. Mein König sattelte ein Pferd und wanderte darüber.

21. Av ji durrê diwerivye
Bûbû behr û pengiye
Pedşê min merkeb dibest û li nav gerriye.

22. Mein König ritt auf seinem Pferd. Der König und die vier Freunde reisten zusammen zu den vier Enden der Welt. Sie hielten in Lalisch an und sagten: „Das ist der Ort der Wahrheit."

22. Pedşê min li merkebê dibû siware
Pedşa ye û her çar yara(n)
Têk seyîrîn çar kinar(n)
Li Lalişê sekinîn, got: „Ev heq war e."

23. Das ist also der Ort der Wahrheit und sie hielten dort an. Mein König warf Lab in den See, und der See reifte. Rauch stieg empor, die sieben Himmel wurden so erbaut.

23. Heq war e û sekinîn
Pedşê min havên avête behrê û behr meyinîn
Duxanek jê duxinî, her heft `ezman pê nijinîn.

24. Mein König schmückte den Himmel. Die Liebe kam von der rechten Seite. Mein König ordnet die Plätze zu, Er bewegte den Thron.

24. Pedşê min `ezman bîraste
Muhbeta ji qevda rast e
Pedşê min mekan dane text veguhaste.

25. Mein König wanderte in den Himmel. Mehr als viermal wanderte Er über jeden Bereich. Er fand eine Anzahl von Kanzeln.

25. Pedşê min li `ezman kiribû sefere
Ew bû çar sefer kiribû ker bi kere
Kire riknê çendî menberan.

26. Die Liebenden berichteten euch davon: Er trennte einen anderen Zweig ab. Er machte ihn zum Fundament der ganzen Erde.

26. Aşiqan wa jê xeberdan
Şaxekî din jê berdan
Kire riknê çendî `erdan.

27. Die Welt war noch immer unruhig. Eine Erdspalte tat sich auf. Er sagte, „Meine Lieben, ohne dieses Geheimnis wird die Erde nicht ruhig werden."

27. Erd mabû behitî
Xedudekê xeditî
Got: „Êzîzê min, erd bê wê surrê natebitî.

28. Auch nach 40 Jahren wurde die Erde nicht fest. Bis Lalisch auf die Erde herabkam.

28. Ba`dî çil salî bi hejmare
Erdê bi xwe ranegirt heşare
Heta Laliş di nav de dihate xware.

29. Als Lalisch kam, wuchsen Pflanzen auf der Erde, viele Dinge wurden durch sie geschmückt.

29. Laliş ku dihate
Li `erdê şîn dibû nebate
Pê zeynîn çîqas kinyate.

30. Als die Dinge durch sie verschönert wurden, trennten sich auch die vier Elemente: Erde und Wasser und Wind und Feuer. Der Körper des Propheten Adam wurde aus ihnen geschaffen.

30. Ku kinyat pê dizeynîn
çar qismetêk hincinîn
Ax e û av e û ba û agirî
Qalibê Adem pêxember jê nijinî.

31. Am Samstag setze Er zur Gründung an. Am Freitag vervollständigte Er die Arbeit. Nach 700 Jahren kamen die sieben Geheimnisse in die Perle und den Becher.

31. Şembo dane esase
Îniyê kir xilase
Ba`dî heft sed sal, heft surr hatine durra kase.

32. 700 Jahre später kamen die Geheimnisse herab. Der Körper blieb ohne Bewegung. Sie sagten, „Oh Seele, warum trittst du nicht ein?"

32. Ba`dî bi heft sed sal heft surr hatine hendave
Qalib mabû, yî bê gave
Gote ruhê: " Ttu boçî naçî nave?"

33. Die Seele antwortet in Gegenwart der Liebenden: „Ihr wisst, solange Shibab und Def nicht zu mir herabkommen, wird eine Schranke zwischen dem Körper und der Seele des Propheten Adams sein."

33. Ruhê got li ba aşiqan: "We me`lûme"
Heta bo min ji bana nîn şaz û qidûme
Nîveka ruhê û qalibê Adem Pêxember zor tuxûme.

34. Shibab und Def kamen und waren endlich da.

34. Şaz û qidûm hatin û hidirî

Und das Licht der Liebe erreichte seinen Kopf. Die Seele kam und offenbarte sich im Körper des Propheten Adams.

Û nûra muhbetê hingivte serî
Ruh hat û qalibê Adem Pêxember êwirî.

35. Der Prophet trank aus diesem Becher und trat ins Leben. Er war berauscht und zitterte. Fleisch wuchs an ihm. Blut floss durch seine Adern.

35. Adem pêxember ji wê kasê vedixwar û vedijiye
Mest bû hejiya
Goşt lê huriya, xûn tê gerriya.

36. Der Prophet Adam trank aus diesem Becher, Die übernatürliche Kraft dieses Bechers zeigte sich: So nieste Adam und kam zu Bewusstsein.

36. Adem Pêxember ji wê kasê vedixware
Kerameta wê kasê hate diyare
Lew Adem Pêxember pêngijî pê dibû hişiyare.

37. Der Prophet Adam trank aus dieser Tasse und es schmeckte ihm. Die übernatürliche Kraft dieses Bechers erreichte ihn. Adam wurde ins Himmelreich getragen.

37. Adem Pêxember ji wê kasê vedixwar û pê xweş tê
Kerameta wê kasê hat û gehiştê
Lew Adem Pêxember hilgirt û bire behiştê.

38. Mein König ist der Ewigherrschende. Von Adam würden viele Gruppen abstammen. 72 Völker wurden voneinander getrennt.

38. Pedşê minî rebb el-semed e
Ji Adem wê bûn coqete
Jêk vavartin heftê û du millete.

39. Da kam die Zeit des Propheten Noah. Ein Menschengeschlecht wird kommen, dessen Herz wird voller Gottlosigkeit sein. Es wird rebellisch gegen seinen Gott sein.

39. Bû bedîla Nûhê nebiye
Qewmek dê dehir bibe li dilê wan heye zor kifriya
Ew jik wê li Xwedê xwe bibine yaxiya.

40. Nach dieser Zeit wird ein Menschengeschlecht kommen, in dessen Herz kein Respekt für die Wahrheit lebt. Sie werden im Wasser des Sturmes ertrinken.

40. Ba`dî wê hêwanê
Qewmek dê dehir bibe di dilê wan de namînet xofa îmanê
Ew jik dê xerq bibin bi ava tofanê.

41. Nach dieser Zeit wird ein ungerechtes Menschengeschlecht kommen. Ein Ideal kommt von der Lampe herab. Ibrahim Khelil wird unter ihnen erscheinen.

41. Ba`dî wan bedîlan
Qewmek dê dehir bibe ney `edîl e
Nuqtek dê nazil bibe ji qendîlan
Dê li nav dehir bibe Brahîm Xelîle.

42. Ibrahim Khelil ist von aufrichtiger Art. Er wurde der, der die drei Wörter auszusprechen hatte, bis er seinen Gott als die Wahrheit wiedererkannte.

42. Brahîm Xelîl ji nuqteke sadiq e
Bi sê herfan dibû mutleqe
Heta Xwedê xwe nas kir bi heqe.

43. Bis er seinen Gott als die Wahrheit wiedererkannte, würde er mit Azir und Nimrud und den Götzen fechten. So würde er seinen Geist von der Leere und Gottlosigkeit befreien.

43. Heta Xwedê xwe bi heq nas kir
Li gel `Azir û Nemrûd û seneman behs kir
Lew giyanê xwe ji kifriyê xilas kir.

44. Nach ihnen werden Khelilullah, Jesus und Moses kommen. Der neue Muhammad ist perfekt.
Die Liebe zu ihm würde einige Herzen erreichen: Der letzte der Prinzen ist Seyyid, der ein Prophet ist.

44. Ba`dî wan Xelîlullah û `Isa û Mûsa ye
Mehmedê nû kamil e
Muhiba wî dê hingifte hindek dile
Xitmê Mîran Seyyidê mursil e.

45. Oh Seyyid unter den Propheten! Verschiedene Zeiten sind gekommen und gegangen. Verschiedene heilige Wesen sind erschienen, ich habe sie gezählt: Es ist Siltan Sheikhadi, die Krone vom ersten bis zum letzten.

45. Ya Seyyid el-Mursilîn
Çend bedîl hatin û bihurîn
Çend xas hatin, min hijmirî
Ew Siltan Şîxadî ye, tac e ji `ewil heta bi axirî.

Der Psalm „Mein Herr“

Qewlê Pedşay

1. Mein Herr ist im wahrsten Sinne ein Herrscher.
Er schuf Berge und Täler.
Er ist der Gestalter aller Lebensformen.

1. Pedşê min yî Pedş e
Çêkirê çiyan û deşta(n)
Neqaşê hemû neqşa(n).

2. Mein Herr ist gnädig und barmherzig. Von ihm kommen die Entscheidungen
Für das Universum und die vier Himmelsrichtungen

2. Pedşê minî xefar e
Ji ba wî têtin biryar e
Bo dinyayê û her çar kinar e.

3. Mein Herr schuf das Universum
Und grenzte die Welt ab,
Und machte Adam darin glücklich.

3. Pedşê min dinya çêkir
Bi hed û Sed, rêkûpêk kir
Bin adem têde xinê kir.

4. Mein Herr ist das Geheimnis des Himmels.
Er ist der Gott der Nacht, des Tages und der Zeit.
Von ihm kommen Wunder und Gütigkeit.

4. Pedşê min sur li Sema
Xudanê çax û roj û dem e
Ji ba wî têtin kereme.

5. Mein Herr ist der Gott der Engel. Er ist der Herr über die sieben Erzengel, Die sieben Engel, vor denen man Respekt, Hochachtung und Angst haben muss.	5. Pedşê min rebê milyaket e Rebê her heft surêt bi taqet e Her heft mêrên bi heybet e.
6. Mein Herr schuf das Leben und die Welt aus der Perle und dem Juwel, Und übergab diese den sieben ewigen Erzengeln, Und machte Tausi-Melek zu ihrem Oberhaupt	6. Padşê min kinyat ava kir ji durr û gewhera(n) Sipartbû her heft surêt her û her e Tausî-Melek kire serwere.
7. Mein Herr ist der Gott Adams. Von ihm kommen Wunder und Güte Zu allen Zeiten und allen Epochen.	7. Pedşê min rebê Adem e Ji ba wî têtin kereme Li hemû wexta û li hemû dema(n).
8. Mein Herr ist der König der Reinheit und Vollkommenheit. Er ist der Gott aller Propheten und Erlöser. Er ist mein Schöpfer im Himmel.	8. Pedşê min melekê bêrî ye Rebê Pêxemberan û Mehdî ye Yezdanê minî jorî ye.
9. Mein Herr ist der Gott Salomons. Er ist der Gott aller Lebewesen. Alle haben sich ihm unterworfen.	9. Pedşa yê min rebê Silêman e Yezdanê ins û cinsan e Hemû jêre ser kêşane.
10. Er ist der Vater von Abraham. Derjenige, der sich dem Gott hingab Und ihm seinen eigenen Sohn Ismail opferte.	10. Babê nebiyan Birêhîm Xelîl e Bo Xwedê xwe kirbû dexîle Qurbaniya xwe kirbû Simayîle.
11. Mein Herr ist ein ewiger und unvergänglicher Gott. Er ist der Gott Moses, Jesus und Muhammads. Alle beteten ihn an.	11. Pedşayê min reb el-semed e Rebê Mûsa û Îsa û Mihemed e Hemûyan jêre bir sicûde.
12. Mein Herr ist der Gott im Himmel. Er ist der Gott der Priester, der heiligen Männer und der Sufis. Er ist der Gott von Scheich Adi.	12. Pedşê min rebê jorî ye Rebê kisîs û qelender û sofîya(n) Rebê Şêxê min yê Adî ye.
13. Mein Herr ist groß und mächtig. Er ist der Gott aller Gläubigen. Mein Gott ist der Schöpfer der Welt.	13. Pedşê min yekî mezin e Pedşayê hemû momina(n) Rebê dinê ye, Yezdanê min e.

14. Mein Herr ist geduldig.
Er ist der Schöpfer des Lichtes und des Feuers.
Er ist die Wahrheit und ist gnädig.

15. Mein Herr ist zuverlässig.
Von ihm kommen frohe Botschaften
Für alle Geschöpfe und allen Religionen.

16. Mein Herr ist der Gott des Daseins. Er ist derjenige, der Mitleid mit uns hat Und die Wunden unserer Seelen heilt.

17. Mein Herr ist der Wegweiser.
Er ist groß und mächtig.
Ihm allein muss man sich unterwerfen.

18. Mein Herr ist der angebetete Gott. Er ist der Gott der gravierten Tafeln.
Er ist der Lobpreisung und der Anbetung würdig.

19. Mein Herr ist der Gott der Gerechtigkeit.
Er ist der Gott der Hoffnung. Er gibt uns Glückseligkeit.

20. Mein Herr ist gerecht.
Er ist von allen Seiten vollkommen. Er ist der Wunsch aller Herzen.

21. Mein Herr gibt uns unser tägliches Brot.
Er ist der Glaube aller Herzen.
Er ist für jeden da.

22. Zu allen Zeiten und allen Epochen
Ist Er der Herrscher über Himmel und Erde. Von ihm kommen die Gaben und das Gewissen.

23. Mein Herr ist der Gott der Wünsche.
Er ist der Gott der Güte und Wohltat und der Gnade. Er ist mit allen Formen der Anbetung zufrieden.

14. Pedşê min reb el-sebûr e
Xaliqê agir û nûr e
Her yî bi heqe û yî xefûr e.

15. Pedşayê min yekî emîn e
Ji ba wî têtin mizgîn e
Bo hemû muxliqan û çendî dîna(n).

16. Pedşê min rebê kinyatê (ye)
Da pê bigrin inyatê
Ew e li me diket şifatê.

17. Pedşê min yî rêber e
Ew e yekî ekber e
Sicûdet jêre ye fer e.

18. Pedşê min yekî mabûd e
Xudanê lewha mehfûd e
Her layîqî sena û sicûd e.

19. Pedşê min rebê heqî yê
Di bexşînit Xudanê hêvîyê
Ew e ji mere didet xweşîyê.

20. Pedşê min yî adil e
Ji hemû aliyan ve yî kamil e
Ew miraza hemû dila(n).

21. Pedşê min Xudanê rizqan e
Atqatê hemû dilan e
Li halê hemû kesan yî han e.

22. Li hemû deman û li hemû wexta(n)
Ew e Pedşayê erd û texte
Ji ba wî têtin rizq û bexte.

23. Pedşê min Xudanê miraza(n)
Xudanê nîmet û naza(n)
Bi hemû wesfa ew yî raz e.

24. Mein Herr ist die Quelle des Segens.
Er sendet Wohltaten und Güte zu uns herab.
Er ist der Gott des Daseins und des Jüngsten Gerichts.

24. Pedşê mino yê bereketê
Nazilê nazê û nîmetê
Xwedanê dinê û axretê.

25. Er ist der Gott des jüngsten Gerichts und der Welt.
Er ist der Ursprung der zu erfüllenden Wünsche.
O Herr, mein Schöpfer, der allein und einzig ist.

25. Xudanê axretê û dinê
Hasilê miraza(n) minê
Yezdanê mino yî bitenê.

26. Mein Herr ist gnädig und lässt den Regen auf uns strömen.
und so ermöglicht Er das Leben auf der Erde.

26. Pedşê min yî rehîm e
Baranekê dibarîne
Xelk û alem pê dijîne.

27. Mein Herr ist ein Gott.
Seine Anbetung ist für uns das Beste; wir können uns ihm anvertrauen.
Er lebte in jedem Herzen.

27. Pedşê min Xweda ye
Dîndara wî li me xêr û şa ye
Ciyê wî li hemû dila ye.

28. Mein Herr ist Schutzpatron.
Er ist allmächtig.
Er ist überall anwesend und präsent.

28. Pedşê min yî sitar e
Xwedê yekî cebar e
Ciyê wî li ciyan û war e.

29. Mein Herr ist Meister und Schöpfer.
Er ist Behüter aller Menschen und Lebewesen.
Er ist überall präsent.

29. Pedşê min yî hosta ye
Li alemê bi aga (agehdar e) ye
Ciyê wî li hemû erda ye.

30. Mein Herr ist das Licht.
Er ist uns sehr nah und nicht weit.
Er ist allwissend, darüber was auf der Erde, im Himmel und in den Tiefen der Meere passiert.

30. Pedşê min nûr e
Ew ji me neyî dûr e
Yî alim e bi erd û ezman û behrêt kûr e.

31. Mein Herr ist ein allmächtiger Gott.
Er hasst niemanden und flucht über niemanden.
Er ist stets barmherzig und gnädig.

31. Pedşê min yekî ekber e
Kîna kesî neye li ber e
Her û her rehim yî li ber e.

32. Mein Herr ist ewig.
Er ist allmächtig sowie im Himmel als auch auf Erden.
Er ist Balsam für alle Leiden.

32. Pedşê min yekî qedîm e
Li erd û ezmanan yî ezîm e
Li hemû derdan yî hekîm e.

33. O Gott, du bläst die Seele in einen Körper und trennst diese vom Körper, Und pflanzest Frieden und Geduld in die Herzen,
Und machst sie dünn wie ein Haar, Und machst niemandem Angst.

33. Ya Xwedê tu ruha dibey û dihînî
Sebir û aramê di dilan de diçînî
Tu dikeye mû û nabizdînî.

34. O Herr, dein Weg ist die Wahrheit. Dein Verhalten ist von Gerechtigkeit geprägt. Dein Geheimnis kennt niemand.

34. Ya Xwedê riya te rastî ye
Û karê te bi heqî ye
Sura te her ye mixfî ye.

35. Der Weg meines Herrn ist die Gerechtigkeit. Er ist ohne Zweifel der wahre und einzige Gott. Er ist der vollkommende Gott.

35. Riya Xwedê min rastî ye
Pedşa ye û şik tê niye
Xwedê melekê bêrî ye.

36. Du bist der Herr der Menschlichkeit und der Würde. Du bist der Herr der Gnade, des jüngsten Gerichts. Du bist der Gott des Diesseits und des Jenseits.

36. Her tu yî Xudanê mirwetê
Xudanê şifatê û bereketê
Rebê dinê û axretê.

37. O Gott, du bist der König der Throne. Du weißt über alle Geschehnisse Bescheid. Du bist für alle Herzen unverwechselbar.

37. Ya Xwedê ! Tu Melekê erşa yî
Li hemû karan bi aga (agehdar î) yî
Bi hemû dilan re tu heyî.

38. Wie der gütige Scheich Fakhro gesagt hat: „Mein Herr ist allmächtig. Sein Name währt ewig."

38. Ji qewlê Şêx Fexrê babzer e
Pedşayê min yî ekber e
Navê wî ji her û her e.

39. O Gott, niemand kann dich ersetzen oder an deiner Stelle stellvertretend handeln.

39. Îlahîyo ! Te ne wekîl e
Ne delîl e û ne kefîl e
Ne heval e û ne bedîl e.

40. O Herr, du hast weder Kinder noch einen Vater
Und noch einen Großvater. Ohne deinen Willen geschieht nichts.

40. Îlahîyo ! Te ne tefal e
Ne daye û ne babe û ne kal e
Bêy te hemû tişt yî betal e.

41. O Herr! Du bist der Einzige, der geben und nehmen kann. Du nimmst die Seelen zu dir und kannst neue zur Erde schicken. Wir bitten dich, uns in deine Gnade aufzunehmen.

41. Îlahîyo! Tu di hînî û distînî
Tu dibey û dihînî
Tu rehmekê bi ser me ve bibarînî.

42. Du bist der Einzige, der brechen und wieder zusammenfügen und heilen kann. Du kannst Tote zum Leben erwecken
Und zugleich den Lebenden die Seelen wegnehmen. Wir bitten dich, uns in deine Gnade aufzunehmen.

42. Tu dişkînî û dicebirînî
Tu sax dikî û dimirînî
Tu rehmekê bi ser meve bibarînî.

43. Du nimmst und gibst. Du kannst uns erleuchten. Du kannst uns auch traurig machen.
Wir bitten dich, uns in deine Gnade aufzunehmen. Wir Menschen sind unvollkommen und nicht perfekt
Nur Gott ist vollkommen und fehlerfrei.

43. Tu dibey û distînî
Tu geş dikî û diwerînî
Tu rehmekê bi ser meve bibarînî
Em kêm in û Xwedê yî temam e.

Der Psalm Miskîno Jaro

Qewlê Miskîno Jaro

Dieser Psalm wurde im Zusammenhang mit dem Tod des berühmten Scheich Fakhre Adiyan verfasst. Er war seinerzeit selbst Verfasser von vielen Psalmen und Lobhymnen und ist der Vater des legendären Statthalters von Aleppo, Scheich Mend.

1. Oh, du Nachfahre Adams
Oh, du Armer und Hoffnungsloser.

1. Hey benî Ademo
Miskîno jaro.

2. Diese Welt ist wie eine Herberge
Sie käme wie ein Nachttraum vor.
Jeden Tag steht sie vorteilhaft auf der Seite eines anderen.

2. Ev dinya xan e
Wekî xewna şevan e
Herro yara hinane.

3. Diese Erde ist wie eine Herberge
Und die Menschen darin sind wie vorbeiziehende Karawanen
Manche verlassen sie und manche ziehen ein.

3. Ev erde xan e
Evd û beşer têde bazirgan e
Hindeke mala xwe jê bar kir
Û hindeke ji nû ve dane.

4. Das Dasein ist eine wie belebte Herberge
Sie ist voll von Gruppen geworden
Manche sterben und manche werden neu geboren.

4. Dinya xan e û xan dinijî
Jiber bendan buye tijî
Hindek wê dimirin û hindek dijî (n)

5. Oh, du Kind Adams, du bist zu sehr mit dir selbst beschäftigt
Die Schlüssel sind zerbrochen
Manche sterben und manche verlangen mehr Reichtümer vom Allmächtigen.

5. Bin Ademo, tu bi xwe ve weste
Ew sindroka miftan dişikeste
Hindek wê dimirin û hindekan mal ji Xwedê dixweste.

6. Oh du Kind Adams, wenn du dein Stock auf den Boden schlägst, Wenn du einem Bedürftigen Almosen geben würdest, Würdest du nie in Not geraten.

6. Bin Ademo te darî li wir da
Heke te xêrek dabî di ber de
Babekî din zebênî nayêne ser te.

7. Denke immer an den Tod!
Schau Dir die unzähligen klugen und geistreichen Menschen an!
Auch sie wurden Gefangene des Grabes.

7. Her mirinê neke jibîr
Xelkên êrif zaneyî û jîr
Ew jî di nava gorê de bûne êxsîr.

8. Verbanne den Tod nie aus deinen Gedanken
Jeder Mensch hat einen besonderen Wunsch Um sich diesen Wunsch zu erfüllen
Schöpft Er alle Möglichkeiten aus.

8. Her mirinê neke ji xeyal
Her kesekî tiştek li bal
Dê (ji)bo wî tiştî bite delal

9. Oh Nachfahre Adams! Selbst wenn du tausend Jahre alt werden würdest Und Erbe des gesamten Orients und Großsyriens werden würdest Irgendwann muss du aus dem Becher des Todes kosten.

9. Bin Ademo hezar salî temem (bi)kî
Mîratiyê li Şerqê heta bi Şam (bi)kî
Demayikê her dê ji kasa mirinê tam (bi)kî.

10. Selbst wenn du tausend Jahre am Leben bleibst Und unzähliges Gold und Reichtum besitzen würdest Eines Tages muss du im Grabe zu Gast sein.

10. Heke hezar salî li dinê bî
Bi zêr û malê dinê yî xenê bî
Her dê rojekê mîvanê qebrê bî.

11. Oh du Kind Adams! Denke nicht immer nur an Reichtümer
Horte nicht stets Gold und Geld
Sieh! Selbst die Gesandten Gottes mussten diese Erde verlassen.

11. Bin Ademo li malê dinê nebe tima
Zêr û malê dinyayê neke cima
Dinya bo resûlên Xwedê jî nema.

12. Sag mir, wo ist Salomon, der Herrscher, geblieben?
Wo ist die berühmte Bilqis geblieben? Auch diese mussten das Leben verlassen.

12. Kanî Silêmanê hikim dikir?
Kanî Belqîza bi nav û dikir?
Ewan jî dinya ji xwe re terk dikir.

13. Wo ist Salomon, der Prophet? Wo ist Bilqis, die goldene Herrscherin Auch diese mussten in der Erde beerdigt werden.	13. Ka Silêmanê Pêxember e? Ka Belqîza bi zêrê zer e Ew jî çûn nava ax û bera(n).
14. Wo ist Salomon, der Herrscher über alle Geschöpfe? Wo ist Bilqis, die Hübsche mit dem weißen Kopftuch und Keftan Auch diese mussten unter die Erde und Steine.	14. Ka Silêmanê hikim dikir li ins û cins û çendî teyar Ka Belqîza bi xîlî û sipîçar Ew jî çûne nava ax û berên sar.
15. Wo ist Salomon, der Herrscher über alle Geschöpfe? Wo ist Bilqis, die über unendlich Gold und Silber verfügte? Auch sie mussten aus dem Becher des Todes trinken.	15. Ka Silêmanê hikim dikir li ins û cins û çendî dinê Ka Belqîza bi zêr û zîvên dinê ye xenî Ewan jî vexwarin ji kasa mirinê.
16. Wo ist der Prophet Jakob? Der Fromme mit den arabischen (schwarzen und großen) Augen Auch er wusste, dass es den Tod geben muss.	16. Kanî Aqûbê nebî Ka ew Salihê çaverebî Ewî jî dizanî mirin her dê hebî.
17. Wo ist Joseph, der alle Beschreibungen übertroffen hatte Wo ist Zelîkha, die Hübscheste ihrer Zeit Auch bei ihnen sind die Finger, die Hände und die Beine der Verwesung zum Opfer gefallen.	17. Ka Ûsivê vê wesfetê Ka Zelîxa dêm hejmetê Li wan jî rizîn tillî û dest û pê (pî).
18. Wo ist Hashim, wo ist Nedim? Wo ist Moses, der mit dem Allmächtigen sprechen durfte? Wo ist Jesus, der Geschichte schrieb? Auch sie wurden in die Gnade Gottes aufgenommen.	18. Kanî Haşim, kanî Nedîm Ka ew Mûsayê kilîm Ka ew Îsayê qedîm Ew jî çûne hezreta melikê rehîm.
19. Wo sind die Heiligen dieser Erde? Wo ist der Weise mit dem Gehstock und der Gebetskette? Man hat auch sie ins Grab gelegt.	19. Ka ew xasên li vir dixas Ka Dewrêşê bi tizbî û ikkaz Ewan jî di nav gorê de kirin qiyas.
20. Wo sind die Gelehrten, wo sind die Propheten? Wo sind die Heiligen, wo sind die Gesandten Gottes? Auch sie vertrockneten im Grabe.	20. Kanîn Alim, ka Enbiya Ka Ewliya û ka Enbiya Ew jî di nav gorê de bûne tî û tiya.

21. Wo ist Hamza, wo ist Omar? Wo sind die Siegeln der Propheten? Auch wenn es mir sehr leid tut, sie existieren nicht mehr.	21. Kanî Hemza, kanî Osman Kanî Nebiyên serên xitman Hûn pê xweş bin, ew jî neman.
22. Wo ist Haidar, wo ist Khidir? Wo sind die Propheten mit ihren Aposteln? Auch sie haben im Grab gelitten.	22. Kanî Heydar, kanî Hidûr Ka ew nebiyên sihabe li dor Ewan jî di nav gorê de kêşabûn cor.
23. Ich richte meine Bitte an den Allmächtigen Meine Augen sind Wasserquellen mit Bächen Oh Herr! Du hast mir das Leiden und zugleich das Gegenmittel gegeben.	23. Banga mine ji Pedşê mezin Çav kanî ne co jê diçin Ewê mêrgên sewle li bin Ya Rebbî derd û derman te dane min.
24. Ich rufe den Allmächtigen Die Augen sind Wasserquellen und Bäche fließen aus ihnen herab Oh Herr! Sowohl das Leiden als auch das Heilmittel stammen von Dir.	24. Banga min ji Pedşê miradan Çav kanî ne co jê berdan Ya Rebbî derd û derman herdu Te dan.
25. Ich richte meine Bitte an meinen Herrn, dessen Wille geschehen muss Und der die Wiese voller bunten Bäume gemacht hat Und die Blätter der Bäume grün und rot werden ließ Ich bin ein armer Mensch mit gebundenen Händen geworden.	25. Banga min ji Pedşê serbest Ewê mêrgê sewle dibest Pelikên sewlê sor û kesk bibest Ezê miskîn bûm keşkûl dest.
26. Ich ging auf eine Wiese mit Wasserquellen Auf der Wiese stand eine Pflanze Ich war arm, man hat mich daran gehindert darin zu spazieren.	26. Çûma mêrga bi av Ewê mêrgê sewlek di nav Pelikên sewlê xir û dav Ezê miskîn bûm nedibirme nav.
27. Ich bitte Euch, ruft den Tischler Habib herbei Er soll einen Sarg aus dem Baum schnitzen Damit derjenige, der für immer seine Augen geschlossen hat, darin schlafen kann.	27. Hûn bakine Hebîbê Necar Bila tabûtekê çêke ji dar Da di nav de raze çavxumar.
28. Ich bitte Euch, den Tischlermeister Habib herbeizurufen	28. Hûn bakine Hoste Hebîbî Bila tabûtekê çêke (çê bike) her dê wa bî

Er soll einen Sarg erzeugen, so muss es sein
Damit der mit den arabischen Augen darin schläft.

Da di nav de raze çaverebî.

29. Das Grab ist sehr dunkel und tief
Und ist voll von Schlangen und Ameisen
Oh Herr! Du allein kannst zwei sich liebende Menschen voneinander trennen.

29. Mala gorê çendî tarî ye, çendî kûr e
Tije mar e, tije mûr e
Ya Rebbî! Tu dikarî du aşiqan ji hev bikî dûre.

30. Kommt, kommt Ihr Verwandte und Bekannte
Tiefe Trauer und hundert Mal seufzen helfen nicht
Schaut Euch den wunderschönen Menschen mit den süßen Lippen an!
Die Lippen können keine Worte mehr aussprechen.

30. Werin, werin xizim û lêzim
Di`ax û sed kovan û keser
Xelkê şêrîn lêvên şekir
Nema pê bidin xeber.

31. Kommt, kommt Ihr Verwandte
Die Leute von der Haciya-Ebene
Der Herr verzeiht die Sünden und belohnt die guten Taten
Das macht die Kummer und Sorgen des Herzen vergessen.

31. Werin, werin lêzim werin
Xelkê Mêrga Haciya ew mîr dike
Xêr û şerran, xefîr dike
Daxa dilan, ji bîr dike.

32. Du Mend, weine und jammere nicht
Wische Deine Tränen vom Gesicht weg
Das ist der Wille Gottes, der nicht aufzuhalten ist.

32. Mendo! Megrî, menal
Hêstiran ji rûyê xwe bimal
Ferwara Xwedê yek e, nabe betal.

33. Mend, weine nicht, das ist Dein Schicksal
Trauern und Weinen helfen nicht
Das Grab und das Totentuch sind unser Zuhause.

33. Mendo! Megrî heqê te ye
Hizin û girî bê fêde ye
Gor û kefen mala me ye.

Der Psalm „Der Leuchter“

1. Zernar e zernar e
Oh Sheikhadi, Du bist unsere Rettung
Es ist die Zeit der Gottlosen angebrochen.

2. Viele Zeiten kamen und vergingen
Da wir uns darüber tiefe Gedanken gemacht haben
Darin waren wir bestürzt und erstaunt.

3. Denkt über die Zeitepochen nach
Hört nicht auf die Neider und Unbekümmerten
Die Erleuchtung hat uns verlassen und ist in die Leuchter eingewandert.

4. Oh! Was für ein wunderbarer Leuchter es ist
Mein Herr hat den Leuchter durch seine Gnade und Barmherzigkeit erzeugt
Aus dem Leuchter hat Er Sheikhubekir geformt.

5. Oh! Was für ein gelber Leuchter es ist
Er wurde vom Himmel auf uns herabgefallen
Sheikhubekir wurde der Erzieher des unbeugsamen Scheschims.

6. Oh! Was für ein schwerer Leuchter es ist
Er ist vom Himmel auf uns herabgefallen
Sheikhubekir ist der Erzieher aller vier Brüder geworden.

7. Oh! Was für ein heller Leuchter es ist
Er ist vom Himmel und vom Gottes Thron auf uns herabgefallen
Der Hüter des Einganges ist der dunkelhäutige Scheich Fakhr geworden.

8. Oh! Was für ein großer Leuchter es ist
Das ist die Gnade und Barmherzigkeit meines Herrn
Er hat aus ihm Sheikhisn geformt.

Qewlê Qendîlan

1. Zêrnar e zêrnar e
Şîxadîyo me bi te heware
Bedîl li me biwe kifar e.

2. Bedîl hatin û bihirîn
Çendî têde difikirîn
Di nav de mabûn heyirî.

3. Hûn bifikirine bi bedîlan
Guhên xwe nedine xafil û bexîlan
Lew ronahî ji nav me rabû çû Qendîlan.

4. Çi Qendîleke bikir e
Pedşê min bi rehim û şefeqeta xwe kire
Ewî jê çêkir Şêxûbekire.

5. Çi Qendîleke zer e
Nazil bû ji erşê rasere
Şêxûbekir bûye merebiyê Şêşimsê tetere.

6. Çi Qendîleke giran e
Nazil bû ji ezmana(n)
Şêxûbekir bûye merebiyê her çar birane.

7. Çi Qendîleke geş e
Nazil bû ji erşe
Dergevan Şêx Fexrê reş e.

8. Çi Qendîleke mezin e
Rehim û şefeqeta Pedşê min e
Êwî jê çêkir Melik Şêxisne.

9. Der Heilige Sheikhisn sagte: „Als die Welt Gestalt angenommen hat, war mein Herr schon im Universum Sagt mir, welcher Engel stand betend vor ihm?“	9. Melik Şêxisn dibêje wekî dinya ava bû Pedşê min yî li nav bû Ew kî mêr liber rawesta bû?
10. Die Heiligen fragten den Heiligen Sheikhisn: „Oh Du, Sheikhisn vom Stamm der Adiya Sag uns bitte, wie Du die Macht und Wundervollbringung des Allmächtigen erlebt hast!“	10. Mêran ji Melik Şêxisn Pirsiye Ew Şêxisnê bin Adiya Te zerb û hiner û kerametên Pedşê xwe çawa diye?
11. Sheikhadi ist nach Hakar gekommen Vor ihm standen alle Bäume und Felsen betend Sheikhadi ist unter den Heiligen der Führer.	11. Şîxadî hate Hekare Sicûde bûn ber û dare Şîxadî li nav Mêran serdar e.
12. Sheikhadi ist nach Lalisch gekommen Er trug den schwarzen Kherqe Die Anhänger Adis freuten sich sehr darüber.	12. Şîxadî hate Lalişe Xemilî bi Xerqê reşe Edewiyan hal pê xweş e.
13. Sheikhadi war bereits in Lalisch Er trug den schwarzen Kherqe Die Anhänger Adis freuten sich sehr darüber.	13. Şîxadî li Laliş bû Xemilî bi Xerqê reş bû Edewiyan hal pê xweş bû.
14. Diese Welt ist eine gelbe Welt Der Mensch auf dieser Welt ist glaubensunwürdig Unsere Rettung und Erlösung ist der unnachgiebige Scheschims.	14. Ev dinya dinyake zer e Însanê têde yî bê bawer e Mefera me ma Şêşimse teter e.
15. Der Heilige Sheikhisn erzählt so: „Ich habe die Allmacht und Wundervollbringung meines Herrn erlebt Alle Male geschah es im Namen des heiligen Herrscher Sheikhadi.“	15. Wê dibêje Melik Şêxisnê Adî Min zerb û hiner û kerametên Padşê xwe yê zer dî(t) Hemû caran bi navê Siltan Şîxadî.
16. Wie der wunderbare Scheich Fakhr gesagt hat „Fragt den Engel, der die Gestalt eines Menschen nicht einnimmt Wie das Universum, der Himmel ohne Säulen seine Bahnen eingenommen hat?“	16. Ji qewlê Şêx Fexrê zergûn e Pire bikin ji melkê Beyrûne Gelo çawa ev ezman rawesta bû bê stûne.
17. Der Heilige Fakhredin	17. Melik Ferxedîn we dikire rane

Und die vier Brüder überlegten und sagten:
„Der Himmel ist mit der Kraft der Gebete so geblieben.

Ewî û her çar birane
Vêkran dikin tebane
Got: „Stûna ezman rawesta bû bi Di`ane."

18. Diese Welt ist unendlich groß
Die Gelehrten und Gläubigen werden immer weniger
Unsere Rettung und Erlösung ist Sheikhisn.

18. Ev dinya dinyake mezin e
Kêm bûn alim û momina(n)
Mefera me ma Melik Şêxisne.

19. Diese Welt ist eine berühmte Welt
Die Gnade und Barmherzigkeit haben die Herzen der Muriden verlassen
Unsere Rettung und Erlösung ist nur der Allwissende und Allmächtige Ezda.

19. Ev dinya dinyake bi cîd e
Xof û rehim nema li dilê mirîda(n)
Mefera me ma Siltan Êzîd e.

20. Viele Epochen und Zeiten kamen und vergingen Irgendwann wird Sharfedin, der im Verborgenen lebt, kommen Unsere einzige Rettung ist Sheikhadi.

20. Bedîl bûrîn min wiha dî
Dê dahir bibe Şerfedîn El-Mihdî
Mefera me ma Siltan Şîxadî.

21. Wie der Pir Reshan, für den ich mich opfern werde, gesagt hat
„Wer wahrhaftig und rechtens seinen Freunden, Brüdern und Schwestern zur Hilfe eilt
Dem wird das Boot immer auf der Wasserfläche bleiben und niemals untergehen."

21. Ji qewlê Pîr Reşê heyrane
Hençiyê bi rastî û diristî dest baveje damana yar û birane
Dayîm merkeba wî li behrên giran ye melevane.

22. Wie der gute Pir Reshan gesagt hat:
„Ich sage Euch, den Muriden: Der Retter wird Sharfedin sein und der Glaube wird der Allmächtige Ezda sein."
Wir sind unvollkommen,
während Gott und Tausi-Melek vollkommen sind.

22. Ji qewlê Pîr Reşê bi cîde
Dibêjime we gelî Mirîda(n)
Mihdî Şerfedîn e û etqat Siltan Êzîd e.
Em kêm in, Xwedê û Tausî-Melek temam e.

Helbest – Gedichte des Autors

Qelenxwarin

Çê dibû dawetek li jorî,
ku têde keçek torî,
gerden bi mircan û morî,
delal bû weke horî.
Bi xortekî re mil dihejandin,
gunehên xwe hildiweşandin,
bû pistepista gelacan,
xeber li dinê gerandin,
Çare ji wan re neman,
rabûn hevdû revandin.
Bav torî, dê ji kûnarê,
agir ji devan dibarê,
bavê lawik melûl bû,
çi gune ye lê jarê.
Qebeqeba bavê keçê,
dest avîte demançê,
got: Lihevhatina me nîne, ji xeynî bi perê şîne.
Xêrxwazin ketine navê,
xwe avîtin bextê bavê,
gotin: „heyran, pere bin, hene,
tu çi bêjî liber te ne!"
Bavê lawik betal e,
rûtrûte ye ê wele,
xwedî jî jêre tune,
hewar Xwedê û sosiyal e!
Bavê keçê bi hoqhoq e,
çav mişk e simbêl boqe,
çaxê xelkê da derî,
ji nûve hiş hate serî,
dest bi zirtan kir bi ser kur de,
rabe ser xwe zigurde!
Hên ne gotin li te rojbaş,
li hevdû kirin rewşa reş,
bû teperepa şimaqan,
werin seyra ahmeqan,

bi hevî û bi qurban,
heta wan ew hedinand.
Deng ji mêran dihate birîn,
Fatimê dikire qîrîn,
nexta xwe xweşik bêje,
dîsa destan bihejîn.
Qelen sed û dehhezar,
ew jî xatirê mûxtar,
qurûşek jê nayê xwar,
ev lolo, lêlê hîn tê,
ma xelata bira û xal!
lo bira ev jî hîç e,
her yek ji wan duhezar.
Bû lîlelîla pîrekan,
serî hildan wek genekan,
mêran dest li hev dihejandin,
kirin kêf û henekan.
Ji nişkê ve malxû rabû,
û bi rûtîtiyekî şa bû,
got: Hiniz çavan veke,
para Şêx tu ji bîr neke,
ji bona Tawûsî-Melek e.
Amê firnik gij kirin,
çawa we ez ji bîr kirim,
bê xelat xwûn dirije,
bi hesanî hûn nabihirin.
Başe çê nebû lêdan,
û bihirtin ji piştgirêdan,
sersebet û binsebet,
herêkirin çû ji balan.
Ey qîz û xortên perwer,
dest bidin hev li hemû der,
qelen bibe çareser,
bêjin: Lalişa rêber,
wey nemîne qelenxwer.
(Ev helbest bi devoka herêma Bagokê-Torê hatiye nivîsandin) Ji destê Şewqî Şemo Îsa

Qîrîna bindestan

Şûrên dudev li ser gerdenê, sê car digotin bide eşhedê
Dest girêdayî, çav girtî, dil bi kutekut, celad erdê vedide
Li her cihî barîbû agir û pêt, ji Derdîlê heya bi Serhedê
Serî difirandin, xwîn dipijiqî, didane selewatan ber navê Pêxemberên Xwedê Dikuştin jin û zarokên li ber himbêzan û ew mirovên diçûn kedê.
Şêx û melên bi şaşik û cube digotin: „Ew kesên Êzîdiyan bikuje,
Pêwist e, dest kesik bike û xwîna wan tev bimije“
Qîrdikirin sofiyan: „Sofîno! Hûn xilas dibin ji canem û dojê!
Çil horiyên gerden dirêj li benda we ne, kêf û seyran e, bi şev û rojê “
Zarok mane birçî, tazî û pêxwas, bi girîn û zarezar
Keçên ciwan, bûkên salê nema gazî, nema hewar
Wan mêrkujên bê wijdan xwîn rijandin bê qedar
Cî û warê bav û kalan bû hêlîna mişk û mar.
Wan bawer dikirin û digotin: „Me Bihişt ji xwe re kirî!“
Xêrnexwazên çavsor li wan dadigirtin mejî û serî
Şûr dihejandin û digotin: „Em in xwediyên Bihiştê, Redwan e li ber derî!“
Dijminên me Kurdan avakirin dewletên bi sinûr û qesrên mermerî
Me bi hevdu re dikir şer û çeng û bereberî
Mixabin, hêja berdewam dibe, ew bêmejî û xwelîserî.
Ew mirovên bi ol û erkan diterqiyan, ji wan difilitîn yek ji sedî
Belav dibûn li şaristanan, hem bê kes man, hem bê xwedî
Lê Tausî-Melek ma bawerî û bi han û hewar hat Şîxadî
Wî hinir sitand ji Şêx-Şemsê mefer, gazî dikir bi zimanê kurdî:
„Êzîdîno, Hûn bigrin welat, ji Amadê heya (bi) Cûdî.“
Hezar sal piştî ferman û wêranan dîsa dîrok xwe vedigerîne
Hêja em ronahiyê didin welêt, dijmin ji me bi kerb û kîne
Em gulên welêt in, xwediyên Bagok, Şengal, Bişêrî û Lalişa Nûranî ne
Em ne Cihû ne, ne file ne, ne misilman in û ne zerdeştî ne
Em xwediyên Qewl in, bi Berat in, bi pêsîr in û xwediyên Kaniya-Sipî ne
Em bi şêx in, bi pîr in, bi feqîr in, bi koçek in, em in, em Êzîdî ne.

Bilbilo

Ax birano ! hogirno, hevalno, ez çi bêjim bê fêde ye, derdên min pir in,
û birînên min kûr in,
lê ligel wê yekê jî, ezê tiştên bi serê
min hatine ji we re bibêjim:
Ez bilbilekî Çiyayê Bagoka bilind bûm,

lê xêrnexwezan hêlîn li min hilweşandin,
min ji serê Mêrava-Şîxadî dixwendî,
lê çavsoran serî û zeman li min gerandin.
Ji ser hejirkan difiriyam serê tuyê,
min qur dikir ava xweş û zelal li wê,
piştî xwerina kiskiskan hejîr û beruyê,
dibû reqereqa sûnikên jinan liber çilsoyê,
ditewandin, distrandin, hevdû dikenandin û digotin:
„Ava ser beruyê, zava bi dilê xesuyê.“
Ez îro ji refê hevalên xwe qetiyam,
neyaran per û çengên min şikandin,
berî niha, devî bi devî difiriyam,
lê hirç û roviyan ji her hêlê ve li min teqandin.
Min hew zanîbû dost û
dijminê min kî ne,
wan xewa şevan ji herdu çavên min revandin,
Xwedayo bêje! Çima? Ma gunehê min jê çi ye,
hêvî, bendewarî, sitar û azadiya min mirandin.

Beyî te jiyana min çi ye

Tu berde destên min berde
Dilê min diket agir de
Keçê ez evîndar im
Ne şaş û dîn û har im
Mirî me ji kul û derda(n).
Gerden bi mircan û morî
Delalê weke horî
Bitirse ji rebê jorî
Heyranê ez bigorî.
Çavreş hate govendê
Şêrîn bejin bilindê
Zerya min hewêrî ye
Li te mirîda Şêx Mendê.
Xeftanî çiqas lê tê
Bîna sorgulan jê te
Girtiye sergovendî
Qebqeba kewê jê tê.
Keçê ez bi xwe nikarim
Ji kerban dîn û har im

Ez aşiqê te zînê
Hewara kulan ez xwarim.
Bîlmezê bêje ez kî me
Zane û pirr xwendî me
Îman Tausî-Melek
Mirîdê Şîxadî me.
Li cîhanê digeriyam
Dîtin bedîl û heyam
Ji awirrê te heliyam
Tu xatûn ez jî pismam.

Şengala min

Şengala min yî şêrîn, dengên kewên te zîz in
Çiyayên te ezmanê jorî diramîsin
Lê li hawîrdorên te nemerd û pîs in
Ew bêbext in li ser du werêsan dileyîzin.
Hewar û gaziya me Xwedê û Tausî-Melek in û ciwanên me ne, xort û qîz in.
Seyir bike li wan nemerdan, gund û bajar hilweşandin
Wan zarok sêwî hiştin, serî û zeman li wan gerandin
Em hemû xemgîn kirin, dilên me dişewitandin, di`arandin.
Werin seyir bikin û binêrin li vê qebhetê
Digotin: " Kî Êzîdiyan bikuje, dê biçe cinetê
Jin û zarok dihatin kuştin
Û wan nemerdan dîlan digirtin.

Çiyayê min

Xêrnexwazan û neyaran bi çek û sîleh xwe diberdane gund û bajara(n)
Lê kesî tu neparastî, xwe nedîtin berpirsyare
Ya sitar, ya hewar, ev çi ferman e, ev çi ferwar e?
Me digot êdî Firîq Paşa navegere
Xezala li quntaxa te dê bê tirs biçêre û bigere
Darên hejîrên te sîwerger in li ser gulîzera(n)
Kewê te Pîr Guro dê bistirîne dayîkê heyranê û can qemere.
Çiyayê min, dilê min, meskenê Şerfedînê mêrxas û leheng û mahdî
Warê Hemoyê Şerro, Dawidê Dawid bavê Hadî
Xêrnexwaz çi bike, bila bike
Xwediyê guliyên herîrî raserî te ye, te bernadî.

Erê îro em di astengê de ne û rê ji ber me girtî ne
Erê xêrnexwazê me har û gurê dev bi xwîn e
Ne wijdan e, ne rûmet e, ew her kovî ne
Lê em li ser ya xwe didomînin, tu kes nikare me rawestîne.
Em xwedî Laliş in, xwedî Def û Şibab in û xwedî Kanî ne
Bila zikreş bifetisin ji kerb û kîna(n)
Cil û berg û rabûn û rûniştin û zimanê me kurdî ne.
Şikir ji Xwedê re em ferxên Tausî-Melek û Şîxadî ne
Em keç û lawên Keleşê Çelo û Mîrzikê Zaza û Mîr Caferê Hesin-Memanî ne
Li pey şopa Şihabê Pol Paşa ne, li pey Cengîr Axa ne, xîret û wijdanên me Hesen Begî ne
Serê me bibine ber celad jî, em hemû Elî Beg in, dostên Hisênê Helac in, mirîdên Şêxisnî ne
Ew zikreş in, hefsûd û nemerd in
Jiberku Tausî Melek xêr û bêrê li ser me dibarîne.
Xuşkino, Birano! Weke pêşiyên me gotîne
Giyayê biharê di bin kevir de qet namîne
Xwedê raser e, ew karê wan yî qirêj her dibîne
Me bi Xwedê û Tausî-Melek û Şîxadî yeqîne
Îmana me Tausî-Melek e
Berxwedana me Şerfedîn e.

Şengal û Kobanê xîret in

Kobana li ser sinûr,
kevoka kedî
Xebîneta te,
Tu mayî bêxwedî
Dijmin ji hawîr hat,
ji ber Tu ne ereb î
Didine selewatan
„Allah, ya Nebî."
Şengalê, Şengalê, Tu kewa gozel î
Kobanê, Kobanê, Tu rîhan û sorgul î
Bi navê olê,
dikujin keçên bedew
Dixwazin Xelîfat,
lê bi virr û derew
Çete bûne qijik,
Şervan bûne kew.
Şervanê bi xîret,
dest bide Pêşmerge

Bila Kobanê,
bixemle ji renga(n)
Şengalê, Şengalê, Tu kewa gozel î
Kobanê, Kobanê, Tu rîhan û sorgul î
Mil bide Şengal,
ew qadê vedide
Qamişloka evînê,
li ber xwe dide
Amûda şewitî,
ew pesin dide
Ew dê here şerr,
hevalê te li qad e.
Şengalê, Şengalê, Tu kewa gozel î
Kobanê, Kobanê, Tu rîhan û sorgul î
Ku xîret hebe,
serkeftin ya me ye
Da`iş çi bike,
bê kar û fêde ye
Şengal û Hewlêr,
Efrîna çiyê ye
Dêrik û Amed,
Tirbespî hê heye
Mehabada Qazî,
Ruha Ûrfê ye
Serê Kaniyê
ji dil bi te re ye
Seyr bikin li jor
Kobanê deng daye.
Şengalê, Şengalê, Tu kewa gozel î
Kobanê, Kobanê, Tu rîhan û sorgul î
Kobana leheng,
Te serî hildaye
Ji me re dibêje,
ma qey ne wa ye
Bê te "Kurdistan"
jiyan ji çi re ye.
Şengalê, Şengalê, Tu kewa gozel î
Kobanê, Kobanê, Tu rîhan û sorgul î.

Xêrxwaziya me

Ya Padîşahê Keremê!
Tu Xweda yî, Tu Ezda yî, serê sera yî
Layîqê pezin û sena yî
Hezar û yek nav li Te heyî,
Navê pîroz û şêrîn, her Tu Xweda yî.
Ya Padîşahê Keremê!
Tu me bidî xatirê navê xwe yê şêrîn,
Ku ji me re buye atqat û mizgîn.
Ya Padîşahê Keremê!
Tu me bidî xatirê navê Tawisî-Melek,
Serwerê Mêr û Milyaketan
Melekê Erd û Ezman
Roj û Şev, Ba û Baran,
Ku me ji navê wî naskiriye bawerî û îman.
Ya Padişahê Keremê!
Tu me bidî xatirê Şêşims teter,
Agir û pêtê bi rengê sor û zer,
Ku ji çiqas mirovên êzîdî re buye nîşan û mefer.
Ya Padîşahê Keremê!
Tu me bidî xatirê Ga û Masî û dirrê
Ew dirra bi rengê sor û sipî û zer
Û her çar sirrên her û her,
Ax û Av û Ba û Agir
Her Roj qubleta me ye li raser.
Ya Padîşahê Keremê !
Tu me bidî xatirê Piyaliyê Derdîlê
Şêx Fexirê Adiyan, Xatûna Fexran, Şerfedînê şêrê Çiyayê Şengalê û Şêxisnê Qelemê, ku em ji belan û derdan parastine her gavê û her demê.
Ya Padîşahê Keremê!
Tu me bidî xatirê Lalişa Nûranî
Û wan Qub û Helêlan û ew Kanî
Ku Şîxadiyê karî xêr hat ji Hekarî û ji nû ve bingeh danî.
Ya Ezdayê pak!
Em kêm in û gunehkar in, Tu temam î
Dilovanî li dê bavên hazir û guhdêran
Û ew ciyê em lê ne bi mêvanî
Çi zarok, çi malxû û çi kebanî.

Die bekannten Türme von Lalish.

Die Kuppel über der Weißen Quelle.

Oben der Turm zu Ehren Scheschims und unten die Kuppel über der Weißen Quelle.

Eine kleine Kuppel zu Ehren des Heiligen Pir Mand.

Eingangtor zum Heiligenschrein Scheich Adis und dem Tempelinneren. Es wird auch die Pforte Scheich Adis genannt.

Die Wasserquelle Nasirdin im Eingangsbereich zur Haupthalle im Tempelinneren

Haupthalle im Inneren der großen Tempelanlage in Lalisch. An den Wänden Tücher in sieben Farben als Symbole für die Engel.

Der Heiligenschrein Scheich Adis im Inneren des Tempelkomplexes.

Der Eingang zur Zemzem-Quelle im Untergewölbe der Tempelanlage.

Die Säule des Glücks, auf die Besucher mit geschlossenen Augen ein Stück Stoff werfen können, während sie einen Wunsch äußern. Bleibt das Tuch hängen, gilt das als gutes Zeichen.

Uralte Tongefäße in der Halle des Hasn Dana. Sie sind mit Olivenöl für Rituale gefüllt.

Symbol des Heiligen Saidil Kawn, gegenüber der Pforte zur Weißen Quelle.

Der Farasch entzündet das „Çira“ (Tschira), das heilige Licht. Es wird jeden Mittwoch und Freitag abends an bestimmten Stellen entzündet.

Die Küche Scheich Adis. In diesem Gebäude der Tempelstadt werden Speisen zu den Festlichkeiten zubereitet.

Gebäude des Pir Kavan Rut.

Am unteren Ende des Lalisch-Tales befindet sich die „Brücke der Begrüßung“. Sie trennt den heiligen vom profanen Bereich. Der heilige Bereich darf ausschließlich barfuß betreten werden. Pilger gehen Sieben mal über diesen Weg und zurück, bevor sie endgültig eintreten. 2004 wurde das Bauwerk restauriert.

Im Jahre 1980 wurde die Brücke der Begrüßung erbaut. So sah sie vor der Restaurierung im Jahre 2004 aus. Das Foto stammt aus dem Jahre 2000.

Ein Bau zu Ehren des jesidischen Heiligen Alubakir.

Der Heiligenschrein im Inneren des Tempels von Sheshims.

Zu sehen ist der Eingang zur Höhle von Mam Schivan (der Heilige Hirte Mam) und Abdurahman. Mam Schivan ist der Schutzpatron von Schafen und Ziegen.

Die Säule der Wünsche in der Höhle des Mam Schivan. Pilger können den Versuch unternehmen, die Säule mit ihren Armen zu umfassen. Gelingt dies, soll sich die Person innerlich etwas wünschen.

Die Pforte zur Höhle des Pir Mehemed Reban.

Eingang zur Höhle der Omar Chala. Dieser Ort ist auch die Gebetsstätte des jesidischen Derwisches, dem Asketen Baba Iso.

Baulichkeit zu Ehren des jesidischen Heiligen Pir Jarwan. Viele Mitglieder dieser Pir-Untergruppe können Skorpione bändigen und das Gift eines Skorpionstichs neutralisieren.

Die Pforte des Ezdinemir, Urvater vieler jesidischer Heiliger.

In diesem Bau im Lalisch-Tal, genannt Xana Ezid (Haus Ezids), konnten Pilger früher übernachten.

Bozan

Diese verschiedenartigen Rosetten sind Sonnensymbole.

Diese verschiedenartigen Rosetten sind Sonnensymbole.

Diese verschiedenartigen Rosetten sind Sonnensymbole.

Literaturverzeichnis

Abassiyan, Thare Amar, Jangir Aga, „Van Aryan", Erivan, 2005.

Ackermann, Andreas: Jesiden in Deutschland – Von der Minderheit zur Diaspora, in: Paideuma – Mitteilungen zur Kulturkunde 49 (2003), S. 157 – 177.

Agayan, Antranik und seine Sprache. Moskau 1997. Russisch.

Astour, M: The Arena of Tigrath-pileser III`s Campaign Against Sarduri II, Assur 2, 1979

Bedir Khan, Abdulrazaq, Autobiographie, Übersetzung von Prof. Dr. Jalil Jalil, Berlin, 1999.

Bedir Khan, Dj. A.: Quatre prières authentiques inédites des Kurdes Yézidis. In: Kitebxana Haware V. Damascus, 1933.

Bittner, Maximilian: Die heiligen Bücher der Jesiden oder Bösenanbeter. Wien, 1913.

Boyîk, Eskerê: Nûra Elegezê – Çend dîdem ji edebyeta Kurdên Ermenistanê, Oldenburg 2004.

Boyik, Esker: Die Geschichte von Jangir Aga, 21. Ausgabe der Lalisch-Zeitschrift, Duhok, 2004.

Çol Beg, Ismail: Die Jesiden in Vergangenheit und Gegenwart. Beirut, 1934.

Damluji, Sadiq al-: Das Jesidentum. Mossul, 1949

Dengê Êzîdiyan: Nr. 4/1995; 6+7/1998; 8+9/2001.

Die Jesiden in der Region Wan, Svodka (Bilantscho) Informationsdokumente Nr. 13, 14, 23, 24, 30, 40, 57 der russischen Behörden

Pîr Dîma: Lalişa Nûranî, Yêkatêrînbûrg, Basko, 2008

Düchting, Johannes/Ateş, Nuh: Stirbt der Engel Pfau? Geschichte, Religion und Zukunft der Yezidi-Kurden. Frankfurt am Main, 1992.

Düchting, Johannes: Die Kinder des Engel Pfau –Religion und Geschichte der kurdischen Yezidi. Komkar, Bonn, 2004.

Edzard, D. O.: Geschichte Mesopotamiens. Von den Sumerern bis zu Alexander dem Großen München 2004

Frank, Rudolf: Scheich Adi, der große Heilige der Jesiden. Berlin, 1911.

Guest, John S.: The Yezidis. London and New York, 1987.

Haas, V.: Das Reich Urartu. Ein altorientalischer Staat im 1. Jahrtausend v. Chr. Konstanz 1986

Habib, George: Die Jesiden – Reste einer alten Religion. Bagdad 1978

Handwörterbuch des Islam. Leiden, 1941.

Hasani, Abd al-Razak al-: Die Jesiden gestern und heute. Bagdad, 1982.

Hofmann, Tessa: Verfolgung, Vertreibung und Vernichtung der Christen im Osmanischen Reich 1912 bis 1922. LIT Verlag, Münster. 2004.

Hollerweger, Hans: Lebendiges Kulturerbe Turabdin. Linz, 2000

Jalil Jalil, Prof. Dr.: Autobiyografiya Ebdurrazaq Bedirxan, Wien 1999.

Jabiri, Muhammad Abid al-: Die arabische politische Geisteswelt. Beirut, 1992. Karabasch, Abdulmassih: Vergossenes Blut. 2002

Kaspar, H.-D – Kaspar, E.: Urartu. Ein Reich der Antike Hausen 1986

Khalil, Khidir S./Rashow, Khalil Jindy: Ezidyati (Das Jesidentum). Bagdad 1979

Khalil, Khidir S.: Gundayeti (Bräuche und Traditionen eines jesidischen Dorfes). Bagdad, 1985

Kreyenbroek, Philip G.: Yezidism – Its Background, Observances and Textual Traditions. Lewiston, Queenston, Lampeter, 1995.

Lamara Pashayva, Siedlungsgebiete der Kurden in Georgien. Eine Dokumentation für die Ethnographie von Georgien 2004. Georgisch.

Layard, Austen Henry: Nineveh and its remains: with an account of a visit to the Chaldaean Christians of Kurdistan, and the Yezidis, or devil-worshippers; and an enquiry into the manners and arts of the ancient Assyrians. London, 1849.

Lescot, Roger: Enquete sur les Yezides de Syrie et du Djebel Schingal. Beyrouth, 1938.

Lidzbarski, M.: Ein Exposé der Jesiden. In: Zeitschrift der Morgenländischen Gesellschaft 51, 1897.

Maisel, Sebastian: Doppelte Minderheit: Die syrischen Jesiden im Spannungsfeld von Ethnizität und Religion. Unveröffentlichte Magisterarbeit. Universität Leipzig, 1997.

Mayevski, V.T.: Eine Militärstatistik der Regionen Wan und Bitlis, Tiflis, 1904, Seite 240. Russisch.

Mehmed, Khurschid Efendi, Siyahet-nameyi Hudud: Übersetzung in die russische Sprache von M.A. Gamazov 1877, Seite 283.

Menzel, Theodor: Ein Beitrag zur Kenntnis der Jesiden. In: H. Grothe: Meine Vorderasienexpedition 1906 und 1907. Leipzig, 1911.

Menzel, Theodor: Artikel Jesiden. In: Handwörterbuch des Islam. Leiden, 1941.

Nabo, Laufrey: Kulturgeschichte des Orients. Zentrum der Ezidiforschung (Archäologie , Ethnologie und Theologie), Steinfurt, 1992.

Nau, François: Recueil de textes et de documents sur les Yézidis. In: Revue de l'Orient Chretien XX 1915-17.

Nikitin, Basil: Die Geschichte Kurdistans und der Kurden.

Oppenheim, Max von: Vom Mittelmeer zum Persischen Golf. Durch Hauran, die Syrische Wüste und Mesopotamien. Berlin, 1900.

Othman, Mamou: Licht in die Philosophie der jesidischen Religion. Berlin, 1992, Die Jesiden vor Scheich Adi Bin Musafir: Eine religionswissenschaftliche Untersuchung. Berlin, 1993.

Quran, der: Übersetzung von Rudi Paret. Verlag W. Kohlhammer, Stuttgart, 1982.

Rashow, Khalil Jindy: Die Yezidi: Ihr Glauben, ihre Traditionen und ihr soziales System, in: Iranistik, deutsche Zeitschrift für iranistische Studien 2003/2004, S. 123 – 136.

Sayigh, Sulaiman: Eine moderne Reise nach Scheich Adi. In: al-Machriq 20, 1922.

Schneider, Robin (Hrsg), Wießner, Gernot u.a., Die kurdischen Yezidi – ein Volk auf dem Weg in den Untergang", Gesellschaft für bedrohte Völker, Göttingen 1984.

Shawesh, Ahmed: Meine Memoiren. «Hayastan», Rewan, 1966.

Sternberg-Spohr, Alexander: Gutachten zur Situation der Jesiden in der Türkei. Im Auftrag der Gesellschaft für bedrohte Völker, 1988.

Tolan, Kemal: Hebûn û tûnebuna Êzidiyan tev romanên zindîne (Die erdrückende Wirklichkeit der Vertreibung und Vernichtung der Jesiden), Oldenburg 2000

Tschatschani, Karlene, Die Verwandschaft zwischen den Kurden und Armeniern, Erivan, 1977.

Vyan, R. (Herausgeber): From Urartu to Armenia, Neuchatel 2003

Zick, M.: Türkei, Wiege der Zivilisation, Stuttgart 2008

Tolan, Telim: Die Jesiden – Religion und Leben. In: Erhard Franz (Hrsg.): Jesiden – Eine alte Religionsgemeinschaft zwischen Tradition und Moderne. Beiträge der Tagung vom 10.-11. Oktober 2003 in Celle. Mitteilungen Bd. 71, 2004

Tschatoyev, Kh. M., Die Kurden im sowjetischen Armenien, 1965. Russisch.

Usoyan (Omarkhali), Khanna: Êzdiyatî: Civak, Sembol, Rîtûel (Yezidism: Society, Symbol, and Observance). Avesta, Istanbul, 2007.

Wießner, Gernot: Informationsbroschüre der Evangelischen Kirche Deutschlands. Hannover, 1992.

Zaki Beg, Muhammad Amin: Die Geschichte der Kurden und Kurdistans. Damaskus, 1931.

Überlieferungen und Interviews:

Yusüf Berşe (Ûsivê Keleş) (Hemdûna / Herford) Fakir Ali Çatuk (Hemdûna, Qorix / Celle)

Peschimam Ismail Deniz (Kevnas – Bacin / verstorben)

Pir Khero (Schingal / Bad Salzuflen)

Ibrahim Alik (Mahbouba, Otilja / Syrien)

Sheikho (Mamoste Schemmo) Issa (Drejik / Syrien)

Abbildungsverzeichnis